把学习贯彻科学发展观引向深入，就要始

树牢科学发展观念，狠抓落实，推动

确立正确思想，促进教育发展观的实际能力，并好干人民群

着发展的实际能力，促进教育发展，优先发展、城乡教育、科学发

望将教育的优先发展、区域教育、后

城乡教育

个值的主导事都能接受良

能不断获得新知、增长

望将意的教育方针

育故事、提高

Yuan

Gui Ren

袁贵仁自选集
YUANGUIREN ZIXUANJI

学习 理论文库

学习出版社

袁贵仁

袁贵仁，1950年11月生，安徽人。1968年高中毕业，任中学教师。1978年考入北京师范大学，1984年毕业获哲学硕士学位。曾任北京师范大学哲学系讲师、副教授、教授，哲学系副主任、社会科学处处长、副教务长、常务副校长、党委书记，北京市长助理兼市教育委员会主任，北京师范大学校长。2001年任教育部副部长、国家语言文字工作委员会主任，现任教育部副部长、党组副书记。

长期从事马克思主义哲学教学和研究。著有《当代中国的唯物辩证法》、《人的素质论》、《价值学引论》、《马克思的人学思想》、《教育—哲学片论》、《价值观的理论与实践》，主编《马克思主义哲学原理》、《人的哲学》、《管理哲学》、《对人的哲学理解》、《邓小平理论概论》等，合著《认识论新论》、《改革、市场与主体性》、《邓小平价值观研究》等。

前　言

　　感谢学习出版社理论文库提供这样一个出版文集的机会，使我有可能抽出时间翻检旧作，对曾经发表的东西作简单的梳理。

　　岁月匆匆。不知不觉之中我从事哲学理论的学习和研究已近 30 年。我高中毕业在农村锻炼和工作 10 年之后，1978 年考入北京师范大学，开始比较系统的马克思主义哲学的学习和探讨，并陆陆续续发表了一些文章。这些文章，当时并没有什么计划和奢望，多为命题之作。作为学生要做作业，作为老师要讲课，作为学者要讲学，作为领导要讲话。因此，这些文章，有的是读书时的作业，如《直觉思维的培养和教育》；有的是教学笔记，如《人的理论：马克思的回答》；有的是报告会的讲稿，如《"三个代表"重要思想的历史地位、科学体系和精神实质》；有的是工作讲话，如《素质教育与 21 世纪的人才培养》，等等。只不过，每一篇都不敢敷衍应付，能用心地想、尽心地写罢了。现在，回过头来看，这些文章大致可分三类：一是大学读书及其后所写的马克思主义哲学理论方面的，一是从事教育管理工作后所写的中国特色社会主义教育理论方面的，一是由于哲学研究和教育工作需要所写的马克思主义研究，特别是马克思主义中国化最新成果研究方面的。这个文集就是从这三个方面各选若干篇目而辑成的。

分三个部分，是相对的。分三个部分，是因为在我国理论界，马克思主义理论、哲学、教育学，都是专门的学科专业，每个方面都有大批的专家，他们是马克思主义理论家、哲学家、教育学家，长期在一个领域潜心耕耘，取得丰硕成果。是相对的，是对我而言，这三个方面实际上是联系在一起、很难分开的。由于学术经历，常从哲学的角度研究马克思主义中国化最新成果和教育问题，如《社会主义本质的哲学思考》、《社会主义市场经济的哲学思考》、《可持续发展的哲学思考》和《坚持实践标准　深化教育改革》、《建立现代大学制度》等。由于工作经历，又常常研究马克思主义特别是马克思主义中国化最新成果中的哲学思想和教育思想，如《邓小平的价值观思想》、《以人为本是科学发展观的核心》和《加快基础教育的改革和发展》、《建设具有世界先进水平的一流大学》、《创新是教育发展的灵魂》等。再加上为体现文库思想政治理论的特色，尽量剔除发表文章中偏重学术的哲学专业论文和侧重于工作方面的教育文章，文集所选篇目中以上所说的情况就更明显了。

　　或许可以这样说，这本文集，所反映的是自己多年来学习和工作的足迹，记录的是学习和工作中理论思考的痕迹，折射的是国家经济社会发展尤其是理论发展的轨迹。它零零散散，说不上系统；深深浅浅，说不上水平。如果有所肯定的话，那就是努力学习研究、宣传贯彻马克思主义中国化的最新成果，围绕正在做的事情，把理论与实际结合起来。也借此机会，感谢长期以来在我的理论研究和教育工作中给予关心和支持的所有同志和朋友。

　　还需要说明的是，这些文章是在不同时候、不同场合，针对不同对象、根据不同需要写的，放在一起，难免有重复之处，这次作了适当的删节。一些明显不当的文字、标点等，作了必要的校订。特别是马克思主义经典著作的引文，都按新版本作了重新核对。

　　学无止境。当前，事业的发展、理论的发展，都迫切要求我们更加勤奋踏实地学习和工作。只有这样，才能弥补过去的不足，才能追随时代前进的步伐而不断进步。

　　诚挚欢迎大家的批评意见。

袁贵仁

2007 年 3 月 3 日

目　　录

马克思主义中国化最新成果研究

马克思主义哲学研究

中国特色社会主义教育研究

马克思主义中国化最新成果研究

MAKESIZHUYI ZHONGGUOHUA

ZUI XIN CHENGGUO YANJIU

邓小平理论的历史地位^{*}

一

党的十五大明确提出："邓小平理论是当代中国的马克思主义，是马克思主义在中国发展的新阶段。"这是我们党对邓小平理论历史地位的科学结论。这一科学论断，有着丰富的内涵。

邓小平理论是马克思主义。它同马克思列宁主义、毛泽东思想有着本质的联系。在当代中国，马克思列宁主义、毛泽东思想、邓小平理论，是一脉相承的科学体系。马克思列宁主义、毛泽东思想一定不能丢，丢了就丧失了根本；任何将邓小平理论同马克思列宁主义、毛泽东思想割裂开来、对立起来的做法，都是错误的。

邓小平理论是马克思主义发展的"新阶段"。它在和

---

* 本文发表于《前线》1997 年第 11 期。

平与发展成为时代主题的历史条件下，整体推进了马克思列宁主义、毛泽东思想，形成了一个相对独立的、比较完整的科学体系。在当代中国，学习马克思列宁主义、毛泽东思想，就要学习邓小平理论；坚持邓小平理论，就是真正坚持马克思列宁主义、毛泽东思想；高举邓小平理论的旗帜，就是真正高举马克思列宁主义、毛泽东思想的旗帜。

邓小平理论是当代中国的马克思主义。邓小平理论是在我国改革开放和现代化建设的实践中逐步形成和发展的。实践证明，邓小平理论是指导中国人民在改革开放中胜利实现社会主义现代化的正确理论。在当代中国，只有邓小平理论，而没有别的理论能够解决社会主义的前途和命运问题。用邓小平理论来指导我们整个事业和各项工作，是我们党从历史和现实中得出的不可动摇的结论。毫无疑问，邓小平理论是时代的产物，具有深远的世界影响和历史意义，但从根本上说，邓小平理论是中国化的马克思主义。

党的十五大关于邓小平理论历史地位的科学论断，是高举邓小平理论伟大旗帜的思想基础，是把邓小平理论确定为党的指导思想并写进党章这一历史性决策的理论前提。这一论断将同这面旗帜和这项决策一起载入史册。

二

邓小平理论的历史地位，需要从邓小平理论对马克思列宁主义、毛泽东思想的继承和发展两个方面理解。没有继承和发展，就没有邓小平理论的历史地位；离开了继承和发展，就不可能准确地理解和把握邓小平理论的历史地位。

邓小平理论的历史地位，首先来自于它对马克思列宁主义、毛泽东思想的继承。邓小平理论继承了马克思列宁主义、毛泽东思想的基本观点，同马克思列宁主义、毛泽东思想是统一的科学体系。

马克思主义作为人类思想史上的最高成果，它揭示了人类社会历史发展的总规律，指明了社会主义必然代替资本主义、最终实现共产主义的历史发展总趋势。

邓小平理论坚持社会主义道路，坚持发展社会生产力，坚持一切依靠人民群众、一切为了人民群众。特别重要的是，邓小平理论坚持解放思想、实事求是。实事求是是马克思列宁主义的精髓，是毛泽东思想的精髓，也是邓小平理论的精髓。邓小平理论的历史地位，最根本的是因为它发展了马克思列宁主义、毛泽东思想。以邓小平为杰出代表的当代中国共产党人，顺应时代潮流，在新的历史条件下承担历史重任，回答了新时期如何巩固、建设和发展社会主义的历史性课题，形成了比较完整的科学体系，成为当代中国的马克思主义。

邓小平理论坚持解放思想、实事求是。邓小平在"文化大革命"结束以后，为恢复、坚持实事求是的思想路线作出了巨大贡献。他始终本着实事求是的精神，在新的实践基础上继承前人又突破陈规，抛弃那些对马克思主义某些原则的教条式理解，抛弃那些对社会主义不甚科学甚至扭曲的认识，抛弃那些超越社会主义初级阶段的不正确的思想。他坚决反对"两个凡是"；他提出历史阶段不能超越，中国发展不能离开世界；他认为社会主义也可以搞市场经济，主张一切以"三个有利于"为根本判断标准。邓小平理论从当代中国实际情况出发，说了一系列老祖宗没有说过而又符合客观实际的新话，形成了具有中国特色和时代特色的科学理论，开拓了马克思主义的新境界。

邓小平理论坚持科学社会主义理论和实践的基本成果，但他并没有停留在已有成果的水平上，而是在此基础上进一步抓住"什么是社会主义、怎样建设社会主义"这个根本问题，深刻地揭示社会主义本质，把我们党对社会主义的认识提高到新的科学水平。科学社会主义经过一国实践到多国实践的胜利发展，取得了丰硕的理论和实践成果，但国际社会主义运动也出现了重大失误和挫折。一个最大的问题就是，对于什么是社会主义，我们过去的认识不是完全清楚。长期以来，我们对社会主义的认识，常常拘泥于具体模式和马克思对未来社会的具体描述，着力于公有化和计划性的程度，过分强调同资本主义相区别、相对立的方面，其结果严重影响和制约了社会主义优越性的充分发挥。邓小平总结国内外的历史和现实经验，明确指出，贫穷不是社会主义，发展太慢不是社会主义，平均主义不是社会主义。社会主义的根本任务是解放、发展生产力；社会主义的根本目的是消灭剥削，消除两极分化，最终达到共同富裕。从而实现了从以阶级斗争为纲到以经济建设为中心、从封闭半封闭到改革开放、从计划经济到社会主义市场经济的历史性转变。邓小平的社会主义本质理论，深刻地抓住了社会主义的根本，反映了社会主义各方面的内部联系和内在规律，澄清了传统社会主义理论中的模糊认识，克服了一些错误倾向，指明了社会主义的发展方向，是对马克思主义科学社会主义学说的重大发展。

　　特别值得提出的是，邓小平理论产生的时代特征、历史条件和承担的历史使命，不仅与马克思列宁主义不同，与毛泽东思想也不同。世界变化很大很快，特别是日新月异的科学技术进步深刻改变了并在继续改变着当代经济社会生活和世界面貌。马克思主义不能不认真对待、正确分析，作出同以往不同的或过去根本没有也不可能提出的新的科学判断。"宽广眼界"和"鲜明的时代精神"，是邓小平理论最为显著的特征和成分。

　　正确认识时代特征和国际形势，是巩固和发展社会主义的必要前提。邓小平理论以马克思主义的宽广眼界观察世界，对当今时代特征和总体国际形势作出新的概括，并由此确立新时期我们党的路线方针政策和国际战略。他认为，和平与发展是当今世界的两大主题；当今世界是开放的世界，对外开放是我国的基本国策，要大胆吸收和借鉴人类社会创造的一切文明成果；在复杂变幻的国际局势中要冷静沉着，抓住机遇，发展自己，在改革开放中建设中国特色的社会主义、实现社会主义现代化。

　　邓小平理论的新境界、新水平和新判断，集中地说明了邓小平理论对马克思列宁主义和毛泽东思想的继承和发展，不只是在一些个别问题或具体论断上的继承和发展，而是整体上的推进。它们综合起来构成了一个新的、比较完整的建设中国特色社会主义理论的科学体系。邓小平理论，就是建设中国特色社会主义理论。它以比较系统地回答和解决当代中国社会主义发展的一系列基本问题而成为马克思主义在中国发展的新阶段。

三

邓小平理论的历史地位，要求我们必须高举邓小平理论的伟大旗帜。旗帜，是方向，是形象，是力量。"高举邓小平理论伟大旗帜，把建设有中国特色社会主义事业全面推向 21 世纪"，是以江泽民为核心的党中央向世人所作的庄严宣示。高举邓小平理论的伟大旗帜，包括多方面的内容和要求，主要是：要认真学习、深入研究邓小平理论。邓小平理论为我们党认识世界和改造世界提供了新的强大思想武器。全党要重视学习，善于学习。要从整体上学习研究，完整准确地把握邓小平理论的科学体系，从整体上领会邓小平理论的基本观点和基本精神，特别是邓小平观察问题和处理问题的基本立场、观点和方法。还要结合各自工作的领域对理论的有关内容进行系统的钻研和理解，以推进对建设中国特色社会主义经济、政治、文化发展规律的深入探索。

要运用邓小平理论统一思想、指导实践。学习是为了运用，只有在运用中才能更好地学习。高举邓小平理论伟大旗帜，最根本的是要用邓小平理论武装我们的头脑，指导我们的工作，回答和解决实践中产生的各种各样的问题。这里有一个学风的问题。学习邓小平理论，一定要以我国改革开放和现代化建设的实际问题、以我们正在做的事情为中心，着眼于马克思主义理论的运用，着眼于对实际问题的理论思考。邓小平理论学得好不好，最终要看能否运用这个理论去解决问题，克服困难，战胜风险，促进我国改革开放和现代化建设健康发展。

要在实践中进一步丰富和发展邓小平理论。如同马克思列宁主义、毛泽东思想一样，邓小平理论也是一个开放的、发展的科学理论。它虽然已经有了一个比较完整的科学体系，但又是一个需要从各方面进一步丰富发展的科学体系。高举邓小平理论的伟大旗帜，就要着眼于新的实践和发展，用邓小平观察、分析、解决问题的立场、观点和方法，认识新情况，解决新问题，创造性地开展工作，使这一理论不断得到丰富和发展。坚持邓小平理论，在实践中继续丰富和创造性地发展这个理论，是全党同志的庄严历史责任。

邓小平理论的科学体系[*]

邓小平建设有中国特色社会主义理论，是一个完整的科学体系，其中的各个观点、基本原理不是孤立的，而是有着内在的联系。江泽民指出，我们学习和运用建设有中国特色社会主义理论，要始终注意从总体上、相互联系上和精神实质上去把握。我理解，所谓"从总体上、相互联系上"把握，就是从根本的立场、观点、方法上把握；所谓从"精神实质上"把握，就是从世界观、方法论上把握。说到底，就是要从哲学的高度去把握建设有中国特色社会主义理论的科学体系。

一

什么是理论的科学体系？简单地说就是由若干相互联

---

* 本文发表于《前线》1996 年第 5 期，原题为《从哲学高度把握邓小平理论的科学体系》。

系的基本观点所构成的理论整体。《邓小平同志建设有中国特色社会主义理论学习纲要》（以下简称《纲要》）第五条写道："邓小平建设有中国特色社会主义理论，贯穿解放思想、实事求是的思想路线，围绕'什么是社会主义、怎样建设社会主义'这个首要的基本的理论问题，在社会主义的发展道路、发展阶段、根本任务、发展动力、外部条件、政治保证、战略步骤、领导力量和依靠力量、祖国统一等重大问题上，形成的一系列互相联系的基本观点，构成了这一理论的科学体系。"《纲要》的这段话，不仅指出了邓小平理论是一个科学体系，而且蕴涵了构成一个科学体系的三个要素或把握一个科学体系的三个方面的要求：一个是贯穿于这个理论各个方面的世界观和方法论；一个是着力研究和解决的中心问题或主题；一个是围绕中心问题或主题的一系列相互联系的基本观点。

在全面把握理论科学体系的三个方面的要求中，首要的、基本的方面是科学的世界观和方法论。世界观和方法论是发现和解决中心问题的理论基础，是贯穿于一系列基本观点之中的理论精髓，它从纵向和横向两个方面把理论建构成一个完整的体系。事实也说明，要把握一个理论的科学体系，主要有纵向和横向两个角度。从纵向的角度就是了解这一理论的"来龙去脉"，了解它是如何产生、形成和发展的，也就是了解它的理论基础。只有了解一个理论体系的理论基础，才可能掌握这一理论的科学体系。从横向的角度，就是了解这一理论的精神实质，了解是什么贯穿于这一理论的全部观点之中，也就是了解它的理论精

髓。只有了解一个理论体系的理论精髓，才可能掌握这一
理论的科学体系。

什么是邓小平建设有中国特色社会主义理论的理论基
础呢？是马克思列宁主义、毛泽东思想。邓小平建设有中
国特色社会主义理论是马克思主义基本原理与当代中国实
际相结合的产物，是毛泽东思想的继承和发展，是当代中
国的马克思主义。而实事求是，正如邓小平明确指出的，
是"无产阶级世界观的基础"，是"马克思主义的精髓"，
是"毛泽东思想的出发点、根本点"。因此，建设有中国
特色社会主义理论是实事求是的产物；马克思主义哲学的
实事求是观点是建设有中国特色社会主义理论的哲学理论
基础。了解了这一理论基础，也就了解了建设有中国特色
社会主义理论的产生、形成和发展的根据，也就在一定意
义上把握了它的科学体系。

什么是邓小平建设有中国特色社会主义理论的理论精
髓呢？也是实事求是。江泽民说，解放思想，实事求是，
是贯穿于邓小平建设有中国特色社会主义理论全部观点之
精髓。那么，实事求是又是什么呢？邓小平认为，实事求
是就是辩证唯物主义和历史唯物主义，就是马克思主义哲
学。他说："马克思主义的辩证唯物主义和历史唯物主
义，用毛泽东主席的话来讲就是实事求是。"① 建设有中
国特色社会主义理论，十四大概括为 9 个方面，《纲要》
归纳为 16 个问题。作为一个整体，9 个方面也好，16 个

---

① 《邓小平文选》第 3 卷，人民出版社 1993 年版，第 101 页。

问题也好，相互之间都是紧密地联系着的。一方面，它们都是围绕"什么是社会主义、怎样建设社会主义"这个主题展开的；另一方面，它们之间有一个贯穿、渗透于其中的理论精髓。了解了这一理论精髓，也就掌握了建设有中国特色社会主义理论中一以贯之的红线，也就在一定意义上把握了它的科学体系。正是在这个意义上，邓小平提出："搞社会主义一定要遵循马克思主义的辩证唯物主义和历史唯物主义。"①有的同志在学习邓小平建设有中国特色社会主义理论中，有时觉得邓小平建设有中国特色社会主义理论与马克思列宁主义、毛泽东思想的关系不大好理解。实际上，只要抓住它的理论基础、理论精髓，它的哲学思想，就很好理解。有许多具体观点、论断，从表面上看是不同的，这就是发展。如果每一个具体观点、论断都完全相同，那就没有发展。但其中的理论基础、理论精髓，其中的哲学思想又是相同的，是一脉相承的，这就是继承。如果它的理论基础、理论精髓，它的哲学思想都不同，那就不是继承。实事求是，是马克思主义的精髓，是毛泽东思想的精髓，也是邓小平建设有中国特色社会主义理论的精髓。这是最根本的继承。正因如此，所以邓小平说，我们抓经济建设，并没有丢马克思，并没有丢列宁，也没有丢毛泽东。这样的例子在马克思主义思想史上有许多。最典型的，是马克思的多国胜利理论和列宁的一国胜利理论，表面上看它们完全相反，但实质上都是马克思主

---

① 《邓小平文选》第3卷，人民出版社1993年版，第118页。

义的，都坚持了马克思主义实事求是的世界观和方法论。

二

邓小平既是我国社会主义改革开放和现代化建设的总设计师，也是建设有中国特色社会主义理论的创立者；既是一个务实的政治家、革命家，也是一个杰出的理论家、哲学家。他在领导我国社会主义改革开放和现代化建设、创立建设有中国特色社会主义理论的过程中，成功地运用和创造性地发展了马克思主义哲学，形成了当代中国的辩证唯物主义和历史唯物主义。

在建设有中国特色社会主义理论中，邓小平的哲学思想十分丰富，我们可从三个层次来加以理解和概括。从第一个层次上说，或者集中到一点说，邓小平的哲学思想就是实事求是的思想。抓住了实事求是，就抓住了邓小平哲学思想的根本。对于实事求是，邓小平可谓情有独钟，他把自己所做的一切，都看做是在认真地实行实事求是；他把自己取得的全部成就，都归结于实事求是。他把实事求是的观点同物质第一性的观点和实践第一的观点有机结合起来，把党的思想路线概括为"实事求是，一切从实际出发，理论联系实际，坚持实践是检验真理的标准"这样"四句话"。他不止一次地讲过，我是实事求是派；他公开地申明，我读的书并不多，就是一条，相信毛主席讲的实事求是。这些都旗帜鲜明地表达了他自己的哲学立场、观点和方法。

从第二个层次上说，邓小平哲学思想的主要内容是实事求是和发展生产力两个方面。党的十一届三中全会以来，邓小平在领导全党和全国人民在改革开放和寻找中国自己的建设道路的实践中，他所特别注意的就是实事求是的哲学观点和发展生产力的哲学观点。这是邓小平建设有中国特色社会主义理论的两块哲学基石。

党的十一届三中全会以来，邓小平带领全党和全国人民拨乱反正、正本清源。他拨的是什么乱，反的是什么正，正的是什么本，清的是什么源呢？概括起来就是恢复和强调实事求是和发展生产力这两个马克思主义的基本观点和原则。1984 年，邓小平第一次明确提出：什么叫社会主义，什么叫马克思主义？我们过去对这个问题的认识不是完全清楚的。一年之后，邓小平又一次指出：社会主义是什么，马克思主义是什么，过去我们并没有完全搞清楚。邓小平说我们对什么是马克思主义"没有完全搞清楚"，这当然不是说我们对什么是马克思主义"完全没有搞清楚"，而是有的清楚有的不清楚。长期以来我们对马克思主义不清楚的主要是两个方面：一个是马克思主义关于实事求是的思想，一个是马克思主义关于发展生产力的思想。实事求是是辩证唯物主义首要的、基本的原理，邓小平称之为"马克思主义的精髓"；发展生产力是历史唯物主义首要的、基本的原理，邓小平称之为"马克思主义的基本原则"。这两条马克思主义哲学最基本的原理，是邓小平反复强调并予以深刻阐述的哲学观点，是邓小平哲学思想的最主要的内容。正是依据马克思主义的"精

髓"，邓小平确立了我们党新时期的思想路线；正是依据
马克思主义的"基本原则"，邓小平确立了我们党新时期
的政治路线。

　　生产力的观点是马克思主义哲学的基本观点，但以往
的哲学家很少有像邓小平这样论述之集中和全面。邓小平
把发展生产力提高到马克思主义"基本原则"的高度，
认为"马克思主义的基本原则就是要发展生产力"①。他
把脱离生产力，仅从生产关系和上层建筑谈论社会主义的
思想方法归结为历史唯心主义，把"解放生产力、发展
生产力"作为社会主义本质的首要内容。他根据我国现
时期所处的历史阶段和面临的国际机遇与挑战，提出：
"社会主义阶段的最根本任务就是发展生产力"②；"科学
技术是第一生产力"③。邓小平还提出了"生产力标准"
理论，并把它置于判断工作是非得失的"三个有利于"
标准之首，认为只有发展生产力，才能增强综合国力，从
而提高人民群众的生活水平。

　　如果说实事求是，是贯穿于邓小平建设有中国特色社
会主义理论的红线，那么发展生产力，则可以看做是贯穿
于邓小平建设有中国特色社会主义理论的主线。以经济建
设为中心，实际上就是把发展生产力摆在首位；坚持改革
开放，就是为了进一步解放生产力和加速发展生产力；坚

---

①　《邓小平文选》第 3 卷，人民出版社 1993 年版，第 116 页。

②　《邓小平文选》第 3 卷，人民出版社 1993 年版，第 63 页。

③　《邓小平文选》第 3 卷，人民出版社 1993 年版，第 377 页。

持四项基本原则，就是要为解放和发展生产力提供一个良好的社会政治环境，保证解放和发展生产力的社会主义方向。可以说，新时期党的基本理论和基本路线，无不是围绕着发展生产力这个主线的，无不建立在发展生产力这个基础之上。抓住发展生产力这个主线和基础，就能提纲挈领地把握邓小平建设有中国特色社会主义理论。

从第三个层次上说，邓小平的哲学思想主要包括五个方面的内容。辩证唯物主义除实事求是的观点外还包括矛盾观点，历史唯物主义除生产力观点外还包括人民群众观点。实践观点既是辩证唯物主义的基本观点也是历史唯物主义的基本观点。在这个意义上，邓小平的哲学思想的主要内容就是：实事求是观点、矛盾观点、实践观点、生产力观点和人民群众观点等五个基本观点。

矛盾观点也就是对立统一观点。世界上的一切事物都是矛盾的，世界就是由矛盾着的事物和事物的矛盾组成的。没有矛盾的观点，就不可能做到一切从实际出发，实事求是。邓小平是精通辩证法和熟练运用辩证法的大师。早在1957年毛泽东就说过，按照辩证法办事，这是邓小平讲的。凡是读过邓小平论著的都会感受到，邓小平在任何时候、研究任何问题，都善于从对立统一中把握事物和过程，坚持辩证法的全面性，避免形而上学的片面性。他强调"一个中心、两个基本点"，要求正确认识和处理改革开放和四项基本原则的辩证关系。他指出社会主义有两个原则，第一是发展生产，第二是共同致富。他认为物质文明和精神文明要"两手抓"、"两手都要硬"。他还说过，开放有两种类型：对国内开放和对国外开放；调动积极性有两个方面：中央的积极性和地方的积极性；等等。

事物不仅存在着矛盾，是对立面的统一体，而且事物的矛盾既有共性又有个性，是共性和个性的统一体。毛泽东指出："这一共性个性、绝对相对的道理，是关于事物矛盾的问题的精髓，不懂得它，就等于抛弃了辩证法。"①邓小平依据这个"精髓"，提出了"建设有中国特色的社会主义"这个命题。这里的社会主义是共性，中国特色是个性，把社会主义和中国特色结合起来，就是共性和个性的统一。同样，"社会主义市场经济"的命题也是共性和个性的统一。就市场经济的历史和现状看，市场经济是共性，社会主义是个性，在市场经济之前加上"社会主义"的限制词，说明社会主义市场经济既有一般市场经济所共有的特征，又有社会主义所独有的特殊方面，如在所有制方面"以公有制为主体"，在分配方式方面"以按劳分配为主体"等。

对立统一观点还认为，在事物的诸多矛盾中有一个主要矛盾，在矛盾的两个方面中有一个主要方面。邓小平在强调全面地看问题的基础上，特别重视事物的主要矛盾和矛盾的主要方面，在坚持辩证法两点论的同时坚持辩证法的重点论。他认为，社会主义初级阶段存在"一个主要矛盾"，即人民日益增长的物质文化需要同落后的社会生产之间的矛盾；为解决这个矛盾，"我们把进行社会主义

---

① 《毛泽东选集》第 1 卷，人民出版社 1991 年版，第 320 页。

现代化建设放在一切工作的首位";搞社会主义现代化建设只有"一个中心",即以经济建设为中心;在经济建设中,"第一个任务是要发展社会生产力";在影响生产力发展的诸多因素中,"科学技术是第一生产力"。此外,他还强调,实践是检验真理的"唯一标准";社会效益是思想文化教育卫生部门从事各项活动的"唯一标准"。

实践观点也是邓小平十分强调的一个哲学观点。他尊重实践,反对本本主义;他坚持把马克思主义基本原理同中国具体实践相结合,反对教条主义。他旗帜鲜明地支持和高度评价全国真理标准大讨论,认为实践是检验路线、方针、政策是否正确的唯一标准;他还明确地把实践是检验真理的标准纳入我们党的思想路线。

人民群众观点在邓小平哲学思想体系中占有特别重要的地位。他尊重群众的创造和经验,关心群众的需要和利益,把"人民拥护不拥护"、"人民赞成不赞成"、"人民高兴不高兴"、"人民答应不答应",作为我们党制定各项方针政策的"出发点和归宿"。他把是否有利于提高人民群众的生活水平作为决定我们各项改革措施取舍和检验得失的最终标准。在邓小平建设有中国特色社会主义理论中,群众观点既是工作方法,更是历史观、价值观。"一切为了人民"、"一切着眼于为人民谋利益",是邓小平无产阶级历史观、价值观的科学阐释和表述。

三

哲学是世界观，也是方法论。以上这五个方面，既是邓小平所特别强调的五个主要哲学基本观点，也是邓小平所着重倡导的五个主要工作方法。我们学习邓小平的哲学思想，最主要的就是学习和掌握邓小平的思想方法和工作方法。马克思主义哲学从来不是教条，而是方法，是行动的指南。反过来也一样，要学习和掌握邓小平的思想方法和工作方法，最主要的就是学习邓小平的哲学思想。邓小平说："现在我们的干部中很多人不懂哲学，很需要从思想方法、工作方法上提高一步。"① 按照辩证唯物主义和历史唯物主义的理论逻辑，以上五个方面的顺序是：实事求是观点、矛盾观点、实践观点、生产力观点和人民群众观点。按照思想方法和工作方法的现实逻辑，五个方面的顺序是：实践原则、实事求是方法、矛盾分析方法、生产力标准和人民群众标准。

这就是说，用邓小平的哲学观点、方法指导我们的工作，首要的是要干，要行动，要实践。邓小平一贯反对空谈，主张少说多做，求真务实；他提倡"不争论"，要大胆地试，大胆地闯；他要求把握机遇，勇于实践，发展自己；他认为社会主义是干出来的，不是说出来的。不干，不实践，将一事无成。

---

① 《邓小平文选》第 2 卷，人民出版社 1994 年版，第 303 页。

怎样实践呢，或者说怎样才能使实践获得成功呢？有两个最根本的方面，其一是按规律办事，这就是从实际出发，实事求是；其二是照辩证法办事，这就是用矛盾的观点看问题，具体问题具体分析，坚持两点论和重点论相结合，坚持共性和个性相结合。实事求是是唯物主义，矛盾分析是辩证法。按照实事求是的方法和矛盾分析方法办事，也就是要用辩证唯物主义的世界观、方法论指导我们的实践。

实践总是有成功有失败的，实践是检验认识真理性的唯一标准。这就是我们通常所说的"实践标准"。可是事情到此并没有完全解决，因为对于实践活动的成败得失，不同的人有不同的看法。农村家庭联产承包责任制，改革者叫成功，保守者叫倒退。这样的例子，日常生活中有很多。我们对许多改革措施及其实践的认识分歧，都是由于我们认识、看待问题方法的分歧，判断是非优劣标准的分歧。所以要真正做到大家认识上的一致以及行动上的一致，首要的和根本的是做到认识问题方法、判断是非标准的统一。否则，就只能是公说公有理，婆说婆有理。

那么，我们到底用什么方法和标准来认识和判断实践活动的成败得失呢？邓小平的哲学思想要求我们，这个标准就是"生产力"标准和"人民利益"标准。用是否有利于发展社会生产力，是否有利于提高人民生活水平，来决定改革措施的取舍和评判改革实践的成败。凡有利于发展社会生产力和提高人民群众生活水平的改革及其实践，就是对的，好的，成功的，就应予以支持和坚持；凡不利于发展社会生产力和提高人民群众生活水平，就是不对的，不好的，不成功的，就应予以反对和抛弃。邓小平提出的以发展生产力为出发点，以提高人民群众生活水平为落脚点的"三个有利于"标准，是当前统一思想认识，统一实际行动的最重要的方法和标准。各行各业如何改革，如何看待和评判改革实践，其方法、标准只能是"三个有利于"。"实践"成败，是判断认识对错的标准；"三个有利于"，是判断实践成败的标准。

邓小平的思想方法[*]

在全党学习邓小平理论的新高潮中，强调学习和掌握邓小平的思想方法，很有必要。邓小平的思想方法，是他的政治智慧、治国谋略和革命风格的思想基础，是他创立邓小平理论、设计中国社会主义改革开放和现代化建设的科学依据，是我们在迈向新世纪的新形势下创造性地运用、丰富和发展邓小平理论的伟大工具。

邓小平特别重视思想方法问题。他把掌握马克思主义的思想方法与党的思想路线、马克思主义学风联系在一起。他指出："马克思主义理论从来不是教条，而是行动的指南。它要求人们根据它的基本原则和基本方法，不断结合变化着的实际，探索解决新问题的答案，从而也发展马克思主义理论本身。"① 他认为，我们的干部"很需要

* 本文发表于 1998 年 2 月 13 日《光明日报》。
① 《邓小平文选》第 3 卷，人民出版社 1993 年版，第 146 页。

从思想方法、工作方法上提高一步"①。他强调真正的马克思主义者"必须根据现在的情况，提出新的解决办法，新的问题就得用新的办法来解决"。他支持真理标准的大讨论，就是要恢复我们党实事求是的思想路线，坚持实事求是的思想方法。他提出社会主义也可以搞市场经济，就是要寻找"用什么方法才能更有力地发展社会生产力"②。

邓小平理论包含着极其丰富的关于思想方法的内容。实事求是是邓小平理论的精髓，是辩证唯物主义和历史唯物主义的简明表述，也是"马克思主义的根本观点、根本方法"。"什么是社会主义、怎样建设社会主义"是邓小平理论的主题，这其中"怎样建设社会主义"讲的就是方法问题，也就是用什么方法建设社会主义。改革开放是方法，市场经济是方法，股份制是方法，"两手抓"是方法，"三步走"是方法，先富后富是方法，"一国两制"也是实现祖国统一的方法，等等。

邓小平的思想方法包含在他的理论体系中，也渗透和体现在他的革命实践中。他尊重实际，解放思想，既继承前人又突破陈规，既借鉴世界又不照搬别国模式，以极大的政治勇气、理论勇气，开拓马克思主义新境界。他尊重实践，崇尚实干，不断地从中国的现实和当代世界发展的特点出发总结新经验，创造新办法，寻找新路子。他尊重群众，关心群众，把人民拥护不拥护、赞成不赞成、高兴

---

① 《邓小平文选》第 2 卷，人民出版社 1994 年版，第 303 页。

② 《邓小平文选》第 3 卷，人民出版社 1993 年版，第 148 页。

不高兴、答应不答应，作为制定路线、方针、政策的出发点和归宿。他尊重辩证法，提出并坚持按辩证法办事，善于从千头万绪中发现主要矛盾和决定性环节，把"两点论"和"重点论"结合起来，把共性和个性结合起来，把原则性和灵活性结合起来。他立场坚定，行为果断，举重若轻，勇于在错综复杂的情况下透过现象把握事物本质，在关键时刻抓住机遇作出重大决策。他目光远大，胸襟开阔，总是用马克思主义的宽广眼界观察问题，从大局着眼处理问题，既用经济方法管理经济，又从政治角度看待经济，根据时代特征、世界局势发展中国经济。

邓小平的思想方法，可以说是邓小平的理论和实践中最富有特色、最具有普遍意义的部分，是邓小平留给我们的最宝贵的财富。我们继承这份财富，掌握这个认识世界和改造世界的伟大工具，就能适应新的形势，解决新的课题，开创新的局面。在这方面，党的十五大是个典范。十五大不仅把邓小平理论列入党的指导思想写进党章，对邓小平理论的历史地位和指导意义作了新的概括，对邓小平的思想方法作了新的阐释，而且运用邓小平的思想方法，对我国经济、政治和文化发展的一系列问题进行研究，取得了新的成果，在"怎样建设社会主义"的理论和方法上有了新的突破和发展。从这个意义上说，我们也只有学习和掌握邓小平的思想方法，才有可能把全党学习邓小平理论的水平提高到十五大所要求的新高度。

邓小平的价值观思想[*]

一、邓小平高度重视价值观建设

邓小平理论博大精深，内容丰富，价值观是其中的重要组成部分。邓小平从长期的革命和建设实践中深刻地体会到价值观的重要性，始终强调加强价值观教育和建设。正确的价值观是我们的政治优势。回顾我们党和国家的战斗历程，邓小平指出，光靠物质条件，我们的革命和建设都不可能胜利。正确的价值观是我们真正的法宝。在革命战争年代，我们在极其艰苦的条件下，取得了社会主义革命的伟大胜利。这其中重要的原因，就是我们有正确价值观的引导和激励，"就是因为我们有理想，有马克思主义信念，有共产主义信念"①。

＊ 本文发表于 1999 年 7 月 23 日《光明日报》。

① 《邓小平文选》第 3 卷，人民出版社 1993 年版，第 110 页。

　　建设中国特色社会主义的实践也证明，只有加强价值观建设，发扬我们的政治优势，才能形成有利于社会主义现代化建设的共同理想、道德规范；才能真正认清我们在实现共同理想中的历史责任，真正懂得人为什么而活着、怎样活着才有意义；才能真正懂得什么是高尚的，什么是卑下的，真正做到清正廉洁，公道正派，从而抵制各种消极腐朽的东西。邓小平在谈到如何建设中国特色社会主义时指出："根据我长期从事政治和军事活动的经验，我认为，最重要的是人的团结，要团结就要有共同的理想和坚定的信念。我们过去几十年艰苦奋斗，就是靠用坚定的信念把人民团结起来，为人民自己的利益而奋斗。没有这样的信念，就没有凝聚力。没有这样的信念，就没有一切。"①　江泽民也告诫我们："我们的干部要经得起考验，一个重要办法，就是要认真学习，加强修养，树立正确的世界观、人生观、价值观"②。

　　21 世纪将是一个充满机遇和挑战的世纪。对于中国共产党人、社会主义制度和中华民族来说，这不仅是一个时间概念，而首先是一个政治概念。我们要把建设中国特色社会主义事业全面推向 21 世纪，不但要有足够的物质上的准备、组织上的准备，而且要有充分的思想政治和理论观念上的准备。国际竞争，是经济实力、国防实力的竞争，在一定意义上说，也是人的世界观、人生观、价值观

---

　　①　《邓小平文选》第 3 卷，人民出版社 1993 年版，第 190 页。
　　②　《十四大以来重要文献选编》中，人民出版社 1997 年版，第 1671 页。

的竞争。在学习邓小平理论工作会议上，江泽民特别强调，邓小平理论是我们党最大的思想政治优势；深入学习邓小平理论，是我们党面向新世纪推进伟大事业的战略需要；而学习邓小平理论，一定要把改造主观世界提到重要位置，从而树立正确的世界观、人生观、价值观。

价值观的重要性决定了价值观教育的必要性。邓小平特别重视价值观教育。早在1978年3月召开的全国科学大会开幕式上，他就指出："世界观的重要表现是为谁服务。一个人，如果爱我们社会主义祖国，自觉自愿地为社会主义服务，为工农兵服务，应该说这表示他初步确立了无产阶级世界观。"①1980年，他在中共中央工作会议上的讲话中，再次强调了青年人的人生观教育，指出："要加强各级学校的政治教育、形势教育、思想教育，包括人生观教育、道德教育。"② 在新的形势下，江泽民也特别重视价值观教育问题。他指出："随着改革开放的不断扩大，资本主义腐朽思想文化乘机而入，同我国历史上遗留下的剥削阶级的腐朽思想文化相结合，使得当前社会上拜金主义、个人主义和腐朽生活方式等消极现象有所滋长，对人们的理想、信念和价值观产生了很大的冲击，也侵蚀了一部分党员和领导干部。"③ 因此，必须加强价值观教育，树立正确的价值观，特别是对于共产党员来说尤其如

① 《邓小平文选》第2卷，人民出版社1994年版，第92页。
② 《邓小平文选》第2卷，人民出版社1994年版，第369页。
③ 《十四大以来重要文献选编》中，人民出版社1997年版，第1123页。

此。因为我们是共产党人，共产党人的价值观就是不求升官发财，不怕流血牺牲，自觉自愿地为人民的利益而忘我奋斗。

二、邓小平理论和实践的价值特色

邓小平重视价值观，更主要地体现在他在理论思考和实际工作中始终坚持从价值的角度看待问题和解决问题。他关于实事求是、改革开放、社会主义本质，以及社会主义市场经济等诸多问题的论述中都包含着价值观，都是真理观与价值观的完美结合。

1. 坚持真理观和价值观的统一是邓小平的一贯思想作风。邓小平始终倡导和坚持实事求是的思想路线，要求坚持真理，按规律办事，凡事都要问一个"对还是不对"。他认为，我们以往的一些工作所以遭受挫折，一个重要原因就是没有坚持真理，违背了客观规律。"在1958年，我们犯了错误，搞大跃进，开始不重视经济规律了"；"搞大跃进、人民公社，就没有按照社会主义经济发展的规律办事"。所以，在新的历史时期，他一再强调，"经济工作要按经济规律办事，不能弄虚作假，不能空喊口号，要有一套科学的办法"。现在，"目标确定了，从何处着手呢？就要尊重社会经济发展规律"①。

邓小平始终把国家的利益、人民的需要放在首位。对

① 《邓小平文选》第 3 卷，人民出版社 1993 年版，第 117 页。

每一方针、政策，他既从真理观的角度，看它"对还是不对"；又从价值观的角度，看它"好还是不好"，也就是看它是否符合国家利益、人民需要，对实现社会主义现代化是"有利还是有害"。他认为："对实现四个现代化是有利还是有害，应当成为衡量一切工作的最根本的是非标准。"①　邓小平主张对外开放，因为"利用国际和平环境更多地吸收对我们有用的东西，这对加速我们的发展比较有利"②。邓小平鼓励发展"三资"企业，因为"得益处的大头是国家，是人民，不会是资本主义"③。邓小平最先提出社会主义也可以搞市场经济，因为在他看来，"计划和市场都是方法嘛。只要对发展生产力有好处，就可以利用"④。邓小平非常重视社会稳定，因为"中国的最高利益就是稳定。只要有利于中国稳定的就是好事"⑤。对于知识分子，邓小平有十分独特的看法，他指出："说什么'白专'，只要对中华人民共和国有好处，比闹派性、拉后腿的人好得多。"⑥　在国际活动中，邓小平主张中国绝不当头，这是一个根本国策。因为"当了绝无好处，许多主动都失掉了"⑦。

　　这里，邓小平所说的"有利"、"益处"、"好处"、

① 《邓小平文选》第2卷，人民出版社1994年版，第209页。
② 《邓小平文选》第3卷，人民出版社1993年版，第128页。
③ 《邓小平文选》第3卷，人民出版社1993年版，第91页。
④ 《邓小平文选》第3卷，人民出版社1993年版，第203页。
⑤ 《邓小平文选》第3卷，人民出版社1993年版，第313页。
⑥ 《邓小平文选》第2卷，人民出版社1994年版，第32页。
⑦ 《邓小平文选》第3卷，人民出版社1993年版，第363页。

"好事"等等，都是相对"对"、"真"、"正确"而言的价值问题。任何一个政策、计划、方案、行动，都既要是"对的"，也要是"好的"，是坚持真理观和价值观的统一。

2. 凡事都要权衡利弊是邓小平的基本工作方法。邓小平认为，从价值的角度看待问题，从而"趋利避害"，这是人类活动的基本特征。人类的一切智慧，都是围绕"趋利避害"展开的；人类的一切活动，都是一个"趋利避害"的过程。在谈到国际交往时，邓小平指出，建设一个国家，不要把自己置于封闭状态和孤立地位，"要重视广泛的国际交往，同什么人都可以打交道，在打交道的过程中趋利避害。"①

"趋利避害"是人们的主观愿望，真正做到并不容易，必须"权衡利弊"。在实际生活过程中，无论事情的大小、轻重、缓急，人们都要权衡一番，以便决定坚持什么，反对什么，做什么，不做什么，以及先做什么，后做什么。邓小平经过利弊权衡，下决心对外开放，引进外资，极大地促进了我国经济发展。他说："我到新加坡去，了解他们利用外资的一些情况。外国人在新加坡设厂，新加坡得到几个好处……我们要下这么个决心，权衡利弊、算清账，略微吃点亏也干"②。

邓小平之所以强调"趋利避害"、"权衡利弊"，是因

---

①　《邓小平文选》第3卷，人民出版社1993年版，第260页。

②　《邓小平文选》第2卷，人民出版社1994年版，第199页。

为世界上的事情是复杂的，并非一目了然，许多时候是既有利也有弊，区别只在于是利多弊少，还是利少弊多。而权衡利弊，就是选择一个利多弊少、相比之下比较满意的方案，从而避免利少弊多、得不偿失的结果。对于要不要坚持"文艺从属于政治"这样的方针，邓小平经过权衡认为，不要再继续提这样的口号了，"因为这个口号容易成为对文艺横加干涉的理论根据，长期的实践证明它对文艺的发展利少害多"①。对于要不要改变农村家庭联产承包责任制这样的政策，邓小平经过权衡宣布："我说不能动"，因为，"一动人们就会说政策变了，得不偿失"②。

三、邓小平对价值观的理解和使用

在邓小平的论著中包含着许多对价值观的清晰、明确的理解。那么，在邓小平的价值观思想中，是如何理解和使用价值观这一概念的呢？

1. 价值观是人们对某种事物好坏的态度。1962年，邓小平关于生产力和生产关系的关系有一著名论述，也就是人们时常提到的"白猫黑猫"论。这其中就包含着他对什么是价值，什么是价值观的理解。他说："生产关系究竟以什么形式为最好，恐怕要采取这样一种态度，就是

---

① 《邓小平文选》第2卷，人民出版社1994年版，第255页。

② 《邓小平文选》第3卷，人民出版社1993年版，第371页。

哪种形式在哪个地方能够比较容易比较快地恢复和发展农业生产，就采取哪种形式"①。这里，"好"讲的是价值，"最好"就是最有价值。"态度"讲的是价值观，即关于"哪种形式"的生产关系"好"，"哪种形式"的生产关系"最好"的看法、观点。邓小平的这一论断，用价值论的语言来表述就是，生产关系必须与生产力相适应，能够比较容易比较快地恢复和发展农业生产的生产关系，就是好的生产关系，否则就是不好的生产关系。这是马克思主义的历史观、价值观。

按照这样的历史观、价值观，"包产到户"、"责任田"、"家庭联产承包责任制"是好的生产关系，应予以坚持；那种片面追求"一大二公三纯"的"人民公社"则是不好的生产关系，应予以摒弃。这种对生产关系形式所持的好或不好的看法，坚持或摒弃的态度，就是人们关于生产关系的价值观。

2. 价值观是人的理想、信念、精神支柱。价值观，就是人们对某种事物，对人好坏的观点、看法、态度，是人的世界观的重要组成部分。人的世界观包括自然观、历史观、人生观。人们关于自然、历史、人生对人的价值的观点、态度形成自然价值观、历史价值观、人生价值观，主要解决自然、历史、人生的价值问题，回答什么样的自然、历史、人生对人是好的、有价值的。邓小平、江泽民所讲的价值观，主要是人的历史价值观、人生价值观，强

①《邓小平文选》第1卷，人民出版社1994年版，第323页。

调的是人的理想、信念和精神支柱问题，是人的灵魂问题。江泽民说："一个民族、一个国家，如果没有自己的精神支柱，就等于没有灵魂，就会失去凝聚力和生命力。"① 党的十五大把在全社会形成共同理想和精神支柱，作为中国特色社会主义文化建设的根本。

四、邓小平的价值观体系

邓小平理论中包含着极为丰富的价值观思想，形成一个比较完备的体系。邓小平的价值观体系主要包括以下内容：

1. 邓小平价值观的精髓——实事求是、讲求实效。实事求是是马克思主义的精髓、毛泽东思想的精髓，也是邓小平理论和邓小平价值观的精髓。实事求是内在地要求讲求实效。针对"文化大革命"的教条主义、形式主义及其产生的"假、大、空"等弊端，邓小平鲜明地提出凡事都要讲求实效，"看效果"，"拿事实来说话"。在经济建设中，他认为"发展生产力要讲究经济效果"②。在文艺工作中，他主张"精益求精，力戒粗制滥造，认真严肃地考虑自己作品的社会效果"③。对于思想文化教育卫生部门，他提出"要以社会效益为一切活动的唯一准

① 《十五大以来重要文献选编》上，人民出版社 2000 年版，第 549 页。

② 《邓小平文选》第 2 卷，人民出版社 1994 年版，第 312 页。

③ 《邓小平文选》第 2 卷，人民出版社 1994 年版，第 211 页。

则"①。他要求共产党人要为群众办实事，也就是"要切切实实解决，要真见效"②，从而"真正干出几个实绩，来取信于民"③。我们的一切党员、干部，都要"鼓实劲，要切实解决问题，要踏踏实实地工作。一句话，就是要落在实处。追求表面文章，不讲实际效果、实际效率、实际速度、实际质量、实际成本的形式主义必须制止，说空话、说大话、说假话的恶习必须杜绝"④。讲求实效，也就是要求我们开会，作决议，定方案，以及做任何工作，都要立足于解决问题，能够"管用"，尽量地少说或不说那些"不管用"的话，少做或不做那些"不管用"的事。关于学习马列，邓小平说，学马列不在本子大小，"要精，要管用的"。关于工作报告，邓小平说，报告不在篇幅长短，"四届人大报告……五千字，不是也很管用吗"？"黄猫、黑猫，只要捉住老鼠就是好猫"⑤；仗怎么打？"一切看情况，打赢算数"，都是强调一切主意、政策、方案，都要"管用"，都要有实际效果。

2. 邓小平价值观的基础——爱国主义。江泽民说，邓小平理论，就是爱国主义和社会主义相统一的理论。爱国主义，是邓小平价值理论体系中首要的价值观，是集体主义、社会主义等一系列价值观的前提和基础。我国

① 《邓小平文选》第3卷，人民出版社1993年版，第145页。
② 《邓小平文选》第3卷，人民出版社1993年版，第108—109页。
③ 《邓小平文选》第3卷，人民出版社1993年版，第298页。
④ 《邓小平文选》第2卷，人民出版社1994年版，第99—100页。
⑤ 《邓小平文选》第1卷，人民出版社1994年版，第323页。

《宪法》规定：国家在人民中进行爱国主义、集体主义、社会主义和共产主义、国际主义教育。《爱国主义教育实施纲要》提出：爱国主义、集体主义和社会主义思想教育三位一体，有机地统一在建设有中国特色社会主义的伟大实践中。社会主义道德建设的"五爱"要求，也是以"爱祖国"为其前提和出发点的。爱国主义是一个国家和民族的灵魂，是维系国家和民族的纽带，是国家和民族赖以独立、生存和发展的内在动力和凝聚力。在我国历史上，爱国主义从来就是动员和鼓舞人民团结奋斗的一面旗帜，是各族人民共同的精神支柱。深入持久地开展爱国主义教育，是当代中国价值观建设乃至精神文明建设的基本内容。邓小平说："建设社会主义的精神文明，最根本的是要使广大人民有共产主义的理想，有道德，有文化，守纪律。国际主义、爱国主义都属于精神文明的范畴。"[1] 正是从这个意义上，邓小平说："热爱国家……是一个共产党员必须具备的优良品质"[2]，必须发扬爱国主义精神，否则我们就不可能建设社会主义。正是从这个角度，邓小平严厉地批评在外国人面前卑躬屈膝的现象："一些青年男女盲目地羡慕资本主义国家，有些人在同外国人交往中甚至不顾自己的国格和人格。"[3] 这就告诫人们，必须把国家主权、利益和尊严看得高于一切，保持高尚名节，不做

① 《邓小平文选》第3卷，人民出版社1993年版，第28页。
② 《邓小平文选》第1卷，人民出版社1994年版，第30页。
③ 《邓小平文选》第2卷，人民出版社1994年版，第177页。

任何有损于祖国的事。对祖国多作贡献，这是人生最基本的价值。

3. 邓小平价值观的核心——集体主义。集体主义是邓小平价值观体系的核心。爱国主义本质上属于集体主义。集体有不同的层次，国家是一种特殊的集体，爱国主义是一种特殊的或者说是最高形式的集体主义。在《全国教育工作会议上的讲话》中，邓小平明确提出，要使青少年"成为有很高的政治责任心和集体主义精神，有坚定的革命思想和实事求是、群众路线的工作作风，严守纪律，专心致志地为人民积极工作的劳动者"[①]。江泽民特别强调集体主义价值观在社会主义建设中的重要意义，把它提高到我国社会生活主旋律的高度。集体主义作为对集体和个人关系的一种看法、态度，它坚持集体利益高于个人利益的思想，把发展、巩固和扩大集体利益作为人们活动的重要目的。邓小平说："我们从来主张，在社会主义社会中，国家、集体和个人的利益在根本上是一致的，如果有矛盾，个人的利益要服从国家和集体的利益。为了国家和集体的利益，为了人民大众的利益，一切有革命觉悟的先进分子必要时都应当牺牲自己的利益。"[②] 我们实行社会主义市场经济的根本目的，就是在国家的宏观调控下充分发挥市场机制在资源配置方面的基础性作用，极大地解放和发展生产力，不断提高广大人民的生活水平，逐

---

① 《邓小平文选》第 2 卷，人民出版社 1994 年版，第 106 页。
② 《邓小平文选》第 2 卷，人民出版社 1994 年版，第 337 页。

步实现共同富裕。共同富裕是社会主义的本质特征，也是集体主义价值观的本质要求。

4. 邓小平价值观的主题——建设有中国特色社会主义。建设有中国特色社会主义，是邓小平理论的主题，也是邓小平价值观体系的主题。在党的十二大开幕词中邓小平提出："把马克思主义的普遍真理同我国的具体实际结合起来，走自己的道路，建设有中国特色的社会主义，这是我们总结长期历史经验得出的基本结论。"接着，他阐述了社会主义价值观的主题，什么样的人生是最光荣、最有意义的人生。他讲道："中国人民有自己的民族自尊心和自豪感，以热爱祖国、贡献全部力量建设社会主义祖国为最大光荣，以损害社会主义祖国利益、尊严和荣誉为最大耻辱。"① 这就把建设中国特色社会主义的"基本结论"和人生价值观建设的"最大光荣"统一起来了。人生的最大价值，就是投身于建设中国特色社会主义的伟大实践中。建设中国特色社会主义是全党全国人民的价值理想和努力奋斗去实现的价值目标。《中共中央关于社会主义精神文明建设指导方针的决议》指出："建设有中国特色的社会主义，把我国建设成为高度文明、高度民主的社会主义现代化国家，这就是现阶段我国各族人民的共同理想。"这一共同的价值理想、目标，反映了我国社会客观实际与发展需要，体现了全国人民的迫切愿望和根本利益，关系到中国的国际地位和前途命运。1979 年，邓小

---

① 《邓小平文选》第 3 卷，人民出版社 1993 年版，第 3 页。

平在党的理论工作务虚会上提出："只有社会主义才能救中国，这是中国人民从五四运动到现在六十年来的切身体验中得出的不可动摇的历史结论。"① 1989 年，邓小平在会见李政道时再次指出："中国不搞社会主义不行，不坚持社会主义不行。如果没有共产党的领导，不搞社会主义，不搞改革开放，就呜呼哀哉了，哪里能有现在的中国？"② 建设中国特色社会主义，还和广大人民群众的利益联系在一起。邓小平说，在中国现在落后的情况下，走什么道路才能发展生产力，才能改善人民生活？这就又回到坚持社会主义，还是走资本主义道路的问题上来了。如果走资本主义道路，可以说中国百分之几的人富裕起来，但是绝对解决不了百分之九十几的人的生活富裕问题。而坚持社会主义，实行按劳分配的原则，就不会产生贫富过大的差距。建设中国特色社会主义代表着全国人民的最大的利益，最根本的利益。为建设中国特色社会主义服务，也就是为人民服务。

5. 邓小平价值观的取向——人民利益。邓小平建设中国特色社会主义的价值理想决定了人民利益高于一切的价值取向。邓小平能够创立邓小平理论，与他坚持人民是社会历史的主人，一切从人民利益出发和人民利益高于一切的价值观是分不开的。邓小平建设中国特色社会主义的主要思想观点，都不过是人民利益高于一切这一价值观的

---

① 《邓小平文选》第 2 卷，人民出版社 1994 年版，第 166 页。
② 《邓小平文选》第 3 卷，人民出版社 1993 年版，第 326 页。

必然的结论。他要求共产党人一切方针、行动都要从人民利益出发，而不能从个人或小集团的利益出发；要始终热爱人民，关心人民，服务人民，取信于民，甘为人民公仆。他反复强调，要"紧紧地依靠群众，密切地联系群众，随时听取群众的呼声，了解群众的情绪，代表群众的利益"①。邓小平的价值观以人民利益为价值取向，因而始终把人民作为价值主体。中国共产党是中国工人阶级的先锋队，以全心全意为人民服务为唯一宗旨。我们党是代表人民执掌政权，党的全部活动都是为了保护和实现广大人民群众的利益。一切工作的成败得失、益害好坏，都要站在广大人民的立场上加以评价，好是对人民好，不好是对人民不好。江泽民高度评价邓小平的人民利益高于一切的价值观，在《用邓小平建设有中国特色社会主义理论武装全党》一文中写道："他尊重群众，热爱人民，总是时刻关注最广大人民的利益和愿望，把'人民拥护不拥护'、'人民赞成不赞成'、'人民高兴不高兴'、'人民答应不答应'，作为制定各项方针政策的出发点和归宿。"

6. 邓小平价值观的标准——"三个有利于"。价值评价的根本问题是标准问题。人们对同一事物的评价不同，最主要原因就是所持标准不同。这种评价事物是否有价值的标准，即价值标准，用邓小平的话说就是"衡量……好坏的主要标准"②。改革开放以来，邓小平一直关注正

---

① 《邓小平文选》第2卷，人民出版社1994年版，第342页。
② 《邓小平文选》第2卷，人民出版社1994年版，第97页。

确的价值标准的确立，对于如何运用正确的价值标准，科学地评价事物有过一系列重要论述。关于经济政策，他说："社会主义经济政策对不对，归根到底要看生产力是否发展，人民收入是否增加。这是压倒一切的标准。"[①]关于思想文化教育卫生工作，他认为："都要以社会效益为一切活动的唯一准则"[②]。从根本上说，"各项工作都要有助于建设有中国特色的社会主义，都要以是否有助于人民的富裕幸福，是否有助于国家的兴旺发达，作为衡量做得对或不对的标准。"[③] 特别是在 1992 年的南方谈话中，邓小平提出了"三个有利于"的著名论断。他全面而深刻地指出："判断的标准，应该主要看是否有利于发展社会主义社会的生产力，是否有利于增强社会主义国家的综合国力，是否有利于提高人民的生活水平。"[④] "三个有利于"标准，是新时期价值观体系的根本价值标准。"三个有利于"标准，体现了社会主义价值理想。邓小平讲的生产力和综合国力，是社会主义社会的生产力和社会主义国家的综合国力。"三个有利于"标准，体现了人民利益的价值取向。"三个有利于"，发展生产力是基础，提高人民生活水平是目的，把人民群众的根本利益作为价值评价的根本依据。"三个有利于"标准还深化和发展了真理标准理论，坚持了真理标准和价值标准的统一。实践是检

① 《邓小平文选》第 2 卷，人民出版社 1994 年版，第 314 页。
② 《邓小平文选》第 3 卷，人民出版社 1993 年版，第 145 页。
③ 《邓小平文选》第 3 卷，人民出版社 1993 年版，第 23 页。
④ 《邓小平文选》第 3 卷，人民出版社 1993 年版，第 372 页。

验真理的唯一标准，它回答的是认识是否符合实际，是否具有真理性的问题，也即认识的对错问题。"三个有利于"是检验实践及其指导实践的理论认识的根本标准，它回答的是实践及其理论认识是否符合需要，是否具有价值的问题，也即实践及其理论认识的好坏问题。实践标准是"三个有利于"标准的基础，"三个有利于"标准是实践标准的深化和发展。

"三个代表"重要思想的历史地位、科学体系和精神实质*

一、"三个代表"重要思想的历史地位

党的十六大把"三个代表"重要思想写入党章，同马克思列宁主义、毛泽东思想、邓小平理论一道确立为党长期坚持的指导思想。这明确地揭示了"三个代表"重要思想的重大意义和历史地位。"三个代表"重要思想的形成和作为我们党指导思想的确立，在马克思主义发展史和中国共产党发展史上都是具有重大意义的事情。胡锦涛在七一重要讲话中指出，"三个代表"重要思想同马克思列宁主义、毛泽东思想和邓小平理论是一脉相承而又与时俱进的科学体系，是马克思主义在中国发展的最新成果，

---

* 本文发表于《中国高等教育》2004 年第 1 期，原题为《全面领会、深入贯彻"三个代表"重要思想》。

是面向 21 世纪的中国化的马克思主义，是指引全党全国人民为实现新世纪新阶段的发展目标和宏伟蓝图而奋斗的根本指针。这对于我们进一步认识"三个代表"重要思想的历史地位，具有十分重要的意义。

理论的历史地位是与它的历史背景相联系的。任何真正的理论都是时代的产物，实践的产物，"三个代表"重要思想和毛泽东思想、邓小平理论一样，是适应新时代、应对新挑战、解决新课题而作出的新回答。十三届四中全会以来，国际、国内和党内的深刻变化和发展，向我们党提出了一系列重大理论和实践问题，提出了新的要求和考验。"三个代表"重要思想就是适应这种需要，科学地回答邓小平理论没有充分回答，或者没有来得及回答，或者当时还不需要回答的问题而产生的。

1. "三个代表"重要思想是时代的产物，当今时代需要我们长期坚持"三个代表"重要思想。1989 年 6 月，十三届四中全会召开，确立了以江泽民为核心的党中央第三代领导集体。在这之后，即 20 世纪 80 年代末 90 年代初以来，我国面临的国际环境发生重大变化。

东欧剧变，苏联解体，苏东共产党溃散，世界社会主义运动处于低潮。苏共执政长达 74 年，有过辉煌的历史，苏共的垮台使我们警醒。党的理论必须与时俱进，党的工作必须以经济建设为中心，党的作风必须密切同广大人民群众的关系。

世纪之交，国际局势发生了冷战以后最为深刻的变化。美国单边主义在发展，霸权主义和强权政治有新的表现；国际恐怖主义在发展，危害在上升，世界和平和各国安全受到严重威胁。国际力量组合和对比发生重大变化，我们将长期面对敌对势力西化、分化的政治图谋和西方国家价值观的渗透。这要求我们必须不断增强以经济为基础、以科技为先导的综合国力，不断增强民族自尊心、自豪感和民族凝聚力。

以信息技术为主要标志的新科技革命，极大地改变了人们的生产生活方式，深刻地影响着人类社会的各个方面。90年代以来，世界科技突飞猛进地发展，科技进步日新月异，特别是信息网络化的迅速发展，在政治、经济、文化、军事、社会等领域产生了广泛而深刻的影响。江泽民在1995年全国科学技术大会上就提出，这应该引起我们各级干部和全社会的高度关注。科学技术进步关系到国家的兴衰存亡，要求我们高度重视科学技术在生产力发展、经济增长和人民生活改善中的作用，要求我们重视科技、重视教育，尊重劳动、尊重知识、尊重人才、尊重创造。从"科学技术是第一生产力"到"知识经济初见端倪"，再到"知识经济方兴未艾"的科学论断，从"关键在人"到"人才资源是第一资源"，再到"人才强国战略"，反映了我们党的领导集体对新科技革命及其社会历史影响的敏锐和远见。

2. "三个代表"重要思想是实践的产物，当代中国实践需要我们长期坚持"三个代表"重要思想。"三个代表"重要思想，是在总结我们党80年实践经验的基础上形成的。改革开放20多年，特别是十三届四中全会以来的探索，是这一重要思想形成的最直接、最基本的实践基础。13 年来，我们的实践发生了一系列重大变化。

从计划经济体制向社会主义市场经济体制的深刻转变。邓小平提出社会主义可以搞市场经济，这是邓小平的历史性贡献。江泽民则明确提出"社会主义市场经济"的概念，深刻阐述了社会主义市场经济的理论概念、基本原则、基本要求，对发展社会主义市场经济进行了总体规划，并付诸实践。1993 年十四届三中全会通过了《中共中央关于建立社会主义市场经济体制若干问题的决定》。社会主义市场经济体制的确立，引起我国经济社会发展的巨大变化，生产力水平有了很大提高，综合国力明显增强，人民生活不断改善，社会主义建设取得巨大成就。随着改革开放和社会主义市场经济的发展，我国经济成分、组织形式、就业方式、利益关系和分配方式日益多样。与此相关，人们的社会阶层多样化，人们的思想观念多样化。可以说，我们今天经济社会发展取得的成绩和存在的某些亟待解决的问题，在一定意义上都和实行社会主义市场经济体制有直接或间接的联系。

我国加入世界贸易组织，对外开放进入新阶段。经济全球化是当今世界的一个基本特征。为适应经济全球化趋势和中国改革发展需要，2001 年我国加入世界贸易组织。这使中国的对外开放更加全面，内部改革更加深入，经济社会发展与世界更加息息相关。这既给我们带来难得机遇，同时也给我们带来严峻挑战，对党的执政能力和领导水平提出新的更高的要求。

随着党和国家事业的发展，我们党的队伍发生重大变化。新党员数量大幅度增加，干部队伍新老交替不断进行，一大批年轻干部走上领导岗位。这给党的发展带来了新的活力，也提出了新的挑战。党的阶级基础在增强，群众基础在扩大。进一步提高党的领导水平和执政水平，提高拒腐防变和抵御风险的能力，成为我们党必须解决好的历史性课题。1989年的政治风波，1999年的"法轮功"事件，反映出我们党在新形势下存在严重问题。江泽民指出，时代在发展，形势在变化，我们党要不断巩固自己的执政地位，坚决解决党内存在的突出问题。"提出坚持'三个代表'重要思想要求，其出发点和着眼点就在这里。"

全面建设小康社会，我国社会主义现代化进入新阶段。解决广大人民群众的温饱问题，是中国共产党几十年奋斗的目标。人民生活总体上达到小康水平，是社会主义制度的伟大胜利，是中华民族发展史上一个新的里程碑。十六大报告中提出要紧紧抓住本世纪头二十年的重要战略机遇期，集中力量全面建设小康社会。这是中国共产党在新世纪新阶段全部理论和实践的主题。全面建设小康社会是学习贯彻"三个代表"重要思想的最好实践。"三个代表"重要思想是实现全面建设小康社会宏伟目标的根本指针。学习贯彻"三个代表"重要思想的根本目的，就是要推动全党更好地带领人民群众全面建设小康社会，把中国特色社会主义事业推向前进。

上述时代背景和实践基础的重大变化及其带来的新形

势、新问题、新任务，不仅和马克思当年的情况不同，和列宁不同，和毛泽东不同，和邓小平也不同。形势、问题、任务不同，我们的指导思想也要与时俱进，有所不同。这 10 多年来，以江泽民为主要代表的当代中国共产党人，在新的时代背景下，在领导中国特色社会主义伟大实践中，取得了巨大成就，积累了丰富经验，为我们党提供了大量重要的进行理论思考和创新的新启示、新认识、新材料，为"三个代表"重要思想的提出提供了必要和可能。时代背景和实践基础是"三个代表"重要思想形成的现实根据，也是我们坚持"三个代表"重要思想的现实根据。"三个代表"重要思想的历史地位是由时代决定的，由实践决定的，也就是由历史决定的。所以，胡锦涛在七一讲话中指出："在新的历史条件下，坚持'三个代表'重要思想，就是真正坚持马克思列宁主义、毛泽东思想和邓小平理论；高举'三个代表'重要思想的旗帜，就是真正高举马克思列宁主义、毛泽东思想和邓小平理论的旗帜。"①

二、"三个代表"重要思想的科学体系

"三个代表"重要思想，全面体现党的基本理论、基本路线、基本纲领和基本经验；在改革发展稳定、内政外交国防、治党治国治军等各个方面，都提出了一系列紧密

---

① 《十六大以来重要文献选编》（上），中央文献出版社 2005 年版，第 366 页。

联系、相互贯通的新思想、新观点、新论断；在建设中国特色社会主义的思想路线、发展道路、发展阶段和发展战略、根本任务、发展动力、依靠力量、国际战略、领导力量和根本目的等重大问题上都取得丰硕的成果。它内涵丰富，博大精深，是一个完整的科学体系。

1. "三个代表"重要思想是相互联系、辩证统一的理论整体。"三个代表"重要思想覆盖了社会的全部内容。社会是由经济、文化、政治构成的。发展先进生产力讲的是经济，发展先进文化讲的是文化，实现最广大人民的根本利益，是马克思主义最鲜明的政治立场，讲的是政治。经济、政治、文化，这是人类社会活动的三个组成部分，社会活动包括经济、政治、文化活动。这是人类生活的三个组成部分，提高生活水平包括经济水平、政治水平、文化水平。这是人类文明的三个组成部分，人类文明包括物质文明、政治文明、精神文明，分别代表经济、政治、文化的成就和进步。

"三个代表"重要思想反映了马克思主义的基本原理。代表中国先进生产力的发展要求，是对马克思主义关于生产力和生产关系辩证关系这一基本原理的运用和阐发。代表中国先进文化的前进方向，是对马克思主义关于经济基础和上层建筑辩证关系这一基本原理的运用和阐发。代表中国最广大人民的根本利益，是对马克思主义关于人民群众是推动历史前进的动力这一基本原理的运用和阐发。

"三个代表"重要思想之间相互联系、相互作用，前者是后者的基础和前提，后者又影响和制约着前者。只有不断解放和发展生产力，增强国家的经济实力，才能为建设中国特色社会主义文化和实现人民群众的根本利益提供雄厚的物质基础。只有不断发展和繁荣社会主义文化，才能不断满足人民群众日益增长的精神文化生活需要，才能为发展生产力提供强大的精神动力和智力支持。只有不断提高人民群众的物质文化生活水平，人民群众才能始终以饱满的热情投身到社会主义的伟大事业中来，社会主义改革和建设才能具有坚实的群众基础。发展先进生产力和先进文化是实现最广大人民根本利益的基础和前提，实现最广大人民根本利益则是发展先进生产力和先进文化的目的和归宿。

2. "三个代表"重要思想是相互联系、辩证统一的工作整体。"三个代表"重要思想所具有的基本观点，马克思主义经典作家都有论述，但把发展先进生产力和先进文化、实现最广大人民的根本利益同坚持党的先进性联系在一起，上升到党的性质和宗旨的高度，上升到党的指导思想的高度，构成一个完整的体系，是当代中国共产党人的创造性运用和发展。

作为执政党，我们党的工作千头万绪，但归根结底是突出抓好三个方面的工作：一是大力发展社会生产力特别是先进生产力；二是大力发展社会主义先进文化；三是始终保持党同人民群众的血肉联系。这是由执政党的地位决定的。作为执政党，组织领导社会改革和发展，包括经济体制、政治体制、文化体制改革，加强经济、政治、文化建设，推动经济、政治、文化的全面协调和可持续性发展。这是由我们党的性质决定的。全心全意为人民服务，实现好、维护好、发展好最广大人民的根本利益，是我们党的宗旨和政治立场。这是由我国社会的主要矛盾决定的。当前我国社会的主要矛盾，是落后的社会生产同广大人民群众日益增长的物质文化需要之间的矛盾，满足人民群众需要，实现人民群众利益，解决社会主要矛盾，就是要大力发展先进生产力和先进文化。正因为如此，十六大报告在全面阐述我们党开创中国社会主义事业新局面时，分别阐述了"经济建设和经济体制改革"、"政治建设和政治体制改革"、"文化建设和文化体制改革"。做好这三项工作，我们党就能始终保持先进性，经受各种考验，永远立于不败之地。

3. "三个代表"重要思想是马克思主义科学体系的重要组成部分。"三个代表"重要思想是马克思主义在中国发展的最新成果，是面向 21 世纪中国化的马克思主义，是马克思主义科学体系的重要组成部分。它同马克思列宁主义、毛泽东思想、邓小平理论形成于不同的历史时期，面对不同的历史任务，但它们又是一脉相承的科学思想体系，主要表现在：一是共同的立场、观点、方法，坚持辩证唯物主义和历史唯物主义的世界观和方法论；二是共同的社会理想，坚持共产主义最高纲领和中国特色社会主义最低纲领的统一；三是共同的政治立场，坚持最广大人民的根本利益；四是共同的理论品质，坚持解放思想、实事求是、与时俱进。"三个代表"重要思想同马克思列宁主义、毛泽东思想、邓小平理论是一脉相承而又与时俱进的科学体系。

4."三个代表"重要思想是一个完整的科学体系。"三个代表"重要思想既是马克思主义科学体系的重要组成部分，同马克思列宁主义、毛泽东思想、邓小平理论一脉相承，又围绕中国特色社会主义这个主题，总结我国改革开放和社会主义现代化建设的新鲜经验，系统回答党和国家发展面临的重大问题，深刻揭示党和国家各方面工作的基本规律，是马克思主义中国化的第三大理论成果。它同马克思列宁主义、毛泽东思想、邓小平理论既一脉相承，又与时俱进。正如胡锦涛所说的，"三个代表"重要思想"是一个完整的科学体系"。

在建设中国特色社会主义的问题上，我们党经过了长期理论和实践的双重探索。新中国成立初期，我们党开辟了一条适合中国国情的社会主义改造道路，但对于如何建设社会主义还缺乏经验，只能大量借鉴苏联的经验。在实践中，逐渐发现苏联模式的一些弊端，毛泽东明确提出，搞社会主义不一定全照苏联的那套公式，不能教条主义地学苏联经验。我们党由此开始对中国自己的社会主义道路进行了艰辛探索，丰富了对社会主义建设规律的认识，有力地指导了我国社会主义建设。

十一届三中全会以后，邓小平抓住什么是社会主义、怎样建设社会主义这个根本问题，在新的实践基础上继承前人又突破陈规，把我们对社会主义的认识提高到新的科学水平。邓小平理论科学回答了在中国这样一个经济文化比较落后的国家，如何建设、巩固和发展社会主义的一系列基本问题，开辟了马克思主义发展的新境界。

十三届四中全会以来，以江泽民为主要代表的中国共产党人创造性地运用马克思列宁主义、毛泽东思想特别是邓小平理论，结合新的实践，提出了一系列紧密联系、相互贯通的新思想、新观点、新论断，极大地丰富和发展了邓小平理论。胡锦涛在七一重要讲话中从 10 个最重要的方面阐述了"三个代表"重要思想，深刻总结了新时期实践创造的新鲜经验并上升到理论，坚持并推动了马克思主义的发展。

此外，关于弘扬与时俱进的思想，关于发展是党执政兴国第一要务的思想，关于依靠科技创新实现生产力跨越式发展的思想，关于走新型工业化道路的思想，关于社会主义现代化必须建立在发达生产力基础上的思想，关于全面建设小康社会的思想，关于着眼于世界文化发展前沿进行文化创新的思想，关于弘扬和培育民族精神的思想，关于促进人的全面发展的思想，等等。这些都是对马克思列宁主义、毛泽东思想和邓小平理论的丰富和发展。

"三个代表"重要思想在邓小平理论基础上，进一步回答了什么是社会主义、怎样建设社会主义的问题，创造性地回答了建设什么样的党、怎样建设党的问题。这"进一步回答"和"创造性回答"两个方面，准确地说明了"三个代表"重要思想和邓小平理论的辩证关系。"三个代表"重要思想是坚持马克思主义的典范，又是发展马克思主义的典范。

5."三个代表"重要思想是一个系统的科学理论。

"中国共产党必须始终代表中国先进生产力的发展要求，代表中国先进文化的前进方向，代表中国最广大人民的根本利益。"这三句话是对"三个代表"重要思想的集中概括，是"三个代表"重要思想的核心内容。

"三个代表"和"三个代表"重要思想不同。"三个代表"是三句话，"三个代表"重要思想不是三句话。什么是"三个代表"，为什么要"三个代表"，怎样做到"三个代表"，以及"三个代表"在不同领域、不同时期的表现和要求，等等，都是它不可或缺的重要内容。

一个理论，名称固然重要，但它真正的价值在于内容。比如，我们学习的哲学，叫马克思主义哲学，也可以从内容上称做辩证唯物主义和历史唯物主义，它的精髓还可以用"实事求是"四个字来概括。并不因为把它称为马克思主义哲学，辩证唯物主义和历史唯物主义，或简称为"实事求是"，就影响它的价值和地位。牛顿力学核心内容就是三大运动定律；达尔文进化论，有人把它概括为"物竞天择，适者生存"八个字。这样的例子，科学思想史上比比皆是，甚至每一科学都可以作这样的集中概括。以为"三个代表"重要思想就是三句话，不是一个科学理论，是不正确的；以为可以"集中概括"为三句话，就不是一个系统的科学理论，也是错误的。

三、"三个代表"重要思想的精神实质

"三个代表"是"三个代表"重要思想的核心内容，

"三个代表"重要思想的精神实质，是揭示"三个代表"提出的思想依据和贯彻"三个代表"重要思想的根本要求。它从更深的层次上说明为什么要提出"三个代表"重要思想，怎样贯彻"三个代表"重要思想。它是"三个代表"重要思想极其重要的组成部分，贯穿"三个代表"重要思想的红线。它是学习"三个代表"重要思想的钥匙，贯彻"三个代表"重要思想的指针。学习贯彻"三个代表"重要思想，必须紧紧抓住"三个代表"重要思想的精神实质。

什么是"三个代表"重要思想的精神实质？根据以上对精神实质的理解，"三个代表"重要思想的精神实质应当是：坚持与时俱进，坚持党的先进性，坚持执政为民。这是贯彻"三个代表"重要思想的根本要求，也是学习"三个代表"重要思想应当把握的精神实质。学习"三个代表"重要思想的精神实质和贯彻"三个代表"重要思想的根本要求是一致的。十六大报告明确指出："贯彻'三个代表'重要思想，关键在坚持与时俱进，核心在坚持党的先进性，本质在执政为民。全党同志要牢牢把握这个根本要求，不断增强贯彻'三个代表'重要思想的自觉性和坚定性。"这就把学习"三个代表"重要思想和贯彻"三个代表"重要思想紧密地联系在一起了。学习的重点也就是贯彻的重点，贯彻的要求也就是学习的要求。

1. "三个代表"重要思想的精髓是解放思想、实事求是、与时俱进。坚持解放思想、实事求是、与时俱进，是我们党坚持先进性和增强创造力的决定性因素。能否始终做到这一点，关系党和国家的前途命运。

什么是与时俱进？与时俱进，是马克思主义的思想路线，"三个代表"重要思想的理论品质，也是中国共产党人应有的精神状态。与时俱进，就是我们的思想和行动要随着实践的发展而发展，随着时间的变化而变化。这里的"时"就是时代、时期、时间，这里的"进"就是运动、变化、发展。与时俱进的反面是教条主义、经验主义，是形式主义、官僚主义，是因循守旧、凝固僵化，也就是我们平常讲的刻舟求剑和削足适履。与时俱进，要求我们党的全部理论和工作，要体现时代性，把握规律性，富于创造性。这里，体现时代性，是与时俱进最鲜明的标志；把握规律性，是与时俱进最本质的要求；富于创造性，是与时俱进最生动的体现。

我们党的思想路线，从毛泽东的"实事求是"，到邓小平的"解放思想、实事求是"，再到江泽民的"解放思想、实事求是、与时俱进"，经历了一个不断丰富发展的历程。实事求是是马克思主义的精髓。解放思想、实事求是、与时俱进具有内在的统一性，既包含了实事求是的本质要求，又体现了实事求是的时代精神。当年，只有解放思想，才能实事求是；今天，只有保持与时俱进的理论品质和精神状态，才能解放思想、实事求是，抓住机遇、开拓进取。与时俱进是"三个代表"重要思想的精髓，是学习贯彻"三个代表"重要思想的关键，理解和把握了与时俱进，就理解和把握了学习贯彻"三个代表"重要思想最本质的东西。

创新是坚持与时俱进的必然要求。与时俱进的实质是创新，也就是"富于创造性"。创新是一个民族进步的灵魂，是一个国家兴旺发达的不竭动力，也是一个政党永葆生机的源泉。创新包括理论创新、体制创新、科技创新及其他创新。在各种创新中，理论创新至关重要。要使党和国家的事业不停顿，首先是理论上不能停顿。实践基础上的理论创新是社会发展和变革的先导。十六大把以邓小平理论为指导，不断推进理论创新，列为 13 年 10 条基本经验的首要一条。

理论创新是人们对事物发展规律认识的深化、拓展和升华。理论创新的前提是"三个解放"，一是自觉地把思想认识从那些不合时宜的观念、做法和体制的束缚中解放出来；二是从对马克思主义的错误的和教条式的理解中解放出来；三是从主观主义和形而上学的桎梏中解放出来。理论创新的关键是坚持"两个原则"，一是坚持马克思主义基本原理的指导。马克思主义是我们立党立国的根本指导思想，是全国各族人民团结奋斗的共同理论基础。马克思主义基本原理任何时候都要坚持，否则我们的事业就会因为没有正确的理论基础和思想灵魂而迷失方向，就会归于失败。坚持马克思主义要以根据实践的发展不断推进理论创新为条件。马克思主义的本质特征是与时俱进。它始终严格地以客观事实为依据，随着时代、实践和科学的发展而不断发展。否认马克思主义的科学性，丢掉老祖宗，是错误的、有害的；教条式地对待马克思主义，也是错误的、有害的。二是坚持最广大人民改造世界、创造幸福生活的伟大实践是理论创新的动力和源泉。脱离了人民群众的实践，理论创新就会成为无源之水，就不能对人民群众产生感召力、对实践发挥指导作用。

中国特色社会主义是前无古人的事业，是不断发展的事业。实践没有止境，创新也没有止境。胡锦涛在七一重要讲话中提出了我国社会主义的自我完善和发展需要进一步探索和回答的 14 个重大课题。"三个代表"重要思想既是我们推动实践创新的根本指针，又是我们深化理论探索的崭新起点。我们必须坚持与时俱进，从理论和实践的结合上研究新情况、解决新问题，从而在思想上不断有新解放，理论上不断有新发展，实践上不断有新创造。

2. "三个代表"重要思想的核心是坚持党的先进性。先进性是一个从根本上关系着党的性质和历史地位的问题。一个政党为了保证自己的生存和发展，可以拥有各种各样的手段和条件，但归根到底靠的是党自身的理论和实践的先进性。

党的先进性是在实践中体现出来的。"三个代表"重要思想揭示了中国共产党先进性的本质要求。代表中国先进生产力的发展要求，从经济方面揭示了中国共产党的先进性；代表中国先进文化的前进方向，从思想文化方面揭示了中国共产党的先进性；代表中国最广大人民的根本利益，从政治方面揭示了中国共产党的先进性。

党的先进性是具体的、历史的，过去先进不等于现在先进，现在先进不等于将来先进。提出始终保持党的先进性，是因为我们党处于新的历史条件下，面临着"两个转变"和"两大课题"。"两个转变"是指我们党已经从领导人民为夺取政权而奋斗的党，成为领导人民掌握全国政权并长期执政的党；已经从受到外部封锁和实行计划经济条件下领导国家建设的党，成为对外开放和发展社会主义市场经济条件下领导国家建设的党。"两个转变"带来"两个历史性课题"，就是全面推进党的建设新的伟大工程，进一步解决提高党的领导水平和执政水平、提高拒腐防变和抵御风险能力。

　　坚持党的先进性，一要坚持"两个纲领相统一"。一个政党的纲领就是一面旗帜。坚持党的先进性，必须坚持党的纲领的先进性，坚持最低纲领和最高纲领的统一。在革命、建设和改革的各个历史阶段，我们党既有每个阶段的基本纲领即最低纲领，也有确定长远奋斗目标的最高纲领。我们党的最高纲领是先进的，最低纲领是先进的，我们是先进的最低纲领与先进的最高纲领的统一论者。当前，既要坚持共产主义远大理想和坚定信念，又要脚踏实地地为实现党在现阶段的基本纲领而奋斗。忘记远大理想而只顾眼前，就会失去前进方向，谈不上先进性；离开现实工作而空谈远大理想，就会脱离实际，也谈不上先进性。二要增强和扩大"两个基础"，也就是增强党的阶级基础和扩大党的群众基础。我国工人阶级是近代社会发展特别是社会化大生产发展的产物，具有严格的组织纪律性和革命的坚定彻底性等品格。随着改革开放和现代化建设的发展，我国工人阶级队伍不断壮大，素质日益提高，先进性不断发展。改革开放以来，我国社会阶层结构发生了新的变化，出现了新的社会阶层。这些新的社会阶层，都是中国特色社会主义事业的建设者。把社会各阶层中的优秀分子吸收到党内来，有助于保持党的先进性和提高党的社会影响力。三要牢记"两个务必"。党是由党员组成的，党的先进性要通过一个个共产党员的先进性来体现。每个共产党员都要牢记"两个务必"，讲学习、讲政治、讲正气，树立正确的世界观、人生观、价值观和正确的权力观、地位观、利益观，保持共产党人的蓬勃朝气、昂扬锐气和浩然正气，保持共产党人的先进本色。

坚持党的先进性的重要目标，首先是要把党建设成为"两个先锋队"。中国共产党是中国工人阶级的先锋队，同时是中国人民和中华民族的先锋队。党既要为工人阶级利益而奋斗，又要为中国人民和中华民族的利益而奋斗。坚持党的先进性，其次要实现"两个全面发展"。即社会全面发展和人的全面发展。发展是党执政兴国的第一要务。坚持党的先进性以及发挥社会主义制度的优越性，最终都要落实到发展上，发展先进生产力和先进文化，实现最广大人民的根本利益，推动社会全面发展和人的全面发展。对于执政党来说，能不能加快发展，不仅是重大的经济问题，而且是重大的政治问题。在今天，要保持党的先进性，就要坚持用发展的眼光、发展的思路、发展的办法解决发展中的问题，集中全党全国人民的智慧和力量，聚精会神搞建设，一心一意谋发展。

3. "三个代表"重要思想的本质是立党为公、执政为民。立党为公，这是中国共产党自成立之日起就确定的党的性质和宗旨；执政为民，是共产党作为执政党始终如一的政治理念。我们党来自于人民，植根于人民，服务于人民。党的全部任务和责任，就是为了实现好、维护好、发展好最广大人民的根本利益。

"三个代表"重要思想作为统一的整体，相互联系、相互促进，其着眼点是广大人民群众的根本利益。不断发展先进生产力和先进文化，目的都是为了满足人民群众日益增长的物质文化需要，不断实现最广大人民的根本利益。人民群众既是先进生产力和先进文化的创造者，又是其成果的享有者。实现人民愿望，满足人民需要，维护人民利益，是"三个代表"重要思想的根本出发点和落脚点。学习贯彻"三个代表"重要思想最根本的就是牢牢把握立党为公、执政为民。能不能落实立党为公、执政为民这个本质，是衡量有没有真正学懂、是不是真心实践"三个代表"重要思想最重要的标志。

相信谁、依靠谁、为了谁，是否始终站在广大人民的立场上，是区分唯物史观和唯心史观的分水岭，也是判断马克思主义政党的试金石。对于马克思主义政党来说，坚持立党为公、执政为民，体现了我们党的根本性质、根本宗旨和根本目标。我们党的最大政治优势是密切联系群众，党执政后的最大危险是脱离群众。落实立党为公、执政为民，要坚持尊重社会发展规律与尊重人民历史主体地位的一致性，坚持为崇高理想奋斗与为广大人民谋利益的一致性，坚持完成党的各项工作和实现人民利益的一致性。

立党为公、执政为民必须认真解决群众生产生活中的实际问题。群众利益无小事。我们的各项决策和工作都要真正体现群众的愿望、符合群众的利益。各级领导干部都要牢固树立全心全意为人民服务的思想和真心实意对人民负责的精神，坚持做到权为民所用，情为民所系，利为民所谋。切实把立党为公、执政为民落实到党和国家制定和实施方针政策的工作中去，落实到各级领导干部的思想和行动中去，落实到关心群众生产生活的工作中去。凡事着眼于最大多数人的利益，反映和兼顾不同阶层、不同方面群众的利益，时刻把群众的安危冷暖放在心上，紧紧抓住人民群众最现实、最关心、最直接的实际问题。努力把经济社会发展的长远战略目标和提高人民生活水平的阶段性任务统一起来，把实现人民的长远利益和当前利益结合起来。

人民群众是推动历史发展的根本动力，是决定国家前途和命运的根本力量。广大人民群众的积极性、创造性的充分发挥是我们事业成功的根本保证。一切依靠群众、一切为了群众，从群众中来、到群众中去，是我们党的根本工作路线。要善于从群众的实践中汲取经验，从群众的意见中汲取智慧。善于用说服教育、示范引导和提供服务等手段做好新形势下的群众工作，充分调动群众的积极性、主动性和创造性。始终坚持用人民拥护不拥护、赞成不赞成、高兴不高兴、答应不答应来衡量我们的一切决策、政策和工作。

以改革的精神不断加强党的建设[*]

江泽民的《在庆祝中国共产党成立八十周年大会上的讲话》（以下简称《讲话》），以马克思列宁主义、毛泽东思想和邓小平理论为指导，系统总结了我们党80年的光辉历程和基本经验，全面阐述了"三个代表"重要思想的科学内涵，深刻回答了新的历史条件下加强和改进党的建设需要解决的重大问题，进一步指明了党在新世纪的历史任务和奋斗目标。

学习贯彻《讲话》精神，就要从"三个代表"重要思想的高度，继续推进党的建设新的伟大工程，努力把党的思想建设、组织建设和作风建设提高到一个新的水平。

---

* 本文发表于《思想理论教育导刊》2001年第9期，原题为《认真学习江泽民同志七一讲话，自觉实践"三个代表"重要思想》，这是原文的第三部分。

一、始终坚持解放思想、实事求是的思想路线
　　加强和改进党的思想建设

　　解放思想、实事求是是马克思列宁主义的精髓、毛泽东思想的精髓、邓小平理论的精髓，也是我们认识新事物、适应新形势、完成新任务的根本思想武器和引导社会前进的强大力量。我们学习、坚持马克思主义，主要是学习、坚持它的科学原理和科学精神，解放思想、实事求是是马克思主义最基本的科学原理和最根本的科学精神。我们学习、运用马克思主义的立场、观点、方法，最为重要的也就是学习、运用解放思想、实事求是的立场、观点、方法。一部中国革命、建设、改革的历史，可以说是一部党和人民在解放思想、实事求是的旗帜指引下艰苦奋斗、励精图治的历史。我们党在历史上的一些时期曾经犯过错误，甚至遇到严重挫折，根本原因是违背了解放思想、实事求是的精神，当时的指导思想脱离了中国的实际。我们党能够依靠自己和人民的力量纠正错误，战胜挫折，继续胜利前进，根本原因也在于重新恢复和坚持贯彻了解放思想、实事求是的思想路线。"两个根本原因"，实质是一个问题，就是能否坚持解放思想、实事求是的思想路线。江泽民七一讲话、尤其是"三个代表"重要思想为全党作出了解放思想、实事求是的榜样。没有解放思想、实事求是的精神，不可能对我们党80年的历史经验作出如此精辟的概括；没有解放思想、实事求是的精神，不可能对

"三个代表"重要思想的科学内涵和精神实质作出如此深刻的阐述；没有解放思想、实事求是的精神，也不可能对我国改革开放和现代化建设面临的重大理论和实践问题作出如此明确的回答。解放思想、实事求是也是《讲话》的精髓。紧紧抓住这个精髓，有助于我们学习和领会好《讲话》的精神实质。

坚持解放思想、实事求是的思想路线，加强和改进党的思想建设，要正确对待马克思主义，全面把握江泽民提出的坚持马克思主义基本原理和反对以教条主义的态度对待马克思主义理论的"两个道理所在"。马克思主义是我们立党立国的根本指导思想，是全国各族人民团结奋斗的共同理论基础。加强党的思想建设，最根本的是坚持和巩固马克思主义在我国意识形态的指导地位，用马列主义、毛泽东思想特别是邓小平理论武装全党。这是保证全党和全国人民加强团结、始终沿着正确方向前进的根本思想基础。不努力学习和研究马克思主义，不理直气壮地坚持和宣传马克思主义，我们就会因为没有正确的理论基础和思想灵魂，在错综复杂的形势下迷失方向，失去判断是非的能力，就会犯极大的错误。

马克思主义是科学的理论、发展的理论，与时俱进是马克思主义的理论品质，创新是马克思主义发展的不竭动力，而教条主义则是马克思主义的大敌。没有对马克思主义的发展、创新，就没有列宁主义，就没有毛泽东思想，就没有邓小平理论。一部马克思主义史，就是一部不断创新的历史，与时俱进的历史。我们可以设想，抽掉社会主义本质理论、社会主义初级阶段理论、社会主义市场经济理论、社会主义精神文明建设理论、社会主义改革开放理论等，我们今天坚持的马克思主义将会是一个什么样子的马克思主义，我们的社会又将是一个什么样子的社会。所以，江泽民深刻地指出，马克思主义的基本原理任何时候都要坚持，但是，如果不顾历史条件和现实情况的变化，拘泥于马克思主义经典作家在特定历史条件下、针对具体情况作出的某些个别论断和具体行动纲领，我们就会因为思想脱离实际而不能顺利前进，甚至发生失误。

坚持解放思想、实事求是的思想路线，加强党的思想建设，当前要坚持"三个解放"，即自觉地把思想认识从那些不合时宜的观念、做法和体制中解放出来，从对马克思主义的错误的和教条式的理解中解放出来，从主观主义和形而上学的桎梏中解放出来。这"三个解放"，是当前推进思想解放的关键所在。换句话说，当前我们要解放思想，主要就是从这三个方面解放出来。改革开放以来，我们党理论上的每一次创新，都有一个统一思想认识的过程，都有一个如何看待和对待"三个解放"的问题。提出社会主义市场经济体制时，有不少不同的认识，邓小平讲"三个有利于"标准，也有不同的看法。问题就在于对于一些新思想、新观点、新论断，有的同志总是习惯于到书本中、历史中去找根据。找到了，就以为可靠，找不到，就怀疑，就不踏实，甚至就反对。这是一种教条主义、本本主义的思想方法。其实，认识来源于实践，实践是检验真理的唯一标准。新思想、新观点、新论断最有力的根据就是新的实践和实际，甚至可以说，它的真正价值就在于，符合新的实际而不符合书本中旧的结论。学习《讲话》，理解《讲话》中的新思想、新观点、新论断，也必须具备"三个解放"的勇气、方法和精神状态。

坚持解放思想、实事求是的思想路线，加强和改进党的思想建设，还要坚持一切从社会主义初级阶段的实际出发。我国正处在并将长期处在社会主义初级阶段，这个长期的初级阶段又是整个建设中国特色社会主义的很长历史过程中的初始阶段。这个阶段主要的特点就是不发达，最基本的任务就是实现现代化。这是我国现阶段的基本国情，也是我国最大的实际。我们想问题，定政策，做计划，办事情，都要从这个最大的实际出发。《讲话》中的重大理论创新、主要方针政策，都是建立在社会主义初级阶段这个基础之上的，也只有从这个实际出发，才能真正领会和贯彻好《讲话》精神和"三个代表"重要思想。

例如，关于党的最高纲领和最低纲领的关系。我们是共产党，我们坚信马克思主义关于人类社会必然走向共产主义这一基本原理。但我们必须看到，实现共产主义是一个非常漫长的历史过程，我们必须把这个"非常漫长的历史过程"和建设中国特色社会主义的"很长历史过程"以及社会主义初级阶段的"长期"过程结合起来，"既要树立共产主义的远大理想，坚定信念，以高尚的思想道德要求和鞭策自己，更要脚踏实地地为实现党在现阶段的基本纲领而不懈努力，扎扎实实地做好现阶段的每一项工作"①。共产主义只有在社会主义充分发展和高度发达的基础上才能实现。我们为共产主义而奋斗，就要为建设有中国特色社会主义而奋斗，为社会主义初级阶段的基本理论、基本路线、基本纲领而奋斗；为共产主义奋斗终生，对于我们这一代人来说，也就是要为实现社会主义现代化奋斗终生。共产党及共产主义事业是永恒的，社会主义的巩固和发展需要几代人、十几代人，甚至几十代人坚持不懈地努力奋斗，而每个共产党员的生命都是有限的，不可能经历共产主义事业的全过程，因此，我们为共产主义而奋斗，只能体现在为实现共产主义漫长过程中某一阶段的历史任务、发展目标而奋斗。

　　对于每一个共产党员的理想信念来说，共产主义远大理想不能丢，不能动摇，也不能含糊，但中国特色社会主义共同理想、社会主义现代化的奋斗目标更重要。现在我们衡量和判断一个党员是否合格，理想信念是否坚定，最切实也最有说服力的就是看他对建设中国特色社会主义是否有信心，是否自觉地执行党在现阶段的路线方针政策，并在改革开放和社会主义现代化建设中发挥先锋模范作用。马克思的一个伟大功绩在于，把社会主义由空想变为科学。今天，如果我们完全离开中国特色社会主义，离开社会主义初级阶段的现实工作而空谈共产主义理想，那就有可能把科学社会主义又变成空想。

---

　　① 《十五大以来重要文献选编》下，人民出版社 2003 年版，第 1924 页。

二、不断增强党的阶级基础和扩大党的群众基础
　　加强和改进党的组织建设

江泽民明确指出，贯彻"三个代表"要求，我们必须坚持党的工人阶级先锋队的性质，在保持党的先进性的同时，根据经济发展和社会进步的实际，不断增强党的阶级基础和扩大党的群众基础，不断提高党的社会影响力。怎样增强党的阶级基础，扩大党的群众基础？江泽民说，来自工人、农民、知识分子、军人、干部的党员是党的队伍最基本的组成部分和骨干力量，同时也应该把承认党的纲领和章程、自觉为党的路线和纲领而奋斗、经过长期考验、符合党员条件的社会其他方面的优秀分子吸收到党内来。江泽民的这一论断，是对马克思主义党建学说的重大突破。

我们党是工人阶级的先锋队，必须坚持以工人阶级作为阶级基础，这是保持党的先进性的首要前提。因为工人阶级与社会化大生产相联系，是先进生产力的代表。但是，在新的历史条件下，作为执政的中国共产党，既要坚持自己鲜明的阶级性，又要根据经济发展和社会进步的实际，不断扩大党的群众基础。因为建设中国特色社会主义事业，需要全社会各个方面忠诚于祖国和社会主义的优秀分子，以自己的实际行动带领群众共同推进。党的组织路线要为党的政治路线服务。吸收民营科技企业的创业人员和技术人员、受聘于外资企业的管理技术人员、个体户、私营企业主、中介组织的从业人员、自由职业人员等社会

阶层中的优秀分子到党内来，是新时期加强和改进党的组织建设的重大举措。

这样做是否会影响党的阶级性、先进性呢？江泽民说，看一个政党是否先进，是不是工人阶级先锋队，主要应看它的理论和纲领是不是马克思主义的，是不是代表社会发展的正确方向，是不是代表最广大人民的根本利益，而不是简单地看党员的成分和职业。党的先进性是由党员的先进性决定的，党的阶级性是由党员思想的阶级性决定的。一个人的出身、身份和他政治上是否先进，思想上属于哪个阶级有关系，但并不完全等同。对于具体的个人来说，工人阶级出身的，不一定有工人阶级思想；不是工人阶级出身的，未必就没有工人阶级思想。1945 年党的七大时毛泽东曾经说过，出身是一回事，进党又是一回事，出身是非无产阶级，进党后是无产阶级，他的思想、他的行为要变成无产阶级的。毛泽东所特别强调的主要是人的思想和行为，而不是出身、身份和职业。江泽民说，不能简单地把有没有财产、有多少财产当做判断人们政治上先进与落后的标准，而主要应该看他们的思想政治状况和现实表现，看他们的财产是怎么得来的以及对财产怎么支配和使用，看他们以自己的劳动对建设中国特色社会主义事业所作的贡献。我们党历来注重从思想上建党，历来主张能否自觉地为实现党的路线和纲领而奋斗，是否符合党员条件，为吸收新党员的主要标准。既然判断一个人政治上先进与落后的标准和吸收新党员的标准是明确的，那么，当前新的社会阶层中符合标准的，就应当可以入党；不符合标准的，不管其身份和职业如何，都不能入党。这才是马克思主义的实事求是的态度。

正是由于人的身份、职业和思想政治状况不完全等同，所以，江泽民一方面说知识分子是工人阶级的一部分，一方面又把知识分子和工人相并列，说工人、农民、知识分子、军人、干部的党员是党的队伍最基本的组成部分和骨干力量。这里，前一种说知识分子是工人阶级的一部分，主要是从思想政治状况上讲的，是说绝大多数知识分子具备了工人阶级的先进思想，而后一种则主要是从身份、职业上讲的，在当代社会仍然有以从事知识的传播、创新和应用为主要任务的知识分子的职业。这也就是说，就知识分子而言，他的职业、身份是知识分子，而他的思想则属于工人阶级，特别是知识分子党员，他的思想、行为已经变成工人阶级的思想、行为。

今天，我们大家都已经接受了农民、知识分子和工人一样，是党的队伍最基本的组成部分和骨干力量。其实，在历史上，也如同现在大家讨论私营企业主等"六种人"能否入党一样，农民和知识分子能否入党的问题也曾经发生过激烈的争论，有赞同的，也有不赞同的。毛泽东是赞同的，他解决的办法就是，注重成分但不唯成分，着重从思想上建党。井冈山时期，党的中心工作从城市转向农村，逐步开创了农村包围城市、武装夺取政权的道路，于是，党在农民中主要是贫苦农民中大量发展党员。抗日战争时期，民族矛盾上升为国内主要矛盾，在党的抗日救国旗帜的感召下，大批爱国的小资产阶级知识分子加入到革命队伍中来，于是党大量吸收知识分子加入党的组织。1935 年的陕北瓦窑堡会议对此作了系统的总结和科学的概括，会议决议写道："中国共产党是中国无产阶级的先锋队。因此一切愿意为着共产党的主张而奋斗的人，不问他们的阶级出身如何，都可以加入共产党。一切在民族革命与土地革命中的英勇战士，都应该吸收入党，担负党在各方面的工作。由于中国是一个经济落后的半殖民地与殖民地，农民分子与小资产阶级出身的知识分子，常常在党内占大多数。但这丝毫也不减弱中国共产党的布尔什维克的地位。"① 党的历史与中国革命、建设的历史已经充分证明，我们党根据当时党的中心工作和根本任务，吸收农民和知识分子入党是正确的，关门主义是错误的。

当前，我们党的建设和社会主义建设都发展到一个新的历史阶段，党的中心工作是经济建设，根本任务是发展社会生产力。因此，在现阶段，党员的先进性就体现在全面、正确、积极地贯彻执行党的"一个中心、两个基本点"的基本路线上，体现在自觉投身于中国特色社会主义的经济、政治、文化建设上。新的社会阶层中的广大人员，在党的路线方针政策指引下，通过诚实劳动和工作，通过合法经营，为发展社会主义社会的生产力和其他事业作出了贡献。因此，他们与工人、农民、知识分子、干部和解放军指战员团结在一起，"也是有中国特色社会主义事业的建设者"。

———————

① 《中共党史教学参考资料》（二），人民出版社 1957 年版，第 62 页。

　　在这种情况下，权衡利弊，我们是把他们中符合党员条件的优秀分子吸收到党内来，还是把他们关在党的大门之外，甚至把他们作为异己力量推到党的对立面呢？只要我们面向现实，从实际出发，丢掉头脑中的陈腐观念和习惯思维，这个问题是不难解决的。吸收新的社会阶层中的优秀分子入党，有利于增强党的阶级基础，扩大党的群众基础，提高党在全社会的影响力，有利于巩固党的执政地位，保持党的先进性，也有利于推进建设中国特色社会主义伟大事业。

　　有同志提出，在目标上，我们党不仅要始终成为中国工人阶级先锋队，还要同时成为中国人民和中华民族的先锋队，在政策上又允许"六种人"入党，这不就成了"全民党"了吗？这种顾虑是没有根据的。

　　毫无疑问，新的社会阶层的情况是复杂的，成员素质也参差不齐。我们说允许这些社会阶层成员入党，指的是其中能够符合"三个代表"要求的，是"承认党的纲领和章程、自觉为党的路线和纲领而奋斗、经过长期考验、符合党员条件"的优秀分子，而不是所有成员。即使是工人、农民、知识分子，我们也没有都吸收到党内来。

　　所谓"全民党"，指的是党的大门无限制地向全社会开放，不管什么人，只要愿意，都可以成为党员，并且出入党组织完全自由。它的要害是抛弃了党的阶级基础，淡化了党的指导思想，放弃了党员标准以及党组织对党员的教育和管理。我们党是工人阶级、中国人民和中华民族根本利益的忠实代表，是工人阶级、中国人民和中华民族的先锋队，而不是工人阶级、中国人民和中华民族本身。我们党有着严格入党条件、入党程序，我们党坚持正确的理论和纲领，重视党的自身建设，并通过党这个熔炉把来自社会各个方面的党员锻炼成为具有工人阶级思想、共产主义觉悟的先进分子。

三、始终保持党同人民群众的血肉联系　加强和改进党的作风建设

党的作风建设，与党的思想建设、组织建设是相互联系、相互促进的。思想建设解决党的思想政治路线问题，组织建设解决谁来贯彻执行党的思想政治路线的问题，而作风建设解决的则是怎样贯彻执行党的思想政治路线的问题。抓住作风建设，就抓住了新形势下全面推进党的建设的一个十分重要的环节，抓住了提高党的领导水平和执政水平、提高拒腐防变和抵御风险能力的一个十分重要的切入点。当前，切实抓好党的作风建设，是全党同志和全国人民的深切期望。

党的作风是党的性质、宗旨的重要体现，是党的创造力、战斗力和凝聚力的重要内容。在现实生活中，党的性质和宗旨是党的内在规定，它一方面通过党的基本理论、基本路线和基本纲领表现出来；另一方面通过党的作风表现出来。任何具有先进性的政党，都既要有正确的理论路线和方针政策，又要有良好的作风。毛泽东领导的延安整风，邓小平支持的真理标准讨论，江泽民倡导的"三讲"教育，都是我们党抓党的作风建设的重大实践。

　　所以，党风建设至关重要。江泽民在《讲话》中从"党的作风，关系党的形象，关系人心向背，关系党的生命"这样"三个关系"的高度，深刻地说明了加强和改进党的作风建设的重要性和必要性。党的作风关系党的形象。因为思想是行动的先导，行动是思想的表现，我们常说言为心声，要听其言，观其行，都是强调通过人的言行所构成的形象来观察和评价一个人或一个党。在革命战争年代，我们党和军队靠着"三大纪律、八项注意"，得到人民群众拥护和欢迎。美国作家斯诺从延安窑洞看到共产党人不可战胜的力量。历史学家范文澜1934年还没有加入共产党，但国民党中统特务见他一向"为人正直，生活艰苦朴素"，像共产党而将其逮捕。党的作风关系人心向背。因为党的作风显示党的路线方针政策实行的情况，人民往往据以对党作出评价和鉴定。我们党80年的历史清楚地表明，干部的作风怎么样，干群关系就怎么样。党的作风与人民群众拥护与否、赞成与否、答应与否有着不可分割的联系。由于党的作风决定着人心向背，因此，党的作风关系党的生命。党的作风建设包括许多内容，首要是党的思想作风建设。全党同志都要始终坚持解放思想、实事求是的思想路线，发扬理论联系实际的学风。加强和改进党的作风建设，当前最急迫的是反腐倡廉，发扬艰苦奋斗作风，反对享乐主义、拜金主义，把党风廉政建设和反腐败斗争进行到底，实现江泽民提出的以党风廉政建设的实际成果取信于民的要求。

　　加强和改进党的作风建设，核心是密切联系群众，也就是《讲话》中三次提到的始终保持党同人民群众的血肉联系。在党的三大基本经验中，诚心诚意为人民谋利益是其中的一项。江泽民指出，始终保持同人民群众的血肉联系，是我们党战胜各种困难和风险、不断取得事业成功的根本保证。在阐述"三个代表"重要思想科学内涵时，把始终代表最广大人民的根本利益，不仅看做是"三个代表"的其中一个方面，而且看做是"三个代表"的出发点和落脚点。江泽民说，不断发展先进生产力和先进文化，归根到底都是为了满足人民群众日益增长的物质文化需要，不断实现最广大人民的根本利益。为此，他指出，我们党的所有工作，都是为了始终保持党同人民群众的血肉联系；只有把关心群众、服务群众的工作切实做好了，我们才能始终保持与人民群众的血肉联系。在全面论述按照"三个代表"要求加强和改进党的建设时，江泽民把党的作风建设作为与思想建设、组织建设、队伍建设和制度建设相并列的"五大建设"之一。在作风建设中，他指出，所谓不良风气，就是不符合党的事业发展要求、不符合人民利益的作风。他把种种严重脱离群众的现象作为当前特别要注意克服的不正之风，并指出当前影响党同群众关系的最突出问题是形式主义和官僚主义。而形式主义和官僚主义产生的根源都是忘记了全心全意为人民服务的宗旨，以及一切为了群众和一切依靠群众的根本观点。形式主义脱离实际，不务实效，既应付上级，也应付群众；官僚主义脱离群众，既对党的事业不负责任，也对人民的利益不负责任。解决的唯一办法就是坚持深入群众，倾听群众声音，关心群众疾苦，努力为群众多办好事、多办实事，扎扎实实地解决群众的困难。

把保持党同人民群众的血肉联系作为加强和改进党的作风建设的核心，这是由我们党的性质和宗旨决定的。邓小平说，中国共产党党员的含义或任务，如果用概括的语言来说，只有两句话：全心全意为人民服务，一切以人民利益作为每一个党员的最高准绳。他在谈到我们党的优良作风时又说，毛泽东倡导的作风，群众路线和实事求是这两条是最根本的东西。江泽民"三个代表"重要思想给党的群众观点和群众路线注入了新的内容。他在《讲话》中提出坚持"三个一致性"，即"坚持尊重社会发展规律与尊重人民历史主体地位的一致性，坚持为崇高理想奋斗与为最广大人民谋利益的一致性，坚持完成党的各项工作与实现人民利益的一致性"①。这"三个一致性"把人民群众的地位和利益同社会发展规律、党的崇高理想以及各项实际工作紧密地联系在一起，强调了共产党必须坚持人民群众是历史的创造者的唯物主义历史观，每个共产党员要把实现共产主义最高理想和建设中国特色社会主义共同理想转化为脚踏实地为人民服务的自觉行动，把最广大人民的根本利益作为党的一切工作的最高标准，把最大多数人的利益作为党的各项决策的最具有决定性的因素。始终不渝地坚持"三个一致性"，密切党同人民群众的血肉联系，党就能永葆生机和活力，永远立于不败之地。

———————————

① 《江泽民文选》第3卷，人民出版社2006年版，第279页。

以人为本是科学发展观的核心[*]

　　坚持以人为本，树立全面协调可持续的发展观，是以胡锦涛为总书记的党中央从新世纪新阶段党和国家事业发展全局出发提出的重大战略思想，是我们党对社会主义现代化建设指导思想的新发展。深刻而全面地理解以人为本是科学发展观的核心，对于我们自觉树立和落实科学发展观、全面建设小康社会和构建社会主义和谐社会具有重要意义。

一、深刻理解以人为本的科学内涵

　　以人为本的科学内涵需要从两个方面来把握。首先是"人"这个概念。"人"在哲学上，常常和两个东西相对，一个是神，一个是物，人是相对于神和物而言的。因此，提出以人为本，要么是相对于以神为本，要么是相对于以

***

　　* 本文发表于《求是》2005 年第 22 期。

物为本。大致说来，西方早期的人本思想，主要是相对于神本思想，主张用人性反对神性，用人权反对神权，强调把人的价值放到首位。中国历史上的人本思想，主要是强调人贵于物，"天地万物，唯人为贵"。《论语》记载，马棚失火，孔子问伤人了吗？不问马。说明在孔子看来，人比马重要。在现代社会，无论是西方还是中国，作为一种发展观，人本思想都主要是相对于物本思想而提出来的。

其次是"本"这个概念。"本"在哲学上可以有两种理解，一种是世界的"本原"，一种是事物的"根本"。以人为本的本，不是"本原"的本，是"根本"的本，它与"末"相对。以人为本，是哲学价值论概念，不是哲学本体论概念。提出以人为本，不是要回答什么是世界的本原，人、神、物之间，谁产生谁，谁是第一性、谁是第二性的问题，而是要回答在我们生活的这个世界上，什么最重要、什么最根本、什么最值得我们关注。以人为本，就是说，与神、与物相比，人更重要、更根本，不能本末倒置，不能舍本求末。我们大家所熟悉的"百年大计，教育为本；教育大计，教师为本"，以及"学校教育，学生为本"等，都是从"根本"这个意义上理解和使用"本"这个概念的。

以人为本思想是我们党摒弃了旧哲学人本思想中封建地主阶级、资产阶级的阶级局限和历史唯心主义的理论缺陷，借鉴国际经验教训，针对当前我国发展中存在的突出问题和实际工作中存在的一种片面的、不科学的发展观而提出来的。这种片面的、不科学的发展观认为，发展就是经济的快速运行，就是国内生产总值（GDP）的高速增长，它忽视甚至损害人民群众的需要和利益。这种发展观"见物不见人"，其实质是一种"以物为本"的思想，它和以人为本所代表的是两种不同的发展观。

改革开放以来，我们党始终强调把发展生产力作为社会主义社会的根本任务。科学发展观并不否认经济发展、GDP 增长，它所强调的是，经济发展、GDP 增长，归根到底都是为了满足广大人民群众的物质文化需要，保证人的全面发展。人是发展的根本目的。提出以人为本的科学发展观，目的是以人的发展统领经济、社会发展，使经济、社会发展的结果与我们党的性质和宗旨相一致，使发展的结果与发展的目标相统一。正如胡锦涛所说，坚持以人为本，就是要以实现人的全面发展为目标，从人民群众的根本利益出发谋发展、促发展，不断满足人民群众日益增长的物质文化需要，切实保障人民群众的经济、政治和文化权益，让发展的成果惠及全体人民。

以人为本，不仅主张人是发展的根本目的，回答了为什么发展、发展"为了谁"的问题；而且主张人是发展的根本动力，回答了怎样发展、发展"依靠谁"的问题。"为了谁"和"依靠谁"是分不开的。人是发展的根本目的，也是发展的根本动力，一切为了人，一切依靠人，二者的统一构成以人为本的完整内容。只讲根本目的，不讲根本动力，或者只讲根本动力，不讲根本目的，都不符合唯物史观。毛泽东指出，人民群众是历史的主人；同时指出，人民，只有人民，才是创造世界历史的动力。胡锦涛说，相信谁、依靠谁、为了谁，是否始终站在最广大人民的立场上，是区分唯物史观和唯心史观的分水岭，也是判断马克思主义执政党的试金石。

需要特别强调的是，胡锦涛所有关于以人为本的论述，都十分明确地指出，我们所讲的以人为本，是以广大的人民群众为本，这里的人，不是抽象的人，也不是某个人、某些人。一切为了人，一切依靠人，就是一切为了人民群众，一切依靠人民群众。这里讲的人和人民，是同一个意思。

在中国历史上，"人"和"民"有时通用，人本也即民本。但在当代，作为一种哲学价值观，人本和民本又是不同的。前面指出，人是相对于物和神而言的。人本是讲人与物、人与神的关系，而民本则是讲人与人的关系。民是相对于官而言的。"民为贵，社稷次之，君为轻"，就是中国儒家政治哲学的集中表述。

作为执政党，从工作层面，我们也讲民，要坚持权为民所用，情为民所系，利为民所谋，正确处理党同人民群众的关系。但它和历史上的民本思想根本不同。因为从性质上说，中国共产党作为领导我们事业的核心力量，它来自人民群众，植根于人民群众，服务于人民群众，是广大人民群众根本利益的忠实代表。党同人民群众之间领导与被领导的关系，完全不同于旧中国君同民之间统治与被统治的关系。我们讲民，是要求我们的领导干部，自觉地做人民的公仆，坚决克服旧社会遗留下来的"官本位"思想，反对工作中的官僚主义、形式主义、命令主义。对于我们党来说，坚持以人为本，就是坚持立党为公、执政为民，就是坚持全心全意为人民服务，就是坚持在任何时候任何情况下，都要相信人民群众、依靠人民群众、为了人民群众，始终保持党同人民群众的血肉联系。

二、全面把握科学发展观与以人为本的关系

科学发展观作为我们党关于发展的总体看法和根本观点，是一个整体，主要强调以人为本，强调全面、协调、可持续发展。只有把二者有机统一起来，并把以人为本作为核心，才能全面把握科学发展观。

科学发展观的基本前提是发展。发展是硬道理，是我们党执政兴国的第一要务。离开发展，就无所谓发展观，更谈不上科学发展观。树立和落实科学发展观，其根本着眼点是要用新的发展理念、思路实现更好更快地发展。科学发展观的基本内容是发展什么、怎样发展、为什么发展的统一。科学发展观和非科学发展观的根本不同，就在于在发展什么、怎样发展和为什么发展中是否坚持以人为本，是否用以人为本的思想来认识发展问题和推动发展工作。

科学发展观认为，发展除了经济发展、社会发展外，还包括人的发展。所谓全面、协调、可持续发展，一个重要的方面，就是强调经济、社会、人的全面发展，以及三者之间的协调和可持续发展。发展观从传统到科学的转变，经历了经济发展观、经济社会发展观，再到以人为中

心的发展观这样一个过程，确切地说，就是再到经济、社会和人的全面、协调、可持续发展的过程。经济发展是社会发展的基础；社会发展既是经济发展的保障，又是人的发展的前提。事实证明，经济不发展，社会很难发展；经济、社会不发展，人很难发展。事实也证明，经济发展并不等同于社会发展，经济、社会发展并不等同于人的发展。人的发展，是发展的核心内容。离开人的发展的发展观，仍然属于传统发展观的范畴，而不是我们所要树立和落实的科学发展观。

　　发展观不仅回答发展的内容、发展什么，而且要回答发展的目的，为什么发展。传统发展观之所以不科学，也在于它片面地把追求经济社会发展乃至把单纯地追求经济增长当做目的，看不到发展不仅包括人的发展，而且是为了人的发展。离开人的全面发展，经济社会发展就失去了方向，也失去了意义。

　　发展是为了人，发展也依靠人。传统发展观和科学发展观的区别，还表现在如何认识发展的手段、怎样发展等问题上。科学发展观重视发展的物质因素、物质条件，但与传统发展观不同，科学发展观认为决定的因素是人不是物，人力资源是第一资源，也就是邓小平讲的"关键在人"。人是发展的根本目的，也是发展的根本手段，是实现人的自身利益的根本力量。人作为发展的主体，是发展目的与发展手段的统一。提高人的素质，促进人的全面发展，是经济社会发展的根本目的，也是推进经济社会全面协调可持续发展的根本途径和手段。

三、自觉地在贯彻科学发展观的
实践中坚持以人为本

以人为本，体现了马克思主义的基本观点，是我们党必须长期坚持的指导思想，是我们必须在实际工作中一以贯之的指导方针和重要原则。

要把以人为本作为我们党新时期的执政理念和要求。胡锦涛指出，全面建设小康社会、构建社会主义和谐社会，就是要形成一个"全体人民各尽其能、各得其所而又和谐相处的局面"。各尽其能、各得其所，是以人为本思想的具体体现和内在要求。"各尽其能"讲的是发展的动力问题，"各得其所"讲的是发展的目的问题，其主体都是"全体人民"。我们要努力从理论和实践的结合上，紧紧围绕如何使全体人民各尽其能、如何使全体人民各得其所这样两个既相互区别又互为前提和基础的方面，研究新问题、开拓新思路、提出新办法，使我们的思想观念、政策措施、工作部署、工作方式更好地体现以人为本的要求，把科学发展观落到实处。

要始终着力于促进人的全面发展。马克思主义历来把每个人自由而全面的发展当做自己的理想目标。贯彻落实科学发展观，坚持以人为本，就要在经济发展的基础上不断满足人们的多方面需求，提高人的素质，促进人的全面发展，逐步实现全体社会成员的共同富裕，为人的全面发展创造坚实的物质基础。同时，还要加快政治建设，提高人们的思想政治素质，为人的全面发展提供可靠的政治保证；加快文化建设，为人的全面发展提供丰富、有益的精神食粮，使人的精神世界更加充实、文化生活更加丰富多彩；加快社会建设，促进人和人、人和社会、人和自然的协调与和谐，为人的全面发展创造良好的生态生活环境。

要切实维护广大人民群众的各种权益。在想问题、订计划、作决策以及推进各项工作中，要始终坚持把最广大人民的根本利益作为出发点和落脚点，以是否符合最广大人民的根本利益为衡量我们工作成败得失的最高标准。要抓紧解决人民群众生产生活中的突出问题和困难，多做得人心、暖人心、稳人心的好事实事，想群众之所想，急群众之所急，满腔热情地为群众服务，在生产发展的基础上，不断提高人民群众的生活水平和生活质量。要形成统筹兼顾的利益协调机制，正确反映和处理好城乡之间、不同区域不同阶层不同行业之间群众的利益关系，以及局部利益和整体利益、当前利益和长远利益的关系，保证人民群众共享改革发展的成果，使全体人民朝着共同富裕的方向稳步前进。

要努力提高广大人民群众的积极性、主动性和创造性。始终坚持尊重人、理解人、关心人，充分尊重群众的主体地位和主动精神。尊重差异、包容多样，平等对话、民主协商，引导群众自我教育、自我提高。通过深化改革、创新体制，大力营造尊重劳动、尊重知识、尊重人才、尊重创造的社会氛围，最广泛、最充分地调动一切积极因素，激发全社会的创造活力。

　　最大多数人的利益和全社会全民族的积极性、主动性和创造性，对党和国家事业的发展始终是最具决定性的因素。我们只有在工作实践中切实体现以人为本，把最广大人民群众的切身利益实现好、维护好、发展好，把最广大人民群众的积极性引导好、保护好、发挥好，才能真正贯彻落实科学发展观，全面建设小康社会，构建社会主义和谐社会，开创中国特色社会主义事业的新局面。

树立社会主义荣辱观的方法论问题[*]

　　胡锦涛《牢固树立社会主义荣辱观》是一篇新形势下加强社会主义思想道德建设的纲领性文献，具有很强的思想性、指导性和现实针对性。它系统提出了以"八荣八耻"为主要内容的社会主义荣辱观，涵盖了爱国主义、集体主义、社会主义思想，体现了中华民族传统美德和时代要求，明确了当代中国最基本的价值取向和行为准则，是对马克思主义道德观的精辟概括。它着重强调了树立社会主义荣辱观的重大意义，指出树立社会主义荣辱观，是全面落实科学发展观、加强社会主义精神文明建设、构建社会主义和谐社会、促进人的全面发展的必然要求。

　　《牢固树立社会主义荣辱观》思想深邃、意义深远，内涵十分丰富。它不仅提出了社会主义荣辱观的主要内容，回答了什么是社会主义荣辱观；强调了树立社会主义荣辱观的重大意义，回答了为什么要树立社会主义荣辱

---

　　* 本文发表于《北京师范大学学报》2006 年第 5 期。

观；而且明确了树立社会主义荣辱观的方法，回答了怎样树立社会主义荣辱观。方法是人们认识问题、解决问题的途径和手段，是过河的桥和船。方法论是《牢固树立社会主义荣辱观》的重要内容，是作为推进社会主义精神文明建设指导方针的重要方面。在广大干部群众衷心拥护树立社会主义荣辱观的同时，进一步领会、掌握树立社会主义荣辱观的主要方法，是全面深入学习贯彻《牢固树立社会主义荣辱观》的一项重要而紧迫的任务。

树立社会主义荣辱观，必须坚持以人为本。荣辱观具有社会意义，影响经济社会的发展，这是毫无疑义的。但树立社会主义荣辱观的根本意义在于人，在于人的发展，它是促进人的全面发展的内在要求。荣辱观作为人的世界观、人生观、价值观的重要内容，人的道德观的集中体现，是人们关于什么是光荣、什么是耻辱的根本看法和态度。荣辱观总是具体的、现实的人的荣辱观，人是荣辱观的主体。荣辱观对人的思想行为具有鲜明的动力作用、导向作用和调节作用。正确的荣辱观，可以引导人们明辨是非、善恶、美丑，形成正确的自我评价，树立正确的行为导向，产生正确的价值激励，满足正确的自我需求，实现自身全面发展。荣辱观的社会意义，是通过人的素质的提高、人的全面发展而实现的。通过树立、实践社会主义荣辱观，提高人们的思想道德素质，为经济社会发展提供精神动力；通过树立、实践社会主义荣辱观，帮助人们自我约束，趋荣避耻，为经济社会发展提供方向。《牢固树立社会主义荣辱观》关于荣辱观的论述，正是以"提高全民族素质"和"培养大批优秀人才"为出发点，开宗明义地提出要"着眼于提高人的素质、促进人的全面发展，加强思想道德建设，发展教育科学文化，培养有理想、有道德、有文化、有纪律的社会主义公民"。[①]

人是荣辱观的主体，树立社会主义荣辱观，就要尊重人作为荣辱观的主体地位，充分调动人在树立、实践社会主义荣辱观中的主动性、积极性和创造性。要采用喜闻乐见的形式，引导干部群众增强追求真善美、抵制假恶丑的自觉性、坚定性；要因人因时因地而异，提高社会主义荣辱观教育、实践的针对性、实效性；要用典型人物、事例，启发人们树立、实践社会主义荣辱观的责任感、使命感。

树立社会主义荣辱观的目的是提高人的素质、促进人的全面发展。因此，衡量一个人是否树立了社会主义荣辱观，就是要看其是否提高了素质、得到了发展，在社会生活中能够旗帜鲜明地明荣辱之分，做当荣之事，拒为辱之行。检查一个地区单位社会主义荣辱观建设工作的成败得失，就是要看人们的精神世界是否得到丰富，精神力量是否得到增强，是否形成了"讲正气、知荣辱、树新风、促和谐"的良好局面。

树立社会主义荣辱观，必须把社会主义先进文化建设放在十分突出的位置。荣辱观作为一种观念，从来都不是也不可能是单独地存在和发展的。它以文化为载体，蕴涵

---

① 《求是》2006 年第 9 期。

于文化之中，是文化的核心内容。文化从其产生说，是人化，人的本质力量的对象化，人的活动的产物；从其功能说，是化人，教化人、熏陶人、塑造人，人是文化的产物。一个社会的荣辱观，存在和表现于社会的文化，一个人接受荣辱观，就要通过一定的社会文化的学习和吸收。因此，加强社会主义荣辱观建设，就必须加强社会主义先进文化建设，像胡锦涛所要求的那样，"充分发挥文化启迪思想、陶冶情操、传授知识、鼓舞人心的积极作用"[①]。

要牢牢把握社会主义文化发展的正确方向，积极推动文化创新，大力发展文化事业和文化产业。要加强文化作品的创作，为广大人民群众提供更多更好的精神文化产品。文艺工作者要坚持贴近实际、贴近生活、贴近群众，以正确的价值观指导创作，用高质量高水平的作品倡导社会主义荣辱观，热情讴歌人民群众积极向上、创造美好生活的崇高思想品德。理论工作者要加强社会主义荣辱观的研究，用马克思主义中国化的最新成果武装人们的头脑，推动各项工作。大众文化工作者要自觉地承担起社会责任，积极反映人民群众精神生活和道德风貌的主流，反对和抵制庸俗低俗媚俗之风和消极颓废现象。要加强文化氛围的创造，不断增强文化发展的活力和竞争力。广泛开展健康向上的文化活动，把社会主义荣辱观教育寓于群众文化活动之中，使人们在先进文化的熏陶中提升道德境界。依法打击各种不良文化现象，净化文化环境，为树立社会

① 《求是》2006 年第 9 期。

主义荣辱观创造良好的文化条件。要加强文化阵地的建设，不断提高引导社会舆论的能力。爱国主义教育基地、历史馆、文化馆、博物馆、图书馆等结合各自特点，报刊、电台电视台、互联网等发挥各自优势，开展丰富多彩的宣传教育活动，使社会主义荣辱观家喻户晓、深入人心。学校是社会主义荣辱观教育的主阵地，把社会主义荣辱观作为未成年人思想道德建设、大学生思想政治教育的主要内容，推动社会主义荣辱观进教材、进课堂、进头脑。

树立社会主义荣辱观，必须与形成良好的社会风气紧密地结合在一起。社会风气对于社会的进步以及生活于其中的人的发展至关重要。所谓社会风气，主要指一个时期、一定范围内，多数人自觉地或不自觉地遵循的价值取向、心理习惯、行为方式。胡锦涛说："社会风气是社会文明程度的重要标志，是社会价值导向的集中体现。"①它同荣辱观之间紧密相连，互相影响、互相作用。在一定意义上可以说，荣辱观是社会风气的内容，社会风气是荣辱观的表现。一个社会，有什么样的荣辱观，也必然有什么样的社会风气，反过来，一个社会有什么样的社会风气，生活于其中的人们也就可能形成什么样的荣辱观。

树立正确荣辱观是形成良好社会风气的重要基础。树立社会主义荣辱观的直接目的，就是要形成良好的社会风气。正是针对我国当前的社会风气问题，胡锦涛深刻地提

---

① 《求是》2006 年第 9 期。

出要教育广大干部群众特别是青少年树立社会主义荣辱观，"在全社会大力弘扬爱国主义、集体主义、社会主义思想，倡导社会主义基本道德规范，扶正祛邪，扬善惩恶，促进良好社会风气的形成和发展。"① 随着改革开放和社会主义市场经济的发展，我国社会道德风尚发生了重大变化，呈现出积极良好的态势。但由于多种因素的影响，在我们的社会生活中也存在一些不良风气，有的还比较严重。形成良好的社会风气，既是提出树立社会主义荣辱观的现实针对性，也是树立社会主义荣辱观的工作目标。

按照马克思主义的观点，人是社会性动物，人的本质是一切社会关系的总和。一个人的成长，一个人荣辱观的形成，社会环境特别是其中的社会风气的作用不可忽视。人无时无刻不受到社会风气的影响。人们常说，近朱者赤，近墨者黑。事实证明，良好的社会风气，使群体、社会成为一个大熔炉，有助于形成正确的思想观念、养成良好的行为方式。不良的社会风气，可使群体、社会成为一个大染缸，有碍于形成正确的思想观念，养成良好的行为方式。胡锦涛在要求树立社会主义荣辱观的同时，反复强调要形成良好的社会氛围："努力在全社会形成学习科学、相信科学、依靠科学的良好氛围"②；"形成鼓励人才

---

① 《求是》2006 年第 9 期。
② 《求是》2006 年第 9 期。

干事业、支持人才干成事业、帮助人才干好事业的社会氛围"①等。也正是在这个意义上，在社会主义和谐社会、社会主义新农村建设中，社会风气都是重要的内容。社会主义新农村要求"乡风文明"，社会和谐在很大程度上取决于全体成员的思想道德素质，有共同的理想信念和良好的道德规范。

因此，树立社会主义荣辱观，要大力加强社会风气建设。像邓小平曾要求的那样，一定要教育好我们的后代，一定要从各个方面，采取有效措施搞好我们的社会风气，打击那些严重破坏社会风气的恶劣行为。而且必须狠狠地抓，一刻不放松地抓，从具体事情抓起。我们要运用多种载体，采取多种方式，深入学习宣传社会主义荣辱观，营造良好的舆论氛围、文化氛围、社会氛围，使社会主义荣辱观的基本内容和基本要求真正转变为党风、政风，转变为民风、行风，转变为学风、校风，使学习实践社会主义荣辱观在全社会蔚然成风，成为全体社会成员的自觉行动。

树立社会主义荣辱观，必须充分发挥教育的基础性作用。正确荣辱观的形成和发展，教育是基础。胡锦涛关于社会主义荣辱观的论述，首先从教育说起，特别提出"充分发挥教育对提高人的素质的基础性作用"②。他要求，坚持教育优先发展，全面推进素质教育，不断提高人

---

① 《求是》2006 年第 9 期。
② 《求是》2006 年第 9 期。

的思想道德、科学文化和健康素质，帮助人们形成正确的世界观、人生观、价值观以及荣辱观。教育既包括"使每一个适龄青少年都能接受良好教育"①，也包括"通过多种形式和渠道的学习培训，使每个人都不断获得新知、增长才干，跟上时代前进步伐"②，还包括"在全体人民中大力弘扬科学精神、普及科学知识、树立科学观念、提倡科学方法……促进全民族科学素质的提高。"③ 这些都是树立社会主义荣辱观必要的、宽厚的、基础性的教育。

要加强以"八荣八耻"为主要内容的社会主义荣辱观教育。正确的荣辱观，不可能完全自发地树立起来，要重视并不断加大社会主义荣辱观宣传教育的力度。要深入阐释社会主义荣辱观的科学内涵，树立社会主义荣辱观对于人的全面发展、社会全面进步的意义。要通过宣传教育，牢记"八荣八耻"的基本内容，熟知"八荣八耻"的基本要求，掌握"八荣八耻"的基本规范，不断增强践行以"八荣八耻"为主要内容的社会主义荣辱观的自觉性和坚定性。

榜样的力量是无穷的。社会主义荣辱观教育，要注重言教与身教的统一，注重先进典型的教育意义。广大党员干部特别是各级领导要以身作则，率先垂范，坚持党的宗

① 《求是》2006 年第 9 期。
② 《求是》2006 年第 9 期。
③ 《求是》2006 年第 9 期。

旨，加强党性修养，在社会工作生活中务实清廉、严格要求，做社会主义荣辱观的积极实践者。要引导广大教师学为人师、行为世范，用良好的道德形象影响学生，用优良的思想作风带动学生，用高尚的人格力量感染学生。要积极开展向先进典型学习的活动，激扬社会风气，把他们的崇高品德传播到广大干部群众中去，变为千百万群众的自觉行为。要重视普通人群中道德楷模的示范作用，发挥他们可亲可近、可学可赶的特点，激励广大干部群众见贤思齐、积极向上，引导和带动全体社会成员思想道德素质的提高。

管理也是教育。要综合运用经济、行政、法律等手段推进社会主义荣辱观建设，对符合"八荣"的人和事给予鼓励，对"八耻"现象严格加以扼制，由此引导和规范人们的言行，实现自律和他律的有机统一，并不断实现由他律向自律的转化。管理离不开相应的政策、法规、制度，这是调节人们行为的重要手段。要充分发挥政策、法规、制度的导向作用、激励作用和约束作用，为树立社会主义荣辱观提供有力的保障。

树立社会主义荣辱观，必须深深扎根于社会生活实践。社会主义荣辱观教育，最终目的是使每个社会成员树立社会主义荣辱观，践行社会主义荣辱观。因此，社会主义荣辱观教育，决不仅仅是知识的教育、理论的教育，它根本上是一种实践的教育、养成的教育。这就是说，树立社会主义荣辱观，是一个知与行相统一、教育与实践相结合的过程。只有经过反复的实践和逐步的养成，才能使社会主义荣辱观在人们的头脑中扎下根来，转化为人们内在的道德品质和行为习惯，成为人们生存、发展的内在需求。只有这样，才能真正称之为树立了社会主义荣辱观。

全体社会成员都应积极投身到社会实践之中，在实践中辨荣辱、受教育，领悟"八荣八耻"，体验"八荣八耻"。要从本职工作做起，从身边小事做起，把社会主义荣辱观渗透到生产生活、工作交往之中，体现在做人、做事的过程之中，而不仅仅是停留在口头上、书面上。要热心参与社会事务，在维护和增进社会公益中发展道德人格，提高自身修养，实现个人价值。要始终坚持言行如一、表里如一，坚决反对知行脱节、言行脱节。

胡锦涛在《牢固树立社会主义荣辱观》中明确指出："在我们的社会主义社会里，是非、善恶、美丑的界限绝对不能混淆，坚持什么、反对什么，倡导什么、抵制什么，都必须旗帜鲜明。"① 各行各业各个单位都要联系工作实际和干部群众的思想实际，把社会主义荣辱观教育与推进工作结合起来，组织开展具有行业特色、职业特征、单位特点的道德实践活动，着力在推进工作中提高干部群众的思想道德水平，着力通过提高群众的思想道德水平进一步推动各项工作。要始终坚持联系实际，强化养成，注重实效，坚决反对形式主义、表面文章，努力在全社会形成人人身体力行、自觉树立和实践社会主义荣辱观的良好局面。

———————

① 《求是》2006 年第 9 期。

社会主义本质的哲学思考[*]

　　社会主义作为一种思想和学说有很长久的历史，社会主义作为一种社会制度的诞生也已 70 余年。但是对于究竟什么是社会主义，我们并没有完全搞清楚。撇开别的因素不说，缺乏哲学视野是这种状况的重要原因之一。我国学术界多从经济学和科学社会主义的角度来理解和规定社会主义。经济学认为公有制、按劳分配和计划经济是社会主义的三大特征，科学社会主义认为除此之外，还包括无产阶级专政和马克思主义指导，有五大特征，此外，还有"七特征"说、"十二特征"说，等等。这些特征不能说不重要，也不能说没有马克思主义经典作家的论述作根据，然而由于缺乏哲学的概括，所以都未能揭示社会主义的根本，并在现实社会中引起一定混乱。

　　深谙唯物辩证法的邓小平，突破以往从外在特征方面描述社会主义的传统思路，直接从哲学的层次揭示社会主

＊　本文发表于《北京师范大学学报》1994 年第 6 期。

义的本质，阐释社会主义之为社会主义的根据，从根本上把握社会主义的大方向、总趋势，科学地回答了什么是社会主义。大家知道，哲学的功能之一是探讨、揭示事物的深刻本质，相比之下，具体科学则侧重于事物的一般特征。本质和一般特征相比较，本质是特征的根据，特征是本质的表现。两个事物之间，一般特征不同可以有许多，而本质的区别只有一个。马克思、恩格斯在谈到人和动物的区别时说，可以根据意识、宗教或别的什么来区别人和动物，而人的本质则是劳动，这是人和动物最后的也是最根本的区别。

由于邓小平从哲学层次说明社会主义本质，所以就像列宁的哲学的物质概念不同于具体科学的"物质"一样，邓小平的哲学的社会主义概念也不同具体科学的"社会主义"，它具有更根本的性质、更深刻的内容，具有更高的科学性和更强大的生命力。它不会因社会主义在不同国家的模式和发展的不同阶段而有所变更。它是我们永远高举社会主义旗帜，坚持社会主义道路，反对各种非马克思主义思潮的锐利武器。

一、社会主义本质是一个完整的体系

那么，从哲学角度看，社会主义的本质是什么呢？邓小平说："社会主义的本质，是解放生产力，发展生产力，消灭剥削，消除两极分化，最终达到共同富裕。"①

"解放生产力，发展生产力"，是社会主义的根本任务。

社会主义的任务是多方面的，但根本任务只有一个。邓小平反复强调，社会主义的最根本任务是发展生产力；一个真正的马克思主义政党在执政以后，一定要致力于发展生产力。社会主义之所以必然代替资本主义，是由于资本主义生产关系已"由生产力的发展形式变成生产力的桎梏"。社会主义的优越性从根本上来说，就是因为它能够为生产力的解放和发展开辟广阔前景。人类社会实现从资本主义向社会主义的飞跃，其决定力量是社会内部的生产力；而促进社会主义由低向高发展的最终决定力量，也是生产力。这是人类社会发展的不可抵抗的辩证法。社会主义制度的优越性最基本、最有说服力的标志，"归根到底要体现在它的生产力比资本主义发展得更快一些、更高一些"。反之，"社会主义如果老是穷的，它就站不住"②。邓小平把解放和发展生产力、赢得相对于资本主义的优势，作为社会主义的重要内容，是对历史唯物主义的坚持、丰富和发展。

我们有的同志对社会主义本质中包含生产力的内容觉得不好理解，好像这样一来就无法区分社会主义和资本主义以及其他社会形态了。这是一种误解。从理论上讲，这

---

① 《邓小平文选》第3卷，人民出版社1993年版，第373页。
② 《邓小平文选》第2卷，人民出版社1994年版，第191页。

里存在一个怎样看待哲学中的"本质"这一概念的问题。什么叫"本质"？在哲学中，本质主要指事物的存在根据，从原因和功能的角度回答事物怎样存在和为什么能够存在。稍微熟悉马克思主义哲学的人都知道，马克思、恩格斯的一个重要的研究方法就是从存在根据的角度揭示事物本质的。他们认为，意识的本质，即它是自然、社会长期发展的结果，是对世界的能动反映和创造；国家的本质，即它是阶级和阶级斗争的产物和阶级统治的工具。黑格尔说过："根据就是内在存在着的本质，而本质实质上即是根据。"①

那么，社会主义的存在根据是什么呢？邓小平认为，社会主义之所以要存在和能够存在，社会主义代替资本主义的必然性和它存在的合理性，无不根源于社会主义能够比资本主义更合理、更顺利地发展社会生产力，创造出比它们更高的劳动生产率和更多的物质财富和精神财富。资本主义当然也发展生产力，但资本主义私有制和追求剩余价值的生产目的，从根本上说是束缚生产力发展的。社会主义则不同，社会主义的公有制和满足人民群众日益增长的物质、文化需要的目的，决定社会主义有可能更好地调动广大劳动者的积极性，可以通过改革更好地解放和发展生产力。而且，人类社会发展目标是共产主义，社会主义所以要存在和能够存在，还在于它是进入共产主义的必经阶段，为共产主义的实现做准备。要实现共产主义，一定

---

① 黑格尔：《小逻辑》，商务印书馆1980年版，第259页。

要完成社会主义阶段的任务，社会主义的根本任务就是发展生产力，为共产主义创造物质基础。正是站在这样的历史高度，邓小平把解放和发展生产力规定为社会主义本质的重要内容。

结合我国社会主义建设的实际，我们就会更加深刻地理解发展生产力作为社会主义存在根据的重大意义，就会发现解放和发展生产力在我国社会主义制度的巩固和发展中至关重要的地位和作用。我国社会主义制度的建立，开辟了生产力发展的广阔道路和前景，并取得了很大的成就。但是由于历史的局限和缺乏经验，我们在一个时期里严重忽视了生产力的发展。自1957年以后，"左"的思想开始抬头，夸大阶级斗争的严重性，生产力发展比较缓慢。邓小平总结了从1958年到1978年这20年的历史得出如下结论：贫穷不是社会主义，发展太慢也不是社会主义。

从当代国际斗争看，是否有效地发展生产力关系到社会主义的生死存亡。社会主义制度从它产生的那一天起，就面临着资本主义的挑战。当今世界国际竞争和较量的主要表现是经济和科技。能否迅速发展生产力，对于社会主义来说不是一个简单的经济问题，而是涉及社会主义能否站得住脚的政治问题。这些年，世界上一些社会主义国家出现动荡和剧变，其中一个重要的原因是未能有力地发展生产力，不断提高人民群众生活水平。而我国在复杂动荡的国际环境中经济繁荣、政治稳定，最重要的原因是这10多年来始终抓住发展生产力这个根本任务不放，使生产力得到了较高的发展，人民生活水平得到了较大的提高。这是每个人都可以看得见、摸得着的社会生活实际。

"最终达到共同富裕"，是社会主义的根本目的。

社会主义的存在根据除解放、发展生产力外，还包括共同富裕。社会主义的根本任务是发展生产力，但我们不是为生产而生产，也不能说只要发展生产力就是社会主义。劳动人民所以拥护社会主义，为社会主义而奋斗，除了发展生产力，创造更多的物质、精神财富外，还因为社会主义能够使人人都过上幸福的生活，实现共同富裕。离开这一点，搞社会主义就没有实际意义。

作为根本目的，共同富裕是社会主义的价值目标。在马克思的哲学理论中，价值目标占有重要地位。他用一个概念来表达共产主义社会：自由人的联合体；他用一个命题来概括共产主义的宗旨：每个人自由而全面的发展。共同富裕是实现人的自由而全面发展最基本条件，或者说是人的自由全面发展在社会主义阶段的具体化。达到了共同富裕，也就为人的自由全面发展作了准备。连温饱问题都不能解决，自由全面发展只能是天方夜谭。

党的基本路线规定社会主义目标有三个：富强、民主、文明。富裕不是社会主义的唯一目的，但在这三大目标中，首要的目标是富裕。经济的发展是民主和文明的物质基础。邓小平说，中国的主要目标是发展经济，是摆脱落后，使国家的力量增强起来，人民的生活逐步得到改善。

共同富裕是社会主义存在的重要根据，是从社会主义的功能、作用和意义的角度来揭示、说明社会主义本质的。事物的本质指事物的根据，事物的根据包括事物的功能，事物是什么，为什么能够存在和应当存在，取决于它有什么作用。试想，当思考桌子的本质时能离开桌子的用处吗？当回答汽车的本质时能不谈汽车的作用吗？当讨论国家的本质时能不谈国家的功能吗？都是不可能的。从哲学的意义上说，我们给每一个事物下定义，揭示其本质，都不能离开事物的功能和作用。对社会主义也是这样。作为一种社会制度，社会主义的最主要的功能、最大的作用，可以说就是消灭贫穷，发展生产力，实现共同富裕。中国共产党带领全国人民选择社会主义道路、坚持社会主义道路，就是因为只有社会主义才能消灭贫穷，实现共同富裕的美好理想。邓小平曾指出，社会主义的特点不是穷，而是富，是广大人民的共富。这是社会主义与资本主义的本质区别。现代发达资本主义，生产力和生活水平从总的方面来说是较高的，但它们贫富差距悬殊，两极分化严重。社会主义要解决的是百分之九十几以上人的生活富裕问题。中国所以不能搞资本主义，就是因为走资本主义道路，可能使百分之几的人发财致富，但绝对解决不了百分之九十几的人的生活富裕问题。所以邓小平说，一个公有制占主体，一个共同富裕，这是我们必须始终坚持的社会主义的根本原则。

"消灭剥削，消除两极分化"，是连接社会主义根本任务和根本目的的中介。

消灭剥削，消除两极分化带有两个方面的特点。相对于解放、发展生产力，它属于社会主义的目的，通过解放、发展生产力达到消灭剥削，消除两极分化的目的；相对于共同富裕，它属于社会主义的任务，通过发展生产力，以及消灭剥削，消除两极分化最终达到共同富裕的目的。如果说解放和发展生产力主要是从社会生产力的角度来说明社会主义，揭示社会主义本质，那么消灭剥削、消除两极分化实际上则主要是从生产关系的角度说明社会主义，揭示社会主义的本质。

就消灭剥削和两极分化而言，剥削是两极分化的基础，只有消灭剥削，才能消除两极分化。所以，作为一个根本原则和要求，社会主义要消灭剥削。就两极分化和共同富裕而言，共同富裕和两极分化是对立的、不相容的。有两极分化就没有共同富裕，要实现共同富裕就得消除两极分化，这是一件事情的两个侧面。

怎样才能消灭剥削，消除两极分化呢？除发展生产力外，还要有经济上的根本制度即所有制及与此相应的分配原则作保障。在社会主义初级阶段坚持"以公有制为主体"和"以按劳分配为主体"，是一个极其重要、在任何情况下都不容动摇的根本原则。

邓小平关于社会主义本质的哲学表述，是一个有内在的严密逻辑关系的整体。它既讲社会主义的任务又讲社会主义的目的，既讲生产力又讲生产关系，从任务和目的、生产力和生产关系的统一中揭示社会主义本质。这正是邓小平社会主义本质论的科学性所在。在马克思主义哲学中，生产力和生产关系是有机统一、不可分割的。我们在研究有关社会主义的任何重大问题时，既不能离开生产力，也不能离开生产关系，否则就难免陷入这样或那样的片面性。

二、社会主义目的和手段的辩证法

人的活动都是有意识有目的的。目的是活动所要达到的目标或终点，是人在活动之前根据客观实际和自身需要设计的活动结果，它作为人的活动的"观念上的内在动机"、"作为规律"推动、制约着人的活动的形成和发展。对于人的活动来说，目的是重要的。但人提出目的的本身并不是目的，提出目的是为了实现目的。目的作为一种观念性的东西，它的实现即转化为客观现实要通过手段。手段一般指置于活动主客体之间的工具、活动方式、操作方法，有时泛指达到目的的条件和过程。

在社会主义本质中，社会主义的根本目的是共同富裕，发展生产力是达到社会主义根本目的的手段。一方面，社会生产力的发展对社会主义目的的实现具有决定的作用；另一方面，社会主义目的又对社会主义条件下生产力发展的方向、方法具有规定和制约的作用。

对于社会主义的手段和目的，有人这样提出问题：社会主义的目的是公有制还是发展生产力？对这个问题的一种答复是，只有以公有制为目的，才能不脱离社会主义轨道。另一种答复是，为了重视发展生产力，就要把生产力看做目的。这样提出问题和简单化的答复都是不恰当的。如果说的是社会主义的根本目的，它既不是公有制，也不是发展生产力，而是共同富裕。为了共同富裕就必须发展生产力，必须有公有制。如果不发展生产力，即使有了公有制，也只是共同贫穷；如果放弃公有制，即使生产力发展起来，也只能是极少数人富裕，造成两极分化。

在马克思主义哲学中，目的和手段都是相对的，在一定条件下是手段，在另一条件下可能是目的。发展生产力和公有制它们互为手段和目的，具有两重性。对公有制来说，当没有公有制，我们要为建立公有制而奋斗，这时，公有制是目的；在现阶段，假若公有制的主体地位被动摇了，我们要为捍卫它的主体地位而斗争，在这个意义上它是目的。马克思主义的最高目标是实现共产主义，共产主义说到底就是一种生产资料归公有的制度，在这个意义上公有制也是目的。

对解放、发展生产力和共同富裕来说，也可以说公有制是一种手段，我们为什么要坚持公有制？为什么要捍卫它的主体地位？还不是因为它最有利于"发展生产"和"共同富裕"吗？我们不是为坚持而坚持，我们之所以坚持它，是由于我们确信它最有利于解放、发展生产力，最有利于共同富裕。邓小平提出以发展经济、发展生产力为中心，公有制及按劳分配的发展必须服从于生产力发展的要求，随着生产力的发展而改变其具体形式，就包含着生产力是目的，公有制是手段的含义。在社会主义初级阶段，必须坚持公有制为主体、多种经济成分共同发展的方针，就是由发展生产力的目的决定的。我们的一切改革，其直接目的都是为了调动各方面的积极性，发展生产力。

是否有利于发展社会主义的生产力，是决定各项改革措施取舍和检验其得失的根本标准。

说到社会主义目的和手段的关系，人们自然会想到邓小平在 60 年代说过的一句尽人皆知的名言：不管白猫黑猫，捉住老鼠就是好猫。这是中国民间流传已久的格言，邓小平借用它来说明极其复杂的手段和目的的关系问题。这里，"捉老鼠"是目的，"猫"是手段。什么样的猫是好的，回答是能捉老鼠的猫就是好的，而且捉的越多越好，至于它是白猫还是黑猫，大猫还是小猫，中国的猫还是外国的猫，那都无关紧要。对猫的评价和选择，只能以捉老鼠为标准。这句格言，是劳动人民长期生活经验的结晶，凝结着一种求真务实的精神和态度，充满深刻的哲理。例如，对于治病来说，什么药是好的，能治病的就是好的；对于打仗来说，什么战术是好的，能打赢仗的就是好的；对于学习来说，什么方法是好的，能有效提高学习成绩的就是好的。如果有人不这么认为，那就只能得出这样的结论：他治病但不想治好，他打仗但不想打赢，他学习但不想提高成绩。这是违背人之常情、事之常理的，也是令人难以理解和接受的。

有人不同意"不管白猫黑猫，捉住老鼠就是好猫"的说法，以为如果这样就必然导致为了达到目的可以不择手段，就会引起道德沦丧，人心不古。于是举例说，为了本厂繁荣和职工福利去制造、贩卖假药，这样的手段是可以允许的吗？为了个人升官发财而不惜弄虚作假、欺上瞒下，这样的手段是正当的吗？

　　其实，上述事例中的问题表面看来是手段问题，而实质上却是目的问题，主要是目的不正当而不是一般手段的不正当。"个人升官发财"的目的的不正当性是很明显的，正是由于不正当的目的而采取不正当的手段。至于"本厂繁荣和职工福利"的目的，表面看来似乎是正当的，其实也是不正当的。目的有个人的目的、集体的目的和社会的目的。个人、集体目的是否正当，根本的是要看它同社会的目的是否一致。单独地看，个人、集体的某个目的可能无可非议，但一旦把它放到社会的大范围里，就可能是不正当的。我们何以知道生产、贩卖假药的手段是不正当的？就是因为我们看到了在"本厂繁荣和职工福利"之上还有一个全社会的健康和福利这个大目的。生产、贩卖假药虽然对一个集体可能有利，但对整个社会却其害无穷，因此它是不正当的。

　　手段是人为实现某种目的而选择的。手段的正当性不能不取决于它与目的的关系。脱离一定的目的，就很难判断一个手段是正当还是不正当。例如"弄虚作假"，当它为"个人升官发财"服务时，它是不正当的。但同样这种手段，把它放在战争中间，作为对付敌人的方法，它就是正当的、值得肯定的。俗话说"兵不厌诈"，所谓"声东击西"、"诱敌深入"，都是被人们所称道的战术。在敌人严刑拷打面前，如实说出地下党名单，这是正当的吗？一个医生真实地告诉一个垂危的病人没有几天好活，这是道德的吗？答案是不言而喻的。

　　当然，现实生活中确有某些有正确目的而一时采用了不正当的手段的，这也是事实。所谓"拔苗助长"，所谓"病重乱投医"，大致就属于这种情况。但是，在这种情况下，活动者一般事先并不知道这种手段正当与否，属于"好心办坏事"。而且，如果活动者的目的是正当的，真是想"办好事"的话，他就必然会迅速地加以纠正和弥补，改变、调整不正当的手段。这是目的对手段的规定、制约作用的一个重要表现。假若不是这样，他明知道这种手段不正当而又不愿加以改变，那问题就很可能同他的目的有关了，人们就有权怀疑他所谓好心的真实性。毛泽东说得对，一个医生只顾开药方，病人吃死了多少他是不管的，这样的心也是好的吗？已经有了事实证明效果坏，还是照老样子做，这样心也是好的吗？当然就是不好的了。

总之，"不管白猫黑猫，捉住老鼠就是好猫"的基本精神符合唯物辩证法。它告诉人们：根本的问题是端正目的，明确目的，只要目的真正是好的，大目标、大方向正确，就应当解放思想，放开手脚，敢试敢闯，进行创造性思维和实践。对于我国社会主义建设来说，凡是真正在全面、长远意义上有利于发展生产力和共同富裕的，一切手段都可以大胆采用，凡是不利的，各种手段都应当大胆破除，在手段上不要时时处处纠缠于姓"资"、姓"社"的无谓争论。这是我国几十年社会主义实践所得出的基本结论，是邓小平"不管白猫黑猫，捉住老鼠就是好猫"带给我们的重要方法论启示。

还应当指出，在社会主义的本质中，说发展生产力是手段，共同富裕是目的。但这并不意味着二者比较起来共同富裕是重要的，发展生产力是不重要的。讲"目的"和"手段"，不是在区分重要的等级意义上讲的。旧的思维定式往往把"目的"看做是重要的，似乎"手段"是不重要的。这是一种极为有害的错误观念。

　　从马克思主义哲学的角度看，目的当然重要。有无目的，是人的自觉活动区别于动物本能活动的重要标志；目的是否正确，直接决定着活动的成败。但是，以实践为基本特征的马克思主义哲学，并不因此否定手段的重要性，相反它必然合乎逻辑地尊重手段的价值；在一定的情况下甚至认为手段的价值高于目的。重视目的而轻视手段是主观与客观、理论与实践相分离的一种具体表现。列宁在《哲学笔记》中以赞同的态度转引了黑格尔的一句话："手段是比外在合目的性的有限目的更高的东西。"[①] 无数的事实都证明，轻视手段，不仅严重损害人们在实践中对手段的积极配置，而且直接损害目的本身，使某些合理的目的因手段的匮乏或不力而付之东流，难以实现，成为一句空话。

　　就发展生产力和共同富裕的关系看，发展生产力是共同富裕的前提、基础。只有生产力发展了，物质财富才会增加，才能为提高人民生活、进而消灭贫穷、实现共同富裕提供物质条件；才能解决经济、社会发展中出现的各种矛盾和问题，保持国家政治社会的稳定，提高我国的国际地位，使人民安居乐业，过上幸福美满的生活。这个基本

---

　　① 《列宁全集》第55卷，人民出版社1990年版，第159页。

的逻辑关系不能颠倒。今天社会主义国家的种种不足和缺憾，可以说都与生产力发展水平不高有关。一旦生产力上不去，连社会主义制度都保不住，还谈什么共同富裕？

在当前实际工作中，发展生产力和共同富裕都是极其重要的。二者之间何者最重要？邓小平表述得非常清楚。在谈到共同富裕时，邓小平认为这是一个历史过程，要"逐步实现"，"最终达到"，还说："共同致富，我们从改革一开始就讲，将来总有一天要成为中心课题。"[①] 邓小平设想，在 20 世纪末达到小康水平的时候就要突出地提出和解决这个问题。而发展生产力呢？邓小平则称之为整个社会主义初级阶段的"最根本任务"、"首要任务"、"第一任务"，而且要"从 80 年代的第一年开始"、"一天也不能耽误"。这里，无论是重要性还是迫切性程度的表述上，以经济建设为中心，把发展生产力放在首要位置的思想都十分明确。

三、社会主义的共同富裕和部分
先富的辩证关系

最终达到共同富裕，是全中国人民的共同愿望，也是社会主义优越性的根本要求。但是，由于社会主义初级阶段、现代化建设的长期性，共同富裕不可能一步到位，要逐步达到，有一个过程。邓小平说："走社会主义道路，

---

① 《邓小平文选》第 3 卷，人民出版社 1993 年版，第 364 页。

就是要逐步实现共同富裕。"①

邓小平讲的"逐步"二字包括两个方面的含义：第一，我国人民由穷到富、由比较富裕到共同富裕，要在生产发展的基础上逐步达到。这是由中国生产力落后的基本国情决定的。"三步走"的战略告诉我们：80年代解决温饱问题，20世纪末实现小康，21世纪中叶比较富裕，最终达到共同富裕。第二，就全国范围来说，在"三步走"的每一阶段，不同个人、不同地区之间也存在一个逐步实现共同富裕的过程，也就是允许一部分人、一部分地区通过诚实劳动和合法经营先富起来，然后帮助和带动更多的以至全国的人民逐步富起来。邓小平说："共同富裕的构想是这样提出的：一部分地区有条件先发展起来，一部分地区发展慢点，先发展起来的地区带动后发展的地区，最终达到共同富裕。"② 这是由中国经济发展不平衡决定的。要求所有的人、所有的地区同时富裕，同步富裕，不符合生产发展的客观规律。过去一个时期，要求全国人民在一个起点上起步前进，搞平均主义、"大锅饭"，结果谁也没有多少积极性，谁也发展不起来，谁也富不了，实际延缓了共同富裕的进程。

允许和鼓励一部分人、一部分地区先富起来，这个政策蕴涵着一个必然的结论：在社会主义初级阶段容许一定的贫富差距。相对于先富、快富而言，后富和慢富实际上

---

① 《邓小平文选》第3卷，人民出版社1993年版，第373页。
② 《邓小平文选》第3卷，人民出版社1993年版，第373—374页。

是还"未富"，至少还没有达到先富者、快富者那样的富裕程度。因此，在社会主义初级阶段，贫富差距的存在是不可避免的，我国目前的确存在着贫富差距现象。如何评价、看待这个事实，它是好还是不好？我们是应当鼓励、容许还是反对、防止？

从大的方针政策说，我们应当容许适当的贫富差距。这是因为，贫富差距本是社会主义按劳分配的题中应有之义。由于人们的素质、能力、态度的不同，劳动贡献是不一样的，收入、财富的多少也必然不同。按劳分配原则是我们承认贫富差距的根据所在。过去我们讲按劳分配，可实际上并没有真正照按劳分配的原则去办。"大锅饭"、平均主义，是小农经济的观念，是直接违反社会主义按劳分配原则的。在社会主义社会，如果因为某种客观条件（如某个人的意外事故、某地区的自然灾害）而造成贫穷，那理应得到社会的同情和支持。但如果是因为懒惰、守旧而导致贫穷，则理应受到社会的批评和指责。只有保持适度的贫富差距，才能给先进者以鼓励，给落后者以推动，从而在全社会造成千帆竞发、百舸争流的兴旺景象。在社会主义初级阶段，社会产品还不丰富，劳动还主要是谋生的手段，作为一种物质激励手段，一定的贫富差距对人们上进心的形成和社会生产的发展是有积极意义的。为了全民族的长远利益，我们需要容许适当贫富差距的存在，使之作为一种压力、一种动力，促使社会生产力的发展和逐步走向共同富裕。当然，所谓容许，不是说任其发展、差距越大越好。容许是指冷静地观察和处理，从长计议；并把差距控制在既能激励劳动积极性，又能为多数人所接受的水平上。差距过小没有激励作用；差距过大可能引起社会冲突，都不利于经济发展。

最重要的是，我们这里贫富差距不是静止的，而是一个动态发展的过程。历史地看待社会主义的贫富差距，实质上是一个富裕步伐的快慢问题，富裕时间的先后问题，富裕程度的高低问题。社会主义社会的贫富差距和资本主义社会的贫富差距，其不同不仅在于差距程度的大小，更重要的是差距性质的不同。我们的最终目标是共同富裕。允许和支持一部分人、一部分地区先富起来，是为了全国人民一起致富、共同富裕。一部分人、一部分地区先富起来，形成后富赶先富、先富将更富的你追我赶的局面。这是实现共同富裕的最佳途径。

从大的方针政策说，我们应当反对两极分化。邓小平指出，如果我们的改革导致了两极分化，我们就失败了；如果真的产生了什么新的资产阶级，那我们就走到邪路上去了。

关于"两极分化"，马克思在《资本论》中有过明确论述，他说，随着生产资料的积累，于是"第一种人积累财富，而第二种人最后除了自己的皮以外没有可出卖的东西。大多数人的贫穷和少数人的富有就是从这种原罪开始的"，"这种两极分化，造成了资本主义生产的基本条件"①。马克思这里概括了两极分化的两个特点：一是大

---

① 《马克思恩格斯全集》第 23 卷，人民出版社 1972 年版，第 781—782 页。

多数人穷，少数人富；二是劳动者穷，剥削者富。邓小平在此基础上又补充了第三个特点：发展趋势是"富的更富，穷的更穷"。他说："如果富的愈来愈富，穷的愈来愈穷，两极分化就会产生，而社会主义制度就应该而且能够避免两极分化。"[①]

对照以上三点，"贫富差距"和"两极分化"不仅在量上是不同的，而且在质上也是不同的。我国目前的确存在一定程度的"贫富差距"，但无论是在程度上还是在范围上都是有限度的，和"两极分化"根本不同。我们允许一部分人、一部分地区先富起来和一定程度上的贫富差距，是发生在以公有制为主体和按劳分配为主体的前提条件之下的，它是在社会经济普遍发展、人们收入普遍增长的基础上的先富后富、快富慢富的差别，而不是绝对意义上的贫富差别，不是穷的恒穷，富的恒富；不是穷的愈穷，富的愈富；不是少数人的富建立在多数人的穷的基础上。至于社会生活中极个别人利用不正当手段而暴富巨富，那构不成社会的"两极"，不属于"两极分化"的范围，需要通过法制、税收和反腐败而得到克服。至于由于某种程度上机会不均等、市场不规则和政策不到位而形成的该富的未富、不该富的倒富了，这属于发展中的问题，要通过深化改革和宏观调控而得到解决，不应该成为否定先富后富政策的根据。

广大人民群众的共同致富，是社会主义制度的本质规

---

① 《邓小平文选》第3卷，人民出版社1993年版，第374页。

定，也是中国共产党人义不容辞的神圣职责。今天，当我们提倡和鼓励一部分人、一部分地区先富起来，容许适度的贫富差距时，千万不可忘记共同富裕的目标；同时，当我们宣传、倡导共同致富时，也千万不要忘记共同富裕只有经过先富帮后富、后富赶先富的反复过程，才能最终实现。

社会主义市场经济的哲学思考[*]

市场经济及其机制，是社会化大生产发展的结果。没有理由认为社会主义不能容纳与社会化大生产相联系的市场经济。但是在传统的社会主义理论中，以为只有资本主义社会才能实行市场经济，以为实行市场经济就必然是资本主义。这种观念为几代马克思主义者所维护，而且西方资产阶级舆论界、学术界也是这样认为的。是邓小平根据当代世界经济发展特点和历史经验，第一次肯定社会主义社会可以利用市场经济这种手段，把社会主义制度和市场经济结合起来。这是邓小平对社会主义理论的一个极重要的贡献，需要我们很好地从哲学的高度去理解和掌握。

一

计划和市场作为两种经济手段，社会主义都需要。但

＊ 本文发表于《河北学刊》1996 年第 1 期。

计划和市场作为两种不同的经济体制，则不可能同时并存。以这种资源配置方式为主就不可能又以另一种资源配置方式为主，两种经济体制之中，只能选择一种。党的十四大报告明确提出，我国经济体制改革的目标，就是建立社会主义市场经济体制，以替代不适应我国社会主义生产力发展的计划经济体制。现在的问题是，我们为什么要摒弃实行多年的计划经济体制而采用我们比较陌生的市场经济体制？彻底回答这个问题，就必须找到计划经济和市场经济体制背后的哲学理论基础，从哲学理论上理解和说明从计划经济体制转变到市场经济体制的必要性和可能性。从哲学理论上看，计划经济体制之所以被市场经济体制所代替，是由于支撑计划经济体制的三个理论假设根据不足。

1. 传统社会主义理论认为，社会主义只能是计划经济，市场经济与社会主义是不相容的。这个认识来自对马克思主义创始人一个假设的误解。马克思、恩格斯在运用唯物史观揭示资本主义生产方式的基本矛盾及其发展趋势的基础上，提出了对"未来社会"的设想。这个设想的主要内容可以概括为：通过无产阶级革命建立社会主义公有制，解决生产的社会化和资本主义私有制的矛盾；由国家有计划地组织生产和分配，消除资本主义竞争和社会生产的无政府状态，促进生产力不断发展；在这样的社会条件下，商品交换与货币关系将不存在，与此相应，价值规律对资源配置的调节作用，将被社会对劳动时间的直接分配所代替。1882年，马克思在《论土地国有化》中写道，在公有制条件下，"生产资料的全国性的集中将成为由自由平等的生产者的各联合体所构成的社会的全国性的基础，这些生产者将按照共同的合理的计划进行社会劳动。"① 1880 年，恩格斯在《社会主义从空想到科学的发展》中指出："一旦社会占有了生产资料，商品生产就将被取消，而产品对生产者的统治也将随之消除。社会生产内部的无政府状态将为有计划的自觉的组织所代替。"②

　　理论上说，马克思、恩格斯关于"未来社会"的设想本身并没有错。商品、货币、市场，不是从来就有的，也不会永恒地存在下去。它们将随着社会生产的充分发展，物质财富的极大丰富，以及按需分配的真正实行而退出历史舞台。在"自由人的联合体"、"有计划的自觉的组织"中，人们的社会经济活动以及其他活动是应当也可能"按照共同的合理的计划自觉地"进行的。但问题出在，马克思主义创始人讲的是"未来社会"的事情，我们现在还做不到，至少在社会主义初级阶段做不到，把马克思、恩格斯对人类社会发展的未来设想不顾主客观条件硬搬到今天的现实社会中来实行，便发生了"时代的错位"，自然在实践中难以取得成效。

　　按理，由于时代的错位，马克思主义创始人的未来设想会很快在当代现实中被证实是行不通的。可是这个证实却前后经历了近一个世纪的时间，20 世纪可以说是对于计划经济进行实践检验并作出历史结论的世纪。这是由实

---

① 《马克思恩格斯选集》第 3 卷，人民出版社 1995 年版，第 130 页。
② 《马克思恩格斯选集》第 3 卷，人民出版社 1995 年版，第 757 页。

行社会主义的主要国家的特殊社会历史条件决定的。这些国家都没有经过发达的资本主义。在革命以前，市场经济没有覆盖全社会，市场经济各种体制也不成熟。在革命时期的紧急状态下以及战后恢复时期，为夺取政权和巩固政权，人民群众革命热情高涨，国家目标居于绝对领先地位；再加上当时经济发展水平低，建设规模也不大，经济结构简单，所以计划经济的优势明显，并为公众所接受。它在客观上有利于动员资源，集中用于国家指定的用途，能够取得相当大的成果。例如苏联在战争时期和战后恢复时期，都保持了较之资本主义各国更高的增长率。据美国经济学家伯格森估计，1928—1955 年苏联 GDP 的年均增长率为 4.4%—6.3%，超过大多数资本主义国家。这一时期社会主义各国的实践，不仅没有否定计划经济，反而大大强化了它。这样，在特定历史条件下形成并发挥了积极作用的计划经济，就被视为社会主义固有模式而僵化、凝固起来。

由于马克思主义创始人理论的这种"支持"，由于社会主义实践的这种"证实"，于是，计划经济等同于社会主义的观念便得到巩固和强化。然而，当社会主义进入和平建设时期以后，特别是进入集约增长阶段，这种集中计划体制的弊端便日益显露：否定物质利益的差别，实行平均主义的分配制度，排斥竞争和价值规律；片面强调集中统一，国家对经济管得太多，统得过死，企业和劳动者的积极性、创造性被严重压抑，使本来应当生机勃勃的社会主义经济长期缺乏活力。在我国，20 世纪 50 年代中期，人们开始对计划经济的弊端有所觉察，但始终没有突破，直到1979年，邓小平才第一次提出，社会主义也可以搞市场经济。

2. 传统社会主义理论认为，在社会主义经济中，生产资料的全民所有制代替了生产资料私有制，国家把社会资源集中在自己手中。在这样的情况下，人类具有的高度自觉性和无限认识能力，能够预先知道一切生产和经济活动应如何进行的细节，包括物质资源和人力资源的状态、技术可行性、需求结构等全部信息，并把它反映在计划中。这个假设在内容上是一种"完全信息"假设。

这其实是不可能的。人的高度自觉性、认识的能动性，主要表现在宏观掌握社会发展的规律性和科学地了解社会发展的方向上。而在微观上要预知一切社会经济活动的细节是不可能的。硬要制订这样的计划，并赋予它以支配一切的权威，这就必然导致主观主义、官僚主义。列宁早就指出："在资本主义的世界经济中，即使有70个马克思也不能够把握住所有这些错综复杂的变化的总和。"[①]信息是决策、计划的根据，在我们这个时代，由于人的需要极其复杂，生产结构极其复杂，生产方案、工艺流程极其复杂，因此信息量急剧增大，而且瞬息万变。在这种情况下，要把在社会的各个方面分散发生的信息收集起来，及时传输到中央计划机关去，是很难做到的。再加上由于体制方面的原因和利害关系，中央计划部门获得的信息，

---

① 《列宁全集》第18卷，人民出版社1988年版，第340页。

有可能发生扭曲、失真和滞后。至于巨量信息的处理和反馈，那就更为复杂了。有人曾设想，运用现代的计算技术可以解决全国统一的指令性计划在信息收集和处理方面遇到的困难。这也是一种不切实际的设想。单就价格的决定而言，至今没有一台高速运转的电子计算机能够及时地解开众多变量决定的价格方程，等其解开时，情况早就已变化了。而市场机制则能够比较迅速地传递信息，从而为资源流向提供可靠的决策依据。因为在市场经济体制下，市场的主体是企业，产需直接见面，各个行业主体均可平等地享用市场信息。特别是由于对自身利益的精确计算和周密考虑，可以有效地保证信息选择的可靠性和信息传递的迅速性。

3. 传统社会主义认为，在社会主义经济中，公有制的实现使全社会利益一体化，各个经济单位并不具有自身的独立的利益，社会不存在相互分离的利益主体。这就如同把全社会设想为一个大工厂，甚至一架大机器，各个单位犹如工厂的一个个车间、机器的一个个零件，在统一的指令性计划下运作。这里，市场对资源配置没有调节作用，经济利益对各个经济单位不具有激励和约束作用，不存在也不需要各经济单位在各自利益支配下开展的竞争。

然而，这个假设在几十年的社会主义经济发展中没有得到证实。社会成员利益多元化而不是一元化，这是一个无论如何也不能抹杀的事实。且不说在社会主义经济中由于各种原因还不能形成单一的全民所有制，而且即使在全民所有制内部，各经济单位之间除经济利益的某些共同性外，集体和集体之间、集体和国家之间也还存在着经济利益的差别性。就是在同一单位内部，由于社会大生产、大分工，形成了众多不同的职业群体；在同一职业群体中，由于人们的体力、智力的差距，必然形成贡献的不同。于是，个人和集体之间、个人和个人之间，也时时发生着利益的分化，产生各自不同的特殊利益的主体。总之，在社会主义经济生活中，个人利益、集体利益、国家利益之间经常出现矛盾，这是不可避免的事实。人们在提供信息、编制计划和执行计划的过程中，都免不了有意识或无意识地受到自身利益的影响而发生偏差。传统的经济体制由于过分强调不同经济行为主体利益的共同性，忽略利益的差别性；过分突出根本利益、长远利益的一致性，忽视具体利益、现实利益的不同性，形成了平均主义、大锅饭的弊病。社会经济发展本需要调动各个方面的积极性，而计划经济体制下的平均主义、"大锅饭"，却无法使激励机制启动，无法充分调动和发挥广大劳动者的社会主义积极性。

市场经济的特点是，它承认市场上一切生产者和经营者，都作为独立的利益主体参与经济活动，按照市场供求决定的价格在市场上进行交易活动。出于对自身利益的考虑，他们根据市场价格的变动不断调节自己的生产和经营。在市场竞争环境形成的巨大压力和追求自身物质利益内驱力的推动下，他们有效地发挥其积极性和创造性，改进技术，提高效率，降低成本，将生产要素由亏损的、获利少的部门转入获利的或获利多的部门，从而达到资源配置的优化。

二

由于社会化的经济只有两种可供选择的资源配置方式，除了计划经济体制就是市场经济体制，因此，以上关于计划经济体制理论根据的论证，已经从反面说明了建立市场经济体制的必要性。下面，着重从马克思主义唯物史观的角度，谈谈建立社会主义市场经济体制的哲学依据和现实可能性。

1. 马克思的社会发展"三形态"理论，说明市场经济是不可超越的。过去，人们否认社会主义和市场经济的联系，除上面已经提到的理论原因外，从更深刻的哲学历史观的角度看，它涉及马克思的社会形态理论。在马克思的论著中，对社会形态演进问题主要有两种不同的表述：一种是"五形态"理论，一种是"三形态"理论。前者是人们所熟知的，我们的哲学书籍普遍采用它；后者在长时期里，却被人们所忽视。

所谓五种社会形态理论，即根据生产关系的不同性质，把人类历史发展过程划分为原始社会、奴隶社会、封建社会、资本主义社会、共产主义社会（社会主义社会是它的第一阶段）五种依次更替的社会形态。这个理论有两个明显的特点，直接影响着对于市场经济的认识和看法。首先，在理论上"五形态"理论中的社会主义和资本主义，是两个性质完全不同的社会形态，一个公有制，一个私有制，二者泾渭分明。从这个特点看市场经济，人们觉得：既然市场经济是在资本主义私有制条件下完善、发展起来的，因此，以公有制为特征的社会主义必须坚决抛弃它，否则就会混淆社会主义和资本主义的界限，犯方向、路线性的错误。其次，在现实中，并不是所有民族、国家都依照这个次序、遵循这个道路发展的，都是经由封建社会发展到资本主义社会，然后再发展到社会主义。美国没有经过典型的封建社会，就直接发展成为资本主义社会；中国没有经过独立的资本主义阶段，就走上了社会主义道路。这说明封建社会和资本主义社会之间、资本主义社会和社会主义社会之间不存在直接衔接的必然性。马克思在论述东方民族发展道路时曾经提示过，在那里有可能跨越资本主义的"卡夫丁峡谷"，避开资本主义发展阶段而选择社会主义的发展道路。从这个特点看市场经济，人们觉得，既然资本主义可以跨越，因此，资本主义社会的市场经济在社会主义就不具有必然性，它也是可以跨越的。社会主义拒绝、排斥市场经济，是理所当然的，天经地义的。

应当肯定，马克思根据生产关系划分为五种社会形态，这是完全正确的，具有重大的理论意义和现实价值，是我们坚定社会主义代替资本主义、最终实现共产主义理想的坚实根据。决不能否认"五形态"理论的科学性。问题在于，以往人们把"五形态"理论当做马克思唯一的社会形态理论，并把社会主义和资本主义简单地对立起来，最后引申出市场经济属于资本主义，要保持社会主义的纯粹性就要反对市场经济，坚持计划经济。

　　实际上，马克思除"五形态"理论之外，还根据社会生产力发展和人的发展状况把人类历史划分为三种依次交替的社会形态。马克思在 1857—1858 年写的《经济学手稿》中说："人的依赖关系（起初完全是自然发生的），是最初的社会形态，在这种形态下，人的生产能力只是在狭窄的范围内和孤立的地点上发展着。以物的依赖性为基础的人的独立性，是第二大形态，在这种形态下，才形成普遍的社会物质交换，全面的关系，多方面的需求以及全面的能力的体系。建立在个人全面发展和他们共同的社会生产力能力成为他们的社会财富这一基础上的自由个性，是第三个阶段。第二个阶段为第三个阶段创造条件。"①在这里，马克思把人的发展建立在生产力发展的基础上，"三形态"理论是依据人的发展状况划分的，也可以说是依据生产力发展水平划分的，人的发展、生产力的发展和社会的发展具有内在的一致性。与人的依赖关系、物的依赖关系、个人全面发展相对应，社会宏观经济可划分为自然经济、商品经济、产品经济（或叫时间经济）三种形式，人类历史发展可分为自然经济社会、商品经济社会、产品经济社会三种形态。

　　从"三形态"理论看市场经济，我们可以得到如下启示：首先，商品经济、市场经济是人类文明的成果，并不专属于资本主义，它在人类历史进程中起着巨大的进步作用。市场经济是商品经济存在和发展的客观要求，既然

---

　　① 《马克思恩格斯全集》第 46 卷（上），人民出版社 1979 年版，第 104 页。

是商品经济，就应当有市场调节。

其次，市场经济不可逾越。马克思用序数词第一、第二、第三来表示自然经济、商品经济（市场经济）、产品经济是意味深长的，它说明人类历史发展具有自身客观逻辑，即客观必然性；它表示商品经济是社会经济发展的必经阶段，商品经济社会是人类历史发展不可逾越的形态，从自然经济社会到产品经济社会，企图超越或跳过商品经济社会是不可能的。因为，按照历史唯物主义观点，社会生产力不可选择。"历史的每一阶段都遇到有一定的物质结果、一定数量的生产力总和，人和自然以及人与人之间在历史上形成的关系，都遇到有前一代传给后一代的大量生产力、资金和环境，尽管一方面这些生产力、资金和环境为新的一代所改变，但另一方面，它们也预先规定新的一代的生活条件，使它得到一定的发展和具有特殊的性质。"① 由此，生产力落后的东方国家虽然可以通过社会主义革命建立社会主义制度而呈现出历史发展的跳越性，从某种程度上可以说是跨越了"卡夫丁峡谷"，但并不因此而把生产力的发展一下子提高到一个很高的水平。发展生产力，使之达到或高于资本主义社会的生产力水平，还是一个相当艰巨、需要相当长时间才能完成的历史任务。

再次，按照"三形态"理论，社会主义特别是社会主义的初级阶段，从总体上说还处于商品经济（市场经济）这第二大社会形态。这是因为，就时代特征来说，

---

① 《马克思恩格斯全集》第 3 卷，人民出版社 1960 年版，第 43 页。

在我们这个时代，资本主义居于主导地位，全人类还属于人类社会发展的第二阶段。这还因为，我国目前还是一个"不合格"的社会主义，生产力很不发达，不仅存在着复杂和细致的社会分工，而且劳动者以及劳动者集体具有独立的经济利益，劳动仍然是人们的谋生手段。现阶段必须实行按劳分配，人们的劳动成果必须通过商品的等价交换形式加以实现。在社会主义条件下，仍然广泛存在着商品货币关系，社会主义经济仍然是商品经济。所有这些，离第三阶段的"产品经济"和人的"自由个性"的全面发展，都还相差甚远。

2. 市场经济能更有力地发展社会生产力。人类社会发展是自然历史过程，也是人的能动选择过程，是合规律性和合目的性的统一。建立社会主义市场经济新体制，是合乎规律的历史必然，也是中国人民按照自己的目的作出的能动性选择。我们所以选择社会主义市场经济有千条理由、万条理由，但说到底还是邓小平的那句话：问题是用什么方法才能更有力地发展社会生产力。有利于发展社会生产力，这是我们选择市场经济的最根本的理由。

党的十一届三中全会后，邓小平通过深刻总结我国经济建设的经验教训，一针见血地指出："我们过去一直搞计划经济，但多年的实践证明，在某种意义上说，只搞计划经济会束缚生产力的发展。"① 他指出，在经济建设中，计划经济建设能够做到集中力量、保证重点，这是它的优

---

① 《邓小平文选》第 3 卷，人民出版社 1993 年版，第 148 页。

越性，"缺点在于市场运用得不好，经济搞得不活"①。因此，社会主义也要搞市场经济，"把计划经济和市场经济结合起来，就更能解放生产力，加速经济发展"②。邓小平的这一思想，抓住了计划经济体制的主要弊端，从彻底的马克思主义唯物论出发，对我们为什么选择市场经济体制做了科学的回答。

我国社会主义经济建设的实践也说明，什么时候市场机制运用得好，生产力发展就比较快，经济发展就比较协调；什么时候运用得不好，生产力的发展就比较慢，经济发展就会出现失调和起落。从 1956 年进入社会主义建设以后的 20 多年间，我们基本上是抱着排斥市场经济的态度实行计划经济的。这 20 多年的经验表明，企图缩小商品生产的范围，限制市场调节的作用，都是做不到的，而且只能意味着倒退，不仅造成经济上的萎缩，甚至可能形成政治上的不安定。在新的历史时期，通过对经济体制的改革，在农村和城市的经济生活中不断扩大市场调节的范围，增强市场机制的功能。事实证明，这样的结果，无论在农村和城市中，广大劳动人民的积极性、主动性更加充分发挥出来，在计划经济下所没有做到的许多事情现在都实现了。在建立市场经济体制的过程中，无疑还会发生许多困难，但人们已经看到了市场经济的优越性，方向已经明确，道路已经打开，中国人民经过正反两方面的比较不

---

① 《邓小平文选》第 3 卷，人民出版社 1993 年版，第 17 页。
② 《邓小平文选》第 3 卷，人民出版社 1993 年版，第 148—149 页。

会再走计划经济体制的老路。

三

市场经济的作用是多方面的，从哲学的角度看，它的最大、最直接的作用是充分调动劳动者的主体性。市场经济其他方面的作用，可以说都是通过调动劳动者的主体性而实现的。例如，市场可以优化资源配置，但优化资源配置与调动人的积极性是一致的。因为配置资源是由人进行的，只有把人的积极性调动起来，他们才可能以最佳方式配置各种资源。又如，市场经济可以推动生产力发展，而劳动者是首要的生产力。所谓推动生产力发展，最主要的就是通过权利和责任、利益和风险的结合，调动企业和个人的劳动积极性和创造精神。

过去的计划经济体制当然不能说没有发挥人的主体性。计划本是人的活动特点之一，活动是有目的、有计划的而不是盲目的，这本身就是人的能动性的表现，就属于相对于动物的本能活动、物质世界的自然活动的人的主体性的内容。而且，在社会主义革命取得胜利后的一段时间内，劳动者当家做主的自豪感也曾激发过劳动者主体性的发挥，推动经济建设的发展。这是有目共睹的事实。但在计划经济体制下，真正的经济主体只有一个，即国家经济管理部门。一切经济和生产单位，一切参与经济活动的个人，都被要求按国家统一制定的计划而行动，劳动者的积极性得不到充分发挥。很明显，这是和社会主义的本质要求相违背的。社会主义现代化是亿万人民群众的伟大事业，不调动广大人民群众的建设热情，社会主义就不能最终战胜资本主义。传统体制不够重视广大群众的个人物质利益，不给企业以充分的生产经营权，因而，也可以说是违背党的群众路线的。邓小平充分看到计划经济的这种缺点，认为改革就是要调动各方面的积极性。他说，鉴于过去的教训，必须改变闭关自守的状况，必须调动人民的积极性，这样才制定了开放和改革的政策。他还说："我们的经济改革，概括一点说，就是对内搞活，对外开放。对内搞活，也是对内开放，通过开放调动全国人民的积极性。农村经济一开放，八亿农民的积极性就起来了。城市经济开放，同样要调动企业和社会各方面的积极性。"①

毛泽东在1956年已经看出苏联的计划经济压抑了劳动者的积极性，他当时提出了要把国内外一切积极因素调动起来，为社会主义事业服务这样一个基本方针。这一看法无疑是正确的。可是毛泽东却企图用政治的方法来调动劳动者的生产积极性，于是就有了"以阶级斗争为纲"，大搞群众运动这一套做法，结果没有达到预期目的。接受这一教训，邓小平在改革的一开始就提出"学会用经济方法管理经济"，寻求解决经济问题的方法。这个方法就是人类文明发展史已经提供并被实践证实了的市场经济的方法。这个方法，就是在社会主义经济建设中，让亿万从

---

① 《邓小平文选》第3卷，人民出版社1993年版，第135页。

事生产、经营活动的干部、群众，利用各种各样的经济信息，承担责任和风险，有效地调动他们生产经营的主动性、积极性和创造性，把过去主要由少数人作经济抉择，变为广大群众普遍参与抉择。发挥市场机制的作用，实际上是充分调动一切经济活动主体的主体性，发挥广大劳动群众在经济建设中的作用。

市场经济所以能够提高和发挥人的主体性，在于市场经济以承认企业是现代经济活动的主体为前提，认为产品的生产者、经营者、购买者都是自主的主体，有自己独立的物质利益，形成自己独立的意志，按照自己的利益和意志自主经营、自负盈亏。没有千千万万自主经营、自负盈亏、自我发展、自我约束的企业和个人作为市场活动主体，就没有市场经济。反之，也正是由于市场经济体制的确立和运行，才保证了这些企业和个人有可能获得和实现其主体性。

市场经济所以能够提高和发挥人的主体性，具体地说是通过市场机制实现的。

首先，是市场经济的价值决定机制。由于资源产权和利益主体多元化，由于每个市场主体的行为都以自身利益的最大化为宗旨，资源和产品的实物形态即使用价值必须转化为价值形态，但能否转化以及转化价值的大小，只能由市场竞争和供求来决定。如果活动者的主体性不强，对市场反应迟钝，他的产品对他人没有使用价值，那么，他花费在产品生产上的资源和劳动就是无效的，形不成价值。也许他的产品对他人有使用价值，但如果他信息不灵，产品数量超过了社会需求，那么他的资源价格就会打折扣，低于边际成本。更主要的是，价值取决于劳动技术，如果劳动者技术先进、效率高，他生产的产品所消耗的资源或付出的劳动明显低于其他生产者，他就会得到平均利润以上的利润，就会赚钱；反之，他的主体性差，达不到平均利润，他就要亏本，被淘汰。商品是天生的平等派。任何人要在市场交换中站得住脚，都必须丢掉幻想，横下心来，苦练内功，提高主体素质和主体性，在激烈的市场中奋力拼搏，成为强者。这里，讲出身没有用，讲权力没有用，投机取巧终究也靠不住。

其次，是市场经济的动力机制。利益是激励和支配人的活动的能动因素和主要动力。马克思说："人们奋斗所争取的一切，都同他们的利益有关。"[①] 市场经济坚持利益主体多元化，认为市场活动主体各自都有独立的利益，对自身利益的考虑和关切是市场提高和发挥人的主体性的真正契机。在市场体制中，人们的利益是通过市场的中介实现的。他们按照市场供求决定的价格在市场上进行交换，市场上商品和劳动的价格的涨落、高低，都同他们收入的多少息息相关。正是出于自身利益的考虑，或者说在经济利益的激励和约束下，他们不得不根据市场价格的变动来调节自己的生产和经营。这表现为两个方面：一方面他们提高劳动的熟练程度和劳动能力，改进技术，降低成本。这是大家都熟悉的方式；另一方面是劳动者重新择

---

① 《马克思恩格斯全集》第 1 卷，人民出版社 1956 年版，第 82 页。

业，或者流向获利多的部门，或者转入适合自己能力、宜于发挥其主体性的单位。人都有长处和短处，应当扬长避短。在某个部门、单位，他可能显示不出才华，发挥不了主体性，换一个工种、职业，他可能就如鱼得水，担负重任。而在旧体制下，企业没有用人的自主权，职工没有择业的自由和流动的自由，从而压抑人的主体性的发挥。这是对人才的最大浪费。

再次，是市场经济的竞争机制。竞争是市场经济的突出特点。市场如战场。在市场经济体制下，每个主体都力图在市场交换中实现自身利益最大化。但市场奉行等价交换原则，把这一平等原则运用于不平等的生产者身上，就如同赛跑，虽然每个人的体质不同，但起点、终点都一样，谁先跑到终点谁就获胜。在市场经济这只"看不见的手"的指挥下，众多的商品生产者、经营者、购买者进行着错综复杂的竞争。市场交换过程实际上是择优淘劣的选择过程。机遇和风险并存。在"生存危机"的压力下，市场主体必然花大力气改善自身素质，提高自己的主体性，增强对市场的适应能力和驾驭能力。

市场经济的竞争机制，是人的主体性提高和发挥的强大推动力。而在传统体制下，整个社会都被纳入统一计划，每个企业和个人都按照它来活动，因此各个企业、个人之间的任何竞争都成为不可能和不必要的。而一旦没有竞争，既无利益也无责任，干好干坏一个样，企业就会丧失为了生存和发展而拼搏的冲劲，个人也可能由此而变得松懈、懒散，最终失去主体性。

可持续发展的哲学思考[*]

可持续发展，是中共中央在《关于制定国民经济和社会发展"九五"计划和 2010 年远景目标的建议》（以下简称《建议》）中提出的与"科教兴国"相并列的两个重大战略之一。所谓可持续发展，人们通常的理解是，要把控制人口、节约资源、保护环境放到重要位置，使人口增长与社会生产力发展相适应，使经济建设与资源、环境相协调，以实现经济和社会长期的、健康的发展。这种理解，一般地说并没有错。但严格说来则是不全面的，它明显地忽视了社会主义建设者在可持续发展战略中的作用，特别是精神文明建设在可持续发展战略中的地位。须知，在《建议》中，实现可持续发展战略是与加强精神文明建设一起作为"第九条方针"提出来的。《建议》特别强调：制定"九五"计划和 2010 年远景目标，要把社会主

---

　　* 本文发表于《新视野》1996 年第 5 期，原题为《精神文明建设与可持续发展战略》。

义精神文明建设提到更加突出的地位。因此，深入认识和理解可持续发展的内涵，切实分析与把握可持续发展战略与精神文明建设的关系，是实现我国社会发展总体目标和规划的重要前提。

一、经济发展和社会发展

要了解可持续发展战略与精神文明建设的关系，首先要了解可持续发展中经济发展和社会发展的关系。经济发展和社会发展，是当今国际社会普遍关注的重大问题。人们越来越深刻地认识到，在发展经济的同时，必须把社会发展摆在重要的位置，实现经济和社会的协调发展。否则，就不可能做到可持续发展。协调发展，是持续发展的基本前提。从严格意义上讲，社会包括经济、政治、文化，社会发展包括经济发展、政治发展、文化发展，经济发展是社会发展的重要组成部分。我们现在所讲的社会发展，是同经济发展相并列的，特指经济发展之外的社会事业的发展，它主要包括控制人口、减缩贫困、发展教育、保护环境，以及卫生保健、劳动就业、社会保障、公共安全、社会稳定、民族团结、民主与法制建设，还有保护妇女、未成年人、老年人、残疾人等群体的权益，等等。在这个意义上，经济发展和社会发展是相互依存、相互促进的。经济发展是社会发展的基础，社会发展是经济发展的目的。我国是发展中国家，人口多，人均资源少，经济和科技发展水平远落后于发达国家，国内地区之间经济发展也很不平衡。这是我国经济发展和社会发展所面临的基本国情和条件。为满足 12 亿人口的基本需要和日益增长的需求，必须坚定不移地把发展经济放在第一位，保持较快的经济增长速度，不断提高经济增长质量。这样，才能消除贫困，使人民群众的生活水平不断提高；才能为解决各种社会问题，发展各项社会事业，推动社会全面进步提供所需的资金，创造必要的物质技术条件。人类的历史就是在生产力发展的基础上不断推动社会发展的历史。没有经济的发展，社会发展就没有根基。

我们同时也应看到，经济发展本身并不是目的，它的根本目的在于满足广大人民群众日益增长的物质文化需要，实现社会全面进步。大量事实说明，经济发展不会自动带来社会发展，许多社会问题不会随着经济发展自动得到解决。诸如自然环境的破坏、灾害的频繁发生、人口过快增长、贫富差距悬殊、城市病的产生、新疾病的威胁等社会问题，都不是经济增长所能直接解决的。而且，有些社会问题的产生本身就是由经济增长的不合理方式造成的。因此，在重视经济发展的同时，必须十分注意推动社会全面进步，把社会发展放在重要的战略地位来考虑，让经济增长的成果在社会进步方面体现出来。

社会发展不仅是人类社会发展的重要目标，而且是经济发展的重要保障。社会发展的各个领域与人民的切身利益息息相关，通过社会发展，调解社会矛盾和利益关系，可以为经济发展创造良好的社会环境。控制人口、发展教育、提高资源利用率、保护环境等等，对于促进经济发展也会产生积极的影响。更主要的是，我国社会发展的宗旨是着眼于人民群众，服务于人民群众，满足人民群众多方面、多层次的要求。这不仅会正确地引导我国经济发展的方向，而且为经济发展提供了真实的、持久的动力。

二、社会发展和人的发展

社会发展的核心是人的发展。

根据邓小平建设中国特色社会主义理论，我国社会发展的总体要求是，保持社会稳定，推动社会进步，积极促进社会公正、安全、文明、健康发展。社会发展的本质是人的发展，亦即以人的全面发展为中心，促进人民生活质量、人口素质和社会文明程度的不断提高。这是因为，按照历史唯物主义观点，社会是由人组成的，人民群众既是社会建设的主体，也是社会发展的主人。

以上指出，经济发展的目的是社会发展，那么社会发展的目的又是什么呢？同答是：人的发展。离开了人和人的发展，经济发展和社会发展既是不可能的，也是不必要的。因此，经济发展的成果要在社会发展中体现出来，经济、社会发展的成果要在人的发展中体现出来。经济发展和社会发展，倘若不能转化为人的发展，那就失去了明确的目的和方向，甚至还会危害人类的生存和发展。这就是马克思主义的发展观。

在西方国家，20世纪40年代的发展观是一种单一的经济增长观。认为发展就是经济增长，缺乏生态观念，忽视社会对经济的影响，把 GDP 视为衡量一个国家发展的唯一指标和尺度。这种发展观用一个简明的公式来表示就是：发展 = 经济。

到了 20 世纪 60 年代，人们发现单一经济发展观的弊端，注意到经济与自然的关系，认识到经济发展应建立在生态持续能力的基础上，特别是开始重视改革社会关系、注意社会公正。有人把这种发展观概括为：发展 = 经济 + 社会。

20 世纪 80 年代以后，西方学者开始强调人在发展中的地位。他们认为，发展应是整体的、综合的，除人与环境的协调发展外，还应包括人与人、人与组织的协调发展，其中人是中心。1995 年 3 月在哥本哈根召开的世界发展首脑会议，明确提出"以人为中心"的发展观，把发展归结为人的发展。这种思想也可用一个公式来表述：发展 = 人。

"以人为中心"的发展观，是当今世界各国一切有识之士的共同主张。我国政府多次把"着眼于人民群众"提高到社会发展的本质的高度，认为经济和社会发展，都要以实现人的全面发展作为出发点和归宿。制定经济政策、社会政策，要满足人民的需要，保障人民的合法权益，提高他们的物质文化生活水平、道德修养和身心健康水平，促进国民素质的全面发展和提高。

人的全面发展，既是经济和社会发展的根本目的，也是实现经济和社会可持续发展的重要保障。在马克思主义哲学中，"以人为中心"包括一切为了人民群众和一切依靠人民群众两个方面的含义。

在我国社会主义现代化建设的过程中，将人口、环境、资源和经济相互协调，走可持续发展的道路，是国家发展战略的必然选择。而提高国民素质，则是实现我国可持续发展战略最重要的保障。人口增长和自然资源缺乏，是我国经济发展中的一个基本矛盾。解决这一矛盾的关键在于，在控制人口的同时，提高人口素质，用人力资本代替自然资本。这不仅能实现"增长极限"的突破，而且能在一定程度上替代并保护自然资源。我国不仅人口多，而且素质普遍较低，文盲人口比例较大，全国几千万人的贫困状态和严重的公共卫生问题，都直接影响人口素质，并进而影响经济和社会的可持续发展。提高国民素质，是解决人与自然、经济与环境等问题的核心。只有大力提高国民素质，才能改变粗放型经济增长方式所引起的自然资源和社会资源巨大浪费的状况，实现以技术进步为基础的集约型发展战略。

三、人的发展和精神文明建设

提高人的素质，关键在于加强精神文明建设。精神文明建设包括教育科学文化建设和思想道德建设。教育是培养人的活动。提高人的素质、促进人的发展，首先要大力发展科技和教育。科教兴国，必须先兴科教。只有增强对科学、教育的重视并加大投入，才能提高国民体力和智力水平，促进人的全面发展，才能真正保证经济和社会的可持续发展。精神文明建设中以教育、科学、文化、艺术等为主要内容的科学文化建设，造就一代科学文化素质较高的新型劳动者，这是提高劳动生产率，发展物质生产的重要条件。中共中央《关于制定国民经济和社会发展"九五"计划和 2010 年远景目标的建议》把"可持续发展"与"科教兴国"相并列作为两个重大战略，有着极为深远的意义。

人类社会是经济、政治、文化的统一体，是物质文明和精神文明的统一体。一切社会的持续发展，都是两个文明相互协调、共同发展，任何一个方面的缺失，都必然损害另一个方面的发展。马克思主义认为，社会发展的最终原因在于物质生产运动，物质决定精神，社会存在决定社会意识。马克思主义同时认为，精神对物质，社会意识对社会存在具有巨大的反作用。因为任何经济运动、社会发展都不是自发进行的，而是人的有意识、有目的的活动。人们的精神面貌、思想觉悟、道德水平，以及文化教育等精神因素，对经济、社会的可持续发展有着不可忽视的作用。

中国是一个发展中国家，发展市场经济，实现现代化和可持续发展，不可能像 17、18 世纪欧美国家那样，是一个纯粹自然的过程，它有浓厚的价值选择意义。"社会主义现代化"、"社会主义市场经济"的提法，都蕴涵着社会主义的价值承诺，涉及社会主义的价值目标，包括或体现在建设中国特色社会主义理论指导下的社会上层建筑和意识形态之中。离开了社会主义精神文明的基本要求，就谈不上发展社会主义的市场经济。社会主义精神文明建设，有利于形成社会主义市场经济健康发展的舆论力量、价值观念、道德规范和文化条件，有利于抵御资本主义和封建主义腐朽思想的侵蚀，激发全国各族人民建设祖国的巨大热情，大力振奋和弘扬艰苦创业精神。我国社会主义现代化建设的实践证明，以革命的理想、信念、道德、纪律为主要内容的思想道德建设，可以合理调节个人和社会之间以及人与人之间的各种矛盾，维护社会主义的生产关系，可以激发人们的劳动热情，调动其积极性，从而推动生产力的发展。邓小平说，革命的理想、信念、道德，是推动社会主义经济发展的一种精神动力，这是我们的真正优势。

社会主义精神文明建设不仅有益于经济发展，而且有益于民主政治建设，为可持续发展提供重要的政治保证。在社会主义社会，人民是国家的主人，要参与国家经济、政治、文化的管理，但是没有一定的科学文化、思想道德水平，就无法、至少是很难参与管理。列宁说过，文盲没有政治，他是站在政治之外的。十月革命以后他反复指出，要想战胜资本主义，必须是全体居民都参加管理工作，但"直到今天我们还没有达到使劳动群众能够参加管理的地步，因为除了法律，还要有文化水平"。① 此外，只有加强理想教育，人们才可能了解没有社会主义就没有民主，没有民主就没有社会主义的道理，才可能自觉地遵

---

① 《列宁选集》第 3 卷，人民出版社 1995 年版，第 770 页。

循社会主义民主集中制原则；只有加强道德教育，人们才能热爱祖国、热爱人民、热爱社会主义，关心国家的前途和社会主义的命运，积极投身社会主义现代化建设；只有加强纪律教育，人们才可能自觉地遵纪守法，维护公共秩序，创造一种生动活泼的民主政治气氛。

最后，社会主义精神文明建设还有益于形成良好的社会风气，为经济、社会的可持续发展提供一个安定有序、健康向上的社会环境。社会风气是一个社会、一个国家、一个民族文明状况的综合表现和标志，和人们的思想境界、道德水准、文化素养直接联系在一起。邓小平十分重视精神文明建设中的社会风气问题。他认为中国特色社会主义不同于资本主义的一个重要方面，就是不仅经济要上去，"社会秩序、社会风气"也要搞好。他尖锐地指出，风气如果坏下去，经济搞成功又有什么意义？会在另一方面变质，反过来影响整个经济变质，发展下去会形成贪污、盗窃、贿赂横行的世界。因此，"抓精神文明建设，抓党风、社会风气好转，必须狠狠地抓，一天不放松地抓"。①

要抓社会风气，靠什么呢？邓小平回答："我们用法律和教育这两个手段来解决这个问题。"② 所谓教育，就是通过加强精神文明建设来解决社会风气问题。社会风气是由社会成员的行为造成的，社会成员的行为是由他的素

---

① 《邓小平文选》第3卷，人民出版社1993年版，第152页。
② 《邓小平文选》第3卷，人民出版社1993年版，第156页。

质决定的。提高公民素质，促进人的全面发展，必然会在全社会形成一个有利于鼓舞、激励人们为国家富强、人民幸福和社会进步而艰苦创业、开拓创新的风气，有利于人们分清是非，坚持真善美，抵制假恶丑的风气，从而为经济、社会可持续发展创造一个国家统一、民族团结、人民心情舒畅、社会政治稳定的良好环境。总之，精神文明建设通过教育科学文化建设和思想道德建设培养有理想、有道德、有文化、有纪律的"四有"新人，提高人的思想道德素质和科学文化素质，为我国经济、社会可持续发展提供强大的精神动力和智力支持，从而保证我国的社会主义现代化建设沿着正确的方向发展。

解放思想：永葆蓬勃生机的法宝[*]

　　党的十一届三中全会以来的改革和建设实践充分证明，解放思想是一个法宝，是一个帮助我们在思想上和工作上永远保持蓬勃生机与活力的法宝。十几年来，我国改革开放硕果累累，经济建设成就辉煌，靠的是什么？首先是解放思想。解放思想是实事求是的前提，是改革开放的前提，是解放生产力的前提。实事求是，是我们党的思想路线，是邓小平建设有中国特色社会主义理论的精髓。要实事求是，首先要解放思想。解放思想的重要性，已为人们所熟知。现在，公开反对解放思想的人，不愿意解放思想的人，可以说已经很少了。但是，反观现实，我们不能不承认，思想不解放的现象仍然屡见不鲜。严峻的现实告诉我们：解放思想，并不是一件容易的事情。

---

　　* 本文发表于《中国特色社会主义研究》1995 年第 1 期，原题为《解放思想非易事》。

一

　　解放思想不容易，首先是由解放思想本身的要求所决定的。我们的一些同志思想不解放或不够解放，就是由于他们没有正确理解解放思想的含义，缺乏刻苦思索问题的思想准备。所以在现实生活中，他们自以为思想很解放了，可事实上并不解放。

　　什么叫解放思想？解放思想实质上是人的一种积极进取的精神状态。邓小平在批评我们的干部解放思想这个问题还没有完全解决时说：“不少同志的思想还很不解放，脑筋还没有开动起来，也可以说，还处在僵化或半僵化的状态。”① 江泽民在十四大报告中也提出，解放思想，就是要“改变因循守旧，不接受新事物的精神状态”。同这种思想不解放、不接受新事物的精神状态相对立，解放思想是一种什么样的精神状态呢？江泽民的回答是：所谓解放思想，就是敢于冲破落后的传统观念的束缚，善于从实际出发，努力开拓进取。

　　江泽民的这一论述，准确地揭示和概括了解放思想的主要表现和基本特征，即解放思想主要是指人们处于一种勇于思考、勇于探索、勇于创新的精神状态，对一切事物始终采取一种积极进取的态度，使思想和实际相符合。“冲破落后的传统观念的束缚”，是解放思想的首要特征。

----

　　① 《邓小平文选》第 2 卷，人民出版社 1994 年版，第 141 页。

所谓"解放"，说的就是打破僵化，破除迷信，冲破认识上的禁区和思想上的牢笼。"从实际出发"，是解放思想的直接任务。思想所以要解放，"落后的传统观念"所以要"冲破"，原因就在于它不符合客观实际，主观和客观相脱离。邓小平说："解放思想，就是使思想和实际相符合，使主观和客观相符合，就是实事求是。"① "开拓进取"，是解放思想的最终目标。冲破落后的传统观念的束缚也好，从实际出发也好，其目的都是要运用马列主义、毛泽东思想的基本原理，运用邓小平建设有中国特色社会主义理论，研究新情况，解决新问题。我们的工作能不能开拓进取，关键在于能不能解放思想；我们的思想是不是解放，归根结底要看是不是解决问题，不断把工作推向前进。

　　江泽民关于解放思想的论述还说明，要做到解放思想，绝不是简单容易的事。

　　1. 冲破落后的传统观念要"勇于"。人类的思想观念是一个历史过程，每一个时期的思想成果都是这个过程的一个环节。每一个现实的人在其社会化的过程中，都会自觉不自觉地接受一定的思想观念，并自觉不自觉地以这种思想观念作为自己进一步思想和行动的前提。传统的思想观念中，有精华也有糟粕，即使是精华也要随着时代的发展而发展。优秀的思想观念是人们思想认识的指南，落后的思想观念则是人们思想认识的障碍。一种思想观念无论

① 《邓小平文选》第2卷，人民出版社1994年版，第364页。

是优秀的还是落后的，一旦成为传统，被社会认同，就会成为一种思维习惯。落后的习惯是一种可怕的力量。要改变它，必须具有很大的勇气和胆识，勇于思前人之未思，勇于想众人之未想，甚至敢冒"离经叛道"的风险。

冲破落后的传统观念束缚的困难还在于，我们每个人都历史地存在于传统观念之中，而不是在传统观念之外。从某种意义上说，批判落后的传统观念首先是批判自己，否定落后的传统观念首先是否定自己，这不仅需要时代的责任感，而且需要自我批判、自我否定的勇气。批判、否定自己，这是一个痛苦的过程。抛弃落后的传统观念，绝不像脱掉一件外衣那样轻而易举。1978年邓小平在《解放思想，实事求是，团结一致向前看》中就提出"勇于思考、勇于探索、勇于创新"，1992年视察南方重要讲话又强调"大胆地试，大胆地闯"，说明勇敢、大胆对于解放思想是多么重要。

2. 从实际出发要"善于"。我们是马克思主义者，马克思主义要我们看问题、办事情不要从本本出发，不要从主观想象出发，而要解放思想，从实际出发。可是，真正做到一切从实际出发又谈何容易。

作为客观实际的事物都是多种属性、方面和关系的统一体，同时还与周围其他事物处于极为复杂的联系和关系之中。我们所讲的实际是具体的、全面的。由于主观和客观条件的限制，我们看到的往往只是事物的某些侧面。这些侧面尽管也可能是实际，但它是片面的实际，不是全面的实际。寓言《盲人摸象》，非常生动形象地反映了日常生活中经常发生的这种认识现象。我们只有借助于马克思主义的望远镜、显微镜，深入群众，调查研究，才可能使我们的思想认识更全面一些，同真正的客观实际更接近一些。

实际不仅有片面的实际和全面的实际之分，而且有表面的实际和深层的实际的区别，即事物现象和本质的区别。现象包括真相和假象，即便是看到了全面的真相，也不等于把握了事物的本质和规律。本质、规律是事物的内部联系，看不见，摸不着，永远不会自动呈现在我们面前。因此，要认识本质、规律，就要有"求是"的愿望、"求是"的本领和"求是"的过程，勇于思考，勤于思考，善于思考。

3. 开拓进取要"努力"。开拓进取，就是解决问题，推进工作，不断开创工作的新局面。如果说研究新情况尚且不易，那么解决新问题就更加困难。要解决问题，推进工作，不但要研究事物的普遍规律，而且要研究事物的特殊规律；不但要从"客观存在着的实际事物"出发，而且要从"人民群众的需要"出发；不但要认识事物的规律、人们的需要，而且要认识客观条件，把握时机，尽力而为，量力而行。更重要的是，是否解决了问题，推进了工作，还要经过社会实践的检验，符合"三个有利于"标准。实践不成功，经不起实践检验，说明问题没有解决，工作没有进步；不符合"三个有利于"标准，说明问题解决得不正确，工作方向不对头。

二

解放思想不容易，也是由社会实践的不断发展决定的。我们一些同志思想不解放或不够解放，这并不是说他们从来就反对解放思想，或根本不愿意解放思想。他们在某些问题上思想可能是解放的，在以前思想也可能是解放的。只是由于实践的发展，缺乏继续解放思想的准备和努力，跟不上时代前进的步伐。

按照马克思主义认识论，真理都是具体的而不是抽象的。解放思想作为追求真理的一种精神状态、思考方式，也是具体的而不是抽象的。每一次要从什么样的思想中解放出来，解决什么问题，达到什么目的，都是不一样的。离开对具体情况的具体分析，就谈不上什么是落后的思想观念，什么是先进的思想观念，就谈不上人们的思想是解放还是不解放。一个人在一些问题上思想解放，在另一些问题上思想不解放；在一个时期思想解放，在另一个时期思想不解放，都是可能发生的事情。解放思想是一个不断的过程，不可能一劳永逸。毛泽东说："我们的结论是主观和客观、理论和实践、知和行的具体的历史的统一，反对一切离开具体历史的'左'的或右的错误思想。"① 这个结论是认识论的结论，也是解放思想的要求。在一定的历史时期内，主观和客观、认识和实践达到了具体的历史

---

① 《毛泽东选集》第 1 卷，人民出版社 1995 年版，第 296 页。

的统一，这时的思想就是解放的。随着历史阶段的转换、客观实际情况的变化，主观和客观、认识和实践的具体历史的统一被打破，落后的思想观念阻碍新的实践的发展，就需要进一步解放思想，使思想观念符合新的实际，达到主观和客观、认识和实践的新的统一。人类的认识活动、思想解放运动，就是这样永无止境地进行的，永远没有尽头。

我们现在讲的解放思想，是针对当前我国改革开放和现代化建设的新情况、新问题而言的。以前的思想解放，只能说明以前，不能说明今天；过去的思想解放，不能代替现在的思想解放。

什么是我国现在最重要的新情况，最重要的新问题呢？就是建立社会主义市场经济新体制。建立和完善社会主义市场经济新体制，是一项艰巨复杂的社会系统工程。1992 年邓小平视察南方的重要谈话和党的十四大确立建立社会主义市场经济体制的改革目标，开创了我国改革开放和现代化建设的新阶段。如果说从以阶级斗争为纲到以经济建设为中心，是新时期第一次关系到社会主义现代化建设全局的重大历史性转变，那么从计划经济到市场经济，则是新时期第二次关系到社会主义现代化建设全局的重大历史性转变。这两次转变的形成，都是解放思想的结果；这两次转变的实现，都始终伴随着解放思想运动，不断对解放思想提出新的目标和要求。在第一次转变中的思想解放者，并不能保证在第二次转变中仍然思想解放。面对当前的新形势、新任务，一切真正的改革者，依然需要振奋精神，积极进取，继续解放思想和更新观念，以新的思想观念和精神面貌开拓新的工作局面。

更重要的是，第二次转变比第一次转变相对来说更深刻、更全面，对解放思想的要求也更高。

第一次转变从以阶级斗争为纲到以经济建设为中心，是政治路线的转变；第二次转变从计划经济到市场经济，是经济体制的转变。第一次转变确立了党和国家的工作中心，是一次工作重点的转移，实质上是解决全党和全国人民"做什么"的问题。第一次转变为第二次转变奠定了基础，不以经济建设为中心，就不会提出市场经济；第二次转变确定经济体制改革的目标模式，是一次经济建设手段、方法的转变，实质上是解决全党和全国人民"怎么做"，怎样抓经济建设的问题。第二次转变是第一次转变的延伸和深化，不建立社会主义市场经济体制，就很难进一步解放和发展生产力，搞好经济建设。

第一次转变从以阶级斗争为纲到以经济建设为中心，发展生产力，提高人民生活水平，既符合广大干部群众的根本利益、长远利益，也给每个单位、每个人都带来眼前利益，可谓"皆大欢喜"。人们从心里反对"文化大革命"，不喜欢贫穷的社会主义。第二次转变从计划经济到市场经济，则深刻地触及到计划经济体制下所形成的既定利益格局。转换政府职能，建立现代企业制度，搬掉铁交椅，砸烂铁饭碗，这些都直接关系到一些人的切身利益。有市场就有竞争，有竞争就有胜负，有胜负就有先富后富、快富慢富之不同。一些效益不好的企业会转产、破产，一些素质不高的人会下岗、转岗，在一定时期内，其生活水平可能会相对下降。人人有饭吃，但吃的好坏不一样，这将是目前及今后一个时期的正常现象。收入差距被合理拉开了，不再是"皆大欢喜"，而是"有人欢乐有人愁"。尽管"愁"的人是少数，尽管这种"愁"是一种压力、动力，有一定积极意义，但如果引导不好，也可能反过来成为进一步解放思想、实现第二次转变的阻力。事实证明，当改革给自己带来实惠时，拥护改革容易，当改革一时没有给自己带来实惠甚至在一定程度上损害自己的既得利益时，拥护改革则难。因此，进一步解放思想，完成第二次转变，一个最重要的方面是跳出个人眼前利益的小圈子，树立全局观念，从最广大人民群众的利益出发，"风物长宜放眼量"，勇于自我革命。

第一次转变最后落实在解放生产力和经济建设上面。对此，马克思、列宁、毛泽东都有过论述，人们理解、接受起来，基本上没有什么困难。加上人们对长期的阶级斗争扩大化有切肤之痛，因此无论在理论上还是在情感上，解放思想都比较容易做到。第二次转变要建立社会主义市场经济体制。对此，马克思的本本上没有，列宁的本本上没有，毛泽东的本本上也没有，其他任何一个国家都没有干过。社会主义市场经济是一项史无前例的崭新事业，它必然带来许多新情况、新问题，广泛地触及许多深层次的思想观念。第一次转变，具体要求从个人崇拜和"两个凡是"的束缚中解放出来，拨乱反正，"正本清源"，完整地准确地理解毛泽东思想，回到马克思主义的正确路线上来。第二次转变，进一步要求从对马克思主义的某些原则、某些本本的教条式的理解中解放出来，从对社会主义的一些不科学的甚至扭曲的认识中解放出来，从那些超越社会主义初级阶段的不正确的思想中解放出来，适应现时代的大趋势，开拓马克思主义的新境界，以新的思想、观点去继承、发展马克思主义。

第一次转变，邓小平对解放思想的要求是"开动脑筋"，或者叫"肯动脑筋、肯想问题"。针对当时什么问题都不愿动脑筋，说话看"来头"、看风向，本本上没有的就不敢多说一句话，多做一件事，一切照抄照搬照转的现象，提出独立思考，敢想、敢说、敢做。第二次转变，邓小平对解放思想的要求是"换脑筋"，也就是变换思考问题的参照系，变换思维方式和价值观念。"换脑筋"和"开动脑筋"有明显不同，它不仅要勇于动脑筋想问题，而且要善于动脑筋想问题；不仅要独立思考，而且要创造性思考。不换脑筋，许多问题束手无策，"山穷水尽疑无路"；换了脑筋，办法就会更多，路子就会广阔，"柳暗花明又一村"。

发展没有止境，实践不会终结。"今后，在一切工作中要真正坚持实事求是，就必须继续解放思想。认为解放思想已经到头了，甚至过头了，显然是不对的。"①

---

① 《邓小平文选》第 2 卷，人民出版社 1994 年版，第 364 页。

三

解放思想不容易，还同人的素质有关。解放思想是复杂的、困难的，但有困难不等于做不到。事实上，历史上每一次大的思想解放运动，都会涌现一批思想解放的先驱，当然也产生一些时代的落伍者。这说明，解放思想本身的要求，社会实践的发展，以及社会环境的好坏，都不是一个人思想是否解放的决定性因素，决定性因素是人的素质，是人的思想道德和科学文化水平。人的素质高，解放思想就相对容易；人的素质低，解放思想就更加困难。因此，提高人的素质，是解放思想、实事求是的根本途径和基本方法。

1. 解放思想，同人的世界观、价值观有关。要解放思想，必须树立正确的世界观、价值观，提高马克思主义理论素养。

世界观是人们关于世界的根本观点。任何人的思想行为都不可能没有世界观的指导。进步的、正确的世界观，引导人们发现真理，按真理办事，对解放思想起促进作用；腐朽的、落后的世界观，则把人们的思想引入歧途，对解放思想起阻碍作用。世界观包含价值观。人的一切思想行为的深层和背后都有一定的价值观存在，它不仅影响人们想什么、做什么，而且影响人们怎么想、怎么做，对解放思想具有重要的动力功能和定向功能。解放思想、换脑筋，首先表现为世界观、价值观的转变。

　　哲学是世界观的理论体系，世界观对解放思想的作用，实际上是哲学的作用。解放思想，获得正确认识，离不开哲学理论的学习和运用。哲学的基本功能是指导、批判和预见，它同保守、僵化、迷信是根本对立的。进步的哲学世界观的建立，有助于人们摆脱心灵桎梏，开阔心胸，提高思想境界，始终保持解放思想的良好精神状态。人生活在世界上总要受到主客观条件包括落后的传统观念的影响，如果缺乏哲学修养，就会目光短浅，囿于积习和偏见，陷入盲目性。正确的哲学理论有助于人们树立正确的理想、信念，克服现实生活的局限性，增强自觉意识、使命意识和进取意识。哲学是世界观也是方法论。哲学不同于一般科学的地方在于，它教给人们的是掌握一切规律的规律，反思一切方法的方法。学习、运用哲学理论，可以锻炼人的理论思维能力，完善人的思维方法，提高解放思想的水平。

　　马克思主义哲学是科学的世界观和方法论，是无产阶级和劳动人民解放思想的伟大工具。"解放思想，就是要运用马列主义、毛泽东思想的基本原理，研究新情况，解决新问题。"① 邓小平建设中国特色社会主义理论，是当代中国的马克思主义。当前，进一步解放思想，最根本的是深入学习和全面掌握建设中国特色社会主义理论。因为解放思想、实事求是是建设中国特色社会主义理论形成的起点，是贯穿于建设中国特色社会主义理论各个部分、观

----

　　① 《邓小平文选》第2卷，人民出版社1994年版，第179页。

点的精髓。建设中国特色社会主义理论不仅为我们提供了什么是社会主义、怎样建设社会主义的思想观点，而且为我们提供了如何形成这些思想观点、如何观察问题和解决问题的方法论原则。特别是，有些思想观点，本身就具有重要的方法论意义。如"三个有利于"，就为我们提供了进一步解放思想的价值准则。要解放思想，就要始终像邓小平那样，牢固树立发展生产力的观点、人民群众的观点和国家利益高于一切的观点。并由此保持无所畏惧的精神，抛弃一切私心杂念，顶住种种压力，符合"三个有利于"标准的就勇于坚持，不符合"三个有利于"标准的就勇于改正。

2. 解放思想，同人的知识素养有关。要解放思想，必须提高科学文化水平，有较广阔的理论知识。

理论知识是人们思维的产物，但它一旦形成又成为人们进一步思考问题的背景。辩证唯物主义认识论不同于机械唯物主义，它不是把人脑看做一块"白板"，消极地、直观地反映外部现实，而认为认识者的头脑中充满这样那样的背景知识，影响人们对新事物的认识和对新问题的研究，决定着解放思想的广度和深度。

背景知识首先决定着解放思想的态度。无数的事例告诉我们，良好的知识素养使人民主开明，宽容大度，具有接受新事物、新观念的意愿，闻过则喜，择善而从，在思考问题时具有主动性、灵活性和创造性。而相反，知识贫乏的人，其思想必然闭塞，孤陋寡闻，固执己见。我们日常生活中也常常把"有知"和"有识"联系起来，把

"愚昧"和"无知"联系起来。

背景知识决定着解放思想的广度。人类的思想解放是无止境的，但就具体历史阶段来说，其思想解放又是有一定限度的，受到已有知识积累的影响。我们总是在一定历史条件下进行认识的，历史条件达到什么程度，我们的认识和思想解放也就达到什么程度。我们常常说不要苛求于前人，就包括不要超过历史阶段抽象评判前人的思想解放和思想认识。

就同一时代的不同个人来说，思想是否解放以及解放程度的大小，也是同个人的知识积累成正比的。没有相应的知识准备，就不可能做到真正的解放思想，或者表现为僵化、保守，或者表现为空想、瞎想。多一门知识，就多一条思路。每一门知识，都给人们提供一种视野、一种看法、一种思维框架。背景知识决定着人到底观察到什么，并由此想到什么。人实际上只能看到、想到他所懂得的和感兴趣的东西。目前，一些同志思想不解放，一个重要原因就是对社会主义市场经济缺乏必要的知识，仍然在计划经济的知识背景下思考、解决市场经济的新问题。

背景知识也决定着解放思想的深度。解放思想，就是实事求是。而从"实事"中求"是"，需要对"实事"进行加工制作。人的知识储备在这个加工制作过程中，起着一种选择、导引的作用。毛泽东说的理论思维的"十六字诀"：去粗取精，去伪存真，由此及彼，由表及里，其中，"去"、"取"或"存"，就是选择；"及"就是导引。人们用什么理论知识去选择，"去"什么，"取"或"存"

什么，用什么理论知识去导引，由哪里"及"哪里，这对能否解放思想，以及解放思想达到什么层次、程度，关系极大。如果当"去"不去，应"取"不取，该"存"不存，那就不能解放思想、解决问题。如果想"及"而未及，要"及"而不及，那就势必影响解放思想的深度和解决问题的程度。

解放思想，既需要广度又需要深度，与此相应，人的知识储备也就要求既广博又专深。知识的广度讲的是"知识化"，知识的深度讲的则是"专业化"。邓小平指出，干部知识化要学哲学，学经济学，学科学技术，学管理；干部专业化，要求有专业知识和能力，成为各行业的行家里手。

3. 解放思想，还同人的社会实践有关。要解放思想，必须面向实际，倾听实践的呼声，在掌握客观实际上下工夫。

人的正确思想不是从天上掉下来的，也不是头脑中主观自生的。它只能来源于实践，来源于对实践经验的不断总结、提炼和升华。一个人，即使有着较丰富的书本知识，如果长期脱离实践，不了解实际情况，也很难冲破落后思想观念的束缚，从而确立新的思想观念。

只有投身于社会实践，才能清醒地察觉到原有思想观念的落后性，强烈地意识到解放思想的必要性。一定的思想观念是在一定的实践基础上产生的，随着实践的发展，原有的一些思想观念就会显示出它的落后性。换句话说，人们只有在实践中才会对主观和客观、理论和实践相分裂的状况有切身的感受，才会提出解放思想的迫切要求。

　　只有投身于社会实践，才能明确原有思想观念落后在什么地方，以及现实实践需要什么样的新思想、新观念。社会实践发展的内在需要，决定着解放思想的方向和内容。我们所讲的、所需要的思想观念，是适应社会需要从客观实际中抽象出来又在客观实际中得到证明的思想观念。人民群众是社会实践的主体，尊重实践和尊重群众是一致的。解放思想要深入实践，倾听实践的呼声，也就是要深入群众，倾听群众的呼声。社会主义的活力根源于人民群众创造性的实践活动。时刻关注广大人民群众的利益、愿望，尊重人民群众的首创精神，善于概括群众的经验和创造，是领导干部解放思想的重要条件。在这方面，邓小平为我们树立了榜样。他热情肯定和支持农村家庭联产承包责任制，称赞乡镇企业是基层农业单位和农民自己创造的。解放思想的过程，实际上是一个领导和群众相结合的过程，是理论和实践相结合的过程。领导干部只有紧紧依靠群众，代表群众利益，了解群众所思所想所盼和所说所作所为，才能明确方向，增强智慧和胆识，从而不断解放思想，把社会主义改革和建设实践不断推向前进。

实事求是：马克思主义的精髓[*]

实事求是，是邓小平建设有中国特色社会主义理论的精髓。要更高地举起邓小平建设有中国特色社会主义理论的伟大旗帜，坚持党的基本路线不动摇，一个极其重要的方面，就是要更加自觉地贯彻执行邓小平重新确立并身体力行的实事求是的思想路线，在任何情况下坚持党的思想路线不动摇。

一、实事求是：党的思想路线的核心

实事求是是党的思想路线的核心，影响着我们党的政治路线、组织路线，以及我们党的整个事业和工作。

一个执政的共产党，有没有一条正确的思想路线，关系到自身的兴衰成败、生死存亡。邓小平指出："只有解

---

　　[*] 本文发表于 1997 年 4 月 5 日《苏州日报》，原题为《坚持党的解放思想实事求是的思想路线，正确分析新情况处理新问题解决新矛盾》。

决好思想路线问题，才能提出新的正确政策"，① 否则，
"不可能把人民的积极性统统调动起来，也就不可能搞好
现代化建设，显示出社会主义制度的优越性"。因此，
"关键是思想路线对不对头"。②

"思想路线"这个概念是毛泽东在《反对本本主义》
一文中首次提出来的。到了延安整风时期，我们党的思想
路线基本形成，这就是毛泽东反复阐明和强调的实事求
是、从实际出发、理论联系实际。邓小平在新的历史时期
重新确立了党的思想路线，并作了新的发展和概括，这就
是：实事求是、一切从实际出发、理论联系实际和坚持实
践是检验真理的标准。党的思想路线的这四个方面，是相
互联系、相互作用的，各有自己特定的地位和意义；它们
又是有主有次的，不是并列关系，其中，实事求是是核
心，其他的三个方面都是实事求是的补充和说明。

"一切从实际出发"，是坚持实事求是的前提。它要
求我们想问题、办事情不要从本本出发，不要从抽象的定
义出发，不要从主观想象出发，而要从客观存在着的基本
事实出发，从人民群众根本的、长远的需要和利益出发，
研究事物的具体特点及其变化发展的新情况、新问题，得
出正确的路线、方针、政策和办法来。现在能做到的，就
要敢字当头，抢抓机遇；暂时不能做的，要创造条件，等
待时机。

---

① 《邓小平文选》第3卷，人民出版社1993年版，第10页。
② 《邓小平文选》第2卷，人民出版社1994年版，第191页。

　　"理论联系实际"，是坚持实事求是的途径。实事求是，要从实际出发。但现实生活中的实际情况十分复杂，不用科学的理论指导调查研究，不对实际事物进行理论分析，就只能认识事物的表象，只能就事论事，甚至为假象所迷惑，无法深入地把握事物的本质和规律，因而很难做到实事求是。反之，光讲理论，脱离实际，理论再好，也没有用处。如果用抽象的理论任意去裁剪生活，那就根本违背了实事求是的精神。

　　理论联系实际，是唯物主义认识论的一个基本原则。理论来自实践，又反过来指导实践。强调从实际出发，丝毫不意味着可以轻视理论；而我们重视理论，也是因为它能指导行动。理论和实际的结合，是正确认识世界和改造世界的必要途径，是一个共产党员必须具备的科学态度和优良作风。过去，我们党内曾经出现过两种倾向，一种是教条主义，一种是经验主义。教条主义拘泥于已有的理论而轻视实际；经验主义局限于局部的实践而轻视理论。这两种倾向都违背了理论与实际相结合的原则，都无法做到实事求是。把理论联系实际的原则纳入党的思想路线，对于我们反对和防止教条主义、经验主义具有重要意义。

　　"坚持实践是检验真理的标准"，是实事求是的归宿，也是判断是否做到了实事求是的标准。通过从实际出发，实事求是，人们获得了理论认识；通过理论认识和具体实际相结合形成计划、方案、指导实践，改造世界。但是由于历史条件和认识能力的限制，人们是否真正做到了从实际出发、实事求是，这些都只有通过实践及其结果才能最终加以确定。在实践面前，正确的理论被证实，错误的理论被修正，同时又在新的实践基础上补充、丰富和发展原有的理论。毛泽东早就明确指出："真理只有一个，而究竟谁发现了真理，不依靠主观的夸张，而依靠客观的实践。只有千百万人民的革命实践，才是检验真理的尺度。"①

在新的历史时期，邓小平针对"文化大革命"中的教条主义和粉碎"四人帮"后一个阶段的"两个凡是"，突出强调了实践是检验真理的唯一标准，第一次明确地把"坚持实践是检验真理的标准"作为党的思想路线的一个重要组成部分，从而丰富和发展了思想路线的内容。把实践标准纳入思想路线，有助于我们解放思想，破除迷信，坚持真理，修正错误，确保党的路线、方针、政策的正确性。

党的思想路线内容是十分丰富的，但其核心是实事求是，其他三个方面都是围绕实事求是展开的，是达到实事求是的条件和保证。正是在这个意义上，我们又常常说，党的思想路线就是实事求是。

二、实事求是：马克思主义哲学的理论表述

作为党的思想路线，实事求是和马克思主义哲学密切地联系在一起，包含着十分丰富的哲学内涵。实事求是是

---

① 《毛泽东选集》第 2 卷，人民出版社 1991 年版，第 663 页。

马克思主义哲学的简明概括，是辩证唯物主义和历史唯物主义的理论表述。邓小平多次指出："马克思主义的辩证唯物主义和历史唯物主义，用毛泽东主席的话来讲就是实事求是。"① 实事求是，集中地体现了马克思主义哲学唯物论、辩证法、认识论和价值论的有机统一。

1. 实事求是包含着唯物主义的基本观点。邓小平明确指出："实事求是，是毛泽东思想的出发点、根本点。这是唯物主义。"② 什么叫"实事"？"实事"就是实际存在着的客观事物、客观情况。实事求是首先肯定客观存在着的事物是在人脑之外、不以人的意志为转移，它是人们认识和研究问题的出发点。这就坚持了辩证唯物主义关于物质第一性、意识第二性，世界统一于物质的基本原理。

2. 实事求是包含着辩证法的基本观点。世界上一切客观存在着的事物都是多种属性、方面和关系的统一体，同时还与周围其他事物处在复杂的联系和关系之中。人们认识事物需要用联系的观点看问题，把握事物的各个方面、各个部分以及各种内部、外部联系和关系，以达到对"实事"的全面认识。

现实生活中常有这样的情况，不同的人对同一事物产生不同的甚至彼此对立的看法，而且各自都有某些事实作根据。究其实，他们所掌握的不是事物的全体，而是事物个别的、局部的方面。列宁说过，任何理论，无论是正确

---

① 《邓小平文选》第3卷，人民出版社1993年版，第101页。
② 《邓小平文选》第2卷，人民出版社1994年版，第114页。

的还是错误的，都可以在现实中找到某些证据，问题在于这些证据是否反映了事物的整体。如果从事物的全部总和，从事物的联系去掌握事实，那么，事实不仅是"胜于雄辩的东西"，而且是证据确凿的东西。如果不是从事物全部总和，不是从联系中掌握事实，那事实就只能是一种儿戏，甚至连儿戏也不如。

"实事"不仅具有整体性，而且具有历史性。任何客观存在着的事物都不是静止不变的，而是处在永不停息的历史发展中，有其过去、现在和未来。实事求是地认识事物还应当用发展的观点看问题，对"实事"进行动态的、历史的考察。人们对"实事"的认识是一个辩证发展的过程。

3. 实事求是包含着认识论的基本观点。实事求是首先承认"实事"中有"是"，从"实事"出发，目的在于求"是"。什么是"是"呢？"是"即规律，求"是"就是从客观存在着的"实事"中找到事物运动、发展的规律，指导人们有效地改造事物。

规律是事物内部普遍的、稳定的、重复出现的本质关系或本质之间的关系。规律是客观的，不以人的主观意志为转移。自然规律是这样，社会规律也是这样。正确地把握它，因势利导，就会取得成功；不认识它，违背它，就会受到"惩罚"。我们平常说按真理办事，实际上就是按规律办事，真理是客观规律的正确反映。

规律是隐蔽的，看不见摸不着。要认识规律，获得真理，必须有一个"求"的过程。"求"，即探究、寻找。

如果说实事求是的出发点是"实事"，落脚点是"是"，那么从出发点到落脚点，中间有一个"求"的过程。规律不会自动地反映到人的头脑中来，只有发挥人的能动性，努力探索和研究，在"求"字上多下功夫，才能真正把握事物的规律，做到实事求是。强调认识者的寻"求"功夫，这是辩证唯物主义能动反映论区别于机械唯物主义直观反映论的一个根本标志。

4. 实事求是包含着价值论的基本观点。实事求是中的"实事"，既包括客观存在着的自然事物这样的事实，也包括人的需要、利益、目的这样的事实。对于认识者来说，他人的、集体的、人民群众的需要、利益、目的，也是一个不以认识者的意志为转移的客观事实，也需要认识者去正确地把握。只有从客观规律和人的需要两种"实事"出发，才可能全面地发现社会发展的规律，真正做到实事求是。毛泽东多次说过，我们订方案、做计划、办事情、想问题，既要"从客观存在着的实际出发"，又要"从人民群众的需要"出发。邓小平更是明确地把历史唯物主义的人民群众观点渗透到实事求是之中去，把人民的利益作为制定各项方针政策的出发点和归宿。

总之，实事求是是科学性和价值性的统一。否定其科学性，就会失去客观基础，工作就会犯错误；否定其价值性，就会失去群众基础，也会犯错误。只有二者有机结合，才能事业有成，群众拥戴，无往而不胜。当前，讲实事求是，特别注重它所包含着的相信群众、依靠群众和一切为了人民群众的价值观，很有现实意义。

三、实事求是：我们党长期坚持的方法论原则

实事求是不仅是无产阶级的世界观、党的思想路线，也是我们党长期形成的思想方法和工作方法。本来，哲学作为世界观，是和方法论统一的，实事求是是无产阶级的世界观，也是无产阶级和劳动人民认识世界和改造世界的方法论。邓小平说："现在我们的干部中很多人不懂哲学，很需要从思想方法、工作方法上提高一步。"① 邓小平这里所说的"思想方法、工作方法"，主要是实事求是的方法。它在实际工作中表现为看待问题的"实事求是的态度"和处理问题的"实事求是的原则"。

邓小平所讲的"实事求是的态度"和"实事求是的原则"，在实际工作中可以具体概括为三个相互关联的方面。

1. 讲实话，办实事，重实效。邓小平在谈到毛泽东倡导的工作作风时说过，我认为，群众路线和实事求是最重要。什么是实事求是的工作作风呢？他说："我看大庆讲'三老'，做老实人，说老实话，干老实事，就是实事求是。"② 这就是说，坚持实事求是，一个重要方面是说真话、说实话，决不能为了一时一地或一己的利益说假话。若有问题不说，报喜不报忧，那就很危险；相反，为

---

① 《邓小平文选》第2卷，人民出版社1994年版，第303页。
② 《邓小平文选》第2卷，人民出版社1994年版，第45页。

了解决问题，把不是很严重的问题说得十分严重，事情也办不好。总之，要有一个求真务实的态度，力戒说假话、搞浮夸。

坚持实事求是，还要真抓实干，少说多做，实实在在为群众谋利益，防止和克服华而不实的形式主义的工作作风。形式主义与弄虚作假是一对孪生子，其核心是利己，基本特征是不讲实话，这与党的宗旨是水火不相容的。邓小平在视察深圳时强调，要多干实事，少说空话。他说，深圳发展这么快，是靠实干干出来的，不是靠讲话讲出来的。

2. 勇于实践，"摸着石头过河"。人类实践总会不断遇到新情况、新问题，特别是像社会主义现代化建设这样史无前例的伟大事业，马克思的本本上找不到，列宁的本本上也没有，既无本本可抄，又无完整的经验可循。在这样的情况下，实事求是的态度只能是："不争论，大胆地试，大胆地闯。"①"不争论"，是邓小平的一个发明。对任何问题都不要做空洞的议论，最重要、最根本的问题是抓住机遇，勇于实践，在改革试验中逐步完善理论，统一认识，干出新事业。

改革、试验当然是有风险的，邓小平说："改革是中国的第二次革命……是有风险的事。"②"城市改革比农村

---

① 《邓小平文选》第3卷，人民出版社1993年版，第374页。
② 《邓小平文选》第3卷，人民出版社1993年版，第113页。

改革更复杂，而且有风险。"① 既要大胆地试，又要担风险，怎么办？实事求是的做法只能是：摸着石头过河。"摸着石头过河"，这是邓小平寓深刻哲理于通俗表述的一句名言。作为一种思想方法和工作方法，它强调了我们的目的是"过河"，为了"过河"，首先要有一个奋发进取的拼搏精神，解放思想，敢闯敢试，望洋兴叹、畏缩不前的懦夫心理和行为是不可取的，也是过不了河的。它还强调，为了"过河"，必须要有一个扎实稳健的科学态度，脚踏实地，深入调查，探寻规律，理清思路。"摸着石头过河"这一形象比喻告诉我们，"过河"是目标、任务，"石头"是情况、规律，"摸"是调查、研究。"摸着石头过河"正是在这个哲学意义上反映了解放思想、实事求是的思想路线。对今天我们贯彻执行党的基本路线和基本方针，正确处理改革、发展、稳定三者关系具有很强的现实指导性。

3. 善于总结，"拿事实来说话"。由于主客观条件的限制，无论事先怎么努力，工作如何负责任，要一点不犯错误是不可能的。毛泽东说：任何政党，任何个人，错误总是难免的。列宁认为，聪明人也犯错误，聪明人的聪明之处只在于他不犯大错误，犯了错误能迅速改正。列宁所说的聪明人，也就是我们这里说的老实人，实事求是的人。实事求是的人是最聪明的人。既然人人都可能犯错误，没有百分之百的正确，我们又不能对错误采取放纵的

---

① 《邓小平文选》第3卷，人民出版社1993年版，第117页。

态度，给人民造成损失，实事求是的办法、聪明的办法只能是：及时总结，"对的就坚持，不对的赶快改，新问题出来抓紧解决"。① 翻开《邓小平文选》，我们到处可以看到要总结经验的话。他说，我们现在所干的事业是一项新事业，是马克思没有讲过，我们的前人没有做过，其他社会主义国家也没有干过。所以，没有现成的经验可学。我们只能在干中学，在实践中探索，关键在于不断总结经验。在过去十几年的改革过程中，每发展一段时间，他总要提出"现在需要回顾一下"，看看哪些做得对，哪些做得不对，哪些做得还不够，以决定下一步的改革。邓小平这种实事求是的态度，非常值得各级领导干部很好地体悟和学习。

　　需要进一步指出的是，在邓小平看来，实践检验理论认识、政策措施对不对，是一个发展过程，总结经验不能限于一时一地一事。在过去的十几年的时间里，许多方针政策提出后，邓小平都不急于公开表示肯定与否定，而在实践中先看几年。比如办特区，经过 1979 年至 1984 年的五年实践，他亲自去实地考察后，才加以充分肯定并作出进一步扩大沿海开放城市的决策。对 20 世纪末小康目标能否实现，农村改革、城市改革会不会成功等等，他都采取这种态度。他允许人们对改革有不同意见，认为统一认识的办法只能是"拿事实来说话"，用改革的实际进展去教育人们，说服人们。

_____

① 《邓小平文选》第 3 卷，人民出版社 1993 年版，第 372 页。

四、解放思想和实事求是是统一的

　　邓小平在论述党的思想路线时，常常把"解放思想"与"实事求是"联系起来。对马克思主义思想路线用"实事求是"来概括，这是毛泽东的功绩，明确地把"解放思想"和"实事求是"联系起来，是邓小平的贡献。邓小平明确地指出，解放思想，就是使思想和实际相符合，使主观和客观相符合，就是实事求是。江泽民在学习《邓小平文选》第 3 卷报告会上的讲话中，准确地阐述了邓小平的这一思想，他说，只有解放思想，才能达到实事求是；只有实事求是，才是真正的解放思想。

　　1. 只有解放思想，才能达到实事求是。党的十一届三中全会之所以提出"解放思想"，是因为不解放思想，就无法做到实事求是，解放思想是实事求是的必要前提。对此，邓小平说得十分清楚。他说："解放思想，开动脑筋，实事求是，团结一致向前看，首先是解放思想。"① 他还说："今后，在一切工作中要真正坚持实事求是，就必须继续解放思想。"② 在邓小平看来，只有解放思想，排除认识上的障碍，冲破"左"的束缚，才有可能坚持毛泽东倡导的实事求是的思想路线。倘若认识上禁区重重，思想僵化，就无法正确地研究和把握客观事物内部的

---

　　① 《邓小平文选》第 2 卷，人民出版社 1994 年版，第 141 页。
　　② 《邓小平文选》第 2 卷，人民出版社 1994 年版，第 364 页。

规律性，也就根本谈不上实事求是。

联系到邓小平提出解放思想的历史背景，我们对解放思想意义的认识就会更加深刻。当时，"左"的思想禁锢和长期思想僵化，导致了思想脱离实际，主观脱离客观，给党和国家造成了巨大的损失。要确立从实际出发、实事求是的原则，推动马克思主义的普遍真理同中国具体实践相结合，唯一的办法就是解放思想，激励和推动人们从本本主义、官僚主义、小生产的习惯势力以及"干和不干一个样"的平均主义中解放出来，改变因循守旧、不接受新事物的精神状态。

我们从解放思想的客观内容和要求中也可以深刻地感受到解放思想对于实事求是的意义。解放思想就是勇于探索，勇于研究新情况，解决新问题；解放思想就是强调以发展的眼光、辩证的眼光对客观实际进行动态认识。它摒弃陈旧观念，正是为了实事求是。试想，本本主义严重，条条框框很多，思想僵化，没有一股闯劲的人，能面对变化了的世界和时代，反映人民群众的意愿和要求，做到把握机遇、实事求是吗？肯定是不可能的。

2. 只有实事求是，才是真正的解放思想。解放思想从来都不是孤立的、空洞的，它有明确的原则、内容和目的，这就是实事求是。偏离、背离实事求是的所谓解放思想，不是我们共产党人所讲的解放思想，不是正确的、科学的解放思想。

实事求是是解放思想的目的。邓小平提出解放思想，其目的在于打破"两个凡是"的禁锢，从当代中国的实际出发，实事求是地探索中国社会主义道路应该怎么走。邓小平说："解放思想，是指在马克思主义指导下打破习惯势力和主观偏见的束缚，研究新情况，解决新问题。"①"解放思想，也是既要反'左'，又要反右。"② 邓小平从正反两个方面说明，解放思想的根本目的，就是从实际出发，实事求是，达到主观和客观、理论和实践、知和行的具体的历史的统一。

　　实事求是是解放思想的原则。以为解放思想可以不顾客观实际，像历史上发生过的那样，"人有多大胆，地有多大产"，就大错而特错了，解放思想必须遵循实事求是的原则。这可以概括为四个方面：一是以"实事"为基础。客观存在的一切事物，即"实事"，是解放思想，探求、认识事物的出发点。通过解放思想和"求是"的过程，达到对客观事物内部规律的认识。二是以马克思主义作指导。邓小平指出，解放思想，就是要运用马列主义、毛泽东思想的基本原理，研究新情况，解决新问题。因为马列主义、毛泽东思想是反映客观世界规律的科学，只有运用马克思主义的立场、观点和方法研究问题、解决问题，才能做到实事求是，也才能实现思想的解放。三是以实践作为检验真理的标准。解放思想必须真正的解决问题，它的正确性必须由是否真正解决问题来检验，亦即由实践来评判。贯彻实践标准于解放思想之中，这就为解放

① 《邓小平文选》第2卷，人民出版社1994年版，第279页。
② 《邓小平文选》第2卷，人民出版社1994年版，第379页。

思想提供了评价标准，使解放思想与实践发展相一致。四是以广大人民群众的实践为主体。解放思想是一种社会性的思想解放，它不是少数人的专利品。广大人民群众的实践是解放思想取之不尽的源泉，也是解放思想的力量之所在。解放思想必须是思人民之所思，想人民之所想，急人民之所急。每一思想观念的更新、改革措施的出台，都要认真想一想、看一看：是不是符合人民长远利益、是不是符合根本利益与当前利益的统一。

　　实事求是是解放思想的内容。换句话说，科学理解的思想解放和实事求是是同一的。我们都还记得，1979 年开展的实践是检验真理的唯一标准的大讨论，是一次具有深远历史意义的思想大解放。这次思想解放的最大收获，就是恢复和重新确定了实事求是的思想路线。这就是说，解放思想本身就是实事求是。同样，如果我们真正做到一切从实际出发，用发展的观点看待问题，用科学的客观的态度去研究事物在发展变化中表现出来的新的特点和规律，这种实事求是本身就是真正体现了解放思想。当年，面对"两个凡是"的思想束缚，凡是实事求是的人，也就是思想解放的人；凡是思想解放的人，也就是实事求是的人。这一点在邓小平身上得到了高度完美的统一。邓小平是实事求是的人，也是思想解放的人。历史的经验告诉我们，如果对解放思想作科学的理解，那么就可以说，愈是解放思想，愈能实事求是。同样，愈是坚持实事求是，愈能解放思想。解放思想而又违背实事求是，是不可能的事，那肯定不是真正的解放思想；坚持实事求是而又不愿意解放思想，也是不可能的事，那肯定不是真正的实事求是。只有把解放思想和实事求是统一起来，才真正符合唯物辩证法，有利于全面正确地理解、坚持和贯彻党的思想路线。

充分体现当代中国
马克思主义的最新成果[*]

　　研究和编写马克思主义哲学教材，是中央实施马克思主义理论研究和建设工程的一项重要任务。完成这一光荣而艰巨的任务需要诸多方面的艰苦努力，其中最主要的是深入研究并在教材中充分反映毛泽东思想特别是邓小平理论和"三个代表"重要思想对马克思主义哲学的丰富和发展，形成充分体现当代中国马克思主义最新成果的马克思主义哲学教材体系。

　　这是坚持和巩固马克思主义指导地位的需要。马克思主义是我们立党立国的根本指导思想，是全国人民团结奋斗的共同思想基础。我们所从事的工程，是马克思主义理论研究和建设工程，我们所编写的教材，是马克思主义哲学教材。马克思主义既是教材研究的对象，又是教材编写的指导思想。马克思主义哲学既有一般哲学的基本特点，

＊　本文发表于 2004 年 7 月 22 日《人民日报》。

更有马克思主义的本质特征。哲学是系统化、理论化的世界观、方法论，不同哲学具有不同的世界观、方法论，马克思主义哲学不同于别的哲学，就在于它坚持辩证唯物主义和历史唯物主义的世界观和方法论。马克思主义是不断发展的科学。邓小平理论和"三个代表"重要思想，作为当代中国马克思主义的最新成果，既坚持了马克思主义基本原理及其世界观、方法论，又反映了时代的新要求，用新的理论、新的观点、新的论断丰富和发展了马克思主义。在哲学教材中充分体现当代中国马克思主义的最新成果，就是真正充分体现马克思主义。

这是丰富和发展马克思主义哲学的需要。马克思主义哲学作为时代精神的精华和文明的活的灵魂，总是力图反映时代特征和实践要求，回答时代和实践提出的重大问题。邓小平理论和"三个代表"重要思想，准确地把握时代特征，顺应实践发展要求，指导中国人民成功走出了中国特色社会主义道路。邓小平理论和"三个代表"重要思想的形成，是马克思主义发展史上具有重大意义的事情，是当代中国共产党人对辩证唯物主义和历史唯物主义的创造性运用和发展。把邓小平理论和"三个代表"重要思想充分体现到马克思主义哲学教材中，使马克思主义学科和教材跟上时代的步伐，焕发出蓬勃生机，是马克思主义哲学发展史上具有里程碑意义的大事。

这是帮助青年学生健康成长、全面发展的需要。哲学与具体科学不同，它是各种具体科学的概括和总结，是世界观和方法论。哲学教育教学既同具体科学教育教学一样要传授知识，更要引导学生通过哲学知识体悟和把握正确的世界观和方法论，树立正确的世界观、人生观和价值观，正确的理想和信念。学好哲学，终身受益。这对于一个青年学生的成长发展至关重要。邓小平理论和"三个代表"重要思想，贯穿着马克思主义的世界观、方法论，贯穿着与时俱进的精神，既强调树立共产主义的远大理想和坚定信念，又强调脚踏实地地为实现社会主义现代化的共同理想而奋斗。让邓小平理论和"三个代表"重要思想中的哲学思想观点进教材、进课堂、进学生头脑，武装思想、加强修养，有利于青年学生坚定对马克思主义的信仰，对共产主义的信念，对党和政府的信任，有利于青年学生用发展着的马克思主义指导新的实践，认识问题、分析问题和解决问题，成为德智体美全面发展的中国特色社会主义事业的合格建设者和可靠接班人。

在哲学教材中充分体现当代中国马克思主义的最新成果，主要包括以下几个方面：

1. 充分体现邓小平理论和"三个代表"重要思想在哲学领域的基本观点。邓小平理论和"三个代表"重要思想紧密结合新的实践，不断创新，提出的一系列哲学基本观点，既有新思想、新观点，又有对已有哲学基本观点的新概括、新表述。充分体现当代中国马克思主义最新成果，就要对这些基本观点全面学习研究，在教材中进行系统分析阐述，并有机地贯彻和融会到马克思主义哲学教材之中。

2. 充分体现当代中国马克思主义最新成果所贯穿的

立场、观点和方法。立场、观点和方法，是毛泽东思想、邓小平理论和"三个代表"重要思想中最富有特色和哲学意义的部分。哲学是世界观和方法论的统一。世界是客观存在的，人们的立场、观点、方法不同，看到了什么和得出什么样的结论就不同。充分体现当代中国马克思主义的最新成果，一个重要的方面就是充分揭示和反映邓小平理论和"三个代表"重要思想中所贯穿的马克思主义的立场、观点和方法，以及运用马克思主义的立场、观点和方法，认识新形势、研究新情况、解决新问题的科学态度和创造精神，既在新的实践中善于坚持和创造性地运用马克思主义，又善于从中提炼出规律性的认识和结论，不断丰富和发展马克思主义。

3. 充分体现当代中国马克思主义最新成果所关注的当今世界的重大问题。哲学总是同发现和解决时代重大问题联系在一起的。哲学的内容和哲学的问题相联系，哲学的体系、形态和哲学的内容相联系。邓小平理论和"三个代表"重要思想正是在认识和回答我们所面临的国际国内重大问题的过程中，体现当今世界和中国发展的时代精神。充分体现当代中国马克思主义的最新成果，就要充分反映邓小平理论和"三个代表"重要思想所关注的重大问题。这些问题，既有马克思主义经典作家提到过但由于主客观方面的原因在我们的哲学教科书中没有得到应有反映的问题，也有马克思主义经典作家没有提到而在今天不能不面对和回答的问题。回答和解决这些问题，是马克思主义哲学与时俱进的理论品质和坚持哲学教育教学

"三贴近"原则的必然要求，也是构建面向 21 世纪的马克思主义哲学体系和形态的客观需要。

4. 充分体现当代中国马克思主义最新成果所具有的中国特色、中国风格和中国气派。作为中国化的马克思主义，毛泽东思想、邓小平理论和"三个代表"重要思想是马克思主义基本原理同中国具体实际相结合的产物。这里的"中国具体实际"，既包括中国社会实践的具体实际，也包括中国文化传统的具体实际，既是与中国社会实践具体实际相结合的产物，也是与中国文化传统具体实际相结合的产物。它反对和摒弃言必称希腊、照抄照搬外国的名词概念、生吞活剥外国的思想观点，善于用中国人自己的语言概念，按照中国人自己的思维特点去阐释马克思主义哲学基本原理，在认识和解决中国面临的实际问题的过程中，形成具有中国特色、中国风格、中国气派的马克思主义哲学，为中国人喜闻乐见、易于理解和接受。毛泽东思想、邓小平理论和"三个代表"重要思想是时代性与民族性的统一，是内容和形式的统一。这也是马克思主义哲学教材充分体现当代中国马克思主义最新成果必须着重加以考虑的一个重要方面。

充分体现当代中国马克思主义最新成果，是中央对马克思主义哲学教材研究和编写的根本要求。我们应当自觉地以此作为指导工作的方针，开展工作的准则，衡量工作的标准。深入系统地开展对毛泽东思想、邓小平理论和"三个代表"重要思想的研究；深入系统地开展对我们党领导全国人民建设中国特色社会主义的生动实践和基本经

验的研究；深入系统地开展在毛泽东思想、邓小平理论和
"三个代表"重要思想指引下哲学的最新成果研究，切实
担负起历史赋予的重任，努力拿出无愧于时代的成果。

马克思主义
哲学研究

MAKESIZHUYI

ZHEXUE YANJIU

马克思主义哲学中国化[*]

回顾中国哲学过去 100 年的历史，对新世纪中国哲学发展具有启发意义。

哲学作为时代精神的精华，文明的活的灵魂，是民族智慧的象征，理论思维能力、水平的标志。哲学的兴衰和民族的兴衰息息相关，必须重视哲学、善待哲学，过高或过低地看待和对待哲学都是不适宜的。

哲学是方法，是武器，它的作用除自身建设外，更主要地体现在它所解决的问题上。要善于运用哲学方法、武器去分析、解决社会生活中的重大现实问题，着眼于民族振兴，关心人类命运，立足于我们正在做的事情，克服哲学理论脱离社会实际，以及社会实际脱离哲学理论的倾向，坚持哲学理论和社会实际相结合的学风。

哲学的发展是在相互交流、批判借鉴、融会贯通中实

---

* 本文发表于《北京社科信息》1999 年第 12 期，原题为《世纪之交的中国哲学》。

现的，中国哲学不能回避外国哲学的挑战，要参与世界哲学的交流，在百家争鸣中保持中国气派，发展中国学派，壮大中国哲学的阵地和队伍。

马克思主义哲学是开放的体系、发展的理论，永远是现时代的，是指导我们事业的哲学理论基础，必须永远保持马克思主义哲学在中国哲学中的主体地位、主导性质和指导作用，以减少哲学发展的弯路和失误。

即将到来的 21 世纪，是一个充满机遇和挑战的世纪，将对中国哲学提出一系列新的重大课题。

社会主义市场经济的哲学问题。社会主义市场经济体制的建立，是一项史无前例的事业，其中包含着大量的新的经济、政治、文化问题，需要从哲学层面加以探讨。中国哲学家必须和经济、政治、科学社会主义理论专家联合起来，做好"社会主义市场经济"这篇大文章，写出像《资本论》、《帝国主义论》、《新民主主义论》那样的划时代的巨著。

经济全球化、政治多极化、文化多元化中的价值观问题。世界文化是多元的，政治是多极的，经济却是一体的，由于这种多与一的矛盾，冲突是不可避免的。价值观问题是当今世界冲突的核心问题。中国哲学家要在马克思主义指导下，在研究中国传统价值观、西方主流价值观的基础上，概括和构建 21 世纪中国人民应有的核心价值观，在走向世界的过程中，保持中华民族的特色、利益和主权，自立于世界民族之林。

科学技术、数字地球、网络手段条件下人的行为方式及其命运问题。任何科学技术上的重大进步，都将引起人们思想观念、行为方式（如学习方式、交往方式、思维方式、生产方式、生活方式）的变化，对人类的生存和发展提出新的问题。中国哲学家必须回应和回答高科技飞速发展中，人将怎样理性地处理人与自然、人与社会、人与自己本身的问题，确立正确的自然观、人生观、历史观，以促进社会现代化进程中人的现代化。

最后，也是最重要的，马克思主义哲学的中国化问题。21世纪的中国哲学是马克思主义哲学。这个马克思主义哲学是在中国社会主义现代化建设基础上，在面对和回答上述重大课题的过程中，继承和发展马克思主义经典作家基本思想和中国传统哲学优秀成分而形成的新哲学。它既是马克思主义经典哲学的中国形态，也是中国传统哲学的现代形态。21世纪的中国哲学家应沿着毛泽东开辟、邓小平继承的马克思主义哲学中国化的道路前进，创立具有中国特色、中国风格、中国气派的马克思主义哲学。

面向 21 世纪的中国哲学[*]

　　世界已经进入了 20 世纪的最后几个年头，我们正面临着一个新的世纪。在这新旧世纪交会之际，哲学对人类社会的和平与发展负有极重要的历史责任，理应在反思过去、批判现在、展望未来的过程中发挥重要作用。

　　然而，当前的中国哲学却显得有些沉寂。在市场经济的热潮中，哲学受到了冷落。对此，人们有种种想法和议论。我认为，当前中国哲学的沉寂有主客观两个方面的原因，它是新旧世纪交替、社会历史转型时期出现的一种文化现象，是哲学大变革之前较难完全避免的一种阵痛。可以相信，随着社会主义市场经济体制的逐步完善和发展，中国哲学必将会以崭新的面貌和崇高的追求走向辉煌。

---

　　[*] 本文发表于《新视野》1994 年第 3 期。

一

　　确立社会主义市场经济体制，这是中国人民在中国共产党领导下继20世纪40年代选择社会主义道路之后的又一重大历史抉择。它不仅会使社会生产力获得新的更大的解放和发展，也必将对人们的思想观念、文化心态、价值取向产生重大影响，促使人们以新的眼光重新审视社会生活中所存在的一切事物和现象，自然也包括哲学在内。需要指出的是，人们对社会重大变革的反应是有层次性和过程性的。一般人的起初反应往往是未经理性思考的自发感受，这种感受可能是肤浅的、片面的，甚至是不正确的，离事物的本质特征相去甚远。目前，我国市场经济体制还在创立之中，许多人的认识还处于较低层次，以为市场经济就是把一切东西都商品化、市场化，就是追求可满足眼前欲望、切身利益的实用的东西，因而对长时期的、潜移默化的、需经慢慢消化方可起作用的精神性的东西缺乏必要的耐心。在这种浮躁、功利、实用的心态下，于是，社会上物质的东西"热"，精神的东西"冷"；速效的东西时髦，长效的东西冷清；直观感受的东西受欢迎，抽象沉思的东西遭冷落。物质与精神、暂时与长远、具体和抽象之间发生了失重和不平衡。在这样的氛围中，哲学的孤寂冷落，可以说完全是"合情合理"的。哲学属于精神性的东西，而且是精神性东西中最为抽象的部分。作为世界观、方法论，它的作用是长期的，要人们认真阅读，反复消化，慢慢体悟才能发挥作用。哲学的特质决定了它在市场经济初期可能会遭遇到的困境和命运。

　　但是，我们同时还应当看到，哲学沉寂并不意味着哲学的消失。哲学没有也绝不可能在市场经济大潮中销声匿迹。如果用历史的眼光来看待问题，对中国哲学的现状和未来，我们是充满信心的。伴随着社会主义市场经济的日趋成熟、完善，人们的认识将日趋全面、深刻，人们的心态将日趋健康、文明。市场经济实际上为哲学的生存和发展提供了全新的舞台和广阔的天地，它催发了人与自然、人与社会、人与人之间种种新的矛盾和冲突，这些都需要哲学理性的诠释。市场经济中那些经济的、政治的、文化的问题的解决，无不需要哲学的渗透、参与和指导。马克思当年写作《资本论》，就是"把辩证法应用于政治经济学的第一次尝试"①。毛泽东在 1959 年读苏联《政治经济学教科书》所写批语中指出："马克思能够写出《资本论》，列宁能够写出《帝国主义论》，因为他们同时是哲学家，有哲学家的头脑，有辩证法这个武器。"② 就连资产阶级古典经济学家亚当·斯密也意识到，经济和道德、经济学和哲学之间具有内在联系。他不仅写了一本《国民财富的性质和原因的研究》，而且写了一本《道德情操论》。

　　我们还应看到，哲学之于经济的作用并不限于经济学

---

① 《马克思恩格斯全集》第 31 卷，人民出版社 1972 年版，第 385 页。
② 《毛泽东文集》第 8 卷，人民出版社 1999 年版，第 140 页。

家，它更多的反映在每一个经济管理者、经济活动者身上。放眼世界，实行市场经济体制的国家不在少数，在那里，哲学依然存在。不仅有"经济哲学"、"经营哲学"、"管理哲学"、"法律哲学"、"道德哲学"、"文化哲学"、"发展哲学"、"生态哲学"等这些和经济联系较为直接、较为密切的哲学，而且有"语言哲学"、"逻辑哲学"、"宗教哲学"、"历史哲学"、"科学哲学"、"艺术哲学"等这些离经济较远的哲学。像《中学生哲学教程》、《幼童哲学》等著作，甚至还进入到畅销书的行列。

　　哲学实践证明，历史前进的足迹，社会思潮变化的轨迹，人们对现实的改造和超越，始终都是哲学关注的对象，市场经济的有序、健康、文明，对哲学提出更高的要求；市场经济的复杂、多变和个体主体性的增强，为哲学提供更广泛的读者群。市场经济需要哲学，哲学的事业是永恒的。

二

　　以上所说的是目前我国哲学界的现状，这是一个客观存在的事实。对于这个事实，如果我们从价值论的角度看，它并非全然就是坏事。哲学的冷落，哲学研究本身负有责任，需要我们冷静下来思考一下过去和未来。只要我们稍加思考便可发现，人们不感兴趣的不是马克思主义哲学本身，而是一定程度存在着的教条主义和形式主义倾

向。邓小平在南方谈话中指出："学马列要精，要管用
的。"① 这不是无的放矢。几年前一些有识之士就提出，
改革需要哲学，哲学需要改革。这是一种科学的态度和明
智的选择。

当代中国哲学的改革，面临诸多的领域、诸多的问
题，任务繁多，责任重大。

1. 哲学与经济。经济是社会的基础，当今国际竞争
主要是经济竞争，国内的中心工作也从阶级斗争转移到经
济建设。在这样的国际国内背景下，作为时代精神的精
华、文明的活的灵魂的哲学，游离于经济之外是不可能也
不应该的。可以这样说，哲学脱离现代经济，也就脱离了
现时代；哲学不研究现代经济，也就不可能真正透视现代
世界并指导人们改造这个世界。

目前，我国正在确立和实行的是社会主义市场经济体
制，这是一项史无前例的事业。马列主义创始人研究的主
要是资本主义市场经济，我们一向所探讨的主要是社会主
义计划经济。这就决定了我们面临的是一个崭新的领域，
其中包含着大量的新问题亟须从哲学上加以研究和解决。
例如，市场经济模式和文化传统问题，市场经济机制和集
体主义价值观问题。又如，市场经济活动中劳动者的主人
翁地位问题，商品拜物教、金钱拜物教问题，还有市场经
济体制下经济与道德问题，公平与效率问题，等等。这
里，有些是资本主义社会早已存在而又无法解决的问题，

---

① 《邓小平文选》第3卷，人民出版社1993年版，第382页。

有些是资本主义社会并不存在或者虽然存在但并不成其为
问题的问题。无论哪一种，今天都需要我们实事求是地加
以认识和解决。

2. 哲学与科学。哲学是各门具体科学的概括和总结。
任何科学技术上的重大革命，都将引起哲学观念的变革和
哲学形态的变更。恩格斯早就明确指出过这一点，历史也
反复证明了这一点。马克思和恩格斯正是由于充分汲取人
类历史上的一切文明成果，全面把握 19 世纪自然科学以
及人文社会科学的最新成果，才创立了马克思主义哲学并
使之站到世界文明的制高点上。

自马克思主义哲学创立到现在，已经 100 多年了。在
这 100 多年间科学有了飞跃发展。由于"真正的科学是富
于哲理性的"[1]，所以，每一门科学的新发现，都需要哲
学消化和吸收；许多新兴科学，如自然科学中的系统论、
控制论、信息论，以及耗散结构理论、协同学和超循环理
论所提出的大量新问题，都需要哲学概括和总结；尤其是
现代科学革命、技术革命和由现代科学技术革命所引起的
产业革命，对生产力发展、生产关系变革和整个人类社会
进步产生了至关重要的影响，其中许多情况也需要哲学从
总体上去把握和引导。例如，科学和文化、科学和宗教问
题，科学和价值、科学和道德问题，现代科技和社会现代
化、现代科技和全球问题，还有科学技术的人文化，人道
化问题，等等。也可以这样说，与现代科学技术相脱节的

---

① 玻恩:《我的一生和我的观点》，商务印书馆 1979 年版，第 44 页。

哲学，是不可能成为严格意义上的现代哲学的。反映现代科技，是哲学反映现时代的重要内容，是实现哲学现代化的重要途径。

3. 哲学与哲学。哲学的变革和发展，不可能抛弃全人类已有的哲学成果，学如积薪，我们应高度重视哲学发展中的继承和积累现象。中国传统哲学中固然有一定糟粕，但中国传统哲学的确存在着许多具有生命力的优秀思想，我们要很好地继承这一珍贵的文化遗产，经过改造充实、丰富当代中国哲学。同时，当代中国哲学不是一个封闭的体系，它不但应当包容传统哲学中的优秀成果，而且要认真研究和借鉴一切国家和民族的哲学，善于从中汲取有益成分，发展自己。特别是西方哲学，它是在西方文化背景中生长发育起来的，有着与中国哲学不同的文化特质。其中的某些文化观念，如时间观念、效率观念、竞争观念，以及勇于创新观念等，都是中国传统哲学中较为薄弱而又为市场经济所不可缺少的内容。发展社会主义市场经济，西方哲学中有些东西值得我们批判地利用。

从文化学的观点看，不同国家、民族的哲学，互有短长，没有绝对的好或绝对的坏。因此，世界哲学的发展从来都是在相互开放交流、不断融合贯通中进行的。中国古代哲学就曾以博大胸怀吸收过像印度佛学之类的外国哲学，当代就更应当具备一种开放、宽容的心态。只有这样，中国哲学才能保持先进的文化层次，富有生机和活力。毫无疑问，在同西方哲学的交流中，必须强化我们的民族主体性，有分析、有鉴别、有批判。从这点上看，广泛深入地开展中外哲学比较研究，其理论意义和现实意义都是十分明显的。毛泽东曾经讲过"古今中外法"，[①] 能否成功地运用毛泽东同志所讲的这个"古今中外法"，直接关系到中国哲学的现在和未来。

马克思主义哲学从历史起源说，属西方哲学；从当代存在发展说，属中国哲学；从其社会历史作用说，属世界哲学。在走向 21 世纪的中国哲学中，马克思主义是核心、是灵魂。无论是对中国传统哲学的继承还是对西方哲学的借鉴，都离不开马克思主义的指导。特别是在帮助人们正确认识世界、形成科学的世界观、人生观、价值观方面，马克思主义哲学具有不可替代的意义和作用。尽管中国古代哲学中包含天下大同的思想，尽管现代西方哲学也对资本主义进行一定的批判，但它们都不会自动地生发出社会主义思想来。只有马克思主义哲学，才能把握社会主义必然代替资本主义的历史趋势和规律，帮助人们确立社会主义信念，提高社会主义思想觉悟，振奋社会主义精神，并积极投身到建设中国特色社会主义的伟大实践。对于广大无产阶级和劳动人民来说，马克思主义永远是现时代的，永远是指导我们思想的理论基础。

三

面对 21 世纪，当代中国哲学要思考和探讨的问题是

---

① 见《毛泽东文集》第 2 卷，人民出版社 1993 年版，第 406 页。

多方面的，但主题是人的问题。当代哲学要特别关注经济、科学，就是由于它们影响当代社会发展和涉及人的存在、生活和价值的最主要的问题。

1. 当代中国哲学关注经济，首要的是研究经济活动和发展中人的问题。当代世界政治风云变幻，国际经济竞争日益激烈。这种国际范围的经济竞争、综合国力竞争，实质上是科学技术的竞争和民族素质的竞争。随着世界经济的发展和全球经济一体化现象的出现，到了 90 年代，资金、技术和各种物质资源，正以前所未有的速度在世界范围内流通和转移，但唯一不能转让和引进的是国民的素质，尤其是职工的业务技术水平、责任心和创造力。美国学者英格尔斯指出："如果一个国家的人民缺乏一种能赋予这些制度以真实生命力的广泛的现代心理基础，如果执行和运用这些现代技术的人，自身还没有从心理、思想、态度和行为方式上都经历一个向现代化的转变，失败和畸形发展的悲剧是不可避免的。再完美的现代制度和管理方法，再先进的技术工艺，也会在传统人的手中变成废纸一堆。"[①] 因此，一个国家要想使经济得到持续、快速、健康的发展，或保持其在世界范围内的先进地位，最关键的就是不断提高和改善国民素质，使其人力资源能很快适应国内外环境的不断变化，使其思想和文化水平对现实提出的新要求和出现的新机遇能作出灵活的反应。

对于一个国家来说，经济发展任何时候都离不开人力

① 英格尔斯：《人的现代化》，四川人民出版社 1985 年版，第 4 页。

资源和物力资源，但现代社会，人力资源更为重要。我国的基本国情是：人口多，底子薄。人口和人力不是一个概念，一个国家的经济发展取决于人力资源而不是人口资源，人口中具备劳动素质、参加现实劳动的部分才属于人力资源的范围。我国人口的基本状况是：人口多，素质低。目前，我国企业经济效益低、产品缺乏竞争能力的状况之所以长期得不到改变，农业科学技术之所以得不到普遍推广，宝贵的资源和生态环境之所以不能得到充分利用和保护，以及一些不良的社会风气之所以屡禁不止，原因固然很多，但一个重要的原因是劳动者素质低。所以，多年来党中央一再强调，必须把我国经济建设转到依靠科技进步和提高劳动者素质的轨道上来。这也就是邓小平所说的："我们国家，国力的强弱，经济发展后劲的大小，越来越取决于劳动者的素质，取决于知识分子的数量和质量。一个十亿人口的大国，教育搞上去了，人才资源的巨大优势是任何国家比不了的。"① 发展教育和科技，提高全民族素质，是把沉重的人口负担转化为人力资源优势，从而发展经济、实现社会主义现代化的一条必由之路。

2. 当代中国哲学关注科学，首要的也是研究科学活动和发展中人的问题。当今世界，科学技术飞速发展并迅速向现实生产力转化，愈益成为现代生产力中最活跃的因素和最主要的推动力量。邓小平根据 20 世纪以来，特别是近二三十年来科技发展和由此引起生产力发展的新特

---

① 《邓小平文选》第 3 卷，人民出版社 1993 年版，第 120 页。

点，第一次提出了"科学技术是第一生产力"① 的观点，突出强调了当代科学技术已经成为生产力发展和经济增长的前提条件。

不过，科学还是一种知识形态上的生产力，技术还是一种潜在的可能的生产力，从科学到技术，从科学技术到现实生产力存在一个转化过程。生产资料是科学的物化，只有把科学运用于物质生产过程，从知识形态转化为生产工具、劳动资料之后，科学才能成为现实的生产力。转化过程中的关键因素是劳动者。也就是说，只有当劳动者掌握了科学，把科学变为自己的劳动知识、劳动方法、劳动态度和劳动技术，直接作用于劳动工具和劳动对象，才会实际地提高劳动生产力水平。当代中国哲学研究科学，一个重要的方面就是探索从科学技术到生产力的内在规律，特别是劳动者在这个过程中的决定性作用；就是探索如何通过教育，提高劳动者素质，造就出为数众多的科学研究工作者和各种技术人才以及数以亿计的熟练劳动者。正是在这个意义上，邓小平说："我们要实现现代化，关键是科学技术要能上去。发展科学技术，不抓教育不行。"②

科学技术的发展和利用，使人类征服自然的能力明显增强，创造的财富日益增多，人类的生活水平逐步提高，但同时它也给人类带来某些消极影响，甚至造成全球性的"人类困境"，威胁人的生存和发展。因此，需要研究全

---

① 《邓小平文选》第 3 卷，人民出版社 1993 年版，第 274 页。

② 《邓小平文选》第 2 卷，人民出版社 1994 年版，第 40 页。

球问题的哲学，这个哲学的特点是以人为中心、目的和尺度，展示同人的本质相应的崇高理想和目标。它要在这个价值取向、思维方式下考虑：我们需要什么样的科学技术？怎样理解、运用和对待科学技术？罗马俱乐部前主席佩切伊认为，如果人们不改变自己的价值观、道德观和行为准则，如果没有在文化上与自己所创造的变化的现实保持同步和完全相适应，人类就不可能得到拯救。关于要适应现代科技革命开展人的革命，日本学者池田大作提出相同的看法。他说，一直以来，"尤其是近世以后人类的历史，总的可以这么说，认为自然界和社会制度这种外在世界的变革是左右人类幸福的根本关键，而且仅把目光注视在这一点上，因而不考虑自己作为一个人的生活态度，轻视或者忘记了努力去严格要求自己内在的各种心灵活动。我觉得这么说并不过分。在现代，显得特别重要的是努力变革和提高人的生命或精神世界。我们把这称之为'人的革命'"①。

3. 当代中国哲学关注传统哲学和西方哲学，首要的仍然是研究传统哲学和西方哲学中人的问题。当代中国哲学以人的问题为主题，不仅是现代经济和科技发展的需要，也是哲学发展内在逻辑的要求。哲学是人类的自我认识，自从哲学产生以来，人的问题就是其中最为重要的部分。对于什么是人，人在世界上的地位，人的生活使命

---

① 池田大作、奥锐里欧·贝恰：《二十一世纪的警钟》，中国国际广播出版社1988 年版，第 147 页。

等，一直作为最广泛、最困扰人的哲学问题而存在着。从雅斯贝斯所说的轴心时代，中国、希腊、印度分别出现人类历史上第一批哲学家，开始对人自身的反省。虽然他们对于人的种种问题的看法因民族文化而不同，但研究人、重视人的问题，却是人类早期哲学的共同特征。到了现代，中西哲学在不同的历史文化背景下由于不同的政治经济原因，更把人的问题凸显出来，人成了当代各国哲学共同关心的主题。1988 年第 18 届世界哲学大会的主题是："对人的哲学理解"；1993 年第 19 届世界哲学大会的主题是："转折点上的人类：哲学的前景"。由此不难看出，面向 21 世纪的中国哲学，回避人的问题是不明智的。不下工夫研究和解决当代人类面临的问题，我们就不能赋予中国哲学以新的时代内容，中国哲学就无法走向世界，也难以在社会主义市场经济中发挥思想引导和舆论支持的作用。今天，对于传统哲学和西方哲学，继承也罢，借鉴也罢，都不应离开人的问题。

通过继承和借鉴，把传统哲学和西方哲学的思想精华，同马克思主义哲学思想有机地结合起来，并在新的实践基础上不断创新，建设和发展具有中国特色的马克思主义哲学，是面向 21 世纪中国哲学的必由之路。

马克思主义哲学与主体性原则[*]

对于马克思主义哲学，主体性原则能否成立，现在大家还存在一些意见分歧。我认为，关键在于如何理解主体性原则。我们需要站在马克思主义哲学的立场上，反映现代社会实践的特点，积极探索主体性原则的科学规定，研究马克思主义哲学的原则体系，以及主体性原则在整个体系中的地位和作用。

一

主体性与主体性原则二者之间有联系，但并不是一回事。主体性原则是哲学研究的一种立场、方法，看待哲学问题的一个视角、角度，主要是指要从人及其活动的主体性的视角来审视和对待哲学问题，在研究和解决有关哲学问题中体现和贯穿一种主体性精神。马克思主义哲学的主

---

* 本文发表于《人文杂志》1993 年第 1 期。

体性原则按其内容来说，主要包括三个层次的意思：

1. 对事物要从实践的角度去理解。这个思想是马克思在《关于费尔巴哈的提纲》中针对包括费尔巴哈在内的旧唯物主义对事物、现实和感性"只是从客体的或者直观的形式去理解"而提出来的。马克思认为，新唯物主义对于事物和现象，不仅要从客体方面，而且要从主体方面，"当做人的感性活动，当做实践去理解"①。在稍后的《德意志意识形态》中，马克思、恩格斯对于《提纲》中这一观点作了进一步的论述，阐释了什么叫只从客体去理解，什么叫当做实践去理解，以及这一思想原则的适用范围。马克思、恩格斯写道，由于费尔巴哈不是从"现实的人"出发，"他没有看到，他周围的感性世界决不是某种开天辟地以来就直接存在的、始终如一的东西，而是工业和社会状况的产物，是历史的产物，是世世代代活动的结果，其中每一代都立足于前一代所达到的基础上，继续发展前一代的工业和交往，并随着需要的改变而改变它的社会制度。甚至连最简单的'感性确定性'的对象也只是由于社会发展、由于工业和商业交往才提供给他的。"②

2. 对实践要从人的角度去理解。在马克思主义哲学中，实践有其特定的内涵，它不是黑格尔所说的绝对精神的活动，也不是费尔巴哈所说的卑污的犹太人的活动，而

---

① 《马克思恩格斯选集》第 1 卷，人民出版社 1995 年版，第 54 页。
② 《马克思恩格斯选集》第 1 卷，人民出版社 1995 年版，第 76 页。

是"现实的人"的物质生产活动。在实践活动的诸要素中，人是最主要的，始终处于能动的、主导的地位，实践活动的成败得失归根到底取决于人。

对实践要从人的角度去理解还包括把人看做实践的目的。人的实践都是有目的的，在改变客体存在形式的过程中实现自己的预期目的，满足自己生存、享受和发展的需要。然而在阶级社会中，由于人划分为不同的阶级，人的劳动实践和人的需要满足并不总是直接联系在一起的，不劳而获、劳而不获的现象大量地存在着。劳动和人发生异化，物的升值和人的贬值恰成正比。所以，从《1844 年经济学哲学手稿》到《资本论》，针对资本主义的异化劳动，马克思一直强调人是工具的主人、劳动的目的，劳动和工具不过是人的生存方式和手段。这是贯穿于马克思著作始终的一个人道主义原则。

3. 对人要从主体的角度去理解。人既是主体也是客体，是主客体的统一。但马克思主义哲学始终把人当做活动主体来研究。因为马克思主义哲学以人和世界的关系为对象，在人和世界的关系中，主体是人，客体是自然。哲学当然要揭示客体世界和主体世界以至整个世界的共同的东西、普遍的规律，但最终也是为了揭示人作为主体认识和改造世界的目的、原则和方法。马克思说，旧哲学只是用不同的方式解释世界，而实践的唯物主义则要在解释世界的基础上"改变世界"。如果仅从"解释世界"的本体论的角度，人可以看做是自然界的一部分，人要适应自然界；而在"改变世界"的实践论中，自然就成了人的对象，成了人的无机身体，工具也不过是人的肢体的延伸。这样，自然界就成了人的一部分，人通过实践改变自然界，使自然界适应人类。

二

主体性原则是马克思主义哲学的一个重要原则，但不是唯一的原则。简单地否认主体性原则是不全面的，但是如果只承认主体性原则而否认、排斥其他原则，也是片面的。马克思主义哲学的原则主要的有三个：

1. 客观性原则。客观性原则是马克思主义哲学的重要原则。这一原则是建立在对物质世界本质的科学认识基础之上的。它认为，世界按其本质来说是物质的，意识不过是物质的产物和反映，自然界对人来说具有优先的地位。它强调，事物的运动、变化和发展是有规律的，规律是客观的，规律的客观性依存于物质的客观实在性。

按照这一原则，人的一切活动都要从实际出发，实事求是，按客观规律办事；人的一切活动都在于追求主观和客观的统一。在认识中坚持观察的客观性，使认识活动的结果符合客观实际；在实践中，使主观形态的目的、计划对象化、客观化，在实践的结果上达到主观和客观的统一。

2. 实践性原则。马克思主义哲学极为重视实践。实践性是马克思主义哲学区别于一切旧哲学和现代非马克思主义哲学的最主要、最显著的特性。在哲学史上，是马克思、恩格斯第一次把科学的实践观引入哲学，把实践当做认识论、历史观以至整个马克思主义哲学核心的、基本的观点。马克思主义认为，实践是人类最基本的生存方式，最重要的活动方式；劳动实践创造了世界，创造了人本身；劳动实践是人区别于动物的最根本的原因和特征。

"改变世界"，"使现存世界革命化"，是全部马克思主义哲学关注的焦点和研究的目的。"哲学家们只是用不同的方式解释世界，而问题在于改变世界。"① 这个简洁的命题包含着哲学中革命变革的核心。正是在这个意义上，马克思和恩格斯把自己的哲学称为"实践的唯物主义"，把共产主义者称为"实践的唯物主义者"②。

3. 主体性原则。主体性原则的内涵已在上面指出。这里需要进一步强调的是，主体性原则的思想，马克思主义创始人早已提出。人是首要的生产力，人的因素是决定的因素，等等，这些论述都是从人的角度来理解实践，其中包含着丰富的主体性思想，这一点在现代社会表现得特别明显。

人作为生产力，包括体力和智力两方面。当生产力水平低下，劳动主要是靠手工方式进行的时候，生产力发展主要靠体力。但当生产力水平提高，劳动由手工方式转化为大机器生产以后，智力资源的重要性便日益提高。在现代化生产中，相比较而言，人与人之间体力上的差别是不

---

① 《马克思恩格斯选集》第 1 卷，人民出版社 1995 年版，第 61 页。
② 《马克思恩格斯选集》第 1 卷，人民出版社 1995 年版，第 75 页。

大的，而智力就不同了，存在很大的差异。在这样的情况
下，仅仅讲人的作用、人是首要的生产力似乎不够了，需
要进一步突出人的智力、人的主体性的作用。

三

　　马克思主义哲学的这三个原则，不是毫不相关的，也
不是简单并列的，而是有着内在的逻辑。

　　从历史上看，尽管这里的每一原则都可以在古代哲学
中发现其萌芽，在以往的哲学体系中找到关于某一方面的
内容的阐述，但作为一种原则提出来并运用于哲学研究活
动之中，却都有着自己的时代背景。哲学是时代精神的精
华，这不但表现在哲学的具体内容上，更主要地表现在哲
学研究的原则上。在这个意义上，客观性原则的基本思
想，在17至18世纪的唯物主义哲学中就已经有了，马克
思主义哲学创始人则是在实践唯物主义体系中辩证地解决
了物质和意识、主观和客观的关系，进一步科学地阐明和
规范了客观性原则的内容。实践性原则是在19世纪中期
由马克思、恩格斯第一次提出来的。马克思和恩格斯在哲
学领域的贡献，一个重要的方面就是提出、论证并在自己
的哲学生涯中始终贯彻实践性原则。主体性原则的基本思
想，马克思主义哲学创始人早已从特定的角度进行了阐
述，特别是在其实践观中，主体性思想十分丰富，是重要
的组成部分，但明确地把蕴涵于实践性原则之中的主体性
思想抽取出来并作为一个新的原则，则是20世纪二三十

年代以来的事情。

历史和逻辑相统一。客观性、实践性和主体性的历史关系表明，它们之间的逻辑关系应当是：

1. 前者是后者的基础，后者是在前者的基础上产生和概括出来的，后者在发生上不能离开前者。这就是说，在马克思主义哲学中，客观性原则是最基本的原则，实践性原则以及主体性原则都是以它为前提的。实践在马克思主义哲学中是一种客观现实的物质活动，无论是主体、客体还是工具，都是一种客观实在，都是客观世界的组成部分。实践活动过程虽然有人参与，是人的有意识、有目的的活动，但仍然具有不以人的意志为转移的客观规律。实践是客观的，一旦离开和违背了客观性原则，所谓实践活动就只能是黑格尔的绝对精神。

主体性原则是以实践性原则为基础。主体可以是认识主体，可以是实践主体，但从根本上说是实践主体。主体性就是人在实践活动中相对于客体所表现出来的能动性、创造性和自主性。没有实践，就没有主客体关系，也就没有主体性。主体性是通过实践获得、表现和得到确证的。离开了客观性和实践性，主体性就成了主观随意性。曾经流行一时的"人有多大胆，地有多高产"，就是这样一种东西。马克思当年在批判"只是从客体的或直观的形式去理解"事物的直观唯物主义的同时，也批判了离开客体、实践的唯心主义的主体性。他指出："和唯物主义相反，唯心主义却发展了能动的方面，但只是抽象地发展了，因为唯心主义当然是不知道现实的、感性的活动本身的。"① 马克思的这个批评至今仍然具有现实意义。例如，现代西方哲学，它强调主体性，这本身并不错，但它否认客体、脱离实践，把主体性抽象化、主观化、非理性化，这当然就不正确了。

2. 后者是对前者的进一步发展，只有通过后者、在后者的理论背景下前者才能得到完整、准确的说明，前者在理论上离不开后者。以上指出，客观性原则的主要思想，旧唯物主义已经提出来了，但只是在马克思主义哲学产生之后，在科学实践观的理论中才真正获得科学的规定性。世界是物质的，物质是运动的，运动是有规律的，规律是客观的，这是由实践发现和证明的。自然界的优先地位，也是对人而言，是人在实践中把握的，离开人及其实践，自然界本身无所谓优先不优先的问题。承认发生学上外部自然界的优先地位，已经内含着人及其实践在理论上的优先地位。

正是实践，使主客体开始分化，产生主观反映客观、主观反作用于客观的矛盾。正是实践，联系和沟通主观和客观，实现主观和客观的统一。没有实践，所谓客观性要么是黑格尔客观精神的客观性，要么是费尔巴哈感性直观的客观性，都同马克思主义的客观性原则相去甚远。

同样，主体性原则的提出也大大深化了对实践性原则的认识。实践总是主体对客体的改造，相对于客体来说，

———————

① 《马克思恩格斯选集》第 1 卷，人民出版社 1995 年版，第 58 页。

主体始终处于主导的、能动的方面。客体要由主体来认识、开发，工具要由主体来制造、使用。有什么样的主体，就有什么样的实践；如何看待主体，也直接关系到如何看待实践。离开主体性的实践观只能是机械唯物主义的实践观，而不可能是辩证唯物主义的实践观。当我们说到实践的时候，就必须联系与之相应的主体，实践的水平就取决于与之相应的主体性的水平。

实践具有历史性。实践的历史性就是实践者主体性历史变化的外部表现，就是主体性的历史性。现代人的实践与古代人、近代人的实践有很大不同，主要的不同就是由于科技发展、社会进步，人的主体性大大地增强了。离开了主体性，实践就失去了时代气息，实践性原则就变成了没有实际内容的空洞的抽象。

3. 客观性、实践性和主体性原则之间不仅相互依存，谁也离不开谁，而且相互包含，相互渗透，"你中有我，我中有你"。因为，我们讲的实践性原则，是以客观性原则为基础的，所以，我们讲的实践都是一种客观现实的物质活动，实践性原则包含着客观性原则的思想。同样，我们所讲的主体性原则是以实践性原则为基础的，所以，我们讲的主体性都是实践活动的主体性。没有这样的包含关系，实践性原则、主体性原则就不可能是马克思主义哲学的原则，我们就会犯唯心主义的错误。

反过来，既然客观性原则要通过实践性原则来理解，那么客观性原则也就必然渗透着实践性原则的内容。我们所讲的客观性都是通过实践发现和证明的客观性。同样，既然实践性原则要通过主体性原则来说明，那么实践性原则中也就不可避免地渗透着主体性原则的内容。我们所讲的实践都是主体的实践，实践具有主体性。没有这样的渗透关系，客观性原则、实践性原则也不可能是马克思主义的原则，我们就会犯机械唯物主义的错误。

论哲学思维方法[*]

　　哲学的社会功能是什么？从不同的角度可以有不同的回答。从一定意义上说，哲学是人类思维的一种方法，用恩格斯的话来表示，即是一种"哲学思维方法"①。

一、哲学是一种思维方法

　　思维，是人脑独具的特征，认识的高级形式。思维活动的方法按其适应的范围可以分为三类，这就是思维的普遍方法、一般方法和个别方法。思维的普遍方法就是思维的哲学方法。这种方法的特点是，植根于人类生产操作方式，来源于各门具体科学的概括和总结，以反映人类思维和外部世界的普遍规律为基础，适用于人类活动的各个领域。一切真正的哲学都是思维的普遍方法，都具有方法论

　　＊　本文发表于《哲学研究》1987 年第 8 期。
　　①　《马克思恩格斯选集》第 4 卷，人民出版社 1995 年版，第 228 页。

的功能。哲学史在一定意义上说，就是人类理论思维方法的发展史。

　　人类最早的哲学，也就是人类用于认识周围自然现象的最初的理论思维。古代的朴素辩证法为人类早期科学认识提供了一种笼统、思辨的思维方法。近代机械唯物主义把事物看成是孤立的、不变的东西，形成了"形而上学的即反辩证法的哲学思维方法"①。而马克思主义的辩证唯物主义，则是"唯一在最高程度上适合于自然观的这一发展阶段的思维方法"②。

　　哲学之所以具有思维方法的功能，是同哲学的对象联系在一起的。哲学是一门反思的科学，以研究思想为其特殊的领域。哲学并不直接研究自然、社会问题，这是各门具体科学的对象。哲学同自然、社会问题打交道，是以这些问题反映在一定的认识之中为条件的。个别哲学家研究自然、社会问题并作出成绩，例如，我们所知道的笛卡儿和莱布尼兹在数学上的那些发现，休谟的某些心理研究成果，马赫的物理学理论，这是由于他们具有哲学家和科学家的双重身份。

　　历史证明，哲学一直是把人的思维活动、认识过程及其结果作为思考的对象，当做直接的任务。它研究人的思维、认识的内容和本性，探讨思维在世界中的地位和作用，揭示思维活动中的矛盾，分析关于世界的思想和思想

① 《马克思恩格斯选集》第4卷，人民出版社1995年版，第228页。
② 《马克思恩格斯选集》第4卷，人民出版社1995年版，第318页。

之外的世界的关系，力图把握世界的统一性。无论是唯物论还是唯心论，是辩证法还是形而上学，都产生于思维及其与存在的关系问题。离开了思维，哲学就失去了最基本的问题，就失去了对象，也就不成其为哲学。

我们知道，哲学是和科学认识的萌芽同时产生的。这不是偶然的巧合，而是存在着有机联系。科学认识的出现，为哲学认识提供了客观对象，把真理和达到真理的途径、方法问题纳入了哲学思维的领域。哲学家把批判的思想运用于人类的思维过程中，逻辑地再现了人类思维发展的特点和进程，在此基础上为人的活动提出一定的建议，以及方法论原则和准则。

哲学研究的主要问题无疑是历史地变化着的。但哲学研究的主要问题的变化过程，从来没有离开过思维问题。即使是古代哲学，也与实证科学有所不同，一些哲学家开始把哲学理解为"最高智慧"，看做是教人如何获得知识的学说。这种观点在亚里士多德那里已很明显。中世纪哲学虽然是"神学的婢女"，但它仍然是哲学而不是神学。唯名论和唯实论之争，不是神学之争，而是如何对待神学的思维方法之争。近代哲学开始以认识论为研究重点，这就进一步确定了思维、认识问题在哲学研究中的重要地位。至于马克思主义哲学，它科学地确立了自己的研究重点，使哲学第一次获得了真正的科学形态。

恩格斯在《反杜林论》中写道，随着辩证唯物主义的产生，"在以往的全部哲学中仍然独立存在的，就只有关于思维及其规律的学说——形式逻辑和辩证法。其他一切都归到关于自然和历史的实证科学中去了"①。在《自然辩证法》中又说，当自然科学和历史科学接受了辩证法的时候，旧哲学中"除了关于思维的纯粹理论"之外，其余的都将在实证科学中消失掉。之后，在《路德维希·费尔巴哈和德国古典哲学的终结》中，再一次明确指出："对于已经从自然界和历史中被驱逐出去的哲学来说，要是还留下什么的话，那就只留下一个纯粹思想的领域：关于思维过程本身的规律的学说，即逻辑和辩证法。"② 虽然，对于恩格斯的这些论述，还存在着各种不同的解释，但我认为，这个思想不是恩格斯偶然的想法，而是一贯的主张。其中有两点应该是清楚的，这就是：思维问题从来就是哲学研究的主要问题，在旧哲学中已经形成了关于思维的独立学说；马克思主义哲学的创立，则进一步清除了旧哲学中的实证知识，保留了关于思维及其规律的内容。

所以，哲学的历史演变，实际上是一个不断同科学分化，逐步剔除其中的实证内容，日益凸显思维问题的过程。

当然，哲学与思维科学不同。哲学对思维的研究是同存在联系一起的。思维器官人脑，是自然、社会长期发展的产物，思维内容是反映在主观世界中的客观世界，思维规律同客观世界的规律是一致的。思维方法则是人类改造

---

① 《马克思恩格斯选集》第3卷，人民出版社1995年版，第364页。
② 《马克思恩格斯选集》第4卷，人民出版社1995年版，第257页。

客观世界的实践方法在人脑中的内化、凝聚和积淀。以各门具体科学为中介，从思维和存在的关系的角度，把思维形式和思维内容结合起来探讨思维问题，这是哲学研究思维与思维科学研究思维的根本区别。

哲学作为思维的普遍方法，这种功能还是由哲学的内容决定的。

哲学的内容是什么？人们常常把它理解为一个哲学体系的概念、判断和命题。这实际上并不确切。哲学是一个理论知识体系，固然离不开具体的概念、判断和命题，但哲学与科学不同，哲学的核心内容，它的实质并不是这些具体的概念、判断和命题，而是渗透在这些概念、判断和命题之中，隐藏在整个哲学体系深层的那种"时代精神"，那种思考、行动的原则和方法。马克思说："任何真正的哲学都是自己时代精神的精华"，"文明的活的灵魂"，它集中了"人民最精致、最珍贵和看不见的精神"。① 这种"精华"、"灵魂"和"精髓"，才是任何哲学体系最基本、最重要的因素和真正的内容。它把所有的其他因素有机地联结成一个统一的整体、严密的体系。所有的概念、判断和命题都是由此而生发，并围绕着它来阐述、论证和发挥。人们判断一种哲学是否具有价值，主要不是视其个别结论是否正确，而是看它是否力图并在一定程度上把握时代精神，代表一个时代人们用以观察各种事物，处理各种问题所特有的理论思维的原则和方法，从而

① 《马克思恩格斯全集》第 1 卷，人民出版社 1956 年版，第 121、120 页。

越过狭隘的普通常识、传统习惯,从一个更广大、更深邃的角度去启发人们的思维。

同样地,人们学习一种哲学,成功与否,也主要不是看他熟记了多少概念、判断,背诵了几篇著作,而是看他是否真正掌握并在实际中去运用这种哲学于字里行间流露出来的那种根本立场、观点和方法,真正理解这种哲学所散发出来的那种发人深思的精神。我们党历史上的教条主义者,就是只要个别词句,不要精神实质的典型。党的十一届三中全会以来,我们党把实事求是作为毛泽东思想的出发点和根本点,这就完整准确地理解了毛泽东思想体系。

因此,哲学虽然本身是一种知识,但它所提供给人们的并不是知识,而是知识背后的那种精神、原则和方法。哲学虽然是各门具体科学的概括和总结,但哲学的任务不只是为了揭示客观事物的更深刻的本质和规律,而是为了探讨科学认识如何产生、何以能够产生,探讨认识、思维的普遍规律。正是由于哲学内容的这种特殊性,哲学才是不朽的。真正的哲学并不因光阴的流逝而贬值,它们会世世代代地磨砺人们的思维,不时地启迪后人,激发人们思维的火花。奥本海默、玻恩和海森堡这些现代著名的物理学家,都从古代中国、印度和希腊哲学中得到有益的启发,产生新的见解。爱因斯坦从休谟、马赫、康德以及斯宾诺莎的哲学中受到积极影响。历史上还有这样奇特的事情:一种哲学从其表层的主要倾向看,它是为现实辩护的,然而它的深层的精神却预示着现实事物的消亡。黑格尔的哲学就是这样。由于黑格尔哲学的内容是革命的，其结果，对普鲁士国家来说具有双重效果。随着时间的推移，普鲁士从中受到的损失，远远地超过了它从形式主义的颂扬中得到的收益。这充分表明，哲学的社会价值主要在于它所反映的时代精神，给人们提供的思维原则和方法，而不在于某些具体结论。这种情况甚至不以哲学家本人的意志为转移。

哲学作为思维的普遍方法，不仅是哲学的一种功能，而且是哲学的最基本功能。哲学的其他诸多方面的功能同这一功能相联系，并通过它而起作用。

"哲学是一种世界观。"这是完全正确的。但世界观又是什么呢？世界观是关于世界的根本看法。首先，这里的世界是包括人在内的世界，亦即马克思所说的"被理解了的世界"。其次，世界观不仅是关于世界"是什么"的看法，而且是关于世界"应如何"的看法，是关于人们认识世界和改造世界的根本问题的看法，是人们从精神—实践上掌握世界的方法。凡属于世界观的东西，都这样或那样地同方法论相联系，最后落实在为人们的活动提供指导路线和基本原则上，成为人们认识世界和改造世界的工具。恩格斯曾明确指出："马克思的整个世界观不是教义，而是方法。它提供的不是现成的教条，而是进一步研究的出发点和供这种研究使用的方法。"①

"哲学的使命还在于改变世界。"这也是完全正确的。

① 《马克思恩格斯选集》第4卷，人民出版社1995年版，第742页。

不过，这是在哲学的最终意义上说的。哲学对世界的改变永远也不会是直接的，它只能通过人和作为人的实践活动的手段而发挥作用。马克思说得很清楚："批判的武器当然不能代替武器的批判，物质力量只能用物质力量来摧毁；但是理论一经掌握群众，也会变成物质力量。"① 因此哲学的直接的和最根本的功能是作为思维方法，增强人们在认识世界、改变世界过程中的理论思维能力。这便是哲学应该也能够去走的道路。

二、哲学思维方法在人类活动中的作用

　　哲学思维方法对于人类活动具有巨大的作用。恩格斯总结人类社会和科学认识的发展史，深刻指出，一个民族要想站在科学的高峰，就一刻也不能没有理论思维。"这种能力必须加以发展和锻炼，而为了进行这种锻炼，除了学习以往的哲学，直到现在还没有别的手段。"② 科学史上，爱因斯坦等许许多多的人之所以成为伟大的科学家，一个重要的方面就是因为他们具有很高的哲学思维修养，在任何情况下都不放弃从哲学的角度去看待自己的研究对象及其认识成果。爱因斯坦深有体会地表示："科学要是没有认识论——只要这真是可以设想的——就是原始的混

---

① 《马克思恩格斯选集》第1卷，人民出版社1995年版，第9页。
② 《马克思恩格斯全集》第20卷，人民出版社1971年版，第382页。

乱的东西。"① 德国著名物理学家玻恩也明确指出："每个
科学阶段都和当时的哲学体系有着相互影响，科学给哲学
体系提供观察事实，同时从哲学中接受思想方法。"②

　　哲学思维方法对于人类活动的作用不仅是巨大的，而
且是多方面的。

　　1. 哲学思维方法为人类活动提供前进方向。它构成
一定的思维框架，预先大致规定了主体的思路和倾向。这
是因为，一定的哲学思维方法形成认识主体的一定信念，
使人对某种事物、某种观念抱有高度的信任感，体现他所
向往和追求的某种理想，因此起着价值定向的作用。

　　人的活动都是在一定信念的影响下进行的。他所以要
如此思考和行动，就是由于他对这一活动的正确性、合理
性有着内在的坚信，确信只要沿着这条道路去做就可以成
功，并对人类有益。爱因斯坦受益于斯宾诺莎关于世界统
一性的思想，对世界的和谐与统一的深层的爱，使他克服
了科学征途上的许多障碍，朝着富有探索成果的道路迈
进。正如他自己所说："相信世界在本质上是有秩序的和
可以认识的这一信念，是一切科学工作的基础。"③ 爱因
斯坦的信念，是唯物主义的信念，是科学的信念，为他提
供了一个正确的前进方向。列宁在评述"自然科学的唯
物主义"时指出，这是一种自发的、不自觉的、不定型

---

① 《爱因斯坦文集》第 1 卷，商务印书馆 1976 年版，第 480 页。
② 玻恩：《我们这一代的物理学》，商务印书馆 1964 年版，第 48 页。
③ 《爱因斯坦文集》第 1 卷，商务印书馆 1976 年版，第 284 页。

的、哲学上无意识的信念。这种"信念"的最大特点是认识主体没有一个方向明确、目标坚定的信念。它往往抵挡不住唯心主义的侵袭，当观念与事实发生矛盾和冲突时，便犹豫、彷徨，陷入迷惘、苦闷和孤寂之中。

哲学思维方法的这种定向作用，在科学革命时期尤为显著。这是一个是非难辨、令人困惑的时期。为了解释新的实验事实，各种假说大量涌现，各个学派也展开激烈论争。在这种情况下，科学的哲学思维方法成了一种定向工具，使科学家看准方向，从复杂而混乱的科学探索的迷宫中逐步引向客观真理。薛定谔说得好，当我们在知识的道路上前进的时候，我们必须让哲学的无形之手从迷雾中伸出来指引我们，但同时也要每时每刻保持警惕，以防止哲学的诱惑把我们引离正道而坠入深渊。

2. 哲学思维方法为人类活动提供批判精神。哲学思维是一种批判思维。先进的哲学总是同愚昧、僵化、保守水火不容，它是启蒙的先声、真理的号角，往往是常识、传统的反面。恩格斯曾把唯物辩证法称为"彻底革命的思维方法"。实际上，任何一种新的、有价值的哲学理论的出现，在当时都必然具有革命的、批判的性质，成为传统观念的反叛，否则它就只能是一种老调重弹，失去独立存在的意义。形而上学的唯物主义，在今天看来具有很大的局限性，然而，对于古代朴素的辩证法来说，它的出现则是哲学史上的一场革命。唯物辩证法的批判性、革命性不同于其他哲学的地方就在于它是彻底的，敢于在人类实践过程中修正自身、批判和否定自身，以期超越自身。

哲学思维的批判性还表现在，它不仅提出思考问题，而且对问题的提法本身加以思考，对解决问题的途径、方法加以讨论，阐述科学思维的种种困难，以及批判地克服另一种观点。

所以，科学的哲学思维方法是一支清醒剂，减轻传统思想的束缚，培养科学认识主体活动的独立性，成为意志因素、主动精神的基础。科学家只有具备这种思维方法，才能开阔视野，广开思路，活跃创新意识，在无路可走的情况下发现道路，在许多可能的道路中选择一条道路。

相反，缺乏这种哲学思维方法，就必然会因循守旧，囿于成见，窒息思考，约束思想。例如，著名物理学家普朗克，本来已经选定了正确的努力方向，并且作出了很大成绩（他提出的量子理论认为原子的能量辐射不是连续的，从而克服了经典物理学对黑体辐射现象解释上的困惑）。可是他不敢突破传统观念，设法把量子削足适履地纳入经典物理学的框架之内，使量子理论同经典物理学调和起来。其结果就像他自己在回忆这段经历时所承认的，15 年的时间是"徒劳无功的"，"近乎是一场悲剧"。

哲学思维方法的这种批判精神，常使哲学同社会现实之间保持一种紧张关系，陷于不利的处境。因此便可说明，在阶级社会中为什么许多哲学家大都命运不济。科学家固然也有受迫害的，不过一般地说，其原因不在于他的科学理论，而在于科学家的哲学观点。伽利略就是这样。

3. 哲学思维方法还为人类活动提供创新手段。人们常说哲学具有滞后性，因为作为具体科学的概括和总结，总是先有科学发现，之后才有哲学概括。这种说法是对的，但这是从哲学的来源和基础上讲的。就哲学的功能而言，哲学具有明显的超前性，它是黎明前的雄鸡，一切活动必不可少的创新手段。

科学的本质在于探索未知。哲学思维就是科学探索大军中的先头部队，人类攻取真理的第一道战壕。它所面临的任务就是解决具体科学方法解决不了、解决不好的问题，或者是还没有现成的科学方法能够解决的问题。它帮助科学认识主体从一个更广阔的背景看待自己所面临的问题，决定科学战略，选择主攻方向和突破口，解决探索的路线和方法，大大地缩短科学探索的过程。反之，科学认识主体缺乏这种思维方法，以侥幸的心理工作，仅仅使用"尝试和错误"的原则，就要走很多弯路，也很难有希望获得重大的成就。自然科学史表明：哲学是先导，科学则是已经攻占的领域。每门具体科学都是从哲学开始，最后转化为技术的。

在创立新的科学理论中，已有的实验事实常常不够充分，而且从事实到理论之间还隔着一道鸿沟。因此，科学的新发现需要哲学的概括、启示和预见，通过哲学思维方法对事实材料的哲学解释，洞悉事物深层的联系，为科学解释提供一条思路、一种原则和方法。哲学是科学发现的助产婆。如果没有哲学思维方法，科学认识主体就会无批判地对待经验材料和原有的理论体系，就会无法实现理论概括。假如科学认识主体的哲学思维方法有缺陷，那就会大大限制认识主体的聪明才智，给劳动成果留下阴影和瑕疵。18世纪瑞典著名的生物学家林耐，在动植物的分类研究方面作出了很大成绩，就他所掌握的材料和知识来说，都应得出生物进化的结论。然而，由于他信奉上帝创造世界的唯心主义学说，用以整理、加工、解释科学材料的方法也有形而上学的缺陷，因而，最终仍然坚持物种不变的观点。

在新的假说提出之后，也还需要给以恰当的哲学解释和论证，以坚定研究者的信念，也便于为他人所接受。正确的哲学思维方法有助于科学认识主体，正确地评价各种科学新发现。

总之，任何科学上新思想的产生，都是人们创造活动的结果。它不仅需要科学认识主体献身科学的牺牲精神、广博的专业知识，而且要有哲学思维的高度修养。尽管有些科学家宣称自己与哲学无关，事实上，他不可避免地碰到哲学问题，采取一定的哲学思维方法。至于他怎样解决这一问题，是采用唯物主义、辩证法的方法，还是采用唯心主义、形而上学的方法，那是另外的问题。诚如恩格斯所说："自然研究家尽管可以采取他们所愿意采取的态度，他们还是得受哲学的支配。问题只在于：他们是愿意受某种蹩脚的时髦哲学的支配，还是愿意受某种以认识思维的历史及其成就为基础的理论思维形式的支配。"①

---

① 《马克斯恩格斯选集》第4卷，人民出版社1995年版，第308页。

三、哲学思维方法作用的基本特点

应当说，哲学思维方法在人类活动中的作用十分明显，无可争辩。然而在我国，一些科学工作者对哲学的指导不大欢迎，甚至抱有反感。这里有社会原因，就是过去哲学用贴标签的方法批判科学，裁决科学，在一定程度上影响和阻碍了科学的发展；也有认识论上的原因，那就是不适当地夸大了哲学的作用，不了解哲学作为思维方法发挥作用的方式和特点。

1. 哲学思维方法的作用具有主体性。哲学思维方法的作用，归根到底是一种思想的作用。它必须通过接受者、接受主体的研究、理解和接受才能得到实现。事实说明，一个人（一个阶级、国家）真正接受并成功地运用一种哲学思维方法是一个十分复杂的过程。它是人类创立一种哲学思维方法的缩影，接受主体必须和创造主体具备相应的主客观条件，才能产生交流和共鸣。

首先，一定的哲学思维方法根源于一定的社会生产力，特别是其中的人与物、人与技术的结合方式。人类的朴素的辩证法、形而上学唯物主义和唯物辩证法这三种思维方法就是同人类生产的手工操作方式、机械化方式和自动化方式相适应的。因此，任何人接受一种哲学思维方法，无不同他在现实环境中的处境、工作性质和需要有关。在现在还仍然从事着手工劳动的人们中间，是很难理解和把握唯物辩证法的，他们能够和乐于接受的，并对他们发生影响的往往是朴素的辩证法思想。

其次，科学是哲学的基础，一定的哲学思维方法都是同一定的科学理论相适应的，接受主体的受教育水平和科学知识水平，是理解、评价和接受一种哲学思维方法的必要前提。

此外，有什么样的哲学，就提供什么样的哲学思维方法。哲学思维方法的形成还直接依赖于哲学的蒸馏，把科学知识、科学方法和科学精神从个别提升到一般，再从一般提升到普遍，化为哲学的普遍原理，成为思维的普遍方法。恩格斯明确指出，分门别类的、解剖式的科学研究方法，是经过培根和洛克移植到哲学中之后，才成为哲学思维方法的。因此，对于接受主体来说，如果想得到哲学的益处，就必须是一个有哲学修养的人。精通才能应用，精通是为了应用。

总之，哲学社会功能的实现，并不仅仅是哲学本身的问题，它同接受主体有着极为密切的联系。发展社会生产力，提高接受主体的科学和哲学素养，是发挥哲学思维方法作用的重要社会条件。

2. 哲学思维方法的作用具有间接性。如前所述，哲学思维方法是经过多级抽象、提升而形成的，因此，哲学思维方法也要经过多个层次的转换才能作用于思维客体，带有明显的间接性。

哲学思维方法要通过人们对哲学理论的仔细研究，内化为他自身的思维方法，重组思维结构而起作用。思维结构是主体能动地反映客体的一种符号性能力和大脑加工、改造客体的某种规则。思维结构是凭借外部活动，按照一定哲学思维方法逐步建立起来，并不断完善的基本概念框架。一般地说，思维结构由两部分组成，一是知识，这来自主体以往的科学认识；一是方法（哲学方法和科学方法），哲学方法来自主体以往的哲学认识（自觉的或自发的）。如果说知识是思维结构中的"硬件"，那么方法则是思维结构中的"软件"。同样的知识，方法不同，结构不同，功能也不同。最优化功能同最优化的结构、最科学的方法是紧密地联系在一起的。

思维结构的动态表现，形成思维方式。所谓思维方式，简言之，就是人们进行思维活动所采取的样式，是思维要素结合和作用的方式。它是构成思维主体和主体思维的先决条件，直接影响着思维的广度和深度。而人们的思维方式如何，同思维结构中的哲学思维方法有着内在联系。有什么样的哲学思维方法就有什么样的思维方式。正因为如此，恩格斯有时把形而上学的哲学思维方法就直接称之为"形而上学的思维方式"。[①]

思维方式也不是孤立存在的，它存在于人们的逻辑思维、形象思维和直觉思维这三种基本的理论思维形式之中，通过思维形式对客体信息进行选择、加工、解释和评价。

哲学思维方法作用的间接性表明，哲学的作用的实现是一个复杂的过程，企图"学了就用"、"立竿见影"，很

---

① 《马克思恩格斯选集》第 3 卷，人民出版社 1995 年版，第 360 页。

容易导致对哲学的极端简单化和庸俗化。

3. 哲学思维方法的作用具有抽象性。哲学思维从来离不开科学思维。哲学思维方法不是存在于一般方法、个别方法之外，也不可能单独地发生作用。哲学思维方法作为思维方法的最高层次，其作用只在于使认识主体少走弯路、减少失误，大大地缩短科学发现的过程，而不能独立地发现科学真理。

哲学思维方法的运用，这本身是一个创造过程。它要求科学认识主体对所研究的对象的特点有实际知识和了解。如果一个人对具体科学并不精通，对具体方法也不掌握，即使懂得哲学，也不能作出科学发现。例如，一个不懂物理学的人，他既不能凭哲学去解决物理学问题，也无法对物理学问题作哲学考察和反思。

可见，哲学思维方法的作用是巨大的，也是有限的。它不能代替其他思维方法的作用，正如其他思维方法不能代替哲学思维方法一样。不适当地夸大哲学的作用，也是造成对哲学作用不信任感的一个重要原因。

4. 哲学思维方法的作用还具有隐蔽性。它对科学认识的影响看不见，摸不着，时常发生在主体的不知不觉之中。科学史上自觉运用哲学思维方法于探索，事后又能把这种作用叙述出来的科学家是有的，爱因斯坦就是这样。但这毕竟只是一部分人，还有不少人对此是不自觉的。他们颇有点像莫里哀笔下的新贵茹尔丹，讲了 40 年散文，自己却一点都不知道。

哲学思维方法作用的隐蔽性还表现在，哲学家本人并不直接参与科学探索，人们无法在科学成果中直接看到哲学的影响。一切科学成就，表面看来都是科学家的成就，都是科学思维的结果，似乎与哲学和哲学家无关。久而久之给人造成一种印象：科学节节胜利，硕果累累；哲学只有耕耘，没有收获。究其实，这正是哲学的高尚之处。它是科学探索的开路先锋，把胜利、成功之果全都留给了各门具体科学。当某一方面的探索一旦找到事物之间某种确定的逻辑关系，有了可以用精确公式表示的知识，就被称之为科学。而这时，哲学又开始了新的探索。

所以，哲学之于科学，不是如油之于水可以直观，而是如盐之于水看不到、尝得着。只要不怀偏见，谁能说原子弹爆炸，人造卫星上天，只是科学和科学家的作用，而没有哲学和哲学家的功劳呢？

最后，还必须指出，哲学思维方法的作用具有两面性。先进的、科学的哲学思维方法使人聪明、睿智，它是科学认识的前提条件，成功的重要保证。与此相反，落后的、错误的哲学思维方法，则使人愚钝、笨拙，它造成思维定式，扼杀创造力，成为科学发展的障碍。在当代，要摆脱愚钝，发挥才智，减少失误，作出贡献，只有一个办法，那就是自觉学习马克思主义哲学，让唯物辩证法的思维方法在头脑中占主导和支配地位。

人的问题是当代哲学的中心问题[*]

　　马克思主义哲学必须有新的大发展，这是现时代的大趋势。近几年来，这方面的研究很多，有的从具体科学中提炼新的哲学范畴，有的从现代科学、传统哲学、现代西方哲学中汲取新材料和某些合理因素，有的致力于现有哲学体系的改革。毫无疑问，所有这些，对于马克思主义哲学的发展都是必要的、有益的，起了积极的作用。但是，我们必须看到，仅止于此还是不够的。哲学的真正大发展，有赖于哲学家从更深层次上转换研究角度、把握研究重心，从哲学认识的坐标系上来一番根本性的转变。

　　这种转变从何着手，怎样把握哲学现代化的角度和重心呢？全部哲学发展史昭示我们：哲学是时代进步的反映；哲学的发展有自己的内在逻辑。每个时代哲学的中心问题都发生在时代需要和哲学逻辑的交叉点上。

------

　　* 本文发表于《北京师范大学学报》1988 年第 4 期，原题为《人的哲学导论》，这是原文的第一、二部分。

按照这样的思路我们不难发现，人的问题是当代哲学的中心问题。历史和现实，理论和实践，经验和教训都在向哲学家们呼唤：必须深入研究人的问题。是否研究人、关心人，是当代哲学是否具有影响力、感召力和生命力的根本所在。

一、哲学的逻辑

让我们先从"哲学是什么"这个最基本的问题谈起。

哲学是什么？这是一个既简单又复杂、既普通又深奥、既古老又新鲜的问题。有人说有多少哲学家就有多少哲学定义，这话虽有些夸张，但也不是没有一点道理。

我们现在是如何看待哲学的呢？在我国，人们习惯认为哲学是研究世界最一般规律，解决世界是什么的问题的。这种理解虽然相当普遍，但它至少存在三个方面的缺陷。

首先，这种哲学定义实质上还是把哲学看做是一般意义上的科学。科学的使命是寻找规律，具体科学寻找具体规律，哲学则寻找最一般规律，言外之意，具体科学是小科学，哲学是一门大科学。这样的哲学和科学没有性质的区别，只有层次的不同。如果说20世纪50年代以前，这种理解还差强人意的话，那么，自从一般系统论产生以后，这种理解就陷入了两难境地：系统论、信息论、控制论的理论、观点和方法并不局限于某一领域，它同样适用于自然、社会和思维。这样一来，"三论"岂不也成了哲学了吗？到底是我们现在拔高了"三论"，使之成为哲学，还是我们原来把哲学降低了，使之混同于一般意义上的科学了呢？

其次，这种理解严重忽略了马克思关于哲学的一个纲领性思想，即哲学不仅在于如何解释世界，更重要的是还在于如何改变世界。这就是说，哲学的真正任务是要指导人们如何运用科学规律去调节、规范人们的行动，使人们的活动更加符合客观世界的规律、人的目的和美的规律，创造一个真、善、美的世界，促进人的自由而全面的发展。

第三，这种理解，就等于在哲学中把人排除出去了。就世界是什么，就世界的最一般规律来说，人最终不过是自然界的产物、世界的一个部分。在这样的理解中，逻辑地要求人们把人还原到动物，人不可能保留任何特殊的地位。因为人要进入其中，它就必须抛弃人之为人的特殊性，而成为物质大家庭中的一个普通成员。然而十分明显，这时的人已经不成其为人了。

对于哲学的这种理解，哲学史上有过。那就是哲学与科学尚未分化时期的人们对于哲学的看法，反映的是哲学在其童年时期的一种状态。它既不符合哲学的本义，也不代表迄今为止哲学史上大多数哲学家比较一致的看法。

从词源上看，"哲学"在古希腊文中即爱与智慧，在汉语中，"哲"也有"明白"、"懂道理"的意思。19世纪80年代"哲学"自日本引入中国，也是把它作为"智学"、"爱智学"的同义词看待的。"智慧"不同于科学知识，知识是客观世界的反映，作为知识总是后人超过前人。智慧是应用知识明智地指导人们活动的能力，是人处理和驾驭人和外部世界关系的本领，可以不断地启迪后人。哲学作为追求智慧之学，它虽然以知识的形态出现，但它实质上是以知识为依据的对生命、对世界的一种态度，是对人在世界上地位的一种解释，是人确定社会和道德目标的手段。马克思指出："哲学并不要求人们信仰它的结论，而只要求检验疑团。"① 康德认为自己不是教哲学，而是教人们哲学地思考。

每一种哲学，它都表现着人们所向往、追求的某种理想。它从不把自己仅仅局限于简单地归纳和汇总现成的知识成果，告诉人们现实的世界是什么样子，而是要力争超出已有的经验，瞩目未来，告诉人们世界应该是什么样的，从而引导人们用未来看现在，批判现实，克服生活的局限性。人有了这种哲学意识，就会选择高于现实存在的参考系，获得主体意识，包括自主意识、使命意识、进取意识和自审意识。反之，没有哲学的引导，人就会失去自我，失去生活的目标和意义，陷入盲目的动物式的存在。所以，尽管哲学的功能有许多，但从根本上说，是为人们提供一种思维方法和价值观念，指出一条在实践上使理想和现实统一起来的道路，帮助人们超越现实，达到理想。

根据哲学的本义，哲学问题实质上是人的问题。哲学的世界不仅是物的世界，更重要的是人的世界。与研究世

---

① 《马克思恩格斯全集》第 1 卷，人民出版社 1956 年版，第 123 页。

界"是什么"的科学不同，在研究世界"应如何"的哲学中，人并非只是世界的一个部分，而是世界的主人，既是世界发展的动力，也是世界发展的目的。

因此，哲学尽管有千流百派，尽管它的发展迂回曲折，但人的问题就像一块磁石一样，吸引着每一个有社会责任感的哲学家和哲学派别；人的问题就像一条红线，自古至今贯穿其中。

从远古时代起，人们就开始思考这样的问题：人是什么？人为了什么？据文献记载，建于三千多年前的希腊德尔斐神庙前有一句石刻铭文："认识你自己！"这是一条道德律令，它以朴实无华、言简意赅的形式道出了深刻的哲理。这条铭文同哲学一直有不解之缘，启发了无数哲人的智慧和思考。

赫拉克利特也许是第一个明白地表示要按照德尔斐箴言来研究哲学的人，他说过要"寻找自己"和"认识自己"。"对赫拉克利特来说，可以用一句话概括他的全部哲学：'我已经寻找过我自己。'"① 智者学派的代表人物普罗泰戈拉从一个较普遍的意义上发展了赫拉克利特的思想，提出了一个著名的口号："人是万物的尺度。"严格说来，唯有苏格拉底才是赋予"认识你自己"这句箴言以较深哲学意义的人。他把这句箴言真正变成了哲学，以此教育自己的门徒。从苏格拉底开始，关心、研究和认识人类自己就成为哲学研究的主要问题，不断生发着激动人

---

① 卡西尔：《人论》，上海译文出版社1985年版，第6页。

心的作用。

18 世纪法国哲学家卢梭在其《论人类不平等的起源和基础》一书中开宗明义地写道:"我觉得人类的各种知识中最有用而又最不完备的,就是关于'人'的知识。我敢说,德尔斐城神庙里唯一碑铭上的那句箴言的意义,比伦理学家们的一切巨著都更为重要、更为深奥。"①

德国古典哲学之集大成者黑格尔,把德尔斐神庙的箴言同古希腊有关斯芬克斯之谜的传说结合起来,他说:"希腊神话中的狮身人首兽也可以有象征的意义,它显得是提出谜语的怪物。它提出过一个有名的谜语:什么东西早晨用四条腿走路,中午用两条腿走路,傍晚用三条腿走路?俄狄普找到了一个简单的解释:那就是人,于是就把这怪兽从悬崖上抛下去。这个象征谜语的解释就在于显示一种自在自为的意义,在于向精神呼吁说:'认识你自己!'就像著名的希腊谚语向人们呼吁的一样。"② 唯物主义哲学家费尔巴哈在 1841 年《基督教的本质》初版序言中也十分明确地指出:"认识你自己,是本书的真正的警句和主题。"被西方学术界认为 20 世纪以来最重要的哲学家之一的德国哲学家恩斯特·卡西尔,他的《人论》的开篇第一句话就是:"认识自我乃是哲学探究的最高目标——这看来是众所公认的。在各种不同哲学流派之间的一切争论中,这个目标始终未被改变和动摇过:它已被证

---

① 卢梭:《论人类不平等的起源和基础》,商务印书馆 1962 年版,第 62 页。
② 黑格尔:《美学》第 2 卷,商务印书馆 1979 年版,第 77 页。

明是阿基米德点，是一切思潮的牢固而不可动摇的中心。
即使连最极端的怀疑论思想家也从不否认认识自我的可能
性和必要性。"①

　　总之，哲学的历史，在一定意义上也就是人的自我认
识的历史。不同历史时期人们对于人的不同认识，留下了
不同的哲学形态。

　　古代哲学主要是一种本体论哲学。自然哲学家们努力
探求的是自然的本质或本体，以便说明万事万物的原因。
这是大家都了解的事实。不过应当指出，这里的自然，虽
然主要是指自然界的事物，但也是包括人在内的，是泛指
"自然而然"的一切东西。也就是说，古代的自然哲学家
并不是我们今天所说的自然科学家，他们也关心、谈论社
会人生问题。他们的真正特点在于，把人看做自然的一部
分，实质上是自然界中各种动物的一种。就是说人是动
物，又是生活在社会中的一种特殊动物。

　　诚然，古希腊人已经表达了"认识你自己"的意愿，
但具有讽刺意味的是，这一箴言是写在神庙里的，其用心
显然不是鼓励人们通过认识自己，成为世界的主人，相反
它是提醒人们，不要忘记自己在众神面前是软弱的。所
以，称古代哲学为"本体论哲学"，不是说古代哲学不过
问人事，而是指古代哲学把人归结为自然，人是"自然
的人"。这种思想在文艺复兴时期还存在。文艺复兴时期
人文主义者高扬人性，但他们不是从人的社会关系，而是

---

　　①　卡西尔：《人论》，上海译文出版社 1985 年版，第 35 页。

从单个人出发来考察人；他们把人的自然属性如"饮食男女"等等情欲，看做人性和人的本质，而这恰恰是人和动物所共有的。

近代哲学主要是一种认识论哲学。哲学家们探索的重点不再是自然的本质，而是人的认识能力、认识道路和认识方法，认识论问题被大多数哲学家推崇到研究工作的首位。在近代认识论哲学中，人的地位较之古代有了明显的提高，人不再是自然的一部分，而是认识的主体。人是"理性的人"，理性被认为是人区别于动物的本质属性。由于人有理性，人才具有认识世界的能力，才能把握本体或实体。理性的崇尚者，也就是不同程度上的人的崇尚者。

马克思、恩格斯的哲学，本质上是一种实践论哲学。马克思针对旧哲学的缺陷明确地把自己叫做"实践的唯物主义者"，把自己的哲学称为"实践的唯物主义"。在伦敦海格特公墓马克思的墓碑上，醒目地镌刻着他的名言："哲学家们只是用不同的方式解释世界，而问题在于改变世界。"① 在这种实践论哲学中，人不仅是认识主体，而且是实践主体；不仅有理性的能动性，而且有实践的能动性。马克思主义创始人批判地扬弃了历史上关于人性和人的本质的学说，在历史上第一次把人看做从事现实活动的"实践的人"，把人的本质属性理解为人在实践中表现出来的能动性、创造性和自主性。认为人固然有自然属

---

① 《马克思恩格斯选集》第 1 卷，人民出版社 1995 年版，第 61 页。

性，但这不是人之为人的特性和历史；人虽然是有理性的，但理性却不构成独立的基础，相反，它受人的实践的支配和决定。因此，必须从实践特别是物质生产实践来考察人的种种问题。

如果说近代哲学主要研究认识问题，马克思的哲学是进一步研究认识的目的即实践问题，那么当代哲学则应进一步研究马克思已经提出、当代更加凸显的——实践的目的即价值问题。正如同认识不是目的，认识是为了实践一样，实践也不是目的，实践是为了人的生存、享受和发展。我们不是为生产而生产，为实践而实践。所以，当代哲学的主要注意力应集中在实践的进步同人的发展之间的关系上，集中在人们为了什么目的活动，人应当怎样活动，也就是集中在人的活动的价值规范和价值目标上。"每当我们问'我们应当做什么'这类问题时，我们就已越过事实和科学理论的范围，都在寻找价值判断了。"①

这种实践论哲学相比较本体论、认识论以及着重研究实践活动本身的实践论，更加重视和关注人的问题。世界上只是由于有了人才有了价值，才有了真、善、美。人是一切价值的尺度、根据和创造者。一个没有人的世界，也就是一个没有价值的世界。在价值论哲学中，人不仅是认识主体，实践主体，而且是价值主体，人不仅是手段，而且是目的。在这里人应当是自由的，人是"自由的人"。自由是对必然的认识和对世界的改造，是人的认识和实践

---

① 宾克莱：《理想的冲突》，商务印书馆 1983 年版，第 14 页。

的目的，是人的本质属性及追求的理想。马克思把存在着私有制、阶级和阶级斗争的全部历史，称为人类社会的"史前史"，认为史前史的结束，共产主义（它的第一阶段是社会主义）的开始才是真正的人的历史的开始，因为"只是从这时起，人们才完全自觉地自己创造自己的历史；由人们使之起作用的社会原因才大部分并且越来越多地达到他们所预期的结果。这是人类从必然的王国进入自由王国的飞跃。"①

把人看做"自由的人"，这是马克思主义创始人的一个基本思想，是马克思哲学的一个重要内容。19 世纪 60 年代初，意大利人卡内帕请恩格斯为即将出版的《新纪元》周刊写一段题词，以便用精练的语句来表明未来的社会主义新纪元的基本特征，以区别于但丁所说的"一些人统治，另一些人受苦难"的旧纪元。恩格斯在回信中写道："我打算从马克思的著作中给您找出一则您所期望的题词。我认为，马克思是当代唯一能够和伟大的佛罗伦萨人相提并论的社会主义者。但是，除了《共产党宣言》中的下面这句话，我再也找不出合适的了：'代替那存在着阶级和阶级对立的资产阶级旧社会的，将是这样一个联合体，在那里，每个人的自由发展是一切人的自由发展的条件。'"② 20 世纪初，在制定俄国社会民主党的第一个纲领时，列宁认为必须把《共产党宣言》的这一极为重

① 《马克思恩格斯选集》第 3 卷，人民出版社 1995 年版，第 634 页。
② 《马克思恩格斯选集》第 4 卷，人民出版社 1995 年版，第 730—731 页。

要的原理写进去，他指出："如果这样说就更明确些：由整个社会承担的（因为这既包括计划性又指出计划的执行者），不仅满足社会成员的需要，而且充分保证社会全体成员的福利和自由的全面的发展。"[①]

综上所述，哲学作为人类自我认识的历史是一个不断发展的过程。从"自然的人"、"理性的人"，到"实践的人"、"自由的人"，这是哲学发展的内在逻辑。它告诫人们，随着哲学的发展，人的问题在哲学中占有越来越重要的地位。当代哲学把人的问题作为中心，这是全部哲学发展的合乎逻辑的结果。

二、时代的课题

人的问题，既是哲学本身发展的内在逻辑，也是我们时代的重大课题。

现代化是当代世界发展的主旋律，我国正在努力通过改革促进现代化。什么是现代化呢？从哲学的角度看，现代化表示的是对现实的超越。社会的现代化标志着对现实社会的超越，体现着社会的发展；人的现代化标志着对现实的人的超越，显示着人的发展。社会的现代化和人的现代化是不可分割的。

人的现代化是社会现代化的前提，这是许多致力于现代化建设的国家的经验总结。起初，一些发展中国家天真

---

① 《列宁全集》第6卷，人民出版社1963年版，第37页。

地以为，贫穷就是财富不足，落后仅仅在于技术和设备，所以只要从发达国家引进现代化的技术和设备，就会很快地发展起来。然而，严酷的事实表明，现代技术、设备、方法等等，同人相比较，人是首要的因素，它们都必须通过人而起作用。对于一个国家来说，真正的贫困在于人的素质的贫乏，真正的落后在于人的观念的落伍。

人的现代化不仅是社会现代化的前提，而且是社会现代化的目的。如果说社会现代化是主体的客体化过程，那么，人的现代化则是客体的主体化过程。社会的现代化最终是为了改善人的素质，满足人的需要，提高人的自由度和主体性。显然，把社会现代化仅仅理解为高工资、高消费，流行歌曲、时髦服装，那是很肤浅的。同样，把社会现代化仅仅理解为生产力水平的提高，也是片面的。生产力的发展不等于社会的整体发展，社会发展的决定因素不等于全部因素，更不等于社会发展的最终目标。社会现代化应当是生产力尺度和人的尺度的统一、历史尺度和价值尺度的统一。

能否把社会现代化看做生产力提高和人的自由而全面发展的统一，把人的现代化看做社会现代化的目的，对于衡量、判断一个国家的社会性质具有重要意义。在一些发达国家，生产力水平不可谓不高，然而这种社会现代化的另一个方面则是人的本质的异化。西方社会生活中一个突出的问题就是现代化生产条件下的人的个性的丧失，或者说人性的沉沦、人格的分裂。全面认识人与自然、人与社会的关系成为摆在西方思想家面前的最重大的任务，也应当引起我们的关注。

　　所以，社会现代化是依靠人和为了人的现代化。哲学不能不研究现代化问题，也就是不能不研究人的问题。

　　科学技术革命是我们这个时代的又一潮流，强烈地影响着人类生活的各个领域。人与自然的关系，人在社会生产活动中的作用，人进行创造的可能性和需要，都发生了深刻的变化。科学技术革命形成了人类生存的新的条件，这些条件决定着人们的生活方式和行为，决定着人与人之间关系的性质，并在人的内心形成新的精神世界。更为重要的是，科学技术在社会管理和其他社会生活过程中也具有越来越大的作用。科学技术成了强大的生产力，直接影响人们的日常生活，成了促进人的现代化的最强有力的因素。

　　科学技术进步的后果是双重的。它引发了前所未有的创造力，也形成了前所未有的破坏力；它在某些方面促进了人类的生存和发展，为人类带来了文明、幸福；又在另一方面严重地损害了人的生存和发展，酿成了人类环境和财富的危机，把人类存在本身置于危险的境地。

　　科学技术在社会过程中表现出来的双重后果说明，科技进步同人的发展之间的联系并不是必然的。人类从科技进步中既可能得到幸福，也可能惨遭灾祸，是福是祸，这取决于社会条件和人的自省、自审和自制意识。它要求人们不仅认识到自己是科学技术的创造者，而且要按照我们时代的进步理想和价值目标，合理地利用科学技术以造福于人类。它也使人们自省：我们只有一个地球，地球又是这般小，给别人掘墓岂不也要毁坏自己的房基。不管地球上不同的人群之间存在着多么深刻的理想冲突，但作为类存在物，人类有许多共同的东西，应当争取一个美好的共同生存环境，也就是通过人类普遍的自觉意识，共同关心人类自身的前途和命运问题。

所有这些，反映在当代哲学的意图中，即哲学必须研究人的问题，力求揭示科技发展过程中人的因素发挥作用的规律和原则，揭示人的全面发展的条件和基础。一句话，探讨科技进步的后果对人类生存、发展的价值。正是围绕着怎样回答这一问题，产生现代西方哲学的两种倾向，即唯科学主义和人本主义。

唯科学主义哲学家并非不关心人的问题。他们注重科学理论的共同问题，特别是注重科学研究的方法论问题，是因为他们赋予科学技术以人道主义性质，确信只要科学技术得到高度发展，人和人类就会得到普遍的进步。在这种观念指导下，他们提出了关于人类命运和前途的"工业社会"、"后工业社会"、"信息社会"、"技术社会"等诸如此类的社会理论。人本主义哲学家无疑关心人的问题，只是对科学是否具有拯救人类的力量持怀疑态度，甚至公然申明自己对科学、技术和理性的敌意，认为这些东西是人类苦难的最终原因。他们觉察到资本主义社会正在发生着的"人格解体"、"人性沦丧"的过程，不安、恐惧和孤独的情绪正在增长。因此他们的社会发展理论主张要么是局部的改革，要么是采取心理治疗技术，要么是改变人的"内心目标"，等等。

无论人本主义还是唯科学主义，其结论都存在着偏颇之处。它们脱离社会条件抽象地谈论科技进步和人与社会发展的关系，客观上抹杀了社会主义和资本主义的区别，掩盖了资本主义的矛盾。但是现代西方哲学在特定的背景条件下，比较早地提出和研究人的问题，这是有意义的，是它具有一定影响力的根本原因。一切哲学的研究方法和结论都存在着唯物主义和唯心主义的倾向，但一般地说，哲学研究的问题很难区分哪个是唯物主义，哪个是唯心主义。马克思主义哲学大发展，不能因为现代西方哲学研究人，为了划清界限，我们就不研究人。相反，我们应当加强人的问题的研究，回答现代西方哲学难以回答的问题，为人的自由而全面的发展提供一个科学的世界观和方法论。

人的理论：马克思的回答[*]

马克思在创立唯物主义历史观的过程中，始终关心人的问题，研究人的理论，形成了丰富的人学思想。由于马克思注重人的理论，所以他十分重视对历史上的人的学说如人本学、人类学，以及人道主义的探讨；由于马克思遵循唯物主义历史观的立场、观点和方法，所以马克思的人的理论又不同于历史上人的学说，不能简单地把它归结于或等同于人本学、人类学和人道主义。西方学者所说的"人本学的马克思"、"人类学的马克思"、"人道主义的马克思"，都是被误解、肢解或曲解的马克思。马克思人学理论的特质，鲜明地体现在它同人本学、人类学和人道主义的联系和区别中。

＊ 本文发表于《北京师范大学学报》1996 年第 5 期。

一、马克思和人本学

人本学或人本主义，最简单地说，就是以人为本，以人为出发点和中心的一种哲学理论。马克思关注人的理论，就不能不重视对历史上人本学的研究。

欧洲人本主义的源头可以追溯到古希腊哲学。"人是万物的尺度"，可以看做是人本主义的最早宣言。文艺复兴时期的人文主义，是一种特殊形态的人本主义。人文主义者重视人的自由意志和人对于自然界的优越性，以人为衡量一切事物的标准，突出人的本性中感性的内容。与此有所不同，17、18世纪的人本主义，则突出人的本性中的理性成分。启蒙思想家高举理性的旗帜，以人的理性的尺度审视、评估一切，希望建立一个理性王国。

欧洲人本主义最典型的代表是费尔巴哈唯物主义的人本主义。费尔巴哈宣称，他的哲学改革，就是要创立人本学，以反对宗教神学。他说，他的学说或观点可以用两个词来概括，这就是自然界和人；他的方法就是借助人把一切超自然的东西归结为自然，又借助自然把一切超人的东西归结为人。俄国唯物主义哲学家车尔尼雪夫斯基在《哲学中的人本主义原理》中集中阐述了他自己的近似于费尔巴哈的旧唯物主义的人本主义观点。

在中国古代春秋战国时期，也曾涌现出人本主义思潮。管仲首先提出"以人为本"的思想。孔子的"仁者爱人"思想，墨子的"兼爱"思想，孟子的"民为贵"

思想，老子的"以百姓心为心"思想，可以说都属于人本主义的内容。

　　尽管不同的人本主义具有不同的特点，但是凡人本主义都颂扬人的价值、尊严和力量，强调人的地位和作用，重视人性和人格。这种重视人的问题的人本主义相对于蔑视人的神权主义，这种歌颂人的尊严的人本主义相对于贬低人的专制主义，无疑是具有历史进步意义的。马克思和恩格斯充分肯定了这一点。恩格斯在论及文艺复兴运动时写道，这是一次人类从来没有经历过的最伟大的变革。马克思高度评价了 18 世纪启蒙思想家，认为在法国行将到来的革命中启发过人们头脑的那些伟大人物，本身都是非常革命的。

　　特别是费尔巴哈的人本主义，是马克思的学说自然也是马克思的人的学说的理论来源之一。它对于马克思人学思想的形成和发展具有重大意义。在《1844 年经济学哲学手稿》中，马克思认为，费尔巴哈由于创造了人本学的唯物主义，把人在哲学中的地位突出出来，因而具有重大的理论意义。在《神圣家族》中，马克思在考察 17、18 世纪的唯物主义发展史时不满意霍布斯把"唯物主义变得敌视人了"，强调科学的唯物主义不应当忽视"人的全身心"，排斥人的"情欲"和"诗意"，而只承认冷冰冰的知识和理性。为此，在《德意志意识形态》中，马克思肯定"费尔巴哈比'纯粹的'唯物主义者有很大的优点"①。

在人的理论问题上，马克思不是完全撇开费尔巴哈，简单地抛弃费尔巴哈，但也不是完全接受费尔巴哈，简单地重复费尔巴哈，而是在批判地改造费尔巴哈人本主义合理因素的基础上，"超出费尔巴哈而进一步发展费尔巴哈的观点"。恩格斯形象地指出，"费尔巴哈所没有走的一步终究是有人要走的"。这既说明马克思的人的理论和费尔巴哈人本主义之间的继承关系，又说明了马克思的人的理论不能归结为人本主义。马克思走完了费尔巴哈"所没有走的一步"，完成了从"半截子唯物主义"到"完备的唯物主义"的转变，实现了哲学史的革命变革。

但20世纪20年代末，德国社会民主党人 G. 朗兹胡特和 J. P. 迈耶尔借整理出版马克思1844年《手稿》的机会，大造舆论，宣称《手稿》是"真正的马克思主义的启示录"。他们认为，在马克思的世界观形成的时候，"把人本学提到中心的地位"，宣称发现了"第二个马克思"——一个人本主义的马克思，蓄意制造青年马克思和老年马克思的对立。这种把马克思主义人本主义化的思潮，历经半个多世纪，至今仍有很大影响。我们必须认清马克思的人的理论和人本主义的本质区别，批判人本主义思想，坚持和发展马克思主义的人的理论。

人本主义把人归结为自然的人，把人确定为有生命的生物个体。按照人本主义的观点，不是人的社会存在决定

① 《马克思恩格斯选集》第1卷，人民出版社1995年版，第77页。

人的本质，而是人的本质决定人的社会存在。自然的人和社会的人的区别，是人本主义和马克思主义的首要区别。马克思在《关于费尔巴哈的提纲》和《德意志意识形态》中明确指出，任何现实的人都是在一定的生产力和生产关系构成的社会中活动着的人；个人是什么样的，取决于他们进行生产的物质条件。

　　解放全人类，这是马克思一生的奋斗目标。人本主义似乎也比较热心人的解放，但如何实现这一目标，二者的看法却大相径庭。人本主义主张，只要全社会所有的人，不分阶级、阶层，不分肤色、男女，彼此联合起来，彼此相爱，就可以从一切枷锁下解放出来。马克思认为，全人类的解放只有通过无产阶级的斗争和社会主义革命，才能得到实现。一个是无产阶级，一个是抽象的"类"，这种具体的人和抽象的人的区别，是马克思主义和人本主义的一个根本区别。

　　人本学所说的"类"，只是个体的机械相加，实质上是把"单一的个体"作为理论前提。这种做法在自然科学中可以得到证明，但却不能为哲学社会科学所接受。马克思的人的理论研究人，不是从个人研究人，而是通过劳动、在生产关系中研究人。马克思主义哲学所关心的，是从根本上变革这个世界，在变革世界的过程中改变人本身以及人和世界的关系。把劳动实践当做人的理论首要的和基本的观点，通过劳动和劳动发展史理解人的生存和发展，这是马克思的人的理论的本质特征。相反，不懂得社会实践的意义和人对世界的作用，这是人本主义的致命弱点。18 世纪的唯物主义者认识到人是环境和教育的产物，但是忘记了环境正是由人来改变的，环境的改变和人的活动的一致只能被看做并合理地理解为社会实践。同样，费尔巴哈的人本主义不满意抽象的思维而诉诸感性的直观，坚持了唯物主义，但他的唯物主义是不彻底的，他没有把感性当做人的感性活动、当做实践去理解。

总之，马克思的人的理论与人本学是不同的。马克思所完成而费尔巴哈所没有走的那一步就是："从费尔巴哈的抽象的人转到现实的、活生生的人，就必须把这些人当做在历史中行动的人去研究。"更确切地说："对抽象的人的崇拜，即费尔巴哈的新宗教的核心，必定会由关于现实的人及其历史发展的科学来代替。"① 这个"转变"和"代替"是根本性的，是抽象的人到现实的人的转变，是历史唯物主义对历史唯心主义的代替，是人学思想史上发生的一场"哥白尼式的革命"。

二、马克思和人类学

马克思的人的理论的研究特点还反映在它与人类学的关系和马克思对人类学的态度上。

"人类学"源于希腊语，本意为"人的科学"。这门科学根据人类的生物特征和文化特征综合地研究人类自身及其发展变化的规律性。在不同的国家中，人类学有不同

① 《马克思恩格斯选集》第 4 卷，人民出版社 1995 年版，第 241 页。

的含义，大致可分为体质人类学、文化人类学，以及哲学
人类学。

人类学思想源远流长。我国春秋战国时期《黄帝内
经》的"灵枢篇"，就详细记载了人体血液循环和对人体
各种器官的衡量数据，包含着体质人类学的内容。古希腊
的亚里士多德也提出过"人类学"概念。但人类学真正
作为一门独立的科学，则是在19世纪中期才开始的。

由于马克思始终关心人类社会历史的规律性和无产阶
级的命运，所以人类学的状况和发展一直受到马克思的注
意。正如英国人类学家莫里斯·布洛克指出的："由于担
任着许多政治工作，马克思准备为被压迫人民重写一部人
类史书，以便使他们能够明白他们所受压迫的本质，以及
这一压迫是怎样产生的。对马克思来说，这项历史学工作
同时也是一项政治工作，因为他相信，通过对以往历史的
研究去揭示工人的处境，能够使他们更好地为改变这一处
境而斗争。人类学便在这一计划中占有一席之地，这是因
为马克思需要这门科学研究人类早期历史。"[1]

根据马克思的《柏林大学毕业证书》记载，不满20
岁的马克思在1836—1837年度冬季学期就主修过斯特芬
斯教授讲授的"人类学"课程，并学习"勤勉"[2]。在
《1844年经济学哲学手稿》中，马克思提到了"人类学的

---

① 莫里斯·布洛克：《马克思主义与人类学》，华夏出版社1988年版，第2页。

② 《马克思恩格斯全集》第40卷，人民出版社1980年版，第896页。

自然界"①，也就是人类活动所创造的"第二自然界"。在
1868 年 11 月 18 日马克思所列的书单中就有人类学的著
作。1866 年 8 月 7 日马克思还向恩格斯推荐人类学方面
的书籍。恩格斯在《自然辩证法》中也曾写道："最近则
有所谓人类学……它是从人和人种的形态学和生理学过渡
到历史的桥梁。这还要继续详细地研究和阐明。"②

    马克思真正以极大的热情研究人类学，是在他逝世前
的最后几年。1879—1882 年间他阅读并详细摘录的五个
读书笔记，就是这一时期人类学研究的见证。特别是摩尔
根的《古代社会》，马克思十分重视。1881 年他得到这本
书后，在一年时间里反复阅读，仔细作了笔记和摘录，并
附有自己的见解及对其他人类学著作的独到批评和补充看
法。马克思还打算运用他的唯物主义历史观来阐述摩尔根
的研究成果，重新写一部原始社会史著作。他的这个愿望
在恩格斯发表的《家庭、私有制和国家的起源》中得到
了实现。

    综观马克思哲学思想发展过程，我们可以看出，人类
学的探索一直是马克思的"人的科学"工作的一部分，
人类学的观点和材料对马克思人的理论的形成和确立具有
举足轻重的作用，甚至可以说人类学是马克思的学说
（包括人的理论）的理论来源之一。列宁曾经说过，马克
思主义有三个主要来源，这当然是正确的。但列宁讲的是

---

① 《马克思恩格斯全集》第 42 卷，人民出版社 1979 年版，第 128 页。
② 《马克思恩格斯全集》第 20 卷，人民出版社 1971 年版，第 524—525 页。

"主要来源"而不是全部来源，更何况列宁当年没有看过马克思晚年的人类学笔记。

马克思之所以对人类学感兴趣，一个重要的原因就是批判地吸取它的研究成果，以检验、证实他所创立的唯物主义历史观。

唯物主义历史观认为，人类社会是有规律地发展着的，资本主义不是从来就有的，也不会永远存在下去，必将被社会主义所代替。马克思的这个历史观起先是由分析英美等资本主义社会而得出来的，由此进一步推断前资本主义的状况，即所谓人体解剖是猴体解剖的一把钥匙。但马克思深知，"猴体"和"人体"毕竟有所不同，"猴体"的解剖也会深化原先对"人体"的理解。于是，他便着手氏族社会和东方社会的研究。正如恩格斯所指出的："要使这种对资产阶级经济学的批判做到全面，只知道资本主义的生产、交换和分配的形式是不够的。对于发生在这些形式之前的或者在比较不发达的国家内和这些形式同时并存的那些形式，同样必须加以研究和比较，至少是概括地加以研究和比较。"① 人类学为这种"研究和比较"提供了素材。人类学的史料说明，社会文化是由低到高、由蒙昧到文明发展着的，社会进化是有阶段的，现阶段的社会是前一阶段发展的结果。这就间接地论证了资本主义社会的历史性。恩格斯在《家庭、私有制和国家的起源》的第一版序言中说："摩尔根在美国，以他自己

---

① 《马克思恩格斯选集》第 3 卷，人民出版社 1995 年版，第 493 页。

的方式，重新发现了 40 年前马克思所发现的唯物主义历史观，并且以此为指导，在把野蛮时代和文明时代加以对比的时候，在主要点上得出了与马克思相同的结果。"①

马克思的人类学研究特别是晚年对摩尔根《古代社会》的研究，不仅证实了唯物主义历史观，而且修正了以往研究中的某些不确切的提法，丰富、发展了唯物主义历史观和关于人的理论。

摩尔根关于阶级社会以前的社会是由母系血缘亲属集团构成的、以氏族公社为基础的原始社会的学说，使马克思对人类社会基本历史分期更加具体化和严密化。"氏族公社"的概念取代了原先过于宽泛的"亚细亚生产方式"作为人类社会"原生形态"的概念。在此基础上进一步得出了氏族社会解体、私有制、阶级和国家这一人类社会发展历史的精辟结论。由此恩格斯还修正了《共产党宣言》中"到目前为止的一切社会的历史都是阶级斗争的历史"的说法，强调阶级是历史上形成的，因此也必然会随着历史的发展而灭亡。无产阶级的历史使命就是通过革命斗争消灭阶级，最后消灭无产阶级自身，使人类社会进入到没有阶级、阶级压迫和阶级斗争的共产主义社会。

摩尔根开辟了家庭和婚姻史的研究领域，认为在极其漫长的人类史前社会中，占支配地位的不是人们在劳动中形成的社会关系，而是自然关系；当时，对人类社会发展来说，人类自身生产的作用超过物质生产，人们的血缘关

① 《马克思恩格斯选集》第 4 卷，人民出版社 1995 年版，第 1 页。

系超过经济关系（生产关系）。据此，马克思在晚年"人类学笔记"中提出了人类"两种生产"的思想，恩格斯在《家庭、私有制和国家的起源》一书中进一步发挥了马克思的这一思想。

马克思始终重视财产所有制对于个人社会地位的制约作用。早在《德意志意识形态》中他就指出："分工发展的各个不同阶段，同时也就是所有制的各种不同形式。这就是说，分工的每一个阶段还决定个人的与劳动材料、劳动工具和劳动产品有关的相互关系。"① 在《资本论》中，马克思探讨工人与资本家的关系，揭示资本主义社会"人的异化"，认为这是由资本主义财产所有制决定的。到晚年，经过人类学的研究，马克思的思想更为明确。他指出："无论怎样高度估计财产对人类文明的影响，都不为过甚。财产曾经是把雅利安人和闪米特人从野蛮时代带进文明时代的力量。"② 他还结合原始社会及其解体的历史进一步指出，人的个性发展不是社会的自然实现，不是个人的自我完成，而是不可避免地受财产所有制关系、社会经济条件的制约。

马克思关心人类学，在"人类学笔记"中，他批判地吸取了人类学的有益成分，证实和充实了唯物主义历史观，丰富和发展了关于人的理论。这是客观事实。但是由此不能得出某些西方学者的如下结论：马克思"人类学

---

① 《马克思恩格斯选集》第 1 卷，人民出版社 1995 年版，第 68 页。
② 《马克思恩格斯全集》第 45 卷，人民出版社 1985 年版，第 377 页。

笔记"是向早期人本学的复归，马克思晚年已从阶级斗争和无产阶级革命问题转向纯粹的人类学问题，放弃了对经济学的研究和对资本主义的批判。1972 年，美国人类学者劳伦斯·克拉德以《卡尔·马克思的民族笔记》为名，第一次编辑出版了马克思晚年"人类学笔记"中的四个核心笔记，声称马克思晚年研究人类学是在更高阶段上回复到早期以《1844 年经济学哲学手稿》为代表的人本学。他把马克思一生的哲学探索归结为从早期的哲学人类学到晚期的经验人类学的过程。西方还有不少学者以不同的方式散布这样的观点，宣称在"人类学笔记"中发现了"第三个马克思"——一个结束了对资本主义批判而转向对人类古老文明的"崇高"进行讴歌的文化人类学家的马克思。这种结论是错误的，是违背历史事实的。

历史告诉我们，革命是马克思终生不懈的追求。马克思研究人类学，不是发思古之幽情，而是为现实的政治斗争服务的，他利用人类学材料以揭示资本主义社会的暂时性和论证工人阶级革命的合理性。

马克思直到生命的最后时刻，都没有放弃对于经济学的研究，特别是对于资本主义社会经济现象的分析和批判。研究人类学著作，不过是他的经济学研究的一个组成部分。恩格斯说得非常明白，马克思研究任何事物时，都考察它的历史起源和它的前提。因此，在他那里，每一个单个问题都自然要产生一系列的新问题，他研究原始时代的历史，研究农学、俄国的和美国的土地关系、地质学等，主要是为了在《资本论》第 3 卷中最完美地写出关于地租的章节，而在他以前没有人试图这样做过。

马克思从来没有放弃过对于人类社会发展及其规律的探讨。在 19 世纪众多的人类学家中，为什么唯有摩尔根受到马克思的特别赞扬？就因为摩尔根以第一手的人类学调查材料勾画了社会的发展，并像马克思一样对导致一种社会制度转化为另一种社会制度的原因感兴趣，而且在主要观点上得出了与马克思"相同的结果"。至于对达尔文进化论的重视，也是因为"达尔文发现有机界的发展规律"，马克思从达尔文那里受到启发，思索人类社会发展的理论。马克思将达尔文视为考察人类的唯物主义者。

马克思也从来没有忘记工人阶级解放这个使命，他的全部理论和实践活动都是围绕工人阶级解放这一使命而展开的。贯穿着马克思人类学思想、由恩格斯撰写的《家庭、私有制和国家的起源》也被用来教育工人阶级，帮助工人阶级。恩格斯在说明该书的作用时指出："如果只是'客观地'叙述摩尔根的著作，对它不作批判的探讨，不利用新得出的成果，不同我们的观点和已经得出的结论联系起来阐述，那就没有意义了。这对我们的工人不会有什么帮助。"[①] 就连布洛克也认识到这一点。他说，马克思、恩格斯"所依据的重新解释的人类学仅是其广泛研究工作中的一个部分。他们的研究早已超出学科之间的严格分界线，他们的历史学与人类学之间不存在障碍，他们

---

① 《马克思恩格斯全集》第 36 卷，人民出版社 1975 年版，第 144 页。

的历史学、人类学与政治学之间也不存在任何障碍"。①

　　总之，"人类学笔记"不是抽象地谈论人的一般问题，而是着重讨论人活动于其中的社会和历史。"人类学笔记"是"人学笔记"，更是"社会学笔记"、"历史学笔记"、"政治学笔记"。马克思既不是一个人本主义者，也不是一个离开历史唯物主义思想的人类学家。马克思始终是无产阶级的革命家、思想家和理论家。

三、马克思和人道主义

　　研究马克思的人的理论，最终必须讨论和回答马克思与人道主义的关系问题。

　　人道主义和人本主义，两者的理论根源、思想原则是相通的，但人道主义并不等于人本主义。人道主义是一种意识形态、社会思潮，它侧重于政治、道德、文学等方面的意义。而人本主义则主要是一种哲学理论、学术思想。人本主义可以说是人道主义的哲学基础，人道主义可以说是人本主义在人文社会科学以及社会生活领域的运用和体现。

　　"人道主义"一词，于文艺复兴时期出现。它是由拉丁文"人道精神"引申而来，是指一种能够促进个人才能得到最大限度发展的教育制度的精神实质。这是人道主义的最初含义。在 15 世纪，人道主义的表现形式是人文

---

　　① 莫里斯·布洛克：《马克思主义与人类学》，华夏出版社 1988 年版，第 4 页。

主义，是针对中世纪神学以神为中心，贬低人的地位，蔑视世俗生活，提倡禁欲主义等观点而提出来的。人文主义认为主宰人的不是神而是自己，他们颂扬人的价值、尊严和力量，强调人应当享受现实生活的乐趣。

17—18 世纪的启蒙运动是人道主义的进一步发展。启蒙思想家们不再停留在一般地谴责宗教、用人道反对神道、用人权反对神权上，而是着重强调人与人之间的自由、平等和博爱，认为人生来是平等和自由的，任何人都没有驾驭和支配他人的权利，提出"天赋人权"说反对"君权神授"论。

早期空想社会主义的人道主义，也主张人生而平等。与以往不同的是，他们要求所有的人都同样参加社会生产，建立一个"知识、荣誉和快乐为人人所共享"的公正的社会制度。他们中有的人还提出废除私有制的主张，反对"一个人奴役另一个人"。如莫尔的《乌托邦》，它控诉了"羊吃人"的罪恶，要求建立人人平等和幸福的社会。康帕内拉的《太阳城》也是类似《乌托邦》的著作。空想社会主义的人道主义在 19 世纪圣西门、傅立叶、欧文的学说中获得了新的发展。空想社会主义者第一次对现存资本主义社会制度进行了抨击，提出种种改革社会的方案和关于未来社会的设想。空想社会主义所关注的中心是劳动者，是劳动者的需要和全面发展条件。傅立叶曾指出，劳动不仅仅是义务，而且是人的不可剥夺的权利，是人的自由和全面发展的基础。

综上所述，人道主义，从文艺复兴开始，作为源远流长的社会思潮，在西方已经存在了几百年。在这一漫长的历史过程中，其表现形式多种多样。但概括起来，人道主义不外乎是这样一些内容：强调以人为本，肯定个人的价值，维护个人的尊严和权利，用"人的本性"为真、善、美的尺度，并以此来观察、衡量人类社会和其他一切事物。

　　人道主义思潮是资产阶级发展的要求在意识形态中的反映，它同马克思的人的理论是完全不同的思想体系。在理论的出发点上，资产阶级人道主义从"一般的人"、"永恒的人"出发，用抽象的"人"、"人性"来说明社会历史；马克思则从劳动和社会关系出发，用劳动、社会关系来说明人和人性，揭示人类社会历史的发展。在社会和人的发展道路上，资产阶级人道主义把希望寄托在"人性"的改造上，主张通过一切人之间的"博爱"，以实现"人道"的理想；马克思则认为，一切社会罪恶都根源于少数人对于广大劳动者的剥削，社会的前途在于通过阶级斗争、无产阶级革命，彻底消灭一切剥削和压迫，解放和发展生产力，实现人的全面发展。在历史创造者的问题上，资产阶级人道主义信奉"英雄创造历史"，幻想由个别"天才"、"救世主"来创建合理的社会；马克思则强调人民群众的历史作用，认为只有人民才是创造历史的真正主体。在价值观念上，资产阶级人道主义以个人为本位，把个人尊严、个人自由和个人幸福奉为人生最高目标，鼓吹资产阶级个人主义；马克思则主张集体主义，强调个人利益和集体利益相结合。

　　人道主义作为资产阶级的历史观，是同马克思的人的理论相对立的。但这并不意味着马克思的人的理论和人道主义毫不相关，或者说马克思主义是无视人的价值和尊严，不关心人的地位和前途的。把马克思主义归结为人道主义，是错误的；把马克思主义理解为反人道主义，也是错误的。

　　马克思充分肯定了人道主义在反对封建专制中所起的历史进步作用。人道主义使人从宗教神学的压迫下解放出来，有力地促进了自然科学、人文科学以及哲学的形成和发展。这也是应予以充分肯定的。

　　马克思在批判人道主义关于人和人性问题的一般的抽象议论的同时，站在无产阶级和劳动人民的立场上吸取了其中的人道原则。在马克思的论著中，充满了对剥削阶级"惨无人道"的暴行、"不顾人道"的经济剥削和政治压迫的谴责。马克思还正面表示了对人道原则的赞赏。他称赞巴黎公社用"人道精神"对待人，对普鲁士士兵和下级军官放走公社战士评价为"非常人道"。毛泽东提出的"救死扶伤，实行革命的人道主义"，也是对人道原则的肯定。

　　马克思的人的理论认为，人道原则是人类社会必须遵循的一种基本原则。资本主义社会的异化劳动违背了人性和人道的原则，决定了它必然为社会主义所代替。社会主义公有制的建立，为人道原则的实现提供了现实可能性。社会主义国家的公民不论其职业如何、社会地位高低，作为劳动者都应受到尊重和保护，尊重他们的人格、个性和尊严，反对鄙视劳动人民，反对以强凌弱，反对虐待老人、妇女、儿童和有残疾的人等违反人道主义精神的种种恶劣行径。

马克思的人的理论反对资产阶级人道主义的历史观，但同时认为它提出的许多问题是值得重视和研究的。诸如人的尊严、价值，人的权利、个性，人的自由、平等，等等。马克思并不认为这些问题本身只是属于资产阶级，而是把它们纳入自己的视野之中，在历史唯物主义基础上科学地加以解决。马克思主义要求关心个人的物质利益和文化生活；尊重每个劳动者的劳动及其成果；国家机关工作人员要密切联系群众，关心群众疾苦，劳动者应当互相同情、关心和爱护，建立起团结、互助和友爱的关系。

马克思批判地继承了人道主义的合理因素，能否说这是一种马克思主义的人道主义呢？不能。"马克思主义的人道主义"是一种不确切、不科学的提法。

这是因为，作为马克思主义组成部分的人道原则，已经不是完整意义上的人道主义，它经过历史唯物主义的加工改造，内容上发生了根本性的变化。马克思批判地继承了人类思想史上一切优秀成果，如果继承了什么就称马克思的思想为什么"主义"，这就势必模糊了马克思主义的本质特征。马克思主义并不是人道主义发展历史过程中的一个阶段或环节。马克思的人学思想的产生是人类思想史上的伟大革命。说马克思主义是人道主义的最高形式，在有些人看来，好像是在抬高马克思主义，事实上恰恰相反，是在贬低马克思主义，是把马克思主义降低到人道主

义的层次上去，从根本上否定了马克思主义产生的革命意
义。

　　需要特别指出的是，"马克思主义的人道主义"是西
方学者的一种习惯说法，是他们把马克思和恩格斯对立起
来，把青年马克思和老年马克思对立起来，从而歪曲马克
思主义的一种手法。对于"马克思主义的人道主义"，如
果没有必要的说明，这个提法就有可能被解释为马克思主
义和人道主义两种历史观的相互混合、相互纳入或者相互
归结，从而引起思想和理论的混乱。西方学者就是利用
"马克思主义的人道主义"的说法加以歪曲，从而混淆马
克思主义和资产阶级人道主义的原则界限。

人 的 素 质[*]

人的素质，不仅是一个理论问题，也是一个现实问题。研究人的素质，具有十分重要的意义。

一

素质，在我国学术界长期被看做是一个心理学概念。什么是素质？心理学家认为，素质是"有机体天生具有的某些解剖和生理的特性，主要是神经系统、脑的特性以及感官和运动器官的特性"①。心理学辞典的解释是："素质，又称天赋，是个人生来所具有的解剖生理特点。这些特点是通过遗传获得的，所以也叫做遗传素质。"② 《辞海》的看法也与此相类似，认为素质即"人的先天的解

---

* 本文发表于《社会科学辑刊》1993 年第 5 期。

① 曹日昌：《普通心理学》下册，人民教育出版社 1979 年版，第 144 页。

② 杨清主编：《简明心理学辞典》，吉林人民出版社 1985 年版，第 275 页。

剖生理特点"，并用"素养"一词与"素质"相对应，表示后天的"修习涵养。如，艺术素养；文学素养"①。

现在看来，以往对素质概念的界定，带有很明显的片面性。（1）它只限于人的"生理"素质，无法包括现在常讲的"心理素质"、"科学素质"。（2）它特指人的"先天"素质，既排除了"文化素质"、"道德素质"的内容，也排除了人在后天实践活动中形成和发展起来的心理特征。（3）它强调"个人"素质，很难容纳人们当前特别关注的"国民素质"、"民族素质"。

实际上，在马克思主义经典作家的论著中，素质不仅是心理学概念，也是一个哲学概念，包含着十分丰富的内涵。恩格斯在《反杜林论》中提到了人的"心理素质"，他在批判杜林关于人与人相互平等的抽象议论时指出："两个舟破落海的人，漂流到一个孤岛上，组成了社会。他们的意志在形式上是完全平等的，而这一点也是两个人都承认的。但是在素质上存在着巨大的不平等。A 果断而有毅力，B 优柔、懒惰和萎靡不振；A 伶俐，B 愚笨。"②马克思认为：人的素质既有天生的方面，也是历史的产物。"人们也许会说，在美国表现为历史产物的东西——对任何劳动同样看待——例如在俄罗斯人那里，就表现为天生的素质。但是，首先，是野蛮人具有能被使用于一切

---

① 《辞海》（缩印本），上海辞书出版社 1980 年版，第 1222 页。
② 《马克思恩格斯选集》第 3 卷，人民出版社 1995 年版，第 440 页。

的素质，还是文明人自动去从事一切，是大有区别的。"① 他特别强调，人是劳动的产物，生产不仅为主体生产对象，而且为对象生产主体，"消费生产出生产者的素质"②。

由于马克思主义主张人的素质主要是在后天活动中形成、改善或提高的，因此，过去用人的"素养"所表示的内容，如艺术素养、文学素养，以及社会教养、个人修养等，实际上也属于"素质"的范围，而且是人的素质中更为重要的内容。列宁曾经说过："我想，领导国家计划委员会的人应该是这样的人，他是有科学修养的人，在技术或农艺方面有修养，在技术或农艺方面有几十年实际工作的丰富经验。"③ "要管理就要懂行，就要精通生产的全部情况，就要懂得现代水平的生产技术，就要受过一定的科学教育。"④ "劳动人民不但要识字，还要有文化，有觉悟，有学识。"⑤ 很明显，列宁这里所说的"修养"、"学识"，也就是我们今天讲的"素质"，或者说是可以翻译为"素质"的。

根据经典作家的思想和当前人们的实际用法，人的素质作为哲学范畴可以从以下三个方面去理解：

1. 人一向具有的品质或质量。作为哲学范畴，人的素质首先是指人的"品质"或"质量"，它是相对于人的

① 《马克思恩格斯选集》第2卷，人民出版社1995年版，第22页。
② 《马克思恩格斯选集》第2卷，人民出版社1995年版，第10页。
③ 《列宁全集》第43卷，人民出版社1987年版，第345页。
④ 《列宁全集》第38卷，人民出版社1986年版，第240页。
⑤ 《列宁全集》第40卷，人民出版社1986年版，第158页。

"数量"而言的。人们常说的改善、提高人的素质，实际上就是改善和提高人的品质或质量。

人的"品质"，大家比较熟悉；人的"质量"，人们也不陌生。列宁认为，对于无产阶级的解放事业，仅仅有"一定数量的群众"是不够的，"数量中的质量"是必不可少的。他在论述现代战争的时候曾经指出："现代战争也同现代技术一样，要求有质量高的人才。没有具有主动精神的、自觉的陆海军士兵，要在现代战争中取胜是不可能的。"① 毛泽东在总结湘赣边界工农武装割据的意义时也说过，它"使红军从斗争中日益增加其数量和提高其质量"②。

人的"素质"即人的"品质"、"质量"，这从我国人口政策的提法中也可以看到。20 世纪 30 年代，学术界的提法是："限制人口数量，改善人口的品质"，认为"一个国家民族要想永远自立于世界，不但要靠人口的数量的优越，更要人民品质的优越"。50 年代，马寅初提出"新人口论"，主张把"提高人口的质量，控制人口的数量"③ 作为解决新中国人口问题的对策。这种说法至今还在沿用着。到了 80 年代，党的十二大明确提出："限制人口的数量，提高人口的素质"是中国的人口政策。

从"人口品质"到"人口质量"再到"人口素质"

① 《列宁全集》第 9 卷，人民出版社 1987 年版，第 138 页。
② 《毛泽东选集》第 1 卷，人民出版社 1991 年版，第 52 页。
③ 马寅初：《新人口论》，北京出版社 1979 年版，第 45 页。

的演变历史说明：（1）素质与品质、质量的含义基本上是相同的。它们都相对于人口的"数"，而表示人口的"质"。在一定意义上可以说，人口素质，也就是人口品质或人口质量。（2）素质与品质、质量的含义是存在某些差别的。如果完全一样，人们就没有必要又提出新概念，并得到社会广泛认同和运用。概念演化的一般规律是越来越规范，越来越精确。素质不同于品质、质量，或它比品质、质量更规范、更精确之处在于，它在表示"质"的含义的同时，突出了一个"素"字，强调这里讲的品质、质量，不是一时一地所表现出的质量，而是相对稳定的质量。素者，平时、往常、向来之意也。平时讲"素不相识"，就是向来不认识。因此，所谓素质，也就是人一向具有的质量或品质。

2. 人本身具有的活动条件。质量一词一般包括产品质量、活动质量和活动者人的质量。产品质量的高低有内在的指标体系。活动是产品的前提条件，活动的质量除本身具有的检验标准之外，最主要是体现在它的产品质量上。产品质量高低取决于活动质量高低；提高产品质量首先是提高产品生产的活动质量。人是活动的前提条件。人的质量不同于活动质量特别是不同于产品质量的主要之处是，它很难从自身来判断，往往要通过人的活动及其产品的质量来反映和说明。马克思说，劳动及其产品是人的本质力量的对象化、客观化。这就是说，人是什么样的，他就从事什么样的活动，生产什么样的产品；反过来，人生产什么样的产品，从事什么样的活动，他也就是什么样的人。在这个意义上，人的质量，人的素质，就是人从事活动的自身条件，人有无某种素质，实际上就是人有无从事某种活动的条件；人的素质的高低，实际上就是人从事活动的条件的好坏。现在大家所熟知的"质量万里行"，直观地看是检查产品质量，而实质上是检查劳动者的素质。社会上伪劣产品的存在，说明确有一部分企业和职工素质还比较低，不具备从事某种生产的条件。

马克思主义者是条件论者。马克思主义认为任何社会活动的发生，都必须具有物和人两个方面的条件，而且比较而言，人的条件比物的条件更重要。毛泽东在谈到革命战争时指出，武器是战争的重要因素，但不是决定的因素，决定的因素是人不是物。关于社会主义建设，他说，天上的空气，地上的森林，地下的宝藏，都是建设社会主义的重要因素，而一切物质因素只有通过人的因素，才能加以开发利用。这就是说，任何社会活动都必须有人参加，具备人的条件；任何社会活动中的人都必须具备相应素质，具有活动的条件。我们所讲的国民素质，就是一个国家的公民，在国内建设、国际交往中所应具备的基本条件；我们所讲的政治素质、业务素质，就是劳动者在各自工作岗位上所应具备的政治条件、业务条件。

把人的素质与人的活动联系起来，这是马克思主义关于人的素质理论的一个重要特色。人的素质是以往全部活动的客观结果，也是以后活动的主体条件。

3. 人本身潜藏的活动能力。人的素质作为人的活动条件，在活动过程中集中表现为人的能力。人的素质的高低决定人的活动能力的大小，人的活动能力的大小表现人的素质的高低。我们尊重知识，因为科学知识可以构成人的素质，转化为人的能力；我们尊重人才，因为人才在科学素质和科技能力方面以及由此引起的劳动贡献方面高于一般人。正是在这个意义上，列宁说："那些虽然是资产阶级的，但是精通业务的科学和技术专家，要比狂妄自大的共产党员宝贵十倍。"①"一间工作出色的实验室比我们十个苏维埃机关还重要。"②

人的能力是从事或完成一定活动的本领，在哲学中可以广义地理解为人在对象性活动中表现出来的能动的力量，它包括人的体力、智力、德力以及情感力、意志力等诸多方面。马克思说："我们把劳动力或劳动能力，理解为人的身体即活的人体中存在的、每当人生产某种使用价值时就运用的体力和智力的总和。"③毛泽东认为："中国共产党是在一个几万万人的大民族中领导伟大革命斗争的党，没有多数才德兼备的领导干部，是不能完成其历史任务的。"④这里，"才"无疑属于能力，叫"才能"，而"德"，实际上也是一种能力、力量，叫"德力"，包括理想力、信念力、道德力等。无论人的体力、智力还是德力，作为人的素质的表征，是一个综合性、总体性的概念，毛泽东把它们统称为"人力"，马克思把它们叫做

① 《列宁全集》第40卷，人民出版社1986年版，第353页。
② 转引自《回忆列宁》，人民出版社1982年版，第511页。
③ 《马克思恩格斯全集》第23卷，人民出版社1972年版，第190页。
④ 《毛泽东选集》第2卷，人民出版社1991年版，第526页。

"人的本质力量"。对于人的活动来说，"人力"、"人的本质力量"占有举足轻重的地位。劳动对象的存在及性质取决于与之相适应的主体能力的存在和性质；工具实质上是人的"智力的物化"；劳动过程是人自身自然力与外部自然界的相互作用；劳动结果不过是人的本质力量的公开展示。

人的能力、力量是多种多样的，人有多少种素质就有多少种能力、力量。人的能力、力量是人的素质的外在表现，人的素质是人的潜在的能力、力量，亦即潜力。潜力不等于无力，一个人缺乏某种素质，不具有某种潜力，即使外部条件再好，人们的期望值再高，他也不可能显示出聪明才智，取得满意的效果。相反，一个人一旦具备某种素质，只要有了适当的机会，他就会把活动搞得有声有色。特别是在关键时刻、紧急关头，就更为显著。人们常说，"机遇偏爱有准备的头脑"，这里的"准备"，实际就是指相应的素质。人的素质，也就是人从事或完成一定活动、任务的一种内在根据、准备状态。

二

人的素质是一个由多种因素构成的复杂系统，这是国内学者比较一致的看法。但人的素质是由哪些因素构成的，表现为哪些具体素质？人们的看法目前还有很大差别。出现这种状况的一个主要原因，是没有把素质研究建立在人学理论的基础之上，就素质划分的人学根据达成共识，而只是从当前社会需要出发提出各种不同的素质。

人的素质包括哪些内容，这是同对"人是什么"的回答联系在一起的。在马克思主义哲学中，"人是什么"需要从三个层次来回答，与此相应，人的素质也可以从三个层次来讨论。

1. 人性与人的素质。人性是人区别于动物的特殊性。马克思主义认为，人与一般动物不同，人是自然存在物、社会存在物和有意识的精神存在物的统一体。在人身上，包含着自然因素、社会因素和精神因素，发生着自然规律、社会规律和精神规律，具有自然属性、社会属性和精神属性。传统医学把人只是看做一个生物个体，这是片面的，现代科学已经形成了"生理—心理—社会"的新医学模式。传统心理学把人只是看做一个心理个体，这是片面的，现在"我们很容易地将对人的研究划分出不同的水平：生物的水平，在这一水平上人是一个肉体的自然生物；心理的水平，这时人是一个生命活动的主体；最后一个是社会的水平，此时他表现为一个实现客观的社会关系、社会历史过程的人"。传统哲学把人或者看做生物个体，或者看做心理个体，或者看做抽象的社会符号，这也是片面的。现在人们普遍意识到，"无论是对人类起源和发展问题的研究，还是对人类个体发展问题的研究，都可以分出三个主要的分析层次：生物层次、心理层次和社会层次"①。

---

① 阿·尼·列昂捷夫：《活动意识个性》，上海译文出版社 1980 年版，第 175 页。

　　人的三种存在、三种因素、三种属性，无不影响和制约人的活动、构成人的活动所必需的主体条件和潜在能力，也就是构成人的三种不同的素质。从人性角度看，人的素质就包括自然素质、社会素质和心理素质三种。人和动物不同，就表现在人能够在"人—自然"、"人—社会"、"人—精神"三种系统中，从事认识、改造自然客体、社会客体和精神客体的三种活动，满足人的自然需要、社会需要和精神需要，并在这个过程中不断改善和提高人的自然素质、社会素质和精神素质。

　　2. 人的本性与人的素质。人具有自然、社会和精神等多种属性，但人的本性是人的社会性。这是马克思主义人学理论的一个基本观点。关于什么是人的本性，哲学史上有多种说法，马克思也在不同的意义上使用过这一概念。就最一般的意义说，本性就是"天性"，本能是它的外在表现。马克思认为："人即使不像亚里士多德所说的那样，天生是政治动物，无论如何也天生是社会动物。"①只有从这个意义上，我们才能正确理解他所说的"他们的本性即他们的需要"这一人们经常引用，但歧义甚大的论断的含义：人天生是社会动物，只要人存在着，就必然地发生相互联系，彼此相互需要。恩格斯也说过："在我看来，社会本能是从猿进化到人的最重要的杠杆之一。最初的人想必是群居的，而且就我们所能追溯到的来看，

---

　　① 《马克思恩格斯全集》第 23 卷，人民出版社 1972 年版，第 363 页。

我们发现，情况就是这样。"①

　　社会本性与通常讲的自然本性不同，它不是通过生理遗传，而是在一定社会群体中，通过社会文化遗传而形成、发展起来的特性。这种特性是与某种社会群体与生俱来、本身固有的，如我们讲唯利是图是资产阶级的本性，侵略是帝国主义的本性，就是这个意思。人的社会本性说明，人的自然因素、自然属性，是受人的社会属性的影响，由社会因素的参与并发生作用的。同样，人的精神因素和精神属性，从一开始就在社会中产生，反映社会生活的内容，受社会属性的制约。

　　人的社会性的这种作用表明，人有自然、社会、精神多种属性，但根本属性是社会性；人是自然、社会、精神存在的统一体，但根本上是社会存在物。与此相联系，人具有自然素质、社会素质和精神素质，但人的最根本的素质是社会素质。

　　人的社会素质是社会历史文化通过社会遗传、个体社会化在人身上的积淀和内化，它使社会的东西变成个体的东西，使自然的东西变成文化的东西。由于在形态上，自然与社会相对；在内容上，自然与文化相对。因此，人的社会存在、社会因素、社会属性，亦即人的文化存在、文化因素、文化属性。人的社会素质，在一定意义上亦即人的文化素质。"文化"一词的内涵深而且广，学术界一般从存在形态上把它们分为物质文化、制度文化和精神文化

① 《马克思恩格斯全集》第34卷，人民出版社1972年版，第164页。

三个层次。但就与人的素质的关系而言，主要是精神文化，而物质文化、制度文化也是通过精神文化对人的素质发生影响和作用的。精神文化包括科学、哲学、艺术、道德、审美等许多方面，所以，人的社会文化素质从其内容看，就有科学素质、哲学素质、艺术素质、道德素质、审美素质等许多方面，择其要者主要是科学文化素质和思想道德素质。这样，原来人的生理、社会、心理三种素质便成了人的生理、心理、科学文化、思想道德四种素质。我们现在所说的改善、提高民族素质、公民素质，主要就是指人的这四种素质。其中，生理、心理素质是基础，科学文化素质是核心，思想道德素质是统帅。对于任何活动来说，它们都是缺一不可的。而且，这四种素质之间，前者对于后者有一种发生学上的在先意义，后者在内容上以萌芽的形式存在于前者之中。明确这一点，对于全面改善、提高国民素质具有重要的启发意义。

3. 人的本质与人的素质。人的素质的内容至此已告一段落，但并未完全结束。以上指出，人有自然属性、社会属性、精神属性，并且主要是社会属性，现在还存在的问题是：为什么是如此呢？是什么决定了人的特性主要是这三种，而本性又是社会性？马克思的回答是，原因在于劳动，劳动是人的本质，是形成人的特性、决定人的本性的主要原因。人的特性，实际上是人的劳动特性；人的本性，实际上是人的劳动本性。

在马克思的著作中，人的本质是人的存在发展的根据、原因。人的本质，人之为人的根据、原因是什么呢？

马克思认为："一个种的全部特性、种的类特性就在于生命活动的性质，而人的类特性恰恰就是自由的自觉的活动。"① 恩格斯也指出："动物仅仅利用外部自然界，简单地通过自身的存在在自然界中引起变化；而人则通过他所作出的改变来使自然界为自己的目的服务，来支配自然界。这便是人同其他动物的最终的本质的差别，而造成这一差别的又是劳动。"② 劳动是人产生的根源，是人生存的基础，是人发展的动力，是人自我实现、自我确证、自我肯定的形式。一部人类史，就是人的劳动素质、劳动能力的形成、发展以及展示、确证的历史。

在人性层次上，人是自然的人、社会的人、有意识的人的统一；在本性层次上，人主要是社会的人；在本质层次上，人是从事现实劳动的人，是具有无限创造能力的劳动主体。在人性层次上，人有自然素质、社会素质、精神素质；在本性层次上，人的素质主要是科学文化、思想道德素质；在本质层次上，人的素质根本上是劳动素质。没有劳动和劳动素质，人的其他素质就无法形成、存在，也就没有形成和存在的必要和意义。

人的劳动是各不相同的，不同的劳动需要不同的素质并且创造出不同的素质。正像马克思曾经说过的，个人怎样表现自己的生活，他们自己也就怎样。他们是什么样的，这同他们的生产是一致的，这取决于他们进行生产的

---

① 《马克思恩格斯全集》第 42 卷，人民出版社 1979 年版，第 96 页。
② 《马克思恩格斯选集》第 4 卷，人民出版社 1995 年版，第 383 页。

物质条件。不言而喻，古代的手工劳动不同于近代的大机器生产，所以，古代的人、近代人、现代人的劳动素质是不同的。同样，工人做工不同于农民种田，教师教学不同于工人做工。做工、种田、教学要求并造就工人、农民、教师的不同素质。列宁说得好，各方面的工作需要各种才能的人，有时完全不适于做组织工作的人，竟是一个极好的鼓动员；有时不善于严守秘密的人，竟是一个出色的宣传员。在这个意义上，人的劳动素质也就是人的职业素质，如管理素质、军事素质、教学素质、编辑素质，等等。世界上有多少种劳动、多少种职业，可以说就可能需要有多少种素质。

如果我们把以上所说的生理素质、心理素质、科学文化素质和思想道德素质叫做人的"一般素质"，那么职业素质就是人的"具体素质"。这是两类不同层次的素质。每个人的一般素质无不最后表现和落实到职业素质上，任何社会也无不结合和通过职业素质而改善、提高全民族的一般素质。原则上讲，没有一般素质，职业素质就失去了前提，成为无源之水，无本之木；没有职业素质，一般素质就失去了依托，成为空洞无物的抽象。

因此，对于人的素质理论来说，既要重视一般素质的研究，也要重视职业素质的研究。社会上的不同职业对一般素质的要求是不同的，在强调人的素质的整体性的前提下，有的职业突出这一素质，有的职业突出那一素质，这是完全正常的。就人的一般素质讲，"金无足赤，人无完人"；就人的职业素质讲，完全可以做到"用其所长，避其所短"。一个人眼睛近视，这对于射击运动或雷达兵来说，是致命的，但对于学者、管理人员来说，这种生理缺陷的危害并不特别严重。而且，即便对同一种素质来说，不同职业的要求也是不同的。干部要知识化，但不能理解为每一个管理干部都一定要是著名的科学家，一般干部了解科学知识是基础性的，他应着重掌握的是管理知识。一位优秀的科学家，未必就是一位成功的管理者。

三

人的素质具有多方面的特点。了解素质的特点有助于加深对素质的含义、分类的理解，也有助于增强人们改善、提高素质的自觉性和科学性。人的素质的特点可以从两个层次讨论。

1. 人的特点和素质的特点。人的素质是人的一个方面，人的素质的特点不可避免地受人的特点的影响和制约。换言之，人的特点自然也是人的素质的特点。我们知道人作为活动者，是社会的人、历史的人、整体的人，具有社会性、历史性和整体性。因此，人的素质，作为人的活动条件，自然也具有社会、历史、整体的特征。

在马克思看来，人是社会的人，正如社会是人的社会一样。人的社会性决定了人的素质的社会性。适应特定社会需求和促进个体发展的一致，始终是人的素质形成和发展的价值取向。与古代农业社会相适应，人的素质发展着重于人的体力，人的数量代表着人的力量，增加人口和增强体力是农业社会人的素质提高的最重要内容。近代工业社会，除人的体力外，对智力提出新的要求，科学技术的形成和发展，机器的制造和运用，在扩大人的自然力的同时也有力地促进了人的智力发展。工业社会可以看做是体力和智力并重的社会。马克思就一直把人的体力和智力看做是人的劳动能力的两个主要部分。当代信息社会，当然不可能没有一定的人口数量和一定的体力支出，但社会发展主要靠人的智力，人的智力代表了人的力量。增加智力投资，开发人的智力资源，已经成为当代世界性的潮流。于是，才有了"科学技术是第一生产力"的说法，有了"百年大计，教育为本"的决策，有了"尊重知识，尊重人才"的社会风气。电子计算机通过信息的变换和处理，延长了人脑，放大了智力，成为现代科技的典型和代表。

人的素质的社会性也表现在社会人的一定性质，即他生活的那个社会的一定性质；同样的社会文化背景会形成人的大致相同的素质。文化是一部社会"回忆录"，它概括和记载了一定社会古往今来的全部变革和成就，包含着一定民族、社会的价值观念、思维方式、生活习惯和审美情趣。人的素质的社会性，在这个意义上也就是人的素质的文化性，一种文化一经创立，便形成一定文化环境、文化氛围和文化心态，对每一社会成员构成一种超我的力量，一种"集体无意识"，潜移默化地对人发生影响。无数事实说明，相同的社会文化塑造相同的素质，不同的社会文化塑造不同的素质。人的国民性、民族性、阶级性，既说明相同文化（同一国家、民族、阶级的文化）塑造相同素质，也说明不同文化（不同国家、民族、阶级的文化）塑造不同素质。

素质是社会的产物，又给社会以巨大的影响，服务于社会。素质的改善和提高始终存在一个社会性质和社会方向问题，也就是用一个什么样的社会标准对它进行衡量、判断的问题。在当代中国，人的素质的改善和提高，就必须坚持以是否有利于发展社会主义社会的生产力，是否有利于增强社会主义国家的综合国力，是否有利于提高人民的生活水平为标准。否则，人的素质的改善和提高就可能偏离方向，人的素质的研究、宣传就可能误入歧途。

人类社会是个自然历史过程。素质是社会的，也是历史的，是不断变化发展着的。我们谁也不会怀疑，原始时代刀耕火种的原始人的素质与从事自动化生产的现代劳动者的素质是不可同日而语的。科学研究表明，在人的素质中，生理素质变化较慢，科学素质变化较快。但即使是人的生理素质，它也在不断发展着。以人脑为例，无论是其重量还是质量都在变化。钱学森曾经说过，原始人的脑子能想的事总比现在少些，我们现在的脑子总比我们的祖先的脑子好些，现在人的脑量就比我们的祖先重些。有统计资料说，现在人的脑子还在不断发展。

素质的历史性表明，人的素质不存在某种凝固的、僵化的衡量指标。我们不能用今天的素质指标去苛求前人，也不能用昨天的素质指标来臧否今人。素质的历史性要求，人的素质的提高有其历史连续性、发展过程性和作用的滞后性。"十年树木，百年树人。"任何国家、民族和个人，提高素质都要有一套一以贯之的原则和方法。急功近利，一曝十寒，都是有害无益的。考虑到素质的历史性，当前我国人才素质的研究和要求，必须立足于现实，从我国的基本国情出发，根据社会主义初级阶段的特点，按照有理想、有道德、有文化、有纪律的"四有"标准，鼓励先进，照顾多数，把先进性的要求和广泛性的要求结合起来，造就一代社会主义新人。

人还是一个有机整体，在人体中是没有孤立的部分存在的。恩格斯说，只有在尸体中才有部分。黑格尔认为，一只脱离人体的手就只是名义的手。对于人来说，一切反应都是整体性的，感觉有统觉，思维有联想。感觉和思维也分不开，光看不想是白看，光想不看是瞎想。对于复杂多样的人体需要，某一需要的单方面的满足并不是人的需要的真正满足。人们常把那种"头痛医头，脚痛医脚"的医生叫庸医，也是因为对人来说，头痛未必头有病，脚痛未必脚有病，而要从整体着眼，辨证施治。

人的整体决定了人的素质的整体性。人的生理、心理、科学文化、思想道德素质之间既相互独立又相互制约。例如，心理素质和生理素质，亚里士多德说，智力的健全依赖于身体的健全。世界卫生组织把健康定义为：不仅是没有疾病，而且要有健全的身心状态和社会适应力。"身心健康"，准确地反映了人的生理和心理素质之间的关系。又如，科学文化和思想道德素质，列宁认为，文盲是站在政治之外的；只有用人类创造的全部知识财富来丰富自己的头脑，才能成为共产主义者。董仲舒说，"仁而不智，则爱尔不别也；智而不仁，则知而不为也。"① 司马光认为，"才者，德之资也；德者，才之帅也。"② 孔子甚至把思想道德与人的生理寿命联系起来，提出"仁者寿"的命题。总之，人的素质是个整体，各方面相互作用，发挥综合效应。

素质的整体性说明，人的素质的提高是全方位的，抓住一点，不及其余，难以取得理想效果。在这方面我们既有成功的经验也有失败的教训。在"左"的思潮盛行的时候，不讲人的心理，把什么都说成是思想政治问题；而思想政治教育又脱离和反对科学文化知识的学习，结果只能使人畸形发展。马克思主张人的自由而全面的发展，从素质理论的角度也就是人的生理、心理、科学文化和思想道德素质的协调发展。四种素质不仅缺一不可，而且任何一种素质的变化都会影响到其他素质的变化。

素质的整体性要求我们，无论是认识、评价国民素质、民族素质，还是认识、评价某一个人的素质，都既要注意某一素质，又要注意整体素质；既要注意好的方面，又要注意不好的方面，切忌简单化、片面性。全面看待问题，强调整体功能和综合效应，应当成为我们分析和解决素质问题的一个基本原则。

2. 人的素质的基本特点。人的素质除具有人的一般特点外，还有它自身与人的能力、行为等方面相比较的基本特点。

---

① 董仲舒：《春秋繁露·必仁且智》。
② 《资治通鉴·周威烈王二十三年》。

　　首先，素质是内在的。作为人的活动的主体条件、内在根据和潜在能力，素质是通过人的活动及其结果表现出来的，本身不可能直接观察到。现实生活中人身上可以直观的东西，都不过是人的素质的外在表现，本身并不就是素质。你可以看到一个人的文凭，但不能直接看到他的水平；你可以看到一个人的职务，但不能直接看到他的能力；你可以听到一个人的思想表白，但不能直接感知到他的思想境界。然而，现实生活中我们却时常发现把人的内在素质与某种外部现象混同起来的情况。例如干部"四化"，这是我们党新时期对干部素质的基本要求，可有些地方、部门却把"革命化"等同于"党员化"，"年轻化"等同于"青年化"，"知识化"等同于"文凭化"，"专业化"等同于"专家化"。这样做简单倒是简单，可实际效果却未必十分理想。因为它们虽有联系，但并不就是一回事。要真正把握一个人的素质，最可靠的办法还是中国的一句老话："听其言，观其行。"魏徵曾对唐太宗说："今欲求人，必须察访其行。"白居易认为："试玉要烧三日满，辨材须待七年期。"林则徐进一步主张，在紧要关头考察人的素质、品性："观操守，在利害时；观精力，在饥疲时；观度量，在喜怒时；观存养，在纷华时；观镇定，在震惊时。"

　　其次，素质是人的活动形成和发展的基础，具有基础性。人的活动需要人的能动性、创造性、自主性。现代化建设需要人的求实创新、开拓进取、无私奉献精神。社会主义市场经济需要人的创造力、应变力和竞争力。那么，人的这种主体性，这种精神、能力是从哪里来的呢？它既不是先天就有的，也不是完全由政策引导、物质奖励所产生的，根本上它依赖于人的素质。生理遗传只是人的主体性的自然前提，政策引导只是人的主体性发挥的外部条件，其作用仅限于使已有的能力发挥出来，而素质则是主体性的内在根据，主体能力之源，形成和增强能力之基。道理很简单，一个人没有相应的素质，无论你给他什么样的尊重、奖励或惩罚，他也不能产生出相应的主体性和主体能力，从而为社会作出较大贡献。正因为如此，我们说，"百年大计，教育为本"。这个"本"是指社会进步、国家发展的根本，在内容上就是指培养和提高人的素质。教育本质上是一种人类自身素质生产的特殊的生产活动。从这个意义上，在当代世界，谁掌握了面向 21 世纪的教育，谁培养了一代具备 21 世纪素质的新人，谁就能在 21 世纪的国际竞争中处于战略主动地位。

　　素质的基础性要求，在人才培养方面，必须反对功利主义的做法，要把以往的"应试教育"转变为"素质教育"。事实说明，宽厚的素质会随着社会的需要随时产生出相应的能力，而缺乏基本素质的"急用先学"，临时抱佛脚，其技能势必薄弱，正像贫瘠的土地难以长出苗壮的禾苗一样。对于提高人的素质来说，音体美教育不仅是必需的，而且是重要的。音乐艺术教育，不仅可以陶冶人的情操，而且可以减轻人的左半脑的负担，刺激右半脑的发展，培养创造性思维能力。钱学森在接受国家给他颁奖的大会上深有体会地说，这些音乐艺术里所包含的诗情画意和对于人生的深刻的理解，使得我丰富了对世界的认识，学会了艺术的广阔思维方法。或者说，正因为我接受了这些艺术方面的熏陶，所以我才能够避免死心眼，避免机械唯物论，想问题能够更宽一些、活一点。钱学森所说的这种表面或暂时看来似乎毫无用处，而说不定什么时候又神秘地派上大用场的音乐素养，非常鲜明生动地表现了素质和素质教育的基础性特点。

最后，素质还具有相对稳定的特点。人的素质是在日常生活中日积月累、逐步地提高和改善的。一种素质一旦形成，便会以较稳定的形式表现在各种活动之中，显示出较为一贯的人格和个性。一个品德高尚的人，人前人后，事大事小，都会克己奉公，先人后己；一个自私自利的人，在各种问题上都是斤斤计较，患得患失。虽然"智者千虑也有一失"，"愚者千虑也有一得"，但是，智者终究是智者，愚者终究是愚者，那偶发的东西并不反映人的素质，谁会根据那"一得"或"一失"去评说一个人智力的高低呢？相反，倒是常有这样的情况：某人犯了错误，大家说这个人的素质还是好的，言下之意他犯错误是偶然的；某人犯了错误，大家说这个人的素质太差，那意思是他犯错误完全是必然的，丝毫用不着大惊小怪。当然，素质的稳定性并不意味着它一成不变。俗话说："士别三日，当刮目相看"，说的就是这个道理。

马克思人的全面发展观[*]

"人的发展"是马克思一生始终关注的重要问题，包含十分丰富的内涵。要完整、准确地把握它，一个重要的方面就是把这一理论放到整个马克思主义体系中，在马克思关于人的学说背景下加以讨论。

一

原则上讲，世界上的一切事物都是运动、变化和发展的，人当然也不例外。人也是历史上逐渐生成、不断发展的存在物。这可以包括两个方面的内容：人每时每刻都在发展；人方方面面都在发展。很显然，要完整地再现人的发展，需要各学科的合作。由于不同学科对于"人是什么"的理解不同，因此，不同学科对"人的发展"的看法也不同。"人是什么"决定着"人的发展"指什么。于

* 本文发表于《高等师范教育研究》1992 年第 3 期。

是，关于人的本质的论断就为认识人的发展提供了一把钥匙。马克思是如何理解人的本质的呢？这主要包括以下三个论断。

一是自由自觉的活动即劳动是人的类特性。这是马克思在《1844 年经济学哲学手稿》中对于人的本质的论述。马克思认为，作为类存在物，人是劳动的产物，也是劳动的主体。劳动是人和动物的最后的、本质的区别。劳动的产生，就是人类的产生；劳动的非人化，就是人类的非人化；劳动的解放，就是人类的解放。人只有通过劳动在改造客观世界的同时才能改造自己本身，在劳动发展中获得自身的发展。离开劳动，人类的存在和发展都是不可思议的。在这个意义上，人的发展实质上就是人的劳动能力和水平的发展。

二是"在其现实性上，人的本质是一切社会关系的总和。"① 这是马克思 1845 年在《关于费尔巴哈的提纲》中关于人的本质的又一科学论断。马克思指出，人是社会关系的产物，是社会关系的主体。人的存在无不历史地受到他在具体的社会关系体系中的地位所制约，人的发展无不现实地表现在具体的社会关系变革中。正是人的社会关系的不同使我们得以区分不同时代的人和同一时代不同阶级、阶层的人，得以了解人的国民性、民族性和阶级性。在这个意义上，人的发展就是人的社会关系的发展。

---

① 《马克思恩格斯选集》第 1 卷，人民出版社 1995 年版，第 56 页。

　　三是人是自然、社会和精神的统一体。马克思指出，人是世界上最复杂的存在物，是自然存在物，更是社会存在物，也是有意识的精神存在物。人的需要包括自然需要、社会需要和精神需要，人的活动包括自然活动、社会活动和精神活动，人的活动对象包括自然客体、社会客体和精神客体。人由自然因素、社会因素和精神因素所构成。因此，人的发展也就是人在社会活动基础上自然素质、社会素质和心理素质的发展。

　　按照通常的理解，人包含个人、集体、社会或人类等多种不同的形式，既可以是复数，也可以是单数。人是类与个体、社会与个人的统一。马克思站在人类实践活动的历史高度审视、思考现实个人的发展，着重于个人作为类存在物、社会存在物和个体存在物的发展，或者说是个人身上的类特征、社会特征和个性的发展。马克思看到，在历史上人类社会发展是以牺牲个人发展为代价的。马克思所面临的历史任务就是揭示社会发展的规律，探讨个人发展的途径，寻求个人发展和社会发展真正统一的方法，最后得出的结论是："要不是每一个人都得到解放，社会本身也不能得到解放"①；"私有制只有在个人得到全面发展的条件下才能消灭"②；共产主义是"以每个人的全面而自由的发展为基本原则的社会形式"③。

_____

① 《马克思恩格斯全集》第20卷，人民出版社1971年版，第318页。
② 《马克思恩格斯全集》第3卷，人民出版社1960年版，第516页。
③ 《马克思恩格斯全集》第23卷，人民出版社1972年版，第649页。

　　当然，马克思讲的个人不是孤立的个人，而是"社会中的个人"；不是某一个人，而是"每一个人"。只要我们稍加留心就会发现，在马克思的论著中讲到"人的发展"的地方，大都明确指出是"个人的发展"；在讲到"个人的发展"时，大都指出是"社会全体成员的普遍发展"。用马克思的话来说，是"每个人"的发展，是"各个个人"的发展，是"每一个单个人"的发展；用恩格斯的话来说是"社会的每一个成员"的发展；用列宁的话来说就是"社会全体成员"的发展。这是马克思主义与旧思想家的一个根本不同。卢梭只关心他的"自然人"，亚当·斯密只看到"单个的孤立的猎人和渔夫"，资产阶级讲"个人"实际上是讲他们"自己"，而马克思主义讲的"个人"则是指每一个劳动者。

　　在马克思看来，真正的人的发展只能是全社会的每一个人的发展，而不能是一部分的发展和另一部分的不发展。因为"一个人的发展取决于和他直接或间接进行交往的其他一切人的发展"①。资本主义的现实说明，工人经常地为满足最迫切的生存需要而进行斗争，失去了全面发展的可能性，而剥削、压迫工人的资本家也得不到全面发展，"精神空虚的资产者为他自己的资本和利润欲所奴役；律师为他的僵化的法律观念所奴役……一切'有教养的等级'都为各式各样的地方局限性和片面性所奴役，为他们自己的肉体上和精神上的近视所奴役，为他们的由

---

① 《马克思恩格斯全集》第 3 卷，人民出版社 1960 年版，第 515 页。

于受专门教育和终身束缚于这一专门技能本身而造成的畸
形发展所奴役。"①

　　按照辩证法的观点，事物发展是永恒的，人也是这
样。那么马克思讨论每个人的发展还有什么意义呢？这
说明，这里的"人的发展"不是就发展的一般意义来说
的，不是关于人的发展的抽象议论，而是有着特定的内
涵。

　　马克思关于人的发展的论述是建立在对资本主义深刻
剖析的基础之上的。要了解"人的发展"的科学内涵，
就要了解资本主义条件下人的发展状况。在马克思看来，
作为人类社会历史发展过程的一个阶段，资本主义对于人
的发展具有两重性。一方面，相对于前资本主义，它提供
了人的发展的物质前提，创造了前所未有的生产力，斩断
了一切血缘纽带和封建羁绊，突破了地域和民族的局限，
把个人和世界联系起来，客观上促进了人的某些方面的一
定程度的发展。另一方面，资本主义只是把工人作为创造
剩余价值的工具，"以资本为基础的生产的一个条件"②，
"在资本主义体系内部，一切提高社会劳动生产力的方法
都是靠牺牲工人个人来实现的；一切发展生产的手段都变
成统治和剥削生产者的手段，都使工人畸形发展。"③

　　这就是说，在资本主义条件下，工人是有发展的，不

---

① 《马克思恩格斯全集》第 20 卷，人民出版社 1971 年版，第 317 页。
② 《马克思恩格斯全集》第 46 卷（上），人民出版社 1979 年版，第 392 页。
③ 《马克思恩格斯全集》第 23 卷，人民出版社 1972 年版，第 707—708 页。

过这是一种畸形发展，是作为资本家发财致富的手段在某一方面的有限度的发展，带有明显的片面性、工具性和有限性。面对资本主义社会工人发展的这种状况，马克思所要解决、强调的不是人的发展与否的问题，而是如何发展的问题。马克思认为，人的发展应当是一种全面发展、自由发展和充分发展。

人的全面发展。马克思关于人的发展讲得最多的是人的"全面发展"。马克思看到资本主义社会内部分工产生了特长和专业，同时也产生了职业的痴呆，产生了人们某种智力上和身体上的畸形化。脑力劳动和体力劳动的对立，使得一部分人只运用体力而另一部分人只运用脑力；城乡的对立，把一部分人变成受局限的"乡村动物"，把另一部分人变成受局限的"城市动物"。每一个人都只是熟悉整个生产的某一部分，发展自己能力的一方面而偏废了其他方面，"个体本身也被分割开来，成为某种局部劳动的自动的工具"①。

而社会化的大工业却要求人的劳动的变换，工人"尽可能多方面的发展"，要求用那种把不同社会职能当做互相交替的活动方式的全面发展的个人，来代替只能承担一种社会局部职能的局部工人。

人的自由发展。人的发展不仅应当是全面的而且应当是自由的，马克思在很多场合都明确指出这一点。例如，"个人的独创的和自由的发展"，"全部才能的自由发展"，

---

① 《马克思恩格斯全集》第 23 卷，人民出版社 1972 年版，第 399 页。

以及"每个人都可以在任何部门内发展","不受阻碍的发展",等等,并经常把自由发展和全面发展联系起来,称之为"每个人的全面而自由的发展"或"自由的全面发展"。

"人的自由发展"是指人作为主体的自觉、自愿、自主的发展,是为了自身人格完善和促进社会进步而发展。在资本主义条件下,即使工人的某些方面得到发展,那也是强加于他的,是为资产阶级创造更多的剩余价值服务的。在资产阶级社会里,资本拥有独立性和个性,而每个劳动者却没有独立性和个性。他的活动范围狭小,不能超出这个范围:他是一个猎人、渔夫或牧人,或者是一个批判的批判者,只要他不想失去生活资料,他就始终是这样的人。私有制条件下,分工的片面性、强迫性,造成了人的发展的片面性、被动性。马克思认为,到了共产主义社会,打破了旧式分工,任何人都不再有固定的活动范围,每个人都可以在任何部门内发展,社会调节着整个生产,因而"我有可能随我自己的心愿今天干这事,明天干那事……但并不因此就使我成为一个猎人、渔夫、牧人或批判者"①。

人的充分发展。充分发展是指发展的程度问题,指人的高度发展,是马克思主义对人的发展的又一规定。马克思多次提到"一切天赋得到充分发展"、"自由而充分的发展"、"体力和智力获得充分的自由的发展和运用"。

① 《马克思恩格斯全集》第3卷,人民出版社1960年版,第37页。

在资本主义条件下，人的发展是有限度的，仅仅停留在充当机器的附件、生产的手段的范围之内，超出了这个范围，发展就要受到限制。精明的资本家绝不允许在工人发展方面的投资大于甚至等于他所由此得到的利润。这实际上只是用最大限度地浪费个人发展的办法来保证和实现人类本身的发展。马克思说，共产主义则把每个人的充分发展作为一切活动的目的和尺度，经济的增长、消费能力的增长，只有在成为每个人不断发展的手段、基础，而不是使个人变得更加畸形和受到更大毁损的情况下，才具有真正的价值。因此，人的发展是一个过程，本身就是人始终努力追求的目标，它是没有限制的，是一种日益充分的发展。

根据马克思的论述，所谓人的发展，它的实际意思就是：每个人在劳动、社会关系、个体素质诸方面的全面、自由而充分的发展。

二

人的发展的内涵决定了人的发展的内容。

人的劳动与动物的自然的、本能的活动不同，它是自由的自觉的，这取决于人的劳动能力，取决于人能够按照"任何物种的尺度"、"内在固有的尺度"和"美的规律"来制造工具和改造对象。历史和现实都说明，人的劳动和人的能力分不开，劳动发展的核心是能力的发展。人的能力是人所具有的能够表现、实现和确证自己的社会本质的内在力量，是主客体对象性关系得以建立的必要条件之一。劳动的"对象如何对他说来成为他的对象，这取决于对象的性质以及与之相适应的本质力量的性质"①，劳动过程就是主体能力在特定环境中对特定对象的外化和实现；劳动的结果是"人的本质力量的公开的展示"②。不了解人的能力、人的本质力量，就不能理解人的劳动主体性，不能说明人的自由劳动和人在劳动中的主体地位。所以，在谈到人的全面发展时，马克思经常用的概念和表述是："全面地发展自己的一切能力"，"发挥他的全部才能和力量"，"人类全部力量的全面发展"。在谈到全面发展的人时，恩格斯说这是"各方面都有能力的人"，列宁说这是"受到全面训练的人，即会做一切工作的人"。

人的劳动能力是多方面的，马克思关于人的能力的论述，主要有：

"自然力"和社会能力。"自然力"是人的自然机体中"作为天资而存在的那种能力"。人是大自然的产物，大自然的长期进化使人"具有自然力、生命力，是能动的自然存在物；这些力量作为天赋和才能、作为欲望存在于人身上"③。它是人的全部能力的基础，主要有人的体力、感觉力、思维力以及一定意义上的情感力和意志力。与"人本身的自然力"不同，人的社会能力是人在后天

① 《马克思恩格斯全集》第 42 卷，人民出版社 1979 年版，第 125 页。
② 《马克思恩格斯全集》第 42 卷，人民出版社 1979 年版，第 128 页。
③ 《马克思恩格斯全集》第 42 卷，人民出版社 1979 年版，第 167 页。

社会实践中通过锻炼、培养和学习而形成的能力，它是多样性的动态统一，其中"生产力"在社会能力中占有特殊地位，其余的还有政治力量、思想力量、知识力量、道德力量、理想和信念力量等等。人的能力的发展包括人的自然力的发展，但主要是指社会能力的发展，通过社会能力及其物化的手段，延长和强化人的自然力。

"潜力"和现实能力。人的"潜力"是相对于人在现实活动中实际表现出的能力而言的，简单地说就是人的一种潜在的、尚未表现出来的能力。一般地说，潜力主要指人的潜在的自然力，马克思说，人通过劳动改变身外的自然，"也就同时改变他自身的自然。他使自身的自然中蕴藏着的潜力发挥出来"①。实际上，人的潜力既包括自然力也包括社会能力。我们现在常说要通过改革调动广大群众中"蕴藏着"的社会主义建设的积极性，发展社会生产力，实际上也就是要发挥每个劳动者的社会潜力。

体力和智力。马克思谈到过人的各种能力，但与人的全面发展相联系谈得最多的还是人的体力和智力。在《1844 年经济学哲学手稿》中，马克思提出"劳动者自己的肉体的精神的能力"。在《资本论》中指出："劳动力的发挥即劳动，耗费人的一定量的肌肉、神经、脑等等"，并进一步指出："我们把劳动力或劳动能力，理解为人的身体即活的人体中存在的、每当人生产某种使用价

---

① 《马克思恩格斯选集》第 2 卷，人民出版社 1995 年版，第 177 页。

值时就运用的体力和智力的总和。"① 人的全面发展在马克思那里主要是指人的体力和智力的全面发展，体力劳动和脑力劳动相结合。这是因为，马克思讲全面发展是针对劳动者的片面发展而言的，而片面是由旧式分工造成的。分工又指什么呢？马克思说，真正的分工是从物质劳动和精神劳动分离时才开始的。

人总是在一定的社会关系中生存和发展的，"社会关系实际上决定着一个人能够发展到什么程度。"② 人的能力发展固然是人的发展最重要的内容，但马克思主义从不把人的发展简单地归结为能力的发展。因为，人的能力的形成、发展和表现都离不开人的关系。生产力要在生产关系中表现出来，政治力量要在政治的社会关系中表现出来，精神力量要在精神的社会关系中表现出来。现实的社会关系既可以促进人的发展，也可以阻碍人的发展，但无论如何，人的能力的单独发展是不可能的。

人的社会关系的发展主要表现在：

个人社会关系的高度发展和充分展示。随着人类的进步，个人越来越多地参与各个领域、各个层次的社会交往，同无数其他个人，从而也就同整个世界的物质生产和精神生产进行普遍的交换。个人摆脱个体的、地域的和民族的狭隘性，开阔视野，更新观念，充分地展示自己的聪明才智，在服务于他人和社会的过程中，得到社会和历史

---

① 《马克思恩格斯全集》第 23 卷，人民出版社 1972 年版，第 190 页。

② 《马克思恩格斯全集》第 3 卷，人民出版社 1960 年版，第 295 页。

的尊重，并由此实现自我。

分工是一定社会关系的具体体现。人的发展表现为个人社会关系的丰富，也就表现为旧式分工的逐步消失，表现为全面发展的个人代替只是固定承担一种社会局部职能的局部个人。

人对社会关系自由度的提高。人的社会关系的发展不仅表现在它的丰富性上，而且表现在人对社会关系的全面占有和共同控制上。人是社会关系的产物。倘若舍弃资本主义社会关系及其对于人的作用，就根本不存在工人和资本家，二者都只是人；成为工人或资本家，这是社会规定的，是人和人的社会关系。全面发展的人、自由的人，也就是作为社会关系、社会结合形式的主人的人。恩格斯说，到了共产主义，人类实现从必然王国到自由王国的飞跃，于是，"人终于成为自己的社会结合的主人，从而也就成为自然界的主人，成为自身的主人——自由的人。"①

资本主义条件下，人的社会关系比较丰富，商品以其特有的魅力把人们联系起来。马克思抨击资本主义对人的发展的限制主要是由于资本主义生产关系对于工人的奴役。因此，废除那一再生产非人关系的私有制就成了每个人全面发展的必要条件。

人的个性发展是马克思人的全面发展理论题中应有之义。人的个性就是人的个体性，人的素质的发展集中体现在人的个性的发展上。人的个性发展主要表现在两个方面。

---

① 《马克思恩格斯选集》第3卷，人民出版社1995年版，第760页。

一是人的独特性的发展。没有差异就没有个性。马克思所设想、追求的新人不是资本主义分工表上的平均数，也不是"只是作为阶级的成员"，而是作为人的人，作为个人的个人。他在批判"粗陋的共产主义"时指出，"这种共产主义，由于到处否定人的个性，只不过是私有财产的彻底表现"①。马克思这里讲的"个性"就是指人的独特性。

在阶级社会中，人是阶级性和个性的统一。一方面，个人隶属于一定的阶级，是阶级的一员，"他们的个性是受非常具体的阶级关系所制约和决定的"②。另一方面，个人并不总是完全以他所从属的阶级为转移的，他还保持着自己与他人所不同的独特性。特别是在未来的共产主义社会，阶级已经消灭，人便作为"自由个性"的个人确定下来。即使在某一社会范围内，人人都具有很高的才能，譬如人人都是出色的画家，这也不排除每个人都是独特的画家的可能性。事实上，恰恰是因为他们的个性，他们各有所长、各具特色，才使得他们每个人都成为出色的画家。列宁曾经说过："全部历史正是由那些无疑是活动家的个人的行动构成的。"③

二是人的自主性的发展。人的个性的发展的一个很重要的方面是人的自主性的发展，换句话说，只有自主的人

---

① 《马克思恩格斯全集》第 42 卷，人民出版社 1979 年版，第 118 页。
② 《马克思恩格斯全集》第 3 卷，人民出版社 1960 年版，第 86 页。
③ 《列宁全集》第 1 卷，人民出版社 1984 年版，第 129 页。

才可能是真正的有个性的人。马克思把人的个性叫做
"自由个性"，就是说，只有独立才能自主，只有自主才
能自由，只有自由才有"个性"。在阶级社会中，个人的
政治自由只是对那些统治阶级范围内的个人来说才是存在
的，他们是阶级社会中能够独立自主的个人，而广大的劳
动者阶级则丧失了自主性，难以形成和展示自己的个性。
马克思说，人的发展在一定意义上就是"有个性的个人"
逐步代替"偶然的个人"。所谓"有个性的个人"就是社
会关系、交往条件与个人相适应，个人对社会关系有自主
性；所谓"偶然的个人"就是社会关系、交往条件与个
人不相适应，个人对社会关系没有自主性，处于被奴役的
地位。人的自主性也表现在对自己活动能力的控制上，
"使这种力的活动受他自己控制"①。马克思和恩格斯明确
指出，人的全面发展、人的"自由个性"只有到了"外
部世界对个人才能的实际发展所起的推动作用为个人本身
所驾驭的时候"② 才能实现。

三

　　提出并探讨人的发展的现实条件，是马克思人的发展
观的重要特点。马克思一生努力寻找人类解放的途径和全
面发展的条件，并以实际行动去改变这些条件，推动人的

---

　　① 《马克思恩格斯全集》第 23 卷，人民出版社 1972 年版，第 202 页。
　　② 《马克思恩格斯全集》第 3 卷，人民出版社 1960 年版，第 330 页。

发展。从理论上讲，凡同人的生存、发展有联系的都属人的发展条件的讨论范围。马克思特别强调的是以下几个方面。

1. 人的发展与社会的发展是统一的。生产力是社会发展的前提，也是人的发展的前提。马克思在谈到人的发展时总是反复强调，人的全面发展不是自然的产物，而是历史的产物，归根结底是社会生产力的产物。

人的发展无疑是以人的生命存在为前提，生产力的发展创造日益丰富的生活资料，使人摆脱贫困状态，并在基本满足生存需要的前提下追求享受和发展。事实充分说明，"当人们还不能使自己的吃喝住穿在质和量方面得到充分供应的时候，人们就根本不能获得解放。"①

人的发展首先表现为人的能力的发展。发展社会生产力，"通过社会生产力"，不仅可能保证一切社会成员有富足的和一天比一天充裕的物质生活，而且还可能"保证他们的体力和智力获得充分的自由的发展和运用"②。人的发展也表现为人的社会关系的发展，生产力则是生产关系以及全部社会关系的基础。只有通过生产力的发展才能促进生产关系的调整和变革，实现社会制度、社会形态的完善和更替。人的发展还包括人的个性发展，而"自由个性"的实现必须"在真实的集体的条件下，各个个人在自己的联合中并通过各种联合获得自由"。而要做到

---

① 《马克思恩格斯全集》第 42 卷，人民出版社 1979 年版，第 368 页。

② 《马克思恩格斯选集》第 3 卷，人民出版社 1995 年版，第 757 页。

这一点，必须以"发达的生产力为基础"①。

人是生产力的首要因素，生产力实质上就是人改造自然的能力。因此，生产力的发展和人的能力的发展从根本上说是一回事，生产力的发展同时也就是人的能力的发展。发展社会生产力的根本途径是促进"个人生产力"水平的提高，个人的充分发展又作为最大的生产力反作用于"劳动生产力"。生产力包括科学技术，科学技术促进生产力发展。生产力的发展对人的发展的作用也包括着科学技术的作用。科学技术丰富人的知识，扩大人的力量，使人的体力和智力都直接或间接地得到进步。科学技术武装的大工业是"整体的人"代替"局部的人"的物质基础，大工业的本性决定了劳动的变换、职能的变动和工人的全面流动性。科学技术通过生产力引起人的生产关系变革。手推磨产生的是封建主为首的社会，蒸汽磨产生的是工业资本家为首的社会。科学技术的发现、发明及其运用，必然是劳动时间的缩短和自由时间的延长。而对于自由王国的实现来说，工作日的缩短是根本条件。"由于给所有的人腾出了时间和创造了手段，个人会在艺术、科学等等方面得到发展。"②

2. 人的全面发展不仅要有高度发展的生产力，而且要有高度发展的生产关系。"生产力和社会关系——这二

---

① 《马克思恩格斯全集》第3卷，人民出版社1960年版，第85页。
② 《马克思恩格斯全集》第46卷（下），人民出版社1980年版，第219页。

者是社会的个人发展的不同方面。"① 在马克思看来，人的本质是社会关系的总和，"不管个人在主观上怎样超脱各种关系，他在社会意义上总是这些关系的产物。"② 他认为，对于工人的单方面的、畸形的发展来说，生产力是根本原因，生产关系则是直接原因。如果这个人的生活条件使他只能牺牲其他一切特性而单方面地发展某一种特性，如果生活条件只提供给他发展这一种特性的材料和时间，那么这个人就不能超出单方面的、畸形的发展。任何道德说教在这里都不能在根本上有所帮助。因此，要改变资本主义对工人的奴役，减轻劳动力的巨大浪费，就必须改变其生产关系，废除私有制，使全体社会成员以自觉自愿的联合活动对那些异己力量加以控制和驾驭。

教育是社会传送知识和经验的一种手段，是培养人、生产人的素质的一种社会现象。"它不仅是提高社会生产的一种方法，而且是造就全面发展的人的唯一方法。"③

"教育会生产劳动能力。"④ 人类能够进步和发展，原因之一是人能进行知识和经验的传授活动，把人类已有的科学文化知识、劳动经验和技能由少数人掌握变为多数人掌握，并且一代一代地传下去。和动物每一代都从头开始不同，人的发展由于教育的作用而成为一种接力赛。所以马克思说："要改变一般的人的本性，使他获得一定劳动

① 《马克思恩格斯全集》第46卷（下），人民出版社1980年版，第219页。
② 《马克思恩格斯全集》第23卷，人民出版社1972年版，第12页。
③ 《马克思恩格斯全集》第23卷，人民出版社1972年版，第530页。
④ 《马克思恩格斯全集》第26卷（Ⅰ），人民出版社1972年版，第210页。

部门的技能和技巧，成为发达的和专门的劳动力，就要有
一定的教育和训练。"①

　　人出生之时实际上只是一种自然人，其后天的发展虽
然也离不开先天遗传因素和自然环境的影响，然而在根本
上则取决于所受的社会教育。历史充分证明，任何社会和
阶级都要通过教育自觉地对年轻一代的身心施加影响，使
其形成新的素质，具有社会和阶级所需要的思想道德和科
学文化知识。无产阶级也不例外。"最先进的工人完全了
解，他们阶级的未来，从而也是人类的未来，完全取决于
正在成长的工人一代的教育。"②

　　3. 人的发展的一切条件中最重要的是人自身的活动。
对于个人来说，生产力、生产关系和社会教育都是外因，
活动则是个人发展的内因。不难理解，个人生理素质的改
善和提高要通过个人生理活动，个人心理素质的改善和提
高要通过个人心理活动。没有个人的社会实践活动，就谈
不上个人的任何发展。实践是人的最基本的活动，它是生
理活动的基础、心理活动的源泉、社会活动的主要内容。
实践发展了，人的身心相应得到锻炼，人的能力、关系和
个性自然也随之发展。

　　实践活动是主客体的相互作用，是一个双向的过程，
不仅指向外部对象世界，而且同时指向主体自身。马克思
注意到这两个方面，他指出，不仅客体方面，而且主体方

---

　　① 《马克思恩格斯全集》第 23 卷，人民出版社 1972 年版，第 195 页。
　　② 《马克思恩格斯全集》第 16 卷，人民出版社 1964 年版，第 217 页。

面，都是生产所生产的。正是生产劳动，使"生产者也改变着，炼出新的品质，通过生产而发展和改造着自身，造成新的力量和新的观念，造成新的交往方式，新的需要和新的语言"①。

① 《马克思恩格斯全集》第46卷（上），人民出版社1979年版，第494页。

马克思主义价值学研究构想 [*]

人类社会实践不断给哲学家提出新的研究课题。

最近几年，由于世界范围内新技术革命的兴起，我国社会主义改革开放实践的发展，价值问题连同人的问题和文化问题，构成我国当代哲学研究的新课题和新视域。从价值的角度思考哲学，从哲学的层面研究价值，建立马克思主义价值学，成为哲学工作者义不容辞的责任。

一、价值学的主要问题

所谓价值学，也就是对价值问题进行研究的一门学说，它以一般价值这一特殊的社会现象作为自己思考和研究的对象，由此与其他学科区别开来。由于哲学家的思想体系及其立场、观点和方法不同，他们研究价值的侧重点也不同。

---

* 本文发表于《北京师范大学学报》1990 年第 6 期。

苏联哲学家索洛杜欣认为："价值学作为一门独立的理论学科，其形成则是 20 世纪初的事。价值的本性，价值的产生和分类，价值与现象世界和科学知识的关系，主体对价值取向的选择，价值变化的原因，作为个人或社会群体行为动机价值取向的作用，等等，这些就是价值学所研究的最一般的问题。"① 联邦德国哲学协会主席、汉堡大学教授赫伯特·斯纳德巴赫则强调："价值哲学的主要问题就是对那些不依赖于主体价值评价的价值客体进行恰当的论证。"他进一步解释说："问题在于阐明价值是怎样存在的，它们存在的方式如何，为什么我们会对某物进行价值评价，断言某物是有益的等等。"② 美国哲学家菲力浦·劳顿指出："研究价值问题的哲学分支学科称为价值学。价值学家探讨政治权利与责任、美好的人生是什么，我们应该做什么等问题。说得再概括一些，他们考察价值的本质、价值的起源、人们如何体验价值、讨论价值是否有意义等问题。"③ 美国比较教育和哲学博士、洛杉矶加利福尼亚大学教育学教授乔治·F. 奈勒写道："通常，关于价值的研究以三个主要问题为中心：（1）价值是主观的还是客观的，也就是说，是个人的还是非个人的。（2）价值是改变的，还是不变的。（3）价值是否分

---

① 索洛杜欣：《价值论研究的新视角》，载《价值与评价》，知识出版社 1988 年版，第 194 页。

② 赫伯特·斯纳德巴赫：《哲学、当今世界和人的问题》，载《哲学研究》1988 年第 7 期。

③ 菲力浦·劳顿：《生存的哲学》，湖南人民出版社 1988 年版，第 125 页。

等级。"①《中国大百科全书》哲学卷认为，价值论是"关于价值的性质、构成、标准和评价的哲学学说"②。

应当肯定，上述这些见解尽管存在着差异，但并不是没有一定的道理。所列问题的确是价值学应当探讨的，马克思主义价值学也应当对这些问题作出回答。这些问题概括起来主要是：

价值的本质问题。也即"价值的本性问题"，它包括价值是主观的还是客观的，是可变的还是不变的，以及价值的构成、分类、等级和基础等问题。

价值的作用问题。也即"价值的意义"问题，它包括主体的价值取向、价值取向作为动机的作用和作用的机制，以及价值与权利、责任，价值与人生等的关系，"我们应当做什么"等问题。

但是，应当强调的是，价值学的主要问题决不仅仅局限于此。人们研究价值，不是为研究而研究，不是单纯出于某种理论嗜好。人们研究价值的根本目的在于揭示价值现象的内在规律，帮助人们树立正确的价值观念，调节、规范人们的行为，使人们的活动更加符合客观世界的规律，符合人的目的和美的规律，从而创造一个真、善、美的世界，满足人们的生存、享受和发展的需要，促进人们自由而全面的发展和社会持续而稳定的进步。因此，马克

---

① 乔治·F. 奈勒：《教育哲学导论》，载《西方教育哲学》，教育科学出版社1982年版，第17页。

② 《中国大百科全书·哲学》（Ⅰ），中国大百科全书出版社1987年版，第343页。

思主义价值学的中心问题应当是人的价值活动问题，它在内容上的特色在于，不仅讨论传统价值学讨论的"价值的本质"和"价值的作用"问题，而且对以下人的价值活动抱有浓厚的理论兴趣。

价值的创造问题。价值不是自生的，它是人们物质生产和精神生产的结果。以实践为基础的马克思主义价值学，特别重视对于价值创造活动的一般过程及其内在规律的研究，探讨价值创造活动的一般结构、形式和尺度，以增强人们活动的自由度和活动结果的经济、社会效益，避免活动的非本意后果，降低活动的不必要代价。

价值的认识问题。人们的活动及其结果是有价值还是无价值，是正价值还是负价值，这需要加以确认和评价。也只有经过评价，在确认客体价值状况的情况下，人们才能有效地占有客体，消费价值物，满足自身的需要。评价是人类生活的一大特征，是人类认识的一种特殊而重要的形式。研究评价，了解人们价值认识的过程及其规律性，是人们获得正确价值判断的需要，是价值学不可缺少的内容。

价值的实现问题。价值实现是价值运动一个周期的终点。价值的创造和认识，最终都要落实在价值的实现上。价值的实现和人的需要、活动的目的联系在一起。需要、目的，引导人们创造和认识价值；价值的实现，也就是满足了需要，达到了目的；在满足需要、达到目的的过程中，又产生新的需要和目的，开始新的价值创造和认识。所以，价值的实现，既是前一个价值运动周期的终点，又是后一个价值运动周期的起点。价值实现的这种特性，决定了它在价值学中举足轻重的地位。

以上几个方面，就是我们对于价值学主要问题的基本看法，价值学的内容和体系应当依照这一思路和看法加以安排和建构。

不过，还需要指出，一定意义上说，这些问题还属于价值学的表层问题，或者说还属于价值学需要直接加以阐述的问题。从更深的层次看，连接这些问题，并把它们铸成一个有机体系的是如下两个问题，它们虽不构成价值学外在形式的组成部分，但却贯穿于每一部分之中。这两个问题是：

一是人的问题。价值离不开人。一切价值都是人所创造的价值，一切价值都是对人的价值。一个没有人的世界也就是一个没有价值的世界。人的活动是价值的基础，人的需要是价值的尺度。价值存在于主客体的相互作用之中。价值的本质应该到人的本质和人的实践活动之中去寻找。

二是文化问题。价值也离不开文化。价值的世界就是一个文化的世界。价值是文化的内核、灵魂，文化是人的创造活动及其成果，是蕴涵于活动及其成果之中的人的活动方式，而核心则是人的价值观念。文化就是客观化、具体化了的价值领域，是价值的存在形态和外在表现。通过文化，我们看到了人对价值的追求和创造，用马克思的话说，它们恰似一本打开着的人的本质力量的书。

总之，马克思主义价值学，是实践论的价值学，是主客体统一论的价值学，是人学和文化学的价值学。

二、价值学的理论方位

　　价值学以价值为对象，以人的价值活动为中心，决定了价值学的哲学性质。价值学是哲学的一个分支学科。

　　无论价值的本质、作用，还是价值的创造、认识和实现，都要在哲学的范围内加以解决。因为这些问题的真正解决，都要以人的社会实践活动为基础，在主体和客体的社会关系中，通过人和文化来理解；都不可避免地涉及唯物论和唯心论、可知论和不可知论、辩证法和形而上学的问题，涉及人与自然、人与社会、人与自身的关系问题。历史上，有什么样的哲学观点，就有什么样的价值学理论。凡唯心主义哲学家都主张价值是主观的；凡不可知论哲学家都认为价值是不可认识的，价值认识、评价是无所谓真假的；凡资产阶级价值学者无不推崇个人主义的价值观念，相反，无产阶级价值学者都坚持集体主义原则和人民群众观点。

　　所以，捷克斯洛伐克哲学家布罗日克指出："价值学的哲学性质是不容置疑的。哲学史本身提供了把价值学问题看做是哲学发展最高阶段问题的充足理由。因为，价值学问题归根到底直接涉及哲学的主要问题。就像在古希腊时代价值观念和范畴的独立实在性是柏拉图的客观唯心主义体系的基础一样，在现代哲学中，把'现有'和'应有'这二者的区别加以绝对化，便会导致主观唯心主义的本体论的结论。"①

毫无疑问，许多学科都研究价值问题，但它们都只是从某一侧面去研究，探讨价值的某一具体表现，并不涉及价值的本质、价值的过程和一般规律的问题。只有哲学才在总结、概括美学、伦理学、认识论、逻辑学，以及经济学、文学、历史学、社会学等学科关于价值问题的观点、材料的基础上，从整体上研究一般价值问题，揭示价值的深刻本质和内在规律。当初价值学的形成，也就是在若干哲学家的影响下，把原来分别属于不同学科的价值问题统一起来，从具体价值形态中抽象出价值一般，从原来的"美论"、"善论"、"效用论"中概括出一般价值论。尽管古今中外的理论家对价值问题有种种不同看法，但他们大都把价值学理解为"哲学学说"②、"哲学分支学科"③，或"对于最为广义的善或价值的哲学研究"④。

哲学一般包括三个层次：第一个层次是元哲学，相当于我们通常讲的"哲学原理"。第二层次是分支哲学，或哲学分支，如伦理学、美学、逻辑学等。它们属于广义的哲学，带有明显的哲学性质，但并不简单地归结为元哲学的一个组成部分。第三个层次是部门哲学或"应用哲

① 弗·布罗日克：《价值与评价》，知识出版社 1988 年版，第 4—5 页。
② 《中国大百科全书·哲学》（Ⅰ），中国大百科全书出版社 1987 年版，第 343 页。
③ 菲力浦·劳顿：《生存的哲学》，湖南人民出版社 1988 年版，第 125 页。
④ 《简明不列颠百科全书》第 4 卷，中国大百科全书出版社 1985 年版，第 306 页。

学",如语言哲学、科学哲学、教育哲学、管理哲学等。它们处于哲学和具体科学的交叉领域,带有哲学和科学的双重性质。

价值学处于第二层次,是哲学的一个分支学科。价值学和元哲学的关系表现在:价值的一般问题不是也不可能离开元哲学、离开哲学原理的基本观点和方法加以解决。价值学就是运用哲学原理的观点和方法对于价值现象的思考和研究。也可以这样说,元哲学对于价值学是既包含又不包含。说元哲学包含价值学,是指哲学作为一种世界观,不可能不包含价值观,不可能不包含对于人和世界价值关系的根本看法;说元哲学不包含价值学,是指元哲学不能容纳整个价值学体系,不可能把关于价值的一切问题都统统放进元哲学之中。

价值学是否就是价值哲学呢?这要加以分析。不同的人对价值哲学的理解是不同的。

在西方,"价值哲学"有特定的含义,指的是德国新康德主义者 W. 文德尔班和 H. 李凯尔特所理解并试图建立的一种哲学体系。他们认为,哲学应以价值问题为其基础和目标,以价值理论为其基本内容或核心。一句话,哲学的问题就是价值问题,哲学就是价值哲学。文德尔班说:"哲学以具有普遍价值的那些价值为自己的领域,为自己的问题。"① 李凯尔特指出,哲学"把价值领域留给自己,它认为价值领域是自己真正的领域。哲学的目的就

----

① 文德尔班:《哲学史教程》下卷,商务印书馆1987年版,第927页。

是研究这些作为价值的价值，探讨它的意义，把它们归入一切价值的普遍的、目的论的联系之中。"①

对于这种"价值哲学"的特征，梯利在《西方哲学史》中曾经有一个概括，他在"价值哲学"一节中写道："我们所考察的一些哲学体系建立在价值判断上，这些体系以至善来解释实在：归根结底，世界一定是伦理、美学或者逻辑的意识所要求而作为理想的世界。"在价值哲学学者们看来，"哲学是关于一般价值的科学，研究绝对价值判断（逻辑、伦理和美学）原理，其他科学的课题则是理论判断。"②

对于新康德主义的这种"价值哲学"，我们当然是不赞成的。尽管我们强调哲学中的价值问题，反对以往严重忽视价值问题的倾向，但我们并不认为，世界就是价值世界，哲学就是价值哲学，哲学只是以价值为对象，把价值问题作为哲学的唯一问题。

对于马克思主义价值学来说，它是马克思主义哲学的一个分支、一个部分，它不等同于马克思主义哲学，更不能替代马克思主义哲学。

"价值哲学"还有另外一种理解，即把它理解为"价值的哲学"，就像黑格尔把"美学"理解为"美的哲学"一样。这样，所谓"价值哲学"，实际上就成了"关于价值的哲学研究"，它突出的是价值学的哲学性质，旨在说

---

① 李凯尔特：《历史哲学》俄文版，第174页。
② 梯利：《西方哲学史》下册，商务印书馆1979年版，第269、270页。

明，价值学本质上是"哲学的价值学"，"价值学"不过
是"哲学价值学"的一种简便的说法。

在这个意义上，"价值哲学"、"哲学价值学"和"价
值学"是同义的，把"价值学"称为"哲学价值学"或
"价值哲学"也是可以的。事实上，国内价值理论的研究
者，也大都把"价值哲学"和"价值学"乃至"价值
论"理解为相同或相近的，在不同的名称下进行着大致
相同内容的讨论。黑格尔也说过，"名称本身并无关宏
旨"，关键是内容和实际。

三、价值学研究的意义

回顾历史，哲学家们对价值问题一直抱有兴趣，无论
是东方还是西方，有关价值的思想观点都是古已有之，源
远流长。可是它为什么偏偏在 19 世纪末 20 世纪初吸引西
方哲学争相研究，创立价值学，为什么它偏偏于 20 世纪
50 年代末 60 年代初在苏联产生反响，又于 70 年代末 80
年代初在中国形成研究热潮？这个问题指的是价值学形成
和发展的内在逻辑，从研究客体方面看，涉及价值学形
成、发展的社会背景；从研究主体方面看，涉及人们研究
价值学的目的，亦即研究价值学的意义。

价值学产生的最直接的背景是社会价值冲突，价值学
研究的最重要的意义是解决社会价值冲突。菲力浦·劳顿
在谈到西方价值学的兴起和发展时指出，价值理论之所以
日益重要，主要是由于如下两个原因：一方面，人们对其

他人如何生活的关注日益增加；另一方面，人们对存在于社会内部的价值缺乏一致的看法。他举例说，如果每个人对生活中什么东西是重要的、应该做什么这些问题的看法一致，那么价值就永远不会被提出来。假若你生活在一个小村庄，那里的人世世代代都持有相同的价值观念，你不知其他类型的生活方式，那么，你就不会对自己的价值进行反思。

这就是说，价值学的形成和发展，是由于社会的开放、交流和历史步伐的加速，各种文化思潮相互激荡，各种价值观念相互冲撞，在同一社会内部可以发现来自不同文化和不同历史阶段的价值。这些不同的价值观念重叠交叉，使人们开始感到自己的价值观念并不像自己以往所想象的那样十全十美，他人的价值观念也不像自己以往所想象的那样一无是处。由此引起价值冲突，有的留恋过去，有的向往未来；有的津津乐道外国文化，有的则为本民族的传统自豪，整个社会产生某种无所适从、身不由己的失落感、不确定感，陷入所谓价值危机或价值混乱之中。它迫使哲学家反思自己的时代，在一个更广阔的社会背景上反思自己民族的价值观念。于是，价值学研究便被提到议事日程上来。

价值学研究的目的和意义就在于，适应社会和科学发展的需要，分析、评判各种文化思潮和其中所蕴涵的价值观念，构成一个较为完整的价值体系，以充作人们思想和行为的准则。也就是帮助人们在新的社会条件下树立正确的价值观念，确立正确的价值导向，从而克服价值冲突和价值危机，在更高层次上形成社会认同和共识。

　　由此可见，价值学的研究，不是哲学家的心血来潮，而是社会实践和科学发展所提出的重大课题，有着明显的社会背景和研究的目的性。在西方是这样，在中国也是这样。

　　在西方，"自19世纪以来，价值问题变得特别尖锐。这是因为凭借大众传播手段和社会科学，我们看到了其他人的价值观，这就使得我们重新考察自己的价值观念。"①在中国，要回答70年代末80年代初价值热兴起的原因，也不应该忘记1978年我们党的十一届三中全会。正是这次大会确定的解放思想、实事求是、团结一致向前看的精神和改革开放的总方针，打开了我们的眼界，促使和推动我们在世界的大背景下和历史的长河中全方位地反思我们的价值观念，从而引起激烈的新旧价值观念的冲突、中西价值观念的冲突。

　　冲突本身是一种正常的社会现象，没有冲突才是不正常的，掩盖冲突也是不正确的。因为有冲突才有比较和鉴别，有比较、有鉴别，才有斗争、进步和发展。当然，一个重要的前提条件是，不能坐视冲突，听任冲突，而是要比较、鉴别和斗争，也就是要研究冲突，正确地认识冲突和科学并妥善地解决冲突。这就是价值学的任务和研究价值学的意义。

　　古希腊哲学家苏格拉底早就说过，未经省察的人生是

　　①　菲力浦·劳顿：《生存的哲学》，湖南人民出版社1988年版，第152—153页。

没有意义的。这话今天看来仍然正确，对个人是正确的，对民族、国家也是正确的。正是在这个省察的过程中，我们看到了价值学研究的意义。事实证明，当我们不了解价值和价值学，尚未解决生活意义的问题，不能解释什么是正确的价值观念的时候，是很难有效地进行自身改革和社会改革的，也是不可能成功地同错误的生活理想和生活规范作斗争的。

价值学研究对于人们的价值观念、价值导向的影响，对于克服价值冲突、解决价值危机的作用是多方面、多渠道的。除了这种直接的研究和影响、作用外，还包括对自然科学、人文科学的作用而间接影响人的价值观念和行为的价值导向。因为，自然科学、人文科学的研究都要受到价值观的辐射，自然科学、人文科学对人的价值观念、价值导向的形成和发展产生影响。

因此，价值学研究的意义，还包括对自然科学方向的校正，对人文科学内容的规范以及对哲学社会价值功能的强化。这是价值学研究的理论意义，根本上说也是它的实践意义，通过科学和哲学影响人的价值观念并进而作用于人的社会实践。

价值学的研究，可以帮助人们校正自然科学方向，走出当代的"人类困境"。

从直观的层面看，自然科学本身并不作价值判断，自然科学以自然事物及其规律为对象，从科学的角度告诉人们，世界过去是什么样，现在是什么样，或者将来是什么样，并不完整地回答和说明我们应该做什么或怎么做。正像现代医学，只是把竭力减少生命痛苦和维持生命存在作为自己的预设，当患者极端痛苦而医学又回生乏术的情况下，医学本身却无法解决延续生命是否值得，以及在什么情况下值得这样一些问题。

但是，当我们把自然科学本身作为一种社会现象加以考察的时候，便会发现自然科学与价值有着千丝万缕的联系。所谓"价值无涉"不过是一种天真的幻想，是根本不可能的。社会学家古尔德纳指出："在原子弹轰炸广岛之前，物理学家也在谈论价值无涉科学，他们也曾发誓不作价值判断。而今天，他们中许多人已不再那么坚信不移了。"①

"价值无涉"强调科学的宏观性，这无疑有合理的一面，但这种纯客观主义的观点不仅事实上做不到，而且本身还包含着不可克服的矛盾。"价值无涉"本身就是一种价值观，就像无色也是一种颜色，无味也是一种气味，无信仰也是一种信仰一样。

从科学学的观点看，人们之所以从事物理学、化学、天文学等自然科学的研究，就是因为人们坚信这是一项有益于人类、值得为之奋斗的事业。就是因为人们不仅可以利用科学知识获得技术上的成果，获得物质的和精神的财富，而且把追求知识本身也看做是有价值的。真正的科学家从来不会忘记科学之存在是为了满足人类的需要。

---

① 肯尼迪·D. 贝利：《现代社会研究方法》，上海人民出版社 1986 年版，第38—39 页。

　　从科学伦理学的角度讲，价值必然渗透于科学探索之中。面对纷繁复杂而又变幻莫测的世界，研究者必须从中作出选择、提出问题和形成预设，然后选取有用的资料。在所有这些环节中，显然有科学家的价值观念在起作用。

　　科学社会学强调必须正确评价科学发现及其运用的社会效果。我们一向引以为自豪的科学技术的发展，在现时代的一切方面都留下了痕迹，既有正面效应，又有负面效应。所谓"人类困境"主要不是大自然自身造成的，而是人的活动造成的，不是人赤手空拳造成的，而是运用科学技术造成的，它不是"天灾"，而是一种"人祸"。例如，核裂变的控制，既给我们带来了一个新的巨大的能源储存库这样令人欣慰的前景，也带来了原子弹、核污染的经常性威胁。化肥的制造和应用是引发起农业生产革命的一个重要因素，同时也是造成"环境污染"、"生态危机"的一个主要原因。

　　因此，科学技术一方面给人类带来了文明，另一方面也给人类发展笼罩一层阴影，构成了全球性的对人类社会的威胁。现实要求人们，必须加强对科学的评估，防止科学技术的盲目运用和滥用，以达到有利于人类生存、享受和发展的根本目的。

　　此外，科学技术的运用及意义都是有限度的，为应付新问题，再求助于新科技，这似乎是顺理成章的事情。然而稍加分析便会发现，许多问题并非是仅凭科技手段就可以解决的。减少婴儿出生和实行"安乐死"，这在技术上根本不成问题，之所以还是一个问题，主要是由于它涉及人的观念、道德、法律，涉及人的价值，人的生命、尊严和权利。现代人类要走出困境，还需要对科学技术作出深思熟虑的选择，提出评价科学技术的标准。这就明显地涉及到价值和价值学。

价值学的研究，可以规范人文科学内容，缓和"人际冲突"。

缓和"人际冲突"是当今世界人心所向。缓和"人际冲突"的方式有很多，政治的、经济的、文化的等等，其中人文科学是一个重要方面。在一定意义上说，人的行为的冲突来自思想的冲突，而思想的冲突来自观念、理论的冲突。通过价值学研究，规范人文科学内容，可以在一定程度上规范人的思想和行为，从而疏导冲突和缓解冲突。

因为，所谓人文科学，是指以人和人的世界为研究对象的一类科学，是人对人的研究。人文科学这一特点决定了"在一定范围内，人文科学中的理论和学说是价值论的，已知的人类现象不能简化为客体的状况，除非你抹杀它们的本质特征，况且，当理论家把自己的解释模式应用于这些现象时，他总是带有或公开明言或秘而不宣的意图，企图对他所在社会中的行动、这种行动的过程或某一方面施加影响。"[1]

因此，人文科学离开价值是不可想象的。人文科学与价值的联系表现在三个方面：（1）研究客体的价值；（2）研究

---

[1]　弗朗索瓦·佩鲁：《新发展观》，华夏出版社1987年版，第100—101页。

主体的价值和他所选择、采纳的价值观；（3）研究活动及其成果的价值。正因为如此，"一般说来，了解思想、行为或工作而不对之作出评价是不可能的。如果我们不能适当地作出评价，如我们经常所做的那样，我们就不会恰如其分地在理解上取得成就。不让从前面进入政治学、社会学和经济学领域的价值判断，却从后门进入了这些学科。"①

其实，要作价值判断的岂止政治学、社会学和经济学，一切研究人和人的行为的人文科学都需要作价值判断，要受到价值学的影响，许多人文科学家都明确地肯定了这一点。譬如文学，"不谈价值，我们就不能理解并分析任何艺术品。能够认识某种结构为'艺术品'就意味着对价值的一种判断。"② 在心理学方面，"可以说，价值问题直接'进入'现代社会心理学中"③。教育自古以来就是要培养有一定价值观点的、能发挥某种有益于社会职能的个性，它是人的发展的一种价值限定。日本筑波大学松岛钧指出："教育的问题不是指发展的单纯的事实。人的发展是一种有意识的努力，这种努力基于人本身具有广泛的可能性这一前提，使之按照一定的价值观成长起来。因此，人本身对于发展因素的价值判断，自然极大地左右

---

① 詹姆斯·A. 古尔德等：《现代政治思想》，商务印书馆1985年版，第66页。
② 韦勒克等：《文学理论》，三联书店1984年版，第164页。
③ 安德列耶娃：《西方现代社会心理学》，人民教育出版社1987年版，第32页。

着教育的方式。"① 同样，对于法学来说，"价值问题是不能回避的，即使对我们逐一考察的基础也是如此。因为，我们需要这些价值哲学的指引，以便评价结果和事实并权衡多种对抗的利益。我们若不指出法律体系与促进的价值，就不能具体说明法律的限度。"② 对于史学，现在一般认为它不同于史料，历史学是对客观历史事实具有的理论负荷和价值负荷的重构。中国传统史学一直主张事实判断和价值判断的统一，"寓褒贬，别善恶"③。总之，人文科学是在一定价值学说的引导下进行的，它包含着价值理论的内容，客观上影响着人们的价值观念和行为的价值导向。

价值学的研究，可以丰富哲学的内容，强化哲学的价值功能，促进人的全面发展。

哲学是一种系统化和理论化的世界观，哲学的根本问题是人与世界的关系、人在世界上的地位问题。哲学的性质决定了哲学必然包含有价值理论的内容。苏联哲学家 A. H. 科切尔金指出，哲学是否过于注重科学了，并不是说，哲学应该少依靠一点科学，哲学依靠科学资料，原则上说不可能过分。这里所说的是另外一种情况，与真相比，同样重要的还有调节行为的诸多因素，如善、美、义务、良知、诚实，等等。

---

　　① 筑波大学教育学研究会：《现代教育学基础》，上海教育出版社 1986 年版，第17 页。

　　② 戈尔丁：《法律哲学》，三联书店 1987 年版，第 133 页。

　　③ 《三字经》。

　　哲学包含有价值理论的内容，这在哲学史上早就如此。在中国古典哲学中，价值理论一直是一个重要方面。哲学家们在天人合一、知行合一、情景合一中探索真、善、美，在义与利、理与欲、志与功关系的论述中阐发价值学说思想。在西方，康德明确提出真、善、美的三维哲学结构。马克思也多次强调人类对于世界真、善、美的多种方式的把握。只是由于近代科学的迅速发展，使得哲学家们一度比较注重科学问题而对哲学中的价值问题有所忽视。20世纪以来，由于科技进步的双重结果，造成"人类困境"和"人际冲突"，哲学中的价值问题又重新引起哲学家的关住。

　　哲学的价值学内容表明，哲学具有价值功能。它通过对世界的评价（解释和批判），引导人们对价值的选择和对禁令的把握，具有解释作用、批判作用、选择作用和禁止作用。对于马克思主义哲学来说，就是帮助人们树立共产主义世界观，坚定社会主义一定要代替资产本主义的信念。

　　具体地说，马克思主义哲学的价值功能表现在，在了解客观规律的基础上回答未来将如何，人应当怎么做。弄清楚在社会生活领域什么是进步的、什么是落后的，什么是真善美、什么是假恶丑，什么应当肯定、什么应当否定，最终使人明确，我们应当做什么和不应当做什么，从而为着人的全面发展和人类社会的全面进步而规范、调节人和人类的思想和行为。

加强价值观念的研究[*]

一

我国价值理论研究已经发展到了一个新的阶段。可以说，许多表层问题都有所涉及，不少方面取得共识，有的虽有争议，但看来一时也难有大的进展。现在，摆在我们面前的迫切任务是：如何选取一个新的问题，从一个新的角度切入，把我国价值理论研究推上一个新的台阶。

应当说，价值理论中的每一个问题，都可以也应该有人继续进行探索，但从全国范围看，适当集中力量，突出重点难点，由此带动整个价值理论的发展，这是很有益处的。当然，这个新问题、新角度是什么，不同的人会有不同的看法，但在原则上它应当是一个深层次的、全局性的

---

[*] 本文发表于《哲学研究》1992 年第 9 期，原题为《价值观念研究与价值学的发展》。

问题，并且具有重大的现实意义，或者说是价值理论和我国社会主义现代化建设的一个结合点。我认为，价值观念就属于这种问题，至少是问题之一。我们应当重视和加强对价值观念的研究。

回顾价值学形成、发展的历史，我们不难看出，价值理论研究的价值问题就在于价值观念。无论国内还是国外，都是由于社会的开放、交流和历史步伐的加快，各种文化思潮、价值观念相互冲撞、发生冲突和危机，人们才开始价值理论研究，兴起价值学和发展价值学。人们研究价值学的目的，就是为了适应科技进步和社会发展的需要，分析、评判各种文化思潮和其中所蕴涵着的价值观念，帮助人们在新的历史条件下自觉进行价值观念变革，树立正确的价值导向，以顺应历史的潮流，推进人和社会的持续、协调发展。

价值观念是价值学研究的起点和终点，也是价值学理论的中心。从价值的本质、价值的作用到价值的创造、价值的认识、价值的实现，其中每一个部分都离不开价值观念和对一定价值观念的看法。也可以说，价值学的每一个部分都在阐述和表达一种价值观念。价值观念为确定人与世界的价值关系提供尺度，为人的实践活动和认识活动提供导向，为人的社会生活和文化选择提供依据。研究价值观念，有助于明确价值学研究的目的，有助于强化价值学的社会功能，有助于从整体上带动价值学向前发展。

从哲学的角度看，价值观念研究的意义也是很明显的。哲学是世界观和方法论的统一，是科学性和意识形态

性的统一，而价值观念就属于世界观，属于意识形态。这
就决定了哲学理论包括价值理论，哲学世界观包括价值
观，哲学命题总是力图从整体上把真、善、美统一起来，
把知识和信仰、理性和非理性统一起来，在把握世界客观
规律的基础上，了解世界对于人的价值，为人类活动提供
理想、信念和价值导向。价值观念是哲学研究的主要内容
之一，是哲学教育的主要目的之一，是哲学理论转向社会
实践的主要环节之一。没有价值观念内容的哲学，是一种
不健全的、缺乏魅力的跛足哲学。

　　价值观念研究还关系到我国社会主义现代化建设。现
代化是一个社会历史范畴，包含诸多内容，有人侧重于经
济方面理解，有人侧重于政治方面理解，有人侧重于科技
方面理解，这都没有错，但并不全面。现在世界上许多有
识之士已经认识到，社会现代化从根本上说是人的现代
化，是人的素质的现代化，是人的观念的现代化。人的行
为总要受思想观念的支配，思想观念的更新对人的素质提
高和社会发展进步起着不可估量的作用。

　　现代化是相对于传统而言的。传统是一种文化现象。
传统是历史长河中的文化遗产，由一定的文化要素所构
成，具有一种文化力量。粗略地说，传统也就是文化传
统。那么，什么是文化传统的主要内容呢？就是价值观
念。价值观念是文化的内核，最重要的组成部分。固然，
可以同意"文化即人类活动及其产品"这样的定义，相
对于"自然"来说，强调文化的"人化"性质，这自有
一定的道理和意义。但是，这只是文化的浅层表现，在人

化世界中由于它无所不包也就失去了存在的意义。由此推论下去还会得出：谁占有的劳动产品多谁就最有文化，那些不劳而获的剥削者就成了最有文化的人，那些大腹便便的酒囊饭袋也就成了满腹经纶的酒文化和食文化的专家。这显然是不正确的。文化的真正内容是投射、凝聚在劳动及其产品中的人的行为方式和价值观念。从根本上说，文化就是一系列有机组织起来的价值观念。只有抓住价值观念，才是抓住了文化的根本。

在这个意义上，传统或文化传统，也就是传统价值观念。所谓现代化，一个重要的内容就是实现传统价值观念向现代价值观念的转变。当前，人们正在研究"企业文化"、"校园文化"、"商业文化"等等，也就是要通过一定的文化设置、文化活动，倡导一种文化精神，把价值观念带给并渗透到人们的意识之中，成为人们的生活目标和行为规范，由此促进社会主义现代化建设。

总之，研究价值观念，建构并完善中国特色社会主义价值观念体系，帮助我国公民特别是青年一代以崭新的、正确的价值观念走向 21 世纪，是马克思主义哲学工作者的一个重要课题。

二

价值观念研究是一项困难的工作。研究价值观念就是人类自己研究自己，自己反省自己。科学史证明，人类了解外物比较容易，了解自己最为困难。因此，近年来我国学术界对价值观念虽有一定研究，但成效并不显著，价值观念研究的理论水平与价值观念概念的使用频率还很不相称。谈此问题，大都限于宽泛、抽象和空洞。

当前，需要着重考虑的价值观念问题，除一些基本概念外，主要有三个。

1. 价值观念体系问题。价值观念是一个系统。我们知道，观念是人们关于客观对象的观点、看法，而每一类观念都可按反映对象的角度分为价值观念和非价值观念两种。非价值观念是人们关于客观对象的规律、趋势的观点、看法，价值观念则是人们关于客观对象的价值的观点、看法。人类的自然观、历史观，都包括价值观念和非价值观念两种；人类对自然、社会的作用，都包含着价值观念和非价值观念两种观念的作用。这就是马克思当年所讲的人的活动不同于动物活动的"两个尺度"的思想，真、善、美相统一的思想。

所以，按照价值观念的对象，那种把价值观念只是归结为一个伦理道德问题的做法是不确切的。世界观包括价值观念，自然观、历史观、人生观包括自然价值观念、历史价值观念、人生价值观念。

按照价值观念的主体，价值观念又可分为人类价值观念、民族价值观念、阶级价值观念和个人价值观念等不同形式，它们分别以人类主体、民族主体、阶级主体和个人主体为参照系，表达不同主体对某类客观事物价值的不同看法。价值观念研究不仅要研究一般价值观念，而且要研究这些不同层次、不同类型的价值观念，全面地揭示和把

握它们之间错综复杂的关系。特别是个人价值观念，它和
人类、民族、阶级价值观念之间无疑有相一致的地方，否
则，他就不可能成为人类、民族、阶级的一个成员而生活
于这个群体之中。但是另一方面，个人价值观念又确实存
在不同于人类、民族、阶级价值观念的地方。我们现在强
调对公民进行价值观念教育，这就意味着个人之间、个人
和社会之间在价值观念上还存在着某些不一致。如果每个
人的价值观念都是相同的，个人和社会的价值观念都是天
然一致的，那么价值观念教育也就成了无谓之举。

2. 价值观念作用问题。对于价值观念在社会生活中
具有作用，人们没有什么分歧；要概括出价值观念有哪些
作用，也不存在特别大的困难。主要问题是，对于价值观
念是如何起作用的，理论上还不甚清楚。我觉得现在至少
有两个问题值得进一步讨论。

首先，价值观念作用的形式。价值观念不是赤裸裸、
孤零零地存在着的。一个社会、民族、阶级的价值观念存
在于它的行为和产品（物质产品和精神产品）之中，特
别是渗透在哲学、科学、文艺、宗教、法律、制度，以及
风俗习惯之中。要变革人们的价值观念，就必须看到这种
种因素的综合作用，任何一个方面的缺陷，都可能影响整
体效果。价值观念教育是个系统工程。我们要研究各种文
化形式在建构和改变人们价值观念中的作用，研究各种形
式在整个价值观念教育中的地位，以及各种形式之间相互
影响、相互作用的规律和特点。

其次，价值观念作用的机制。价值观念往往不是简单

地、直接地作用于每个人的，而是通过价值规范、价值准则等许多具体形式发挥作用，实现它对人的行为的影响。在这个意义上，价值观念可以看做是由一个主观念和多层次的次观念所组成的一个同心圆。借用现代科学哲学的语言，每一社会、民族、阶级的价值观念都有一个硬核（主观念），以及与之相适应的保护带（次观念）。一般地说，硬核、主观念相对稳定，保护带（这里最好叫作用带）、次观念易于变化；硬核、主观念比较抽象，保护带、次观念则比较具体，有可操作性。

在这个问题上有两种做法都带有一定片面性。有的人只知道自己所直接感受到的价值规范、价值准则这些次观念，忘记了或者根本不了解自己的主观念，知其然而不知其所以然。这就容易混淆、颠倒手段和目的的关系，迷失在手段之中，找不到人生的根本目的和意义。另外，也有人只知道抽象的主观念，看不到价值规范、价值准则这些次观念及其作用。其结果，主观念就有可能流于形式，难以得到真正的贯彻与执行。这种认识上的简单化，也很难解释许多复杂的社会现象。例如，大家认为，美国是个人主义最盛行的国家；个人主义是社会的瓦解剂、腐蚀剂。以此推断，由这两个正确的前提必然会得出美国社会生产和生活一团糟这样的结论。然而，事实并不完全如此。有的人对此感到难以理解。其实，这里存在许多中介因素需要分析，一个重要的因素恐怕就是在个人主义价值观念的周围还存在着多层次的制约规范，如各种各样的法律、制度等。这些制约规范既保证了个人主义"长处"的发挥，又在一定程度上限制了个人主义的某些"短处"。这正是资本主义在几百年历史中形成的上层建筑的精巧之处。我们应该研究这种现象，并以此为借鉴，建立一个以集体主义为核心的、结构严整、层次分明的中国特色社会主义价值观念体系。

3. 价值观念变革问题。一般地说，一种价值观念一旦形成，便会在一个较长的时期里发挥作用，具有一定的稳定性。但作为社会意识形态，价值观念必然反映时代的变迁，随着社会的变化而变化。社会潮流毕竟比传统观念更有力量。价值观念的变化是一个不以个人意志为转移的客观现象。

在历史上，一切进步的阶级总是始终抱着改革开放的态度，变革那些已经过时的陈腐观念，站在时代前列引导社会前进。由于社会价值观念必然是占统治地位的统治阶级的价值观念，因此，社会价值观念的变革要依靠本阶级先进的思想家去总结和概括、去思考和探索，然后运用多种手段，通过多种形式去宣传群众，教育群众。要研究各个不同国家的思想家在社会转型过程中特别是在现代化过程中，是如何从广大群众生活中提炼新的价值观念和引导全社会实现从传统价值观念到现代价值观念的转变，探索转变的过程及其不同阶段，以及思想家们在研究和宣传中，哪些因素起了作用以及是如何起作用的。

个人价值观念变革以浓缩的形式重演社会价值观念变革的过程。不同的是，个人价值观念变革的途径是多重的，可以通过家庭、学校、社会的教育接受社会价值观念，可以在社会生活中通过对社会规范、社会态度的体验认同社会价值观念，也可以通过效仿那些率先实现了价值观念变革的先进人物而与他们形成共识。我们要研究社会价值观念教育中真理的力量、人格的力量及其相互关系，研究个人认同社会价值观念中理性因素、非理性因素及其相互关系，研究个人价值观念变革的心理结构和心理过程，从中揭示价值观念教育与接受不同于科学知识的特殊规律性。

价值观念变革始终存在着一个正确与否的问题。我们不能简单地以出现时间的先后论新旧，更不能以时间的先后论对错、好坏。究竟如何，要由我国社会主义建设的实践来检验，要看这种价值观念的变革是否有利于发展社会主义的社会生产力，有利于增强社会主义国家的综合国力，有利于提高人民的生活水平，特别是有利于促进人的全面发展和社会的全面进步。

三

价值观念及其变革也是一个现实问题。谈到价值观念及其变革，就离不开"古今中外"的价值观念。

我们要建立的价值观念体系，当然是对我国传统价值观念的合理继承，全盘否定传统，不应该也做不到。而要继承传统，首先要研究传统，对我国传统价值观念特别是主观念有一个确切的认识。然而在目前，人们对此见仁见智，分歧甚大，需要继续加强研讨。

　　凡传统都有两重性。马克思主义对传统历来主张批判继承的态度，取其精华，去其糟粕。这就要求对传统价值观念中哪些是精华，哪些是糟粕，有深入的研究和稳定的共识。即使那些历史上起过积极作用的价值观念，我们也要根据现实加以分析、改造，确切了解它与我们今天倡导的价值观念的异同，不能简单移植或相互混淆。

　　对于外国（这里主要指西方资本主义国家）的价值观念，也需要以严肃、认真的态度加以研究，一切都好，一切都坏的看法均不足取。

　　作为一个长期存在的国家、民族，无论东方还是西方，都肯定具有某些优秀的价值观念，如勤劳勇敢，追求真理，不断进取。一般地说，这是任何国家、民族都具有的价值观念，否则就无法解释它的存在和发展。

　　在世界文明史上，各个国家、民族都存在着阶级对立。由此，各个国家、民族的价值观念也相应地存在着先进的和落后的区别。在各国劳动人民中间，必然存在着某些相似的价值观念，在日常生产生活中所表现出的价值观念，有的可能是没有政治性的。尺有所短，寸有所长。各个国家、民族之间可以取长补短，不断地完善自己的行为方式和价值观念。

　　无论研究古代的还是外国的价值观念，目的都是为了建立和完善中国特色社会主义价值观念体系，也就是毛泽东说的要古为今用，洋为中用。而要真正做到这一点，更主要的是要了解我们自己目前的价值观念。

　　通常，人们自以为了解自己的价值观念，其实未必，对于不少人来说，自己的价值观念是什么并不完全清楚。这与价值观念的特点有关。价值观念在很大程度上是人们在长期社会化过程中不知不觉地积淀在思想深处的；在某一特定的社会环境里，一种价值观念为大多数人所共有，被当做"不言而喻"的东西，成为一种"集体无意识"；在活动过程中，价值观念时常带有"自发"的特点，表现为"不假思索"等情形；在一般情况下，价值观念是我们思考的工具而不是思考的对象，极少引起人们的注意。只有当社会环境发生变化，原有的价值观念遇到障碍的时候，人们才会想起自己的价值观念，回过头来反思、研究自己的价值观念。

研究我们自己的价值观念，要注意"今"、"明"两个时间维度。就是说，我们既要了解我国公民现实价值观念"是什么"，又要把握我国公民未来的理想价值观念"应如何"。只有这样，才能在"是"与"应当"之间、"现实"与"理想"之间发现差距，以便确定我们变革价值观念的方向和内容。

要研究我国公民当前的价值观念，绝非一件易事。就来源看，我国公民受到多种价值观念的影响，主要有三个方面：（1）马克思主义价值观念；（2）中国传统价值观念；（3）现代西方价值观念。我国公民的价值观念实际上是上述三种价值观念综合作用的结果。我们不能想当然地把我国公民的价值观念简单地归结为哪一个方面。还需要注意的是，不同时期、不同地区、不同职业、不同年龄层次的人，由于自己的地位、经历、素质的不同，受上述三种价值观念的影响程度也不一样。没有区别，就没有政策。我们在了解我国公民当前主要价值观念的同时，也要了解其多样性，分门别类地加以研究。

研究我国公民现实价值观念，还存在一个方法问题。通常，我们把价值观念作为一种社会现象，采用问卷、座谈等社会学的调查方法，直接询问被调查者对某类事物的态度和对某类行为的取向，这是非常必要的。但是，我们还要看到，价值观念作为一种特殊的社会现象，只是用上述方法似乎不够。且不说有些人弄不清楚自己的价值观念，就是那些弄清楚的人，由于关系到自己的内心世界、灵魂深处，以及某些社会现实政策，因此在回答某些问题时就可能会有所顾忌，既有"言，心声也；书，心画也"的情况，也有"心画心声总失真"的情况。研究价值观念比较可靠的方法是哲学的实践方法，"听其言，观其行"，也就是毛泽东所说的要看实践，看效果。具体地说，就是在对人们的社会行为，特别是在重大社会事件和社会热点问题上的实际表现（所说或所做）的研究中，发现和确证人们实际具有的价值观念。

我们所需要的价值观念，当然是社会主义的价值观念，在马克思主义指导下，反映社会主义的基本特征和发展趋势。这是我们研究价值观念的一个基本原则。社会主义在发展中，我们现在还处于社会主义初级阶段，社会主义初级阶段的价值观念和社会主义高级阶段（共产主义）的价值观念，都是我们所要研究的。我们要在整个社会主义历史时期坚持宣传共产主义价值观念，以共产主义价值观念为理想目标，倡导人们发扬共产主义精神和风格。我们更要立足于现实，从现实国情出发，把价值观念的先进性要求和广泛性要求结合起来，鼓励先进，照顾多数，既要看到共产主义价值观念和社会主义初级阶段价值观念本质上的一致，又要看到二者层次上的差别。

这里也有一个对什么样的价值观念是最好的价值观念的理解问题。在生产关系方面，过去有人抽象地认为所有制公有化程度越高越好，现在已很少有人这样看了。大家普遍意识到：只有与现存生产力性质和状况相适应的生产关系，才是我们现在所需要的、对我们真正有价值的生产关系。价值观念属于意识形态（上层建筑），它是否也如同生产关系必须适合生产力一样，存在一个适合生产关系（经济基础）的问题呢？如果不是这样，那我们将以什么作为尺度来衡量一种价值观念是否科学、是否最有价值？如果是这样，那么紧接着的问题就是，在社会主义初级阶段，存在着以社会主义公有制为主体的多种经济成分，与之相适应，我们需要有一个什么样的价值观念体系呢？这有待于我们进一步地研究和探讨。

毫无疑问，价值学理论远不止价值观念一个问题，价值观念中的问题也远不止上述这些，但在目前的情况下，如果我们经过努力能够在上述问题上取得较大进展，相信必将有力地促进我国价值理论的发展，并由此推动我国社会主义现代化建设。

价 值 与 需 要 [*]

一

人的需要是人对其生存、享受和发展的客观条件的依赖和需求。它反映的是人在现实生活中的匮乏状态，可以理解为人反映现实的一种特殊形式、积极行动的内在动因。正如马克思所说，任何人如果不同时为了自己的某种需要而做事，他就什么也不能做。

在最一般意义上，需要是一切生物体的共同特征，是生物区别于非生物的一个标志。生物体的自我保存和自我更新依靠对外部事物的摄取和交换，无生命物体对外部条件不存在定向选择，因此也就不发生需要问题。人的需要是生物需要的一种特殊形式，它与其他生物、动物的需要

---

* 本文发表于《人文杂志》1991 年第 5 期，原题为《关于价值与需要关系的再思考》。

有本质区别。

　　动物的需要是天生的，而人的需要就其主要方面来说是人自己创造出来的，人可以认识需要、调节需要，在社会活动中创造需要。动物的需要仅限于生物体新陈代谢的范围，它以自然本能的形式表现出来，人的需要本质上是一种社会性的需要。即使是人的自然需要，也不能不受社会条件的制约，并通常以社会特有的方式得以实现。动物的需要几乎不发生变化，年年如此，代代如此，人的需要则在实践特别是在生产实践发展的基础上不断发生变化。动物的需要是相同的，没有个性，而人类的需要既有共性又有个性，会因"文化的差异"相去甚远，一个民族的美食在另一个民族看来可能难以入口。动物的需要对象是自然形成的，而人的需要对象则主要是人自己创造出来的。人根据需要和现实条件，创造出世界上不曾有过的而能满足自己需要的事物。动物的需要是有限的，人的需要具有无限的丰富性和不断发展的趋势，呈现出基于生产发展规律的"需求上升的规律"。最后，动物只需要直接的消费品，人则不仅需要劳动的产品，而且需要创造劳动产品的劳动，随着人类的发展，劳动将不仅仅是谋生的手段，而且本身成为生活的"第一需要"。

　　马克思、恩格斯从哲学的高度，把人的需要概括为生存需要、享受需要和发展需要，把人的需要的对象物分为生存资料、享受资料和发展资料，把人的权利分为生存权、享受权和发展权，把人的活动分为为生存而斗争、为享受而斗争和为发展而斗争。

人的需要的特点和内容表明，价值是对人而言的，只有人才存在价值问题。所谓某事物是有价值的，就表示它能够满足人、阶级或社会的某种需要，成为他们的兴趣、意向和目的所追求的对象。

二

人的需要作为价值的尺度，在理论上成为打开和进入价值王国大门的一把钥匙。在一定意义上可以说，有什么样的需要理论也就有什么样的价值理论，价值的种种问题在很大程度上要通过需要来解决。

1. 需要的性质和"价值质"。人的需要有不同的性质，既有正当的、合理的需要，也有不正当的、不合理的需要，由此也就决定了价值也有不同的性质，既有正价值，又有负价值。

人的需要并非都是天然合理的，都必须满足的。有些属于正当需要，也就是有利于人和人类的生存、享受和发展的需要，这应当予以满足。能够满足主体的正当需要的客体就是对主体有价值的，不能满足或者有碍于满足正当需要的客体就是没有价值的。但是，人还有不正当的需要，这种不正当的需要，不仅不应当满足而且要加以限制。

人的哪些需要是不正当、不合理的呢？

（1）虚假的需要。所谓虚假的需要就是主体自以为需要而实际并不需要，只是由于外部的舆论导向和主体赋予需要物以某种象征而加以追求。如通常吸烟的需要（吸毒就更不用说了），吸烟者强烈地感到自己需要吸烟，但这种需要并不反映主体生存和发展的客观必然性，只不过是后天形成的一种主观嗜好。不少青少年把吸烟视作风度的象征、成熟的表现和善于社交的标志，而实际得到的却是对身体健康的严重损害。因此，这是一种不正当、不合理的需要。

（2）过量的需要。人的现实需要都有一定的限度，超出一定的限度，正当的、合理的需要就变成了不正当、不合理的需要。我们知道，一定程度的自尊和荣誉感，可以激发人的上进心，促进人们勤奋工作，取得成就。但是如果一个人陷入名缰利锁，不择手段沽名钓誉，甚至欲壑难填，不顾礼义廉耻"一切向钱看"，那就不再是一种正当的需要，就失去了它本来的合理性。这种需要不仅不能给以满足，而且应当受到社会谴责。

（3）冲突的需要。每个人都有多种需要，构成一个需要系统，正当的需要应是同其他需要相互协调和相互促进的，一种需要的满足应有利于其他需要的满足。反之，一种需要的满足严重干扰和阻碍其他需要的满足，那就可能成为不正当的需要。这是一个人（或一个集体）多种需要之间的冲突，是一种"内部冲突"。此外，还有个人与个人之间、个人与集体之间，以及集体与集体之间的需要的冲突，这是一种"外部冲突"。一个人的某种需要，如果把它孤立起来，就这个人来说可能是无可指责的，是一种正当的需要，但是如果把它放在集体、社会关系之中就有了两种可能性，既可能相互吻合、协调，也可能相互对立、冲突。当个人需要的满足有损于他人，有损于集体、社会需要的满足时，它就可能成为不正当的需要。

由于需要有正当的需要和不正当的需要，因此价值也就有正价值和负价值。能够满足主体的正当需要，或有助于限制主体的不正当需要的客体，就被称为是有正价值的。而不能满足或严重妨碍满足主体的正当需要，以及有利于主体不正当需要得以满足的客体，就被称为是有负价值的。由于日常用语的习惯，人们通常把正价值简称价值，就像我们平时从不把我有一百元钱说成我有正一百元钱一样。所以在一般情况下人们所说的某事、某物、某人的价值，实际指的就是它（他）的正价值，表示它（他）能够满足人的某种正当的需要，对主体具有肯定的意义或积极的作用。

严格地讲，在正价值和负价值之间还有一种零价值。零价值既不是正价值也不是负价值，其价值为零。

2. 需要的数量和"价值量"。人的需要不仅有正当与否的性质问题，而且还有层次、数量以及满足程度等量的问题。

满足主体高层次需要的事物和满足主体低层次需要的事物，其价值的高低是不同的。这里又有两种情况，对那些低层次需要已经满足的人来说，能够满足其高级需要的比满足其低级需要的具有更高的价值。而对那些低层次需要尚未满足的人来说，能够满足其低级需要的比满足其高级需要的具有更大的价值。在一个饥肠辘辘的人眼中，具有最高价值的莫过于食物了，其他一切事物在食物面前都会黯然失色。

在同类的两个事物中，由于它们能够满足人的需要的程度不同，也会表现出不同的价值。在选择决策方案时，决策者会说甲方案是最优方案，比其他方案更有意义，价值最大。在商店购买商品，顾客会说这个比那个更有用或更美，这个比那个的价值更大。

就主体而言，人们一般从总体上把主体需要量大的事物看做价值较大，需要量小的事物看做价值较小。相反，对事物来说，人们一般从总体上把存在量大的事物看做价值较小，而把存在量较小的事物看做价值较大。

实际上，客体对主体不仅有正、负和零三种不同性质的价值，表现为好坏或有无，而且还有最好、很好、尚可以及一般、较坏、很坏、最坏等不同量的价值。价值是一个连续体，正和负、好和坏不过是这个连续体的两个端点，正或好是一端，负或坏是另一端。除了这两个端点之外，中间还存在着大量的不同量的价值，组成一个价值模糊集。非好即坏，非真即假，非善即恶，非美即丑这种简单的二分法无法反映主客体之间错综复杂的价值关系。

3. 需要的饱和点和"价值度"。人的需要既然涉及质和量，根据辩证法的观点，它也就必然存在着饱和点和饱和界限。人在一定条件下占有客体是有一定的数量限制的，主体的摄取一旦超过这个界限，正当的需要就变成不正当的了；客体对主体的满足一旦超过了需要量，越过了饱和点，有价值的就变成没有价值的了。一般地说，主体物质需要的饱和点比较明显；精神需要的饱和点不太明显，一是不好量化，二是弹性较大。但无论物质需要还是精神需要，饱和点都是客观存在的。如安全的需要，人需要安全，但强调过分，就会胆小怕事，畏首畏尾，缺乏创新、进取精神。

由于人的需要的饱和点的存在，事物对人的价值实际存在着一定的度。在度的范围内，随着事物满足主体需要程度的提高，事物对人的价值也在提高；但当超过了这个限度时，客体的实际价值便开始降低，直到由正价值变为负价值。人人都晓得食物的价值是会随着需要的逐渐满足而逐渐降低的，超过饱和点就可能走向其反面，变为有害之物。

4. 需要的种类和"价值态"。人的需要是多种多样的，与之相应价值也是多种多样的，表现为不同的形态。从需要的主体说，有个人需要、集体（阶级）需要、社会需要和人类需要，于是，价值就有个人价值、集体价值、社会价值和人类价值。从需要的客体说，人有物质需要、精神需要以及人对人的需要，于是，客体对主体的价值就有物质价值、精神价值和人的价值。从主体对客体的需要内容说，人有功利需要、真善美的需要和自由的需要，相应地，价值就有功利价值、科学价值、道德价值、审美价值以及自由的价值。从主体对客体的需要的目的说，人需要生存、享受和发展，这样价值也就有生存价值、享受价值和发展价值。

三

人的各种需要可能是同时并存的，在各种需要中一般存在着一种可称之"优势需要"的需要。这种需要同其他需要相比具有较大的强度，显得十分急迫和强烈。一般认为，能够满足主体"优势需要"的客体是对特定主体最有价值的客体。因此，有些东西对人是十分重要的，如空气或水，与人生命攸关，须臾不可离开。可实际上人们平时对它并不珍惜，感到一杯水、一桶水没有多大价值。相反，有些东西对于人类的生存和发展并无多大意义，如项链、戒指，但人们却觉得它有很高价值，常常要花费大量的金钱去购买。究其原因，就是由于水或空气的重要，项链或戒指的不重要是就这类事物从总体上与人类的关系而言的。而在一定的情境中，一定量的水或空气不构成某人的"优势需要"的对象，而对项链或戒指的需要则成为众多需要中的"优势需要"。苏联美学家斯托洛维奇指出："现象的价值尺度也取决于对它需要的迫切程度，而这本身又不仅受到需要的尖锐性而且受到满足它的可能性的制约。"他举例说，空气有价值吗？当然不是它本身有价值，而是因为没有它有机体就无法生存；但是空气价值的尺度取决于它是否足以供给呼吸。它越是在稀薄的地方就越有价值。面包具有价值吗？是的，如果它作为食品必不可少的话。但是饥饿时面包比任何其他财富都珍贵。每个集邮家都知道，邮票越是稀有，它就越有价值，并且，这里说的不仅是邮票的货币价格，也是一种集邮价值。因此，"具有积极社会意义的任何一种现象的价值都同它的独一无二性和稀有性成正比"①。

人的"优势需要"不是固定的。随着需要的满足，强度减弱，优势失去，客体的价值也就降低。在需要的任何一个周期之内，同类和等量的客体的每一次追加，其价值都较前一次为低。

"优势需要"不是抽象的。（1）某类客体在数量上超出某一主体需要量的范围，其超出部分实际上是该主体所不需要的，因而被认为是没有价值的。奥地利经济学家卡尔·门格尔举例说，在原始森林居住的人，支配着数十万株树木，而完全满足其木材的需要，则每年不过二十株树木就够了。因此，纵然野火烧掉了一千株树木，由于其余的树木还能完全满足其需要而有余，所以他的需要的满足，就可以说丝毫没有受到损害。在这种情况下，一株两株树木的有无，对于他的需要的满足，可以说毫无影响。因此这一株两株树木对于他就完全没有价值。反之，假如原始森林内另有十株野生果树，而这个果树的果实，就为这个人日常所食用，且其数量关系还是支配量小于需求量，则这个果树哪怕是仅仅枯死一株，这个人就将要忍受饥饿，至少也不能如从前那样地满足。因此，这些果树无论哪一株，对这个人都是有价值的。（2）一种需要能否

---

① 斯托洛维奇：《审美价值的本质》，中国社会科学出版社1985年版，第154—155页。

成为"优势需要"，它既取决于需要客体，也取决于需要主体。同一客体既可能成为某主体的"优势需要"的对象，被看做很有价值，也可能不成为"优势需要"的对象，被看做没有什么价值。正是由于主体需要及其强度的不同，同一客体所表现的对主体的价值的性质或程度也不同。奥地利另一经济学家欧根·庞巴维克举例说，一个人居住在涌泉的旁边，他注满了一杯水，而每分钟继续涌出的泉水足够注满一百杯；另一个人在沙漠中旅行，在灼热的沙漠走了一整天，他离最近的绿洲还很遥远，而他只剩下一杯水。在前一场合，少了这杯水也不会使他的满足减少些，因此，这杯水不可能是他得到满足的一个不可缺少的条件，对他的需要来说，这杯水是可有可无的，无足轻重的。但是在后一个场合，那就完全不同了。在这里，如果旅行者没有最后那杯水，他就不能解渴，他就必须忍受干渴的痛苦，甚至可能因此而死亡。所以，在这一场合，这杯水不单是这个旅行者满足需要的一个因素，而且是不可缺少的条件。在这里，这杯水对主体的需要非常重要，因而具有很高的价值。

以上所讲的客体对主体的价值实际上是一种"边际价值"。它不是某类客体对于人类所具有的"总价值"，而是某一特定情境中某一客体与某一主体"优势需要"相关的一种价值。这种价值的大小取决于特定条件下特定客体的数量和特定主体的需要强度两个方面。对于同等的需要强度，客体数量多的价值小，数量少的价值大；对于同等数量的客体，需要强度大的价值大，需要强度小的价值小。所以，尽管有些客体总体价值很高，边际价值也很高，有些客体总体价值很低，边际价值也很低，但也确实存在着一种相反的现象，有些客体总体价值很高，而有时边际价值却很低，如日常生活中的水或空气；有些客体总体价值很低，而有时边际价值却很高，如项链或戒指。捷克斯洛伐克哲学家布罗日克说得对："获得人们最高评价的东西往往不是那些自然地服务于我们需要的东西，而正是那些不能满足我们需要的东西；我们给予最高评价的东西也并不是我们最需要的那些东西，而是稀有的珍品，因而也就是人们所向往的东西。"①

　　对于马克思主义价值学来说，客体的"总体价值"和"边际价值"概念都是需要的，我们既承认水对于人类具有极高价值，又承认对具有充足水源的某个人来说，一杯水没有多大价值。只有把"总体价值"和"边际价值"结合起来，才能比较准确地反映主客体之间错综复杂的价值关系。

---

① 弗·布罗日克：《价值与评价》，陕西人民出版社1999年版，第58页。

价 值 与 文 化*

　　最近几年，在我国理论界和现实生活中，有两个问题人们谈论较多，一是树立正确的价值观问题，一是发展先进文化问题。这是两个紧密联系的重大理论和现实问题。

一

　　20世纪70年代以来，特别是自90年代开始，国内外学术界对价值观问题备感兴趣。"亚洲价值"和"普世伦理"的讨论，"文明的冲突"和"文明的共存"的争议，以及关于人权和主权关系的辩驳等等，都直接或间接地把价值观问题凸显出来。经济全球化、政治多极化、文化多元化的世界格局，促进了人们对不同价值观的关注。一些学者不仅探讨价值观的理论问题，而且从价值观的角度思考各种社会经济、政治问题，解释诸如亚洲振兴和亚

　　* 本文发表于《河北学刊》2005年第1期，原题为《关于价值与文化问题》。

洲金融危机，苏联解体和东欧剧变，"第三条道路"的提出和经济全球化的趋势等。

当前，人们活动的环境和方式发生了重大变化。一是人们交往频繁、范围扩大，由"熟人世界"逐步过渡到"陌生人世界"；二是社会变革力度加大、发展速度加快。在以往一个相对固定、相对稳定的社会环境里，某一价值观为大家所共享，它畅通无阻，被当做不言而喻、不证自明的东西，成了一种"集体无意识"，极少引起注意和反思。而当人们活动的环境和方式发生了迅速、巨大的变化的时候，便开始感觉到自己所信奉的某种价值观，开始注意到还有其他与己不同的价值观，开始对不同价值观加以比较和鉴别，以及借鉴和排斥，从而也就开始了对价值观的关注和研究。

人们对价值观的重视，是因为价值观的重要。

价值观是人的主心骨。人是社会动物，价值观是人的社会化的核心内容。人的社会化过程、价值观的形成和主体性的获得，这是一个问题的三个方面。所谓社会化，就是指人在社会中学习知识和技能，适应他所在的群体和社会的价值观念与活动方式（思维方式、生活方式、生产方式等）的过程。人也是文化动物，人的社会化过程实质上是不断接受社会文化，由生物人变为文化人的过程。接受文化的结果，就是一定活动方式的获得，一定价值观的掌握。

因此，人的价值观和人的活动是互动的。一方面，人的社会活动是其价值观形成的基础；另一方面，人的活动又都是在一定的价值观指导下形成的；人的活动及其方式的变革取决于价值观的变革，价值观是人的活动及其方式变革的前导。美国未来学家、社会学家丹尼尔·贝尔说：价值观和道德伦理上的变革会推动人们去改变他们的社会安排和体制。这就不难理解，为什么每一次社会大变革总会有一场思想观念的大论战，一场价值观念的大讨论。

心理学的研究也证明，有无明确而坚定的价值观，是区分一个人心理是否成熟、人格是否健康的重要标志。个人是这样，群体也是如此。一个民族和国家的价值观，反映着一个民族心理成熟和国格健康的程度。

价值观是组织的黏合剂。人需要认同，价值观是人们认同的核心内容。作为社会动物，组织是人存在和活动的基本形式，是人类征服自然、改造社会的力量源泉，获得一切成就的主要因素。组织的建立、维系和作用，依赖于组织成员价值观的相容和一致。每一组织、群体都有自己独特的价值观，它造成一种氛围，形成一种力量，并通过多种渠道，使这种观念在个人心中内化，成为每一个人的价值观。无数的事实说明，社会组织的品质和业绩，早先决定于创办人的价值观，后来则决定于整个组织的共同价值观。这种共同的价值观，对集体中每个成员具有感召作用和凝聚作用。它是一种无形的力量。

价值观是活动的指示器。人的活动具有选择性，价值观决定了活动的价值取向。在认识中，人不是信息的被动接收器、贮存器，而是有选择地接收对个体有用的信息。现实世界有各种各样的信号作用于人，人们首先和着重认识什么，他实际认识了什么，一个重要的方面取决于人的价值观以及由此而形成的对于客观事物的态度。在决策中，目标的确立，最能表明决策者的价值观。目标是人所期望达到的未来状态。一个事物，只有当它被认为是有价值的，能满足人的需要的时候，才能成为积极争取的目标。有什么样的价值观，就有什么样的目标。人的实践活动的方向和方式，以及活动工具的选择和活动结果的形成，无不渗透着价值观，打上价值观的烙印。

二

那么，究竟什么是价值观呢？

价值观属于世界观和意识形态。从字面意义上讲，对"价值观"的理解主要取决于对什么是"价值"和什么是"观"的理解。"观"和一般的认识、知识不同，它是一种观点，或者叫看法、态度。世界观是人们关于世界的观点、看法、态度，人生观是人们关于人生的观点、看法、态度，价值观就是人们关于价值的观点、看法、态度。什么是"价值"呢？价值即意义，某事情对人有意义，就是有价值；意义的大小，也就是价值的大小。说得再通俗一些，价值即作用，某事物对人有作用，也就是有意义、有价值，作用的大小，也就是意义、价值的大小。概括起来，所谓价值观，就是人们关于某种事物对人价值、意义、作用的观点、看法和态度。

人的价值观不是孤立存在的，作为一种观念，它是人的世界观的重要组成部分。我们所生活的世界，是由自然、人、社会构成的。世界观作为人们的总观念，包括自然观、历史观、人生观。这主要是从人的活动客体的角度讲的。价值观作为观点、看法、态度，总是一定的人的观点、看法、态度，从活动主体的角度讲，价值观又可分为个人价值观、集体价值观、国家价值观和人类价值观。

世界观作为人们对整个世界的根本看法，包括两个方面的内容：一方面是关于世界面目的根本观点，它回答"世界是什么"的问题，属于真理观；另一方面是关于世界价值的根本观点，主要回答"世界怎么样"的问题，属于价值观。人生观也是这样。理想的人生既要是科学的，也要是好的、有价值的；既包括真理观，也包括价值观，即人生价值观。从这个意义上说，人生价值观是价值观的一个领域，同自然价值观、历史价值观并列；是人生观的一个方面，与人生目的、人生态度并列。也可以说，人生价值观是人生观中的价值观，是价值观在人生中的表现。它回答什么样的人生是好的、有价值的，或者说人应该怎样活着才有意义、有价值。

因此，价值观和世界观、人生观是包含关系，而不是并列关系，世界观、人生观中包含着价值观。我们现在之所以把世界观、人生观、价值观并提，强调"三观"教育，主要是根据当代经济社会发展的需要，在强调世界观的同时，突出世界观中人生观的地位和作用，以及世界观、人生观中价值观的地位和作用。

既然"观"是一种观点、看法、态度，那么，正如同真理观和真理不同一样，价值观也和价值不同。真理观指导人们发现真理，要求人们从客观实际出发，按客观规律办事；价值观指导人们发现价值，要求人们从人的目的出发，按人们的需要办事。真理观和价值观，这是人的世界观（自然观、历史观、人生观）中的两个组成部分，是人类活动的两个尺度。

真理观和价值观不仅是不可分割的，而且，在社会大变革时期，突出强调价值观的作用，还具有特别重要的意义。

三

研究价值观，不能不研究文化。

在当代社会，文化已经成为国家综合实力的重要组成部分，国际交流的重要内容，以及民族融合或冲突的重要因素。在国际上，国家间的文化冲突相对于军事冲突在上升，军事冲突也往往与文化冲突相联系；在国内，人民群众的文化需求相对于物质需求在上升，物质需求也往往带有文化需求的成分。是否拥有先进文化，决定了一个人、一个政党、一个民族和一个国家的素质、能力和命运。

因此，发展先进文化，是对时代变化的积极应对。那么，什么是文化呢？文化，在不同的学科有不同的含义。哲学和其他学科不同，它侧重于从起源和功能的角度揭示事物的本质，给事物下定义。从起源的角度说，文化是"人化"，它相对于"自然"，是人的主体性或本质力量的对象化；从功能的角度说，文化的最主要功能是"化人"，教化人、塑造人、熏陶人。人是文化的创造者，也是文化的创造物，通过文化的继承、传播和创造，促进人的社会化、文明化、个性化，从而塑造健全的人、完善的人。

文化是由多种层次存在和表现的复杂系统。人们首先感知到的是较浅显、具体的层次，属显性文化，包括人的社会活动及其产品。一个人的某种活动、"做什么"，不是文化；一个群体在一个时期内的共同行为、都"做什么"，就成了一种文化现象。一个深埋于地下的石块不是文化，一个经过远古人群加工改造的石块作为活动产品就成了文物。显性文化反映了文化的更深层次，即一个群体在一个时期内的活动规范、方式。人的活动效果既取决于"做什么"，更取决于人的活动规范、方式"怎么做"。

文化的最深层次是价值观，这是文化的核心，与一定时期群体共同的理想、信念密切相关。它要解决的是"为什么做"的问题，是人的活动的取向、目的问题。正是价值观的不同，"为什么做"的问题，最终决定了人们"做什么"和"怎么做"。人的活动是由价值观所指导的，人的活动及其结果，说到底，不过是人的价值观的外在表现。因此，我们判断一个人的价值观，主要不是看他说什么，而是看他"做什么"、"怎么做"，特别是"为什么做"。由于价值观是文化的核心，因此，我们也可以说，所谓文化，说到底就是指一个社会中的价值观，是人们对于理想、信念、取向、态度所普遍持有的见解。中西文化的不同，古今文化的不同，一切文化的不同，最根本的是价值观的不同。文化的社会作用，最主要的是价值观的作用。任何一个社会群体，都有属于自己的文化，都有群体成员共同拥有和信奉的价值观。任何一个社会个体，都是文化的产物，都有自己接受和遵循的社会群体的价值观。任何社会群体的形成，都是由于社会个体的文化认同，由于一种大家共同认可的价值观、一个共同追求的理想目标而走到一起的。价值观是群体认同的基石，是群体力量或弱点的根源。

四

价值观和文化的关系表明，价值观建设必须立足于文化建设。发展先进文化，提供优秀的文化产品和良好的文化环境，是帮助人们树立正确价值观的基本前提。

文化是不同的，不仅空间上有东西文化，时间上有古今文化，而且还有性质上根本不同的新旧文化，以及先进文化、落后文化和腐朽文化。与此相应，价值观也就有新价值观和旧价值观，先进价值观、落后价值观和腐朽价值观之分。正确的价值观，就是指新价值观、先进价值观，而旧价值观、落后价值观和腐朽价值观，则属于错误的价值观的范畴。

什么是新旧文化以及新旧价值观呢？新文化和新价值观，如同作为哲学概念的新生事物一样，它不是一个时间概念，而是一个性质判断、价值判断。这里的新文化是指反映革命、建设和改革要求的文化。而旧社会遗留下来的和国外渗透进来的腐朽没落的文化，则属于旧文化。与之相应，新价值观就是指反映革命、建设和改革要求的价值观，旧社会遗留下来的和国外渗透进来的腐朽没落的价值观，则属于旧价值观。

什么是先进文化、落后文化和腐朽文化，以及先进价值观、落后价值观和腐朽价值观呢？所谓先进文化，是指面向现代化、面向世界、面向未来的，民族的科学的大众的社会主义文化。所谓落后文化，是指带有迷信、愚昧、颓废、庸俗等色彩的文化。因此，与之相应，先进价值观就是面向现代化、面向世界、面向未来的，民族的科学的大众的社会主义价值观，落后价值观也就是带有迷信、愚昧、颓废、庸俗等色彩的价值观。而所谓腐朽文化，指的是腐蚀人的精神世界、危害社会主义事业的文化。与之相应，腐朽的价值观，也就是腐蚀人的精神世界、危害社会主义事业的价值观。

不同文化形成不同的价值观，不同文化、不同价值观的作用是大不相同的。先进文化是一切优秀传统文化的荟萃，人类文明进步的结晶，时代精神的精华，它帮助人们树立先进的、正确的价值观，规范人的行为，引导社会进步，激励人们为祖国富强、民族振兴和人民富裕而奋斗。相反，落后的、腐朽的文化，形成落后的、腐朽的价值观，导致拜金主义、享乐主义和极端个人主义，从而腐蚀人们的精神世界，危害社会主义事业。

要发展先进文化，不断形成和确立先进的、正确的价值观，就要始终坚持马克思列宁主义、毛泽东思想、邓小平理论和"三个代表"重要思想在思想文化领域的指导地位，在世界各种思想文化相互激荡的形势下，在错综复杂的意识形态领域的斗争中，始终保持清醒头脑，坚持正确的方向，充分体现民族精神和时代精神，大力倡导和发展一切有利于发扬爱国主义、集体主义、社会主义的思想和精神，一切有利于改革开放和现代化建设的思想和精神，一切有利于民族团结、社会进步、人民幸福的思想和精神，一切有利于用诚实劳动争取美好生活的思想和精神。在我们大力倡导和发展主旋律文化和主导价值观的同时，还要自觉地摈弃那些落后的、腐朽的、庸俗的文化和价值观。特别是要通过完善的政策和制度，加强教育和管理，移风易俗，努力改造落后的文化和价值观，努力防止和坚决抵制腐朽文化和价值观，并逐步铲除它们借以滋生的土壤。

　　文化、价值观是个历史概念，文化、价值观的先进性始终处在发展的过程中。社会主义文化和价值观建设，必须结合新的时代和实践的要求，结合人民群众精神文化生活的需要，积极进行文化创新，努力繁荣和发展先进文化。

　　建设先进的文化、价值观，也就是建设中国特色社会主义的文化和价值观。它包含三个方面的要素：一是与社会主义制度的根本性质相统一；二是与社会主义市场经济的发展规律相吻合；三是与社会主义法律体系相配套，并把这三个方面创造性地结合和融会在一起。

社会主义是一种制度，也是一种文化和价值观。

中国处于并将长期处于社会主义初级阶段。我们现在实行的是市场经济体制，市场经济既是一种经济体制，也是一种文化和价值观。建立和完善社会主义市场经济体制，实现了社会的伟大变革，引起了人们价值观的深刻变化。自立意识、竞争意识、效率意识、民主法制意识和开拓创新精神，就是市场经济所蕴涵的、与市场经济体制相适应的价值观。只要实行市场经济体制，就要确立和倡导这些价值观。这是市场经济发展的内在要求。市场经济体制既可以与社会主义制度结合，也可以与资本主义制度结合。中国实行的是社会主义市场经济，我们的文化和价值观建设，既要有利于市场经济发展，又要符合社会主义制度。这就要求先进文化和价值观的建设，必须始终坚持以马克思主义为指导，反对自由主义、分散主义、拜金主义、享乐主义和极端个人主义，正确处理自立与监督、竞争与协作、效率与公平、民主与集中、求实与创新的关系，树立把国家和人民利益放在首位而又充分尊重公民个人合法利益的社会主义义利观，形成健康有序的经济和社会生活规范。

法律也是一种文化，价值观建设必须与法制建设紧密结合，这是发展先进文化的题中应有之义。对一个国家的治理来说，法治与德治，从来都是相辅相成、相互促进的，要把依法治国和以德治国结合起来。法律以强制约束方式，惩罚于人的行为之后，使人对不当、不良行为"不敢"；道德、价值观以引导提升方式，规范于人的行为之前，使人对不当、不良行为"不愿"。法律是道德的底线，一切法律规范的设立与实施，都以一定的道德、价值观为基础，都是为了适应和满足一定道德、价值观的要求。同时，道德、价值观建设，既要靠自律，又要靠他律，要把道德、价值观的有关规范纳入法律、法规之中，约束和制止不文明、不道德的行为，批评和惩处落后的、腐朽的价值观思想和行动，在全社会积极营造有利于公民道德、价值观建设的舆论氛围和形成保障公民道德、价值观建设的法律环境和社会条件。否则，道德、价值观建设，就可能流于形式。

当前，由于社会经济成分、组织形式、就业方式、利益关系和分配方式日益多样化，人们思想的独立性、选择性、多变性和差异性明显增强，这既有有利的一面，也有不利的一面；既有向积极方面转化的趋势，也有向消极方面转化的可能。如何使效率与公平相协调，尊重个人价值和弘扬集体主义精神相统一，鼓励一部分人先富起来与坚持走共同富裕的道路相衔接等等，已成为我们的理论和现实中不可回避的重大问题。妥善处理和协调各种利益关系和矛盾，需要道德、价值观的宣传和教育，也需要法律、政策和规章制度的约束与管理。

总之，价值观建设是一个复杂的社会系统工程，必须综合运用包括法律在内的各种手段，把提倡与反对、引导与约束、鼓励与惩罚结合起来，为构建先进的价值观体系，帮助人们逐步形成和确立先进的、正确的价值观提供有效的法律支持、政策保证和制度保障。

论 人 的 价 值[*]

一、人的价值是价值的一种特殊形态

在哲学意义上，价值指的是主客体之间的一种关系。在功能上，价值意味着客体满足主体的需要，对于主体的生存、享受和发展具有积极的意义；在发生上，价值表示主体对客体的改造，是主体本质力量的对象化。概言之，价值即主体客体化和客体主体化，主体的外化和客体的内化的动态统一。

根据价值的一般规定，人的价值应该从两个方面来理解。首先，人作为价值客体的价值。人的需要及其对象物是多方面的，因而价值的客体也是多方面的。人有物质需要，物质的东西可能成为价值客体，具有物质的价值；人有精神的需要，精神的东西可能成为价值客体，具有精神

---

* 本文发表于《北京大学学报》1990 年第 1 期，原题为《如何认识人的价值》。

的价值；人也有对人的需要，正如霍尔巴赫所说，在所有的东西中间，人最需要的东西乃是人。因此，人也是一种价值客体，具有一种价值，叫做人的价值。在这个意义上，所谓人的价值，就是指人作为价值客体，能够满足主体之人的需要，对他人或社会具有一定的作用和意义。

　　人作为价值客体，其价值与一般客体的价值具有某些相同的方面，那就是看他能否满足主体的需要。但人又不同于物。物是以其自身的属性或功能直接供人消费，满足人的某种需要的。而人则主要通过他向社会贡献的物质和精神的财富间接地满足他人或社会的某种需要，以此来表现和确证自己的价值。作为价值客体，人的价值就是人的贡献。

　　其次，人作为活动主体的价值。人不仅是价值客体，而且是活动主体。人的价值和物的价值的最大不同就是：物的价值是由物之外的人所创造、赋予的，物的价值是人的本质力量对象化的结果。而人的价值是由人自己创造的，人是一切价值的创造者、主体和本原。这里，人的价值就是人的劳动创造，就是一种创造价值的价值。在人和物的比较中，人是万物之灵长，人是万物价值之本原，万物价值之尺度。人的价值是一切价值形态中最有价值的价值，是最高的价值，孔子曰："天地之性人为贵"，毛泽东认为，世间一切事物中，"人是第一个可宝贵的"，这都是强调人区别于物的本质特征和人作为活动主体所具有的价值。

　　人作为价值客体的价值和作为活动主体的价值是人的

价值的两个方面，其含义是不同的。价值客体的价值是一种"人生价值"，它说的是人怎样表现自己的价值，使自己的一生成为有益于他人和社会的一生。活动主体的价值是一种"人格价值"，它说的是人有无价值，强调人应当尊重人们自由自觉的劳动的族类本质，也就是尊重人的做人的资格和起码应具有的权利。对于每一个人或人的集合体来说，其价值都包括人生价值和人格价值两方面。在人格价值方面，人与人应当平等，每个人都有他应有的社会地位、尊严和权利，社会应尊重他的人格和尊严，在条件许可范围内，尽可能地满足他的正当需要。任何在人格方面把人分为三六九等的做法都是错误的。在人生价值方面，人与人实际上是不平等的，由于主客观条件的限制，每个人的社会贡献不可能相同。任何在人生价值方面抹杀其区别的想法和做法都是错误的、有害的。

人的价值的两方面又是统一的。人作为价值客体和活动主体，是同一个人或人的集合体在价值关系和活动关系两个参照系中的两种身份，而不是两个人或两个集体。正因为他是活动主体，创造价值，作出贡献，他才成为价值客体。人格价值可以看做人生价值的前提。反之，人的贡献越大，人生越有价值，他就会越发受到他人或社会的尊重和满足，他的人格也就越加完善。这样，人生价值又成为人格价值的前提。所以，人生价值和人格价值是不可分的。如果我们只讲人格价值而不讲人生价值，只讲个人的尊严和满足而不讲对他人或社会的贡献和责任，就必然会导致个人主义、利己主义。"人的价值"就会成为某些人牟取私利的一种漂亮的口实。反过来，如果我们只讲人生价值而不讲人格价值，那就是"既要马儿跑得好，又要马儿不吃草"，就可能会忽视人的正当权益和必要的满足。"人的价值"也会成为某些人侵犯和践踏他人的人身自由和人格尊严的堂而皇之的理由。

　　当然，人的价值两个方面的统一，并不排除在一定时期内理论宣传上的侧重点和倾向性。一般地说，在社会革命或大变动时期，侧重于人格价值，借此批评那种蔑视人的人格尊严的不合理社会制度。马克思所讲的人的价值，主要就是人格价值。他在分析资本主义异化劳动时所说的"工人生产得越多，他能够消费的越少；他创造价值越多，他自己越没有价值"就是这个意思。若把它理解为人生价值那就说不通了。而在社会和平发展和建设时期，则主要侧重于人生价值，要求和激励人们勤奋工作，为社会多作贡献。在我国，社会主义制度的建立，确立了劳动人民当家做主的地位和权利，人民群众的需要和利益得到了重视，虽然还存在一些需要进一步完善的地方，但总体上说它已基本上解决了人格价值问题，即对人的尊重和满足问题。我们的理论宣传在承认人生价值和人格价值相统一的前提下，应坚持人生价值的侧重点，鼓励人们为集体和社会多作贡献。

二、人的价值无论贡献和责任，还是尊重和满足，都可区分为三个层次

1. 生命的价值。人的生命即人的存在，在人的价值中首要的就是人的生命。因为，生命是人的存在及其活动的前提，人一旦失去生命，就不可能创造价值和享受、利用价值。从历史的角度看，生命的价值还在于它是人类得以进化和延续的载体。每个人都会死，但人类生命之流绵延不绝。正是在每一个体的生命中保存着人类的基因，寄托着人类的希望。诚然，初生的婴儿既不会做工也不会种田，但谁会说婴儿没有价值？婴儿向社会贡献的就是他自身，就是人类的未来；婴儿所具有的价值就是一种生命的价值，种的保存和延续的价值。所以，从人生价值说，生命是人生的前提，一切贡献的条件；从人格价值说，对人的尊重，首先是对其生命存在权利的尊重，对人的满足，首先是对其衣、食、住等生存需要的满足。

2. 劳动的价值。人的价值从根本上说就是人的劳动。劳动创造了世界，劳动创造了人本身，劳动是价值的源泉。旧哲学和现代西方哲学关于人的价值理论的失误，就在于它不是从人的劳动中，而是从人的出身门第的高低，拥有金钱的多少寻找人的价值。马克思主义认为，劳动是人的价值中的决定性因素，人只有在劳动中才能创造价值，获得价值，才能为社会作出贡献，并由此得到社会的尊重。

人的劳动的价值除劳动本身外，还包括人的劳动产品和劳动态度。人生价值的最直接表现就是人为社会奉献的劳动产品。谁奉献的多谁的价值就大，谁不劳动没有奉献就没有价值。劳动态度也是人的价值的一个方面。有的人在劳动产品方面或许并不突出，然而他竭尽全能，诚实工作，他就是一个有价值的人，就应当受到社会的尊重；他向社会所奉献的不仅是有形的产品，而且是无形的崇高思想境界和高尚道德情操。这种境界和情操会极大地鼓舞和教育广大社会成员，从而转化为推动社会前进的巨大物质力量。

3. 能力价值。劳动是人的本质力量的对象化，人的能力不同，劳动的质量和数量就不同，劳动贡献的大小也不同。人有什么样的能力就有什么样的劳动，人有多大的能力就有多大的贡献。每一个关心自己价值的人，都应当关心自己的能力，每一个尊重他人价值的人，都应当尊重他人的知识和能力，创造条件，促进人的能力提高和发展。

人的价值的这三个层次，也是既相区别又相联系的。生命价值是一种基础价值，是其他一切价值存在的先决条件，没有生命就无所谓能力和劳动。但生命也仅仅是一种基础，有待于劳动和能力来加以塑造和充实。如果把它孤立起来，一个人饱食终日，无所事事，除了吃喝什么也不会做，什么也不去做，这样的人生是没有意义的，这样的人也是得不到社会的承认和尊重的。如果把它绝对化，那势必导致一种活命哲学，就会看不到世界上还有比个人生命更为可贵的东西，那就是集体和社会的事业。能力是一种内在价值、潜在价值。潜在的价值固然不等于现实的价值，但谁都明白，没有潜在的价值也就永远不会有现实的价值。但也不应忘记，潜在的、内在的价值毕竟是一种尚未实现的价值，只有经过转化它才有现实的社会意义。有些人有了一点知识、能力，就自视清高，不是投身社会实践报效祖国，而是凌驾于社会之上，以知识、能力作资本向社会讨价还价，这种人正像毛泽东所批评的，大事做不来，小事又不做，脱离实践、脱离群众，是没有什么价值的，是社会所不欢迎的。所以，劳动才是人的价值的核心，劳动是一种外在的价值，现实的价值。如果说劳动要以生命为基础，以能力为前提，那么无论是生命还是能力最后都要落实在劳动上，其价值要在劳动中得到实现。离开了劳动，它们就会失去其应有的价值，变成毫无意义的东西。

三、人的价值的四种典型形式

人的价值作为人对人的意义，其主体和客体都是人。按照通常的习惯，人可以分为个人、集体和社会三种类型，于是，人的价值就具体表现为价值客体——个人、集体、社会对价值主体——个人、集体、社会等9种形式。如果从贡献和尊重两个角度来考虑，就会形成18种形式。由于个人、集体和社会又是互为主客体的，自己对自己也有一个自我贡献和自我尊重的价值问题，于是人的价值形式就有 24 种之多。为研究方便起见，我们把集体看做放大的个人，缩小的社会，并减去其中相重复的内容，这样就剩下 4 种典型的形式，那就是：（1）个人对社会的价值；（2）个人对自身的价值；（3）社会对个人的价值；（4）社会对自身的价值。

这就是说，个人和社会都既是价值关系的主体又是价值关系的客体，是主客体的统一。人的价值除了个人的价值外，还有一个社会的价值问题。而且，个人的价值和社会的价值，又都包括两个向度。个人既有对社会的贡献，又有对自身的贡献，在通过劳动满足社会需要的同时满足自身的需要，个人既需要他人和社会的尊重，又需要自尊，并通过自尊得到他人和社会的尊重。社会的价值也是如此，既指向个人，又指向自身。社会对个人有价值。人是社会性动物，个人在社会中形成和发展。能否满足每一社会成员生存、享受和发展的需要是衡量一个社会的进步程度和合理性程度的重要标志。社会对自身也有一个价值问题。因为社会不是个人的简单集合，作为一个系统它具有自己的系统质，有自己的特殊需要和利益。

根据人的价值的向度、指向性，人的价值又可分为内向价值和外向价值。内向价值就是对自身的价值：包括个人对自身和社会对自身两方面。这就是人们常讲的"自我价值"。自我问题是人的本质问题的一个侧面，是劳动的始因和人格的基础。自我不等于个人，自我价值不同于个人价值。自我价值既有个人对自身的价值，又有社会对自身的价值，个人是"小我"，社会是"大我"。自我价值的实际意思是个人或社会通过自己的行动对于自己需要的满足，自己对自己负有责任，要自尊、自爱、自重。实现自我价值也不是个人向社会索取，社会向个人掠夺，而是靠自身的努力，自己对自己的贡献和满足。此外，承认自我价值，并不是讲人只有自我价值，自己只对自己负责。与这种内向的自我价值相对的，还有一种外向价值，就是社会对个人的价值和个人对社会的价值。这也说明，自我价值和个人价值不同，它也不和社会价值相对应。个人价值，即社会对个人的价值，它和社会价值，即个人对社会的价值相对应，都属于外向价值。

人的内向价值和外向价值也是统一的，因为个人和社会是统一的。特别是在社会主义社会，当个人通过自己的行为满足自身的需要时，他也就在直接或间接地满足社会的需要，没有每一个具体的个人的尊严和满足，就没有国家的尊严和满足，整个社会就不可能向前发展。同时，社会的需要和利益同绝大多数人的长远的需要和利益是一致的，国富民强，国贫民弱。社会的每一进步都直接或间接地满足着社会成员生存、享受和发展的需要和利益。因此，马克思主义认为，社会每一重大方针、政策的制定和落实都要兼顾社会整体利益和社会成员的特殊利益，在保障社会整体利益的前提下尽可能地实现个人的正当利益。对于个人来说，每一言行都要尽可能地做到对个人负责和对社会负责相统一，并牢固树立社会利益高于个人利益的价值观念，增强个人对集体、对国家、对社会的义务感和责任心。在个人利益和社会利益发生矛盾时，要发扬先公后私、顾全大局的精神，无条件地做到个人利益服从社会利益，旗帜鲜明地抵制和反对那种一事当前先替自己打算，一切以个人为中心，一切从个人出发的个人主义价值观。

创新哲学社会科学
培育中华民族精神[*]

　　江泽民在党的十六大报告中深刻地指出："民族精神是一个民族赖以生存和发展的精神支撑"①，"面对世界范围各种思想文化的相互激荡，必须把弘扬和培育民族精神作为文化建设极为重要的任务，纳入国民教育全过程，纳入精神文明建设全过程，使全体人民始终保持昂扬向上的精神状态。"② 江泽民的这一重要论断，强调了民族精神的重要性，在要求弘扬民族精神的同时提出了培育民族精神的任务，为发展繁荣哲学社会科学指明了方向。

---

　*　本文发表于 2002 年 11 月 19 日《光明日报》。
　①　《江泽民文选》第 3 卷，人民出版社 2006 年版，第 559 页。
　②　《江泽民文选》第 3 卷，人民出版社 2006 年版，第 559—560 页。

一

　　人总是要有一点精神的，一个民族也要有自己的精神，这就是民族精神。民族精神是民族传统的历史积淀，民族文化的深层内涵。它是一个民族所认同的世界观、人生观和价值观，所遵循的思维方式和行为方式，所体现的理想信念和性格特征。民族精神可以激发民族自豪感，提高民族自信心，增强民族凝聚力。它是民族维系的精神纽带，民族发展的精神动力，自立于世界民族之林的精神支柱。人类社会发展的历史证明，没有强大的物质力量，一个民族不可能自尊自立自强；没有强大的精神力量，一个民族同样不可能自尊自立自强。正如十六大报告所说："一个民族，没有振奋的精神和高尚的品格，不可能自立于世界民族之林。"① 特别是在当今世界，国际竞争日趋激烈，有没有高昂的民族精神，已成为衡量一个国家国力强弱的重要尺度；有没有民族创新精神，已成为决定国家竞争力大小的基本因素。

　　民族精神是一个有着丰富内涵的历史性概念，不仅不同民族的民族精神是不同的，同一民族在不同的历史时代，其民族精神也有所不同。任何一个民族，要始终走在时代前列，保持其民族精神的先进性，就不仅要弘扬其民族精神，而且要培育其民族精神，也就是根据时代的进

---

　　① 《江泽民文选》第 3 卷，人民出版社 2006 年版，第 559 页。

步、世界的发展和社会的需求，不断丰富发展民族精神。

培育民族精神和弘扬民族精神，二者相辅相成，缺一不可。十六大报告把"弘扬和培育"民族精神作为文化建设中一个问题的两个方面，是对民族精神内涵的发展，对文化建设理论的深化。在民族精神的培育和弘扬中，相比较而言，培育更根本。民族精神不是民族内部自发形成的，不是由民族外部简单移植的，而是民族共同体自觉、长期培育的结果。从逻辑上讲，只有培育出民族精神，才能弘扬民族精神，民族精神要在培育的基础上弘扬；同时，民族精神又要在弘扬中培育，它永远在培育之中，是一个不断丰富、发展的过程。因此，我们所弘扬的民族精神始终是一个与时俱进、随着社会历史发展而不断培育的过程。特别是在经济体制转型时期、历史发展的关键时刻，就更是如此。

在当前，研究民族精神培育的规律和特点、方法和途径，通过创造性的劳动，推进中华民族精神的发展，是哲学社会科学工作者庄严的使命和极为重要的任务。

二

培育民族精神，同党和国家各方面的工作都有密切关系，需要全民族各方面的共同努力，但哲学社会科学始终发挥着独特的作用，肩负着重要的历史使命。江泽民指出，哲学社会科学主要是帮助人们解决世界观、人生观、价值观，解决理论认识和科学思维，解决对社会发展、社会管理规律的认识和运用的科学。因此，哲学社会科学的内容和民族精神的内涵在根本上是一致的。哲学社会科学是民族精神的载体，民族精神是哲学社会科学的灵魂。哲学社会科学的作者和作品，因其对民族精神的贡献而不朽；民族精神因哲学社会科学作者和作品的创作而发展。说到中华民族精神，我们不能不提到孔子、老子，不能不提到孙中山、毛泽东，以及许许多多以自己的精神品格和精神产品影响和推动着我们民族前进的人们。正是他们的精神创造活动及其成果，哺育和塑造了中华民族的心灵，丰富和完善了中华民族的精神世界，成为全民族的精神财富。毛泽东说过，我们应当写闻一多颂，写朱自清颂，"他们表现了我们民族的英雄气概"。

江泽民在党的十六大报告中提出，要"坚持社会科学和自然科学并重，充分发挥哲学社会科学在经济和社会发展中的重要作用"①。哲学社会科学工作者的职责有许多，包括"认识世界，传承文明，创新理论，咨政育人，服务社会"等不同方面。但这些职能中，最为根本的是育人。通过认识世界，传承文明，创新理论达到咨政育人的目的，通过咨政育人而服务于社会，发挥"在经济和社会发展中的作用"。育人是其中的关键环节。江泽民在建党80周年重要讲话中指出，发展社会主义文化的根本任务，是培育一代又一代有理想、有道德、有文化、有纪律的公民。要坚持以科学的理论武装人，以正确的舆论引

① 《江泽民文选》第3卷，人民出版社2006年版，第561页。

导人，以高尚的精神塑造人，以优秀的作品鼓舞人。这里，既强调了培育公民是文化建设的根本任务，又提出了文化培育公民包含多种形式，"武装人"、"引导人"、"塑造人"、"鼓舞人"，说到底都是培育人。培育先进文化、培育人和培育民族精神，三位一体，不可分割。人类就是通过培育文化而提高人的思想道德素质和科学文化素质，达到培育民族精神的目的。

中国哲学社会科学自古就以加强个人修养、培育民族精神为己任。所谓"为天地立心，为生民立道，为去圣继绝学，为万世开太平"①，就是这种使命感、责任感的写照。今天，作为先进文化建设重要力量的哲学社会科学工作者，应该为不断丰富人们的精神世界，增强人们的精神力量，培育新世纪中华民族精神而努力。这是党和人民的期待，也是中国发展的要求。

三

培育新世纪中华民族精神，哲学社会科学要加强中华民族传统文化研究，继承和发扬中华民族优秀文化传统。这是我们民族精神的根基和源泉。今天的中国是历史中国的发展。经济全球化不可能替代文化的多样化。中华民族五千多年绵延不断的文化，孕育和形成了我们自己独具特色和魅力的民族精神。这就是江泽民在十六大报告中所概

---

① 〔宋〕张载：《张载集》，中华书局1978年版，第376页。

括的"以爱国主义为核心的团结统一、爱好和平、勤劳勇敢、自强不息的伟大民族精神"①。我们要很好地继承中国传统文化这份珍贵的文化遗产，结合时代精神和社会进步要求加以发展，推陈出新、古为今用，使它不断发扬光大。

　　中国文化传统包括党和人民从"五四"运动以来形成的革命文化传统。井冈山精神、长征精神、红岩精神、延安精神、西柏坡精神、抗美援朝精神等，都为中华民族精神增添了新的内容。毛泽东在新中国成立初期，号召全党一定要保持革命战争时期那么一股劲，那么一股革命热情，那么一种拼命精神，把革命工作做到底。在改革开放的过程中，邓小平一再号召中国人民振作起来，发扬革命加拼命精神，严守纪律和自我牺牲精神，大公无私和先人后己精神，压倒一切敌人、压倒一切困难的精神，坚持革命乐观主义、排除万难去争取胜利的精神等。这些都需要哲学社会科学工作者去研究、提炼和传播。

　　培育新世纪中华民族精神，哲学社会科学要加强对西方文化的研究，吸收和借鉴世界上一切民族的优秀文化成果。随着经济全球化的推进，各民族间的交流日益频繁和深入，我们应该以一种开放、健康、进取的心态，善于从其他国家和民族的文化中吸取营养。特别是要加强比较研究和系统对照，不断地丰富和发展自己。和而不同，有容乃大，创造性地将其他民族文化优秀成果转化为自身发展

① 《江泽民文选》第3卷，人民出版社2006年版，第559页。

的营养，这是中华民族几千年生生不息、发展壮大的一个重要原因。

　　培育新世纪中华民族精神，哲学社会科学要加强对中国特色社会主义伟大实践的研究。对中国传统文化精神的继承和弘扬，对各民族文化精神的借鉴和吸收，都是为了把全国人民吸引到中国特色社会主义文化的旗帜下，使广大人民以更加奋发有为、昂扬向上的精神状态投身于中国特色社会主义伟大实践之中。而且，中国传统文化精神，各民族文化精神，其中的精与粗、真与伪、优与劣，都要放到中国特色社会主义实践中加以评判和检验。古为今用，洋为中用，这里的"用"，在当代中国，就是对建设中国特色社会主义实践有用，为中国特色社会主义事业发展所用。

　　培育新世纪中华民族精神，哲学社会科学工作者要深入群众、深入实践、深入生活，努力从人民群众广阔而丰富的改革开放和现代化建设的伟大实践中提炼研究题材，汲取思想养分。新世纪的中华民族精神，不仅反映在哲学社会科学的成果中，更主要地体现在人民群众的奋斗历程和业绩中。广大人民群众是实践的主体，也是民族精神的创造主体。大庆精神、雷锋精神、抗洪精神、"两弹一星"精神等，都是中华民族精神在新的历史时期的生动体现和发扬光大。江泽民提出为实现社会主义现代化而不懈奋斗的精神，即解放思想、实事求是的精神，紧跟时代、勇于创新的精神，知难而进、一往无前的精神，艰苦奋斗、务求实效的精神，淡泊名利、无私奉献的精神，就是新世纪中华民族应当具有的精神风貌。这些精神，本身就是新世纪中华民族的时代精神。

应当特别指出的是，培育民族精神，必须立足中国现实，紧紧围绕我们要成为什么样的民族这个中心，立足于中华民族伟大复兴这个目标，反映中华民族的远大抱负和理想这个主题。培育新世纪中华民族精神，需要研究和继承中华民族优秀文化传统，研究和借鉴世界各民族优秀文化成果，研究和发扬当代中国人民优秀文化品质，这些都是必要的。但它们不过是培育新世纪中华民族精神的前提，构成民族精神的要素。要从世界文明的角度，反观中国文化精神，探讨中西文化冲突和交融的特点和规律，解决好民族精神和人类文明的关系，使其他民族文化精神中国化；从当代中国的角度，反思中国文化精神，探讨传统与现实的冲突和交融的特点和规律，解决好民族精神和时代精神的关系，使中国传统文化精神现代化。因此，培育民族精神需要哲学社会科学工作者深入研究，加工提炼，在马克思主义的指导下，经过民族的、科学的、大众的话语转换，像江泽民所讲的那样，在党领导人民推动社会进步的实践中把它们"有机地结合在一起，并在新的实践基础上不断创新"，由此对中华民族精神作出当代的整体表述。这是培育民族精神的基本环节，也是我国当代哲学社会科学工作者的重要任务。

任何成熟的民族都需要成熟的民族精神，任何先进的民族都需要先进的民族精神。哲学社会科学工作者应当通过理论创新，构建成熟的、先进的民族精神；通过文化创新，用人民大众喜闻乐见的形式，宣传民族精神；通过体制创新，使广大人民群众认同民族精神，并内化为自己的理想信念、行为方式乃至习俗和习惯，从而在实践活动中自觉践行和弘扬民族精神。

中国特色社会主义教育研究

ZHONGGUO TESE SHEHUIZHUYI

JIAOYU YANJIU

素质教育与 21 世纪的人才培养[*]

21 世纪需要什么样的人才？我们的学校怎样培养出这样的人才？大家都在考虑。我认为，为迎接 21 世纪的挑战，我们必须大力推进素质教育。所谓素质教育，实质是全面贯彻党的教育方针，目的是培养德智体美全面发展的人才，灵魂是思想道德教育，重点是提高学生的创新精神和实践能力。

一、素质教育和人的全面发展

素质教育的根本宗旨是提高国民素质，培养德智体美全面发展的人才。推进素质教育，就要树立正确的发展观。

国民素质是指一国国民在改造自然和社会中所形成和表现出的思想道德、科学文化和身体心理的总体水平。它

---

* 本文发表于《教育督导》2001 年第 4 期。

是国家综合国力的重要表现，经济和社会发展的重要基础，国际竞争力的重要方面。综观20世纪世界各国的发展，可以清楚地看到，国家的强大和民族的振兴有多方面的因素，良好的国民素质无疑是最重要的因素。特别是在当代，一个国家可以从国外引进技术，引进资金，也可以引进管理方法，唯独不能引进的就是国民素质。不少发展中国家都走过弯路，以为落后是因为技术、设备的落后，于是大量引进技术和设备。结果由于国民素质没有跟上，同样的技术、同样的设备，并没有达到预期的效果。所以，国民素质是最重要的，重视教育就是重视提高国民素质。我们应该从国家发展的战略高度，从面向21世纪国际竞争的严峻现实出发，高度重视和深刻认识提高国民素质的重要性。

提高国民素质就是要努力促进人的全面发展。人的全面发展应当说自古以来就是思想家和教育家追求的理想。亚里士多德就讲过，教育的目的就是智力的发展和人的自我完善。傅立叶等空想社会主义者早就把培养全面发展的人作为追求的目标。培养全面发展的新人是共产主义理想的最重要的内容，凡是读过马克思著作的人都知道，他在很多地方讲到，共产主义的主要目标是人的全面发展。新中国成立以后，党和政府一直把全面发展作为教育方针。1957年，毛泽东在《关于正确处理人民内部矛盾的问题》的报告中指出，我们的教育方针，应该使受教育者在德育、智育、体育几方面都得到发展，成为有社会主义觉悟的、有文化的劳动者。这是对我们国家教育方针的明确表述，而且把德育排在首位。"文化大革命"结束之后，邓小平主持教育战线拨乱反正工作，他重申了德智体全面发展的思想。1995 年 3 月 18 日，八届人大三次会议通过的《教育法》明确要求，教育必须为社会主义现代化建设服务，必须与生产劳动相结合，培养德、智、体等方面全面发展的社会主义事业的建设者和接班人。

　　上述表明，从人类早期到马克思主义经典作家，到我们党和政府，都把人的全面发展作为教育的重要内容和主要目标。现在我们强调素质教育，是在新形势下把人的全面发展从教育理念转到教育实践，提到教育改革和发展的重要议事日程。因为，过去讲全面发展，主要是从理论上讲的，人是个整体，人与机器不一样，应该和谐发展。过去讲全面发展，主要是从理想上讲的，资本主义的旧式分工，使人片面化，每个劳动者只是使用和发展了某一方面的器官，我们应当建立有利于人的全面发展的社会。但多年的实践证明，由于社会发展的条件、生产力的水平，我们并没有做到人的全面发展，在不少方面，我们的教育观念和体制，教育方法和内容，还存在与人的全面发展不相适应的地方。现在特别提出人的全面发展，是因为时代变了，有了全面发展的现实可能性和客观必要性。不全面发展，就不可能真正成为对社会有益的人才，不可能真正实现个性发展、终身发展。强调全面发展既有理论意义，也有现实意义。江泽民说，广大青少年是我们民族的未来和希望，他们的健康成长和全面发展直接关系到我们事业的胜利，关系到 21 世纪中国的光明前景。就是说，现在讲全面发展不仅仅是学生的问题，而且是社会问题。没有人的全面发展，就没有经济社会的全面发展，我们的社会主义事业，21世纪的前景都将受到重大影响。

当前的现实有哪些方面迫切要求更加重视人的全面发展呢？主要有以下三个方面。

1. 科学技术的综合化。现代科学技术是综合化的科学技术，它迫切要求探索和运用科学技术的人是全面发展的。

20世纪以来，科学技术的发展呈现出新的特点：（1）各门类的科学和各层次分支不断交叉，加速综合，使科学朝着在一个领域内不断深入和多个领域综合交叉的整体化方向发展。（2）自然科学和社会科学进一步结合并定量化，科学理论高度数学化。（3）科学和技术进一步相互依赖，相互融合，以至朝着一体化方向发展。（4）科学和社会之间发生重大的相互作用。社会越来越以科学为基础，同时社会的发展和需要又决定了科学的进展和水平。（5）科学研究的规模由国家规模向全球规模发展。

由于我们的教育是在传播科学技术、发展科学技术、运用科学技术，因此，我们培养的人，应当是全面发展的，否则，就无法适应现代科学发展的要求。

2. 世界经济的全球化。由于交通工具的发达和信息手段的革新，世界经济交流频繁，越来越多的国家和地区相互合作、相互竞争，在竞争的过程中合作，在合作的过程中竞争。国际性的交流合作日益显出重大的作用，尤其是一系列的全球性问题，更需要全球的通力合作。经济全球化要求我们应当有合作取胜、协作竞争的素质，有兼容并包的胸怀和团队拼搏精神。我们培养的人才要善于在现实和传统之间、科学和人文之间、个人和社会之间，以及民族与民族、国家与国家之间，不断地协调矛盾、化解矛盾，应对各种挑战。总之，我们培养的人才应当是全面发展的。这种思想和观念许多国家早已提出，比如说日本，早在 10 多年前就提出过要培养"四合一"的人才——有科技内涵、艺术气质、经贸才干、外语本领的复合型人才。他们认为，只有这样才能适应经济全球化带来的人类活动，包括经营活动，也包括研究活动的需要。

3. 人、自然、社会发展的整体化。世界演化的次序是自然——人——社会，但我们现实生活的世界是自然、人、社会的统一。我们讲自然的发展，不能脱离人的发展，讲人的发展，不能脱离社会的发展；同样，我们讲社会的发展，也不能脱离自然和人的发展。但长期以来，大量的研究和思考是在相互割裂的情况下进行的。在西方，20 世纪 40 年代的发展观还是单一的经济增长观。它认为，发展就是经济增长，缺乏生态观念，忽视社会对经济的影响。到了 60 年代，人们开始注意到经济和自然环境之间，经济和社会之间的密切关系，提出了新的发展观，就是经济的发展、环境的发展、社会的发展要和谐。到了 20 世纪 80 年代，西方的许多学者开始强调，在经济发展、自然发展、社会发展的背后，人的发展更根本，应当是人、自然、社会的整体发展。1995 年 3 月，在哥本哈根召开了世界发展各国首脑大会，这次大会的口号是以人为中心的发展观。经济要发展、自然要发展、社会要发展，最根本的是人的发展。人的全面发展也有助于自然、社会的协调发展。

科学技术的综合化，经济的全球化，人、自然、社会发展的整体化，都要求在当代社会，运用科学技术认识和改造自然和社会的人，应当是全面发展的人。只有全面发展，才是 21 世纪合格的人才。全面发展，是素质教育观念中最基本的内容。

二、素质教育和知识、能力

素质教育的主要目的是培养德智体美全面发展的人才。实施素质教育，就要树立正确的教育观。

就教育观念来说，从知识教育观，到能力教育观，再到素质教育观，这是历史性的进步。素质教育不否认知识传授，不否认能力培养，但对知识传授和能力培养提出了更高的要求。也就是说，过去我们所做的一切并不都是错的，而是要以一个更高的、更新的观念来观照、反思，来丰富和发展。

传授知识历来被认为是教育的主要任务之一，这一点不能否认。有人说，实施素质教育就不能要求背书，这不全面。不合理的、过重的负担不行，但有些书还是要背的，这对青少年尤其必要。知识永远都是素质的基础，没有知识的人不可能有素质，今天的教育也应该把传授知识看做我们教育的主要任务之一。问题是，在现代社会，知识的种类、知识的总量剧增，不能要求一个人什么都懂，这做不到，而且也不必要。我国从 20 世纪 70 年代末 80 年代初提出，要从传统的以知识传授为主的教育模式，过渡到以能力培养为主的教育模式。大家认识到，能力是在掌握一定知识的基础上形成的，能力形成之后又成为进一步汲取知识、运用知识的必要条件。能力比知识更重要。从知识教育观到能力教育观是教育的一个进步。能力教育观不否认知识，认为知识是形成能力的基础。有知才有识，没有知识很难有见识，但是知识与能力不等同，确有知识丰富但某些方面能力不高的人，就是说，知识并没有消化、融合，没有能够应用，转化为能力。所以，人们提出了能力教育问题。

现在，科学技术的挑战和社会的进步使人们对人才的要求有了新的认识。我们要造就的 21 世纪新人，除了要有较扎实的知识基础和较强的能力外，还应该有全面的良好的素养，从能力教育到素质教育是教育观念的又一个进步。

按照素质教育的观念，我们对知识传授应该有新的要求，它和"应试教育"观念下的知识传授有明显的不同。

一是整体。从分类来说，有人文社会科学知识和自然科学知识。人类早期传授的大多是人文社会科学知识。15 世纪后，自然科学兴起，学校教育主要传授自然科学知识。到了现代，应该是自然科学知识和人文社会科学知识并重。这是每一个国家都需要的，也是每一个人都需要的。人文社会科学不能否认自然科学，自然科学也不能否认人文社会科学。过去我们按照苏联模式办学，分文科、理科，不仅大学分，中学也分。当时人才奇缺，这样做有其合理性，这是从社会急需来考虑的。如果从人的发展来考虑，很显然，分了文科和理科以后，至少是限制了人在另一方面发展的可能性。人的两半脑，要协调发展。限制了人的那一半，同时也影响人的这一半。现在，人们普遍重视科学教育，这是对的，但不能因此而忽视乃至轻视人文教育。对一个国家来说，没有自然科学，我们的国防、我们的工农业生产就不会有大的发展，落后就要挨打。但是没有人文社会科学，没有正确的理想信念和高尚的道德情操，就会"不打自乱"，"不战自败"，不用人家打，自己就站不住脚。

对学生来说，学习人文社会科学知识对于发展是有益的。我们开音乐课，并不是要求每个学生都成为音乐家，而是有助于思维能力的训练。学习人文社会科学知识，养成良好的人文精神，加强人文修养，有助于启发学生创造性思维。人文社会科学有助于学生在考虑科学技术问题的时候与社会联系起来。最近，耐比斯特写了一本书叫《高技术、高思维》，他说，我们很多问题在科学技术上是没有问题的，但是从人文科学上来说是有问题的。研究科学技术的发展是要考虑到它对社会的影响，对人类的影响。更重要的是，学点人文社会科学知识，有利于帮助学生懂得如何做人，真正成为一个高尚的人。

二是内化。严格地讲知识还不是素质。只有内化了的知识，才可能成为人的素质的有机组成部分。有些人说，你说现在是素质教育，但许多方面与过去的"应试教育"是一样的，没有必要再提素质教育。这种看法的角度不对。过去讲"应试教育"的时候也要讲数理化、文史哲，今天同样，问题是讲的角度和要求不一样。"应试教育"下什么叫学好了呢？能考高分就行了，只要把老师讲的记住，能在考试时完整地复述出来就是学好了。按照素质教育观，这是不够的。素质教育要求把老师讲的知识经过消化吸收内化成自己的素质，转化成为自身素质的有机组成部分。就像我们吃牛肉、猪肉一样，并不意味着长出牛肉、猪肉来，而是要把它消化、吸收成为身体的一部分。这就成了有机整体。有人看了许多书，并没有把它变成自己的东西，成了鲁迅讲的"四脚书橱"。我们不能说高分低能是必然的，总体上说，高分的还是高能的多。但确有高分低能的现象。为什么？就是知识没有很好地消化、应用。特别是人文社会科学知识，内化或不内化是一个根本的问题。比如，思想品德课，学生可以背得很好，可以得100 分，但平时是非观念模糊，为人处事很差，这能说素质高吗？我们讲素质高，是讲一贯做人做事表现出来的水平，这才是素质。我们说有些干部素质不高，也不是说他看不懂文件，而是他没有把文件精神、党和国家的要求变成自己的理想信念和行为准则。素质和知识的区别就在这里。

三是持续。学习是重要的，但现代社会知识太多，发展太快，陈旧率太高，不可能在中学、大学，甚至读了博士就把所有知识都掌握。因此，要在给学生传授知识的同时，着重培养学生持续发展的能力。就是使学生学会学习，掌握学习的方法。方法很重要。杨振宁说过，学习一个东西有三个层次，第一是掌握知识，第二是掌握方法，第三是懂得学的知识有什么用。

能力与素质密切相关，但是能力不等于素质。素质教育对学生能力的培养提出了新的要求。

理论上讲，能力是素质的表现，能力的大小是由素质的高低决定的。素质是内在的，能力是外在的，素质是整体性的、普遍性的，能力是具体的、特殊的。素质和能力，总体上是一致的，但又不是一一对应的。我们说一个人能力强，当校长很行，但干别的未必行，因为你不具备那种能力。但一个人素质很高，没有这个能力，只要给他机会，他会培养这方面的能力。所以，有了全面的素质，需要什么能力就可以培养什么能力。为什么我们各级各类学校说要培养学生素质，而只是对职业教育特别强调就业能力呢？就是因为就业很复杂。美国人平均一生要转行五次。而且，现在行业变化也很快，原来的行业萎缩了，又产生了新的行业，提高素质主要是为将来就业奠定基础。只要素质高，就可以做得好，能力很快就能养成，没有这个素质，能力就很长时间难以提高。我们仍然坚持能力很重要，能力是一个人从事工作的本领，干什么事都要有相应的能力。但提高能力不能急功近利，素质是能力的基础，没有相应的素质，能力就成了无源之水、无本之木。

素质教育特别要求学生能力应具有如下特点：

一是融通。素质教育所讲的能力不是一种操作性的技巧。技巧性的东西，有的一天就可以学会，或很短的时间就可以学会。有人说要让学生学会开车等，这不是坏事，但这与素质教育没有直接关系。素质教育所讲的能力应该是各种知识融会、各种活动综合基础上的认识世界、改造世界的能力，分析问题、解决问题的能力。素质是必备的，很多能力对有些人可能是不必要的。你根本不知道将来某个学生干什么事，不可能让学生在学校里什么都学会，什么能力都具备，学校只是给他一个基础的能力，基本的东西，不可能把将来学生所要遇到的一切都安排好。

二是全面。过去我们讲的能力主要是体力和智力，素质教育所说的能力要比这宽得多。能力当然包括体力和智力，但还有许多是原来的能力观里不包括的，比如说情感力、意志力等，过去重视不够。其实，对于成就一项事业，情感的、意志的力量一点也不比智力差。一个人能够作出科学发现，喜欢、兴趣是个重要因素。科学家之所以能出成果，首先是因为他喜欢、感兴趣。许多人形容科学家很苦，其实，旁观者认为他很苦，他自己并不一定觉得苦。爱国主义也是一种情感。爱国就像爱父母一样，这就是情感。意志就更不用说了，坚持不懈、坚忍不拔，这对成就事业非常重要。还有道德力、理想力、信念力。理想、信念的力量太重要了，为什么长征那么艰苦红军可以坚持下来？靠的就是理想信念。这个力量比智力因素大得多。道德也是一种力量，人格的力量。爱因斯坦说过，优秀的性格和钢铁般的意志比智慧和博学更加重要，智力上的成就在很大程度上依赖性格上的伟大。

三是跃迁。能力有的是直接操作的能力，有的是培养提高能力的能力。素质教育讲的能力更多强调的是能力的再生，或迁移、转移、提升，亦即获得和提高能力的能力。现在讲学会学习、学会交往、学会关心，就属于这种能力。做校长的都知道，交往能力是很重要的，涉及校长能不能当好，学校是否能够发展的问题。为什么学会关心？因为人是社会性的产物，需要互相关心、互相帮助、互相支持。

教育是未来的事业，我们要用长远的眼光来培养学生，特别是培养学生的实践能力和创新能力，这是素质教育所特别强调的。

从这个意义上说，过去我们强调知识教育不能说错，强调能力教育也不能说没有道理，但是今天来看，还应面向新世纪，提出更高更新的要求。素质教育，是我们国家面对新世纪挑战的积极回应，也是增强国际竞争力的重要举措。

三、素质教育和思想道德

实施素质教育，就要树立正确的成才观，要看到思想道德素质是人的最重要的素质。思想品德是人的灵魂，我们说教师是人类灵魂的工程师，在很大程度上是指对学生做人的教育和思想品德的教育，在人才培养中把思想道德放在首位。

　　我国历来比较强调"德"。墨子说过"志不强者智不达"①。司马光认为："才者，德之资也；德者，才之帅也。"② 这说明我国古代就把德看得很高，看得很重。毛泽东早在 1939 年就说过，青年应该把坚定正确的政治方向放在第一位。他还说，没有正确的政治观点就等于没有灵魂。邓小平也提出学校应该永远把坚定正确的政治方向放在第一位。他反复强调，要把青少年培养成为有理想、有道德、有文化、有纪律的"四有"新人，其中有理想、有道德是最重要的。思想道德对人的成长来说，有多方面的作用。

　　一是导向作用。人的活动，要解决"怎么做"，前提是解决"做什么"，这就是人的活动导向。"怎么做"更多的是由科学技术来解决，"做什么"特别是"为什么做"更多的是由思想政治来解决的。思想政治的导向作用表现在，正确的理想和信念可以激发学生积极向上，为祖国奋发学习。思想道德可以帮助学生养成崇尚科学、追求真理的科学态度，可以增强学生的历史使命感和社会责任感，可以提高学生识别真假、善恶、美丑的能力，形成正确的人生导向。所以江泽民说，必须把德育放在首位，文化知识、开发智力当然同样重要，但是学习成绩再好，智商再高，思想道德如果被忽视了，依然会使青少年步入人生的误区。

---

① 《墨子·修身》。
② 《资治通鉴·周威烈王二十三年》。

　　二是动力作用。每个人的工作都要有动力。过去，为了新中国的诞生，坚持不懈、艰苦奋斗多少年。现在进行改革开放和现代化建设，依然需要强大的动力，动力就来自于人们的思想品德，对祖国、对人民的热爱，对科学、对劳动的热爱等。

　　三是调节作用。人的一生中有许多机遇和选择，需要不断进行调节。这也要靠思想道德修养。一个人的成才要有专业知识，更要有良好的思想道德，使工作不断沿着正确的方向发展并取得成功。

　　对于思想道德的导向作用、动力作用、调节作用，可以举个例子。鲁迅和钱伟长是大家都熟悉的。他们是如何成功的呢？钱伟长原来喜欢文科，他的大学录取通知书是清华大学文学院，但他没有到文学院报到，他找到物理学家吴有训，说要学物理学。是什么影响了他的选择，钱伟长有这样一段话：我看到外国人在上海滩横行霸道，无非是靠着他们的枪炮比我们的好。我觉得文学救不了现在的中国，所以我想学物理。钱伟长没有进文学院而是进了物理系，是因为他为了祖国的需要，改学了物理，成了伟大的物理学家。鲁迅原来是学医的。但是他在仙台医专时看到一部反映日俄战争的电影，画面映出一群强壮的、精神麻木的中国人围观日本人处死我们的中国同胞，由此改变了他的职业选择。他也说了一段话：凡是愚弱的国民，即使体格如何健全，如何茁壮，也只能做毫无意义的示众的材料和看客，病死多少是不必以为不幸的。鲁迅从学医变成了学文，从事文学，成为伟大的文学家。是什么改变了鲁迅的选择，也是国家的复兴和强大。从这里可以看出来，这两个人在人生道路选择专业的时候是思想道德起了影响和作用。正是对祖国、对人类命运的关心使得他们在一生中孜孜以求、坚韧不拔，最终成就了伟大的事业。思想品德的导向作用、动力作用、调控作用在这两个人身上都表现得非常明显。

中国历来重视思想品德教育，当前，我们更要进一步加强。中西方文化相互激荡，我们有受益的方面，也有受冲击的方面。西方敌对势力对我"西化"、"分化"的政治图谋，更多的是从思想道德方面入手，宣扬极端个人主义、享乐主义、拜金主义，从而影响我们的政治观念。一个国家的思想道德原则和政治原则是连在一起的。人的思想道德发生了变化，其政治观念也必然会受到冲击和影响。现在，我们强调思想道德教育，有很强的现实性和针对性。

另外，我国实行社会主义市场经济体制，促进了经济发展，但对人们思想观念也带来某些消极的方面，特别在市场经济不十分成熟的时候更是如此。一个是经济全球化，一个是市场经济体制，引发了我们对很多问题新的思考。现在，社会发展迅速，人们交往频繁。过去人基本生活在"熟人社会"，现在主要生活在"生人社会"，更需要加强公德教育。无数事实证明，在当代社会，在21世纪，没有良好的社会公德和职业道德，就不可能成就大的事业。美国最近出了一本书叫《百万富翁的智慧》。这本书调查了1300个在经营方面有成就的人。调查发现，这些人多数智力一般，今天的成就和他们当时在校的学习成绩没有多大联系。他们取得成就的主要原因是这样几条：为人诚实，洁身自爱，平易近人和工作勤奋。这几项素质都属于思想品德范畴。与此类似，国内某公司对目前高薪收入人群的基本素质做过调查，使他们成功的原因主要有5项，这5项基本上也都是品德素质。（1）良好的人际关系处理能力；（2）忍耐力强，低姿态宣传自己；（3）敬业精神；（4）不断学习的进取精神；（5）比较合理的知识结构。这个知识结构主要是工作以后形成的。综合分析，从事业上讲，他们中绝大多数人学非所用，但由于受过良好教育，所以能够不断调整知识结构，使之融会贯通、顺势而上。

四、素质教育和创新精神、实践能力

《中共中央、国务院关于深化教育改革全面推进素质教育的决定》（以下简称《决定》）明确规定，素质教育要以培养学生的创新精神和实践能力为重点。《高教法》也有这样的要求。

江泽民多次强调，创新是一个民族进步的灵魂，是国家兴旺发达的不竭动力。江泽民之所以强调创新，就是因为创新太重要了。我们中华民族是世界上富有创新精神的民族，对世界文明作出过巨大贡献。当西方还是中世纪的时候，我国已经有了长足的进步，许多方面居世界之首。从宋元到明清，在世界上重大的科学技术创造中，中国人占 58%。在 18 世纪以前，中国经济的总体发展水平居于世界前列。1750 年的时候，我们的制造业还占 1/3，到 1830 年的时候还占到 29.8%。在 1830 年前，我们的经济科技还是领先的。问题是近代以来，我们严重地落伍了。凡是提到以技术进步为标志的时代，中国都是落后的。比如，蒸汽机时代、电力时代、无线电时代、原子能时代、计算机时代等。在这样的情况下，强调创新非常必要。创新是一个复杂的问题，有制度问题，有环境问题，但是不管怎么说，学校是培养创新人才和创新精神的摇篮，对创新负有义不容辞的职责。

目前，世界上很多国家为了培养创新精神和创新人才，十分重视教育改革。《教育——财富蕴藏其中》一书提出，为了迎接 21 世纪的挑战，必须给教育确定新的目标，必须改变人们对教育作用的看法。教育应该使每个人都发现、发挥和加强自己的创造潜力，挖掘出隐藏在他们身上的财富。教育的拉丁文是"引出"，教育的本义就是挖掘学生身上潜藏的东西。还有另外一本书叫《学会生存》，它把教育的任务表述为：保持一个人的首创精神和创造力量，而不放弃把他放在真正生活中的需要；传递文化，而不用现成的模式去压抑他；鼓励他们发挥天才、能力和个人表达方式，而不助长他们的个人主义；密切注意每个人的独特性，而不忽视创造也是一种集体活动。

21 世纪教育要解决的重要问题是如何培养大批的具有创造力的人才。我们国家的教育应当说有自己的传统和优势，但又有不足。对不足，批评最多的是毛泽东，他早就批评我们的旧的教育模式，压抑人的个性和创造性。又如陶行知，他提出教育的六大解放，解放眼睛，解放头脑，解放双手，解放嘴，解放空间，解放时间。他认为，有了这六大解放，创造力才能尽量发挥出来。杨振宁用他的亲身经历说道，中西教育比较，各有优点，西南联大教会了我严谨，西方教会了我创新。他说，中国的教育和西方的教育都可以培养创新人才，不能绝对说好和不好，但这里面却有不同。美国的教育对排在前面的30%的学生是有益的，因为这些学生不需要按部就班的训练，他们可以跳跃式地学习，给了他们自由，他们可以自己发展出很多东西，当然，他们的知识不可避免地会有很多漏洞，如果他真的是很聪明的话，将来他可以弥补这些漏洞。所以，这些学生受到美国式的教育可以比较快、比较容易成功。亚洲的教育对排在后面的30%—40%的学生比较有益处，因为这些学生通过按部就班的训练可以成才，而且成才之后，可以与比他聪明的学生竞争，因为他有比较扎实的知识，可以了解许多不是几天就可以学会的东西。最后的结论是：如果讨论的是美国学生，那就鼓励他多学一些有规则的训练；如果讨论亚洲学生，那就要多鼓励他挑战权威，以免他永远太胆怯。这是杨振宁关于中国教育模式和西方教育模式总体上的一个比较。总起来看，我们应该保持我们严谨的优势，同时更多地鼓励创新。我们的人才观念、教育模式和管理机制等，至少在客观上要求整齐划一的东西多些，鼓励支持创新冒尖的东西少些。

需要注意的是：一个是我们国家中学生的世界奥赛，

每年都拿到好多金牌，这是事实。它说明我们的教育有优势，别人拿不到金牌，我们可以拿得到。另外一个是建国50多年来，我们还没有独立培养出一个诺贝尔奖获得者，这也是事实。这两个事实放在一起，说明中国的学生有很高的智力，智商高的学生可以赢得国际奥林匹克知识竞赛的大奖，但是，获得诺贝尔奖则需要极强的创造能力。这两个事实的比较说明，当前，我们应当更加重视创新精神的培养。特别是我们这个民族，要和别人竞争，我们在往前面走，人家也在走，西方发达国家基础比我们好，同样的速度我们肯定是赶不上，而是差距越来越大。唯一的办法是创新。过去我们讲龟兔赛跑，后来那个乌龟赢了，是因为兔子睡大觉。现在发达国家并不睡觉，那我们就没办法了。我们既要有坚持不懈的韧劲，也要敢于和善于创新，缩短距离，迎头赶上。我们不能按照中国传统社会的路子走，也不能按照西方国家的路子走，我们要走一条全世界都没有走过的、适合中国国情的路。唯有这样才能取得成功，才能走到别人前面。

为了进行创新教育，必须按照江泽民的要求，创造条件建立一个高素质的、有创造力的教师队伍。大家都知道，老师有创新精神，才会鼓励学生创新，老师都不能创新，学生很难创新。我们要爱护和培养学生们的好奇心、求知欲，帮助学生们自主学习、独立思考，保护学生们的探索精神、创新思维。我们还要营造一个崇尚真知，追求真理的气氛，为学生的禀赋和潜能的发挥创造一个宽松的环境，使他们能够不断思考、创造性地思考。

　　创新很重要，但创新教育很困难。困难在于它很难直接教给学生。也就是像鲁迅说的那样，不可能开一门作文技法课，教出文学家。也就像关上门办一个开车的班，大家不去开车，就不可能熟练地开车。创新精神要靠自己动手去做、去实验、去摸索、去体验，它不是靠考试考出来的。所以，《决定》把培养创新精神和实践能力并列来提，很有道理。也就是说，创新不是靠灌输，根本靠实践。爱因斯坦有这么一句话：我认为最重要的教育方法，是鼓励学生去实际行动。杨振宁说，要增加中国的社会生产力，需要的是很多会动手的人。他说，那些懂得怎样动手的人，恰恰是中国最需要的人才。我们国家自古就有手脑并用、心灵手巧的说法，强调手和脑是连在一起的。苏霍姆林斯基曾经说，儿童的智慧出现在他们的指尖上。诺贝尔奖获得者温伯格说，不要安于书本上给你的答案，要去尝试下一步，去尝试发现有什么与书本知识不同的东西，这种素质可能比智力更重要，往往是区别最好的学生和次好学生的标准。这讲的都是动手能力、实践能力。实践能力包括范围很宽，比如理科实验、文科写作，以及各行各业的劳动实践等。写东西，老师当然要教，要改，要评，但根本的还是要自己好好地练。论文不动手，永远写不好；实验不动手，永远做不好。

　　特别要加强劳动教育。劳动教育应当是教育的主要环节和方面。劳动有利于增强体质，有利于知识转化和能力培养。大家都知道，教然后知不足，做然后知不足。学的时候都会了，一干就不会，一动手就不行。实践出真知，劳动促进知识的转化和内化。劳动教育也有助于思想品德教育，帮助学生树立劳动观点、劳动人民的观点和艰苦奋斗的精神。像集体主义精神、竞争意识和社会责任心，这些都不仅仅是个理论问题，更主要的是一个实践问题。培养学生的集体主义精神要靠思想品德课，更要靠社会实践活动。比如一个合唱团，一个体育队，一次野营活动，这种集体主义精神的培养，要比你说了很多道理都管用。因为他知道在这个集体中间，没有集体，什么事都做不成。在一个足球队，一个人是不管用的，在一个合唱团，一个人跑调，就会使整个音乐不成其为音乐。这些东西，不仅是让他知道，更重要的是让他感受到，内化为他的信念。他知道要做成一件事情就必须这样，这才叫内化，而不是满足于考试。劳动教育还有利于审美体验，通过劳动，把它做出来，使他享受到创造的喜悦，感受到劳动和劳动成果的美，以及劳动者的美。劳动教育是素质教育的重要环节。人和动物不一样，动物生下来是什么就是什么，比如说，熊猫就是熊猫，生下来大家都喜欢；狼就是狼，生下来大家就不大喜欢，这是已经确定好了的。人是什么，人是未确定的，我们做什么才能成为什么。亚里士多德曾经说过：我们做公正的事情才能成为公正的人；进行节制才能成为节制的人；有勇敢的表现才能成为勇敢的人。劳动实践是我们素质教育中的一个重要方面。德育、智育、体育、美育是素质教育的不同方面，但它们并不是完全分开的。一个成功的实践活动既可以进行德育，也可以进行智育、体育和美育。社会实践使德智体美教育相互渗透、协调发展，促进学生全面发展和健康成长。

五、素质教育和人格、个性

　　教育的根本任务是培养合格人才。合格人才应该是人格比较健全、个性比较鲜明的人。德育、智育、体育、美育，对于学生来说是融合在一起的，融合的最终成果就是人格。

　　我们为什么要讲德智体美全面发展呢？因为完整的人包括两个方面：身和心。身心健康、和谐发展是我们追求的目标。身体的发展主要靠体育，心理的发展主要靠德育、智育、美育。人的心理包括知、情、意三个方面。知，追求真；情，追求美；意，追求善。真善美这三种追求表现在三个领域：科学领域、道德领域、艺术领域。通过科学追求真，通过道德追求善，通过艺术追求美。那么学生怎么来追求呢？那就是通过智育、德育、美育。学生的三个心理需求和三个追求目标是靠德育、智育、美育来实现的。人应该是知、情、意的统一，真、善、美的统一，教育应该是德育、智育、体育、美育的统一。德智体美不是割裂的，而是一个整体，综合在一起的最高表现就是人格。素质教育要培养德智体美全面发展的人，也就是培养人格健全、个性健康的人。江泽民曾指出，如果轻视人格培养，那就会产生很大片面性，而这种片面性往往会影响人一生的轨迹。

　　全面发展的人、人格健全的人，也是有鲜明个性的人。马克思曾经把个性自由作为共产主义社会的目标。他认为在人类社会发展史上，人的发展有三个阶段，第一阶段是人的依赖关系，第二阶段是物的依赖关系，第三阶段是人的个性自由发展。我们要保护学生的个性、发扬学生的个性，使学生做到全面发展和个性发展相一致。全面发展是指一个人各个方面都得到发展，德智体美都达到一定的要求和标准。但由于每个人的遗传特征、所处的环境和所受的教育，以及他个人的性格、兴趣、爱好不同，因此，每个人尽管都得到比较好的发展，但还是不一样的。比如，都是画家，不同的画家有不同的个性；都是音乐家，不同的音乐家有不同的个性。所以，不能用全面发展来否认个性发展，也不能用个性发展来代替全面发展。个性发展是指在各方面都比较好的基础上某一方面更突出、更优秀。

关于个性问题，这里有两个代表性的例子：杨振宁说，爱因斯坦和爱迪生，这两个人都是大科学家，但是两个人完全不同。1921 年 4 月，爱因斯坦第一次到美国，准备到爱迪生的科学机构去做研究，到了美国受到欢迎。在波士顿时，一个记者给他一张纸，上面提了很多问题，让爱因斯坦回答，包括是谁发明了对数，美国哪一个城市制造最多的洗衣机，纽约和水牛城有多远，声音的速度是多少等。这是爱迪生录用人员都要考的。结果爱因斯坦不知道，做不好。这个故事说明，两个科学家是不同的类型，在科学技术方面，一个注重科学，一个注重技术，各有其特殊性、个性。还有一个例子，邓稼先去世后杨振宁写了一篇文章——《邓稼先》，刊登在《人民日报》上。这篇文章把邓稼先与奥本海默——分别是中国和美国原子弹的设计者和领导者相比较，但个性完全不同。奥本海默锋芒毕露，善于演讲，常在别人作报告的时候冲上讲台，打断别人的话。在美国佩服他的人很多，不喜欢他的人也很多。邓稼先与他相反，他是最不引人注目的。他忠实平和，真诚坦白。杨振宁说，如果邓稼先在美国，他就不可能领导美国人进行原子弹制造；如果让奥本海默来领导中国人也肯定完蛋。不同的文化造就不同的个性，不同的个性适应不同的文化。正是两位大科学家鲜明的个性成就了他们各自的事业。

创新是教育发展的灵魂[*]

　　江泽民特别重视创新。他多次说过，创新是一个民族进步的灵魂，是一个国家兴旺发达的不竭动力。在北京师范大学建校 100 周年庆祝大会上，他全面阐述了教育创新思想；在党的十六大报告中，他再次强调，要"坚持教育创新"。这些都深刻地昭示人们：创新也是教育发展的灵魂。

一

　　教育创新是党的解放思想、实事求是、与时俱进思想路线的体现和要求，是马克思主义教育理论在新世纪的丰富和发展，必须大力推进。

　　教育创新是时代的要求。人类社会发展到今天，相对于物质资源，人力资源成了第一资源；相对于人口数量，

＊ 本文发表于《求是》2003 年第 1 期。

提高人的素质成了第一要务；在人的素质中，创新精神和实践能力成为重点。科学技术进步，越来越依赖于科技创新；知识经济发展，越来越依赖于知识创新；国际竞争，"说到底，是人才的竞争，是民族创新能力的竞争"。无论是科技创新、知识创新，还是民族创新能力的提高，最关键的是人才，而人才的培养靠教育。正如江泽民所说，教育在培育民族创新精神和培养创造性人才方面，肩负着特殊的使命。

　　教育创新是现代化建设的需要。进入新世纪，我国进入全面建设小康社会、加快推进社会主义现代化新的发展阶段；加入世贸组织，我国对外开放进入新阶段。面对新形势、新任务、新问题，最根本的是坚持体制创新，大力推进经济、政治和文化体制改革，为经济、政治和文化发展注入新的活力。历史与现实证明，实践基础上的理论创新是社会发展和变革的先导。体制创新的前提，是理论创新和人的观念创新，最终取决于创新人才的培养。江泽民说："教育是知识创新、传播和应用的主要基地，也是培育创新精神和创新人才的重要摇篮。"[1] 这就是说，时代发展和现代化建设，需要理论创新、制度创新和科技创新，更需要教育创新。因为"教育创新，与理论创新、制度创新和科技创新一样，是非常重要的，而且教育还要为各方面的创新工作提供知识和人才基础"。[2]

　　① 《十五大以来重要文献选编》中，人民出版社 2001 年版，第 878 页。
　　② 《十五大以来重要文献选编》下，人民出版社 2003 年版，第 2555 页。

　　教育创新也是教育自身发展的必然要求。党的十三届四中全会以来，党中央高度重视教育工作，我国教育事业取得了举世瞩目的伟大成就。基本普及九年义务教育，高等教育进入大众化水平，高校管理体制和后勤社会化改革取得突破性进展，教育质量和办学效益不断提高。但是，我国教育水平与发达国家相比，还有较大差距；与社会主义现代化建设需要相比，还有较大差距。我们的教育思想观念、教育体制结构、教育内容方法，与社会主义市场经济体制不相适应的矛盾已经和正在日益暴露出来。其中，既有不少过去从未遇到过的崭新问题，也有一些无法回避的深层次问题。解决社会主义教育事业发展中的这些问题和矛盾，没有什么本本可找，也没有多少现成的经验和方法，根本的出路在于按照"三个代表"重要思想推进改革和创新。

二

　　教育创新是一个复杂的系统工程，包括诸多内容，必须整体实施，全面推进。

　　教育创新，首先是教育观念创新。教育作为人类一种最富特色的自觉行为，是在一定的思想观念指导下进行的。有什么样的教育观念，就有什么样的教育活动。因此，教育创新必须首先"确立与21世纪我国经济和社会发展需要相适应的教育观和人才观"。

　　要确立正确的教育观。教育是社会的组成部分，国家

兴办教育是因为 "教育是培养人才和增强民族创新能力的基础"。所以，教育必须牢固确立为国家服务、为现代化建设服务、为人民服务的观念。适应国家和社会发展的要求，满足人民群众的需要，是教育的安身立命之本，是21世纪教育改革和发展的方向。教育的基本职责是培养人才，要确立 "育人为本" 和以教学、科研为中心的观念。学校工作千头万绪，但都要紧紧围绕提高教学、科研质量，培养优秀人才，否则就是舍本求末。要确立人力资源开发的观念。教育要善于发现蕴藏在学生身上的创造性品质，开发人的潜能，发展人的个性，活跃人的思想，激发人的热情。教育是一个大系统，要确立大教育观念。在横向上，各类教育要相互衔接和沟通，学校教育、社会教育和家庭教育相互结合和促进；在纵向上，要适应终身学习需要，树立终身教育观念，建设学习型社会。

要确立正确的人才观。什么是人才？适应国家和社会发展需要、能为国家和社会发展服务的就是人才。国家和社会对人才的需要是多方面、多层次的，人才培养也应是多方面、多层次的，要确立人才层次性观念，培养越来越多的不同行业的创业者。人的创造性离不开人的全面素质，因此要确立人的全面发展观，把奉献精神、创造精神和实践能力的培养作为素质教育的主要内容；人的创造性离不开健康的个性，因此要确立人才的个性发展观念。

教育创新，关键是教育体制创新。体制是人活动的规范或准则，对人的活动具有引导和制约功能。人活动的质量和效益，在很大程度上取决于人按什么样的规范或准则活动。市场经济体制和计划经济体制对经济活动的质量和效益带来的巨大差别，充分说明了体制的作用和体制创新的意义。所以，江泽民说，进行教育创新，关键是通过深化改革不断健全和完善与社会主义现代化建设要求相适应的教育体制，扫除制约教育发展的体制性障碍。

在管理体制创新方面，要完善中央和省两级管理、以省级政府管理为主的新体制；政府要将对学校的直接行政管理，转变为运用立法、拨款、规划、信息服务、政策指导和必要的行政手段进行宏观管理；要整顿教育市场秩序，维护受教育者的合法权益；要建立和完善学校的自我发展、自我约束的运行机制，增强学校全面适应经济和社会发展需要的能力和积极性。在办学体制创新方面，要继续改革国家包揽办学的格局，逐步形成以政府办学为主、社会各界共同参与的办学体制；要积极引进国外优质教育资源，大力开展中外合作办学；学校要进一步向社会开放，发挥学历教育、非学历教育、继续教育和职业技术培训教育等多种功能；逐步建立和完善有利于终身学习的教育制度，建构终身教育体系。在招生考试制度创新方面，要立足于全面推进素质教育，着眼于对学生的社会责任感、创新精神和实践能力的培养和考查，多方面地体现学校考试招生的自主权和学生考试升学的选择权。

教育创新，核心是教育内容、方法和手段的创新。教育活动直接作用于学生的是其内容、方法和手段。教育创新，要在教育内容、方法和手段的创新上下工夫。

在教育内容方面，要充分吸纳自然科学和人文社会科学的最新成果，把学生引导到当代科学发展的前沿。事实说明，用陈旧、过时的知识绝不可能培养出面向未来的创造性人才。要挖掘教学内容的文化蕴涵，帮助学生认识科学发展的规律和趋势，掌握科学探究、发现的方法，以及自然科学中的人文社会精神和人文社会科学中的科学精神，增强学生热爱科学、研究科学的兴趣和能力。

教育方法的创新至关重要。教育内容的创新，需要相应的方法创新作为支撑，教育方法的创新会促进和推动内容的变革。教育方法创新要树立多样性的观念，因材施教，适应教育内容和教育对象的需要。要坚持平等的师生关系，改变由教师单向向学生灌输知识的教学方法，提倡师生之间相互学习、相互激励，教学相长。要坚持学习书本知识和生产劳动、社会实践相结合，引导学生更多一些参加生产劳动和科学研究活动，使他们有较多的时间接触自然，了解社会，开阔视野，增长才干。

教育手段本质上属于教育方法。现代信息和传播技术的兴起和运用，对传统的以教师为中心、以教材为中心、以教室为中心的教育教学模式产生了巨大的冲击，从根本上改变了人们对"教"、"育"、"学"的看法和做法。这对于调动学生的积极性，提高优质教育资源的利用效率，逐步实现教育均衡发展具有重大而深远的意义。教育手段创新，要进一步完善学校的计算机网络，加快音像电子图书、多媒体教室、数字图书馆和网络学校的建设，改变教师一支粉笔、一块黑板和学生上课记笔记、考试背笔记的教育教学现状，提高师生利用现代科技手段收集、获取、传播、加工和创新知识的水平。要以远程教育网络为依托，形成覆盖全国城乡的开放式教育系统，为社会成员提供多层次、多样化的教育服务。

教育创新，根本在于教师，在于教师的观念创新、知识创新、技术创新，以及教师教学活动的创新。无数的事实证明，只有高素质的教师，才能培养出高素质的学生；富有创新精神的教师，才能培养出创新人才。每一个教师都要爱护和培养学生的好奇心、求知欲，引导学生自主学习、独立思考，特别是要以自己教学和科研中的创造性工作影响和启迪学生，营造崇尚真知、追求真理的氛围。教师要"严谨笃学、与时俱进"，加强学习和科学研究，不断提高创新能力。当今时代，新知识层出不穷，知识更新周期不断缩短，要求教师不断以新的知识充实自己，"成为热爱学习、学会学习和终身学习的楷模"。教师不仅要传授已有的知识，还要身体力行，通过科学研究去探索、创造新知识。钱伟长认为，没有创新精神的教师，就不可能培养出具有创新精神的学生。最近，他在接受《解放日报》记者采访时说，当今世界日新月异，教师如果不知道学科前沿的最新突破，不知道学科前沿的最新命题，那只能教学生去硬记硬背你那本一成不变的讲义了。不知何谓"新"，怎么可能去"创新"。

三

教育创新必须坚持正确的方向和思路，尊重社会实践，尊重教师首创精神，持续不断地向前推进。

教育创新要坚持"三个代表"重要思想。"三个代表"重要思想是我们党必须长期坚持的指导思想，也是教育创新的指导思想。教育创新是教育领域实践"三个代表"的必然要求。教育创新的性质、方向和作用，最终要以"三个代表"来衡量，看它是否推动了先进生产力的发展，推动了先进文化的发展，以及通过生产力和文化的发展，实现了广大人民群众的经济利益、政治利益和文化利益。

教育创新要坚持"三个面向"的方针。创新不是无中生有，凭空想象。它来自现实的需要，来自对人类文明优秀成果的继承、借鉴和汲取。教育要创新，就必须面向现代化、面向世界、面向未来，对教育进行全局性、战略性、前瞻性的思考、研究和规划；就要不断解放思想，与时俱进，一切从不断发展变化的实际出发，自觉地把思想认识从那些不合时宜的观念、做法和体制中解放出来，从对各种教育理论、观念的错误的和教条式的理解中解放出来，从主观主义和形而上学的桎梏中解放出来。因此，对于教育创新来说，站在时代前列，立足于新的实践，把握时代特点，特别是加大教育对外开放的力度，密切关注世界教育发展的趋势，借鉴世界上先进的办学理念和经验，具有特别重要的意义。

教育创新还要坚持"实践第一"的原则。实践出真知。无论是教育观念、体制、内容、方法和手段的创新，还是教师创新能力和创新水平的提高，都离不开实践。只有在实践中，才能了解创新的必要和重要，把握创新的方向和方法。广大教育工作者是教育创新的主体，教育工作者的教育实践是教育创新的动力和源泉。只有深入教育实践，尊重广大教育工作者的首创精神，不断地总结、汲取、推广他们科学的新经验、新思想、新方法，才能把全国的教育创新活动不断引向深入，为全面建设小康社会、基本实现现代化和中华民族的伟大复兴作出新的贡献。

直觉思维的培养和教育[*]

一

　　直觉思维是人类的一种基本思维形式。它是在长久思索的基础上，以高度省略、减缩的形式，凭借相似、比较和启发性而豁然洞察整个问题的内在联系和实质的一种创造性思维。直觉思维具有如下特点：（1）它的表现具有突发性，是一种突如其来的顿悟和理解。人对此既不能预先知道，也不能自觉选择触发方式。（2）它的结构具有跳跃性，即不是按照仔细规定好的逻辑步骤前进，而是以凝聚简约的形式在瞬间直接猜测到问题的解答。（3）它的内容具有创造性，总是同新问题的解决联系在一起的。（4）一般说，它的结论具有不确定性，需要用逻辑的方法将其推理展开，加以验证，使之臻于完善。

---

　　* 本文发表于《江海学刊》1985 年第 3 期。

直觉在一定意义上也称为灵感。说它是灵感，强调的是在百思不得其解时而顿悟问题实质的奇效；说它是直觉，强调的是未经渐进的逻辑推理，而采取了"跳跃"的形式直接猜测到事物的本质和规律。

直觉思维在人类的科学认识中具有重要作用。我们知道，人类认识是创造性的活动，而直觉则是创造性思维的一个重要方面。科学家在探索中，大量地依靠直觉能力，选择有关联的事物，并以敏锐的洞察力和科学的鉴赏力对感性材料作出直觉的判断。在科学史上，许多科学发现都是科学家凭直觉作出的。阿基米德在浴室里受水的浮力的启发而发现了著名的浮力原理，凯库勒在瞌睡中顿悟到苯环结构，都是这方面的著名事例。

直觉思维的作用，决定了它在学校教育中应占有重要地位。在今天，培养学生的直觉思维，更有着特别重要的现实意义。

1. 培养学生的直觉思维，是现代科学发展的需要。现代社会是一个日新月异、飞速发展的社会，各门科学所认识的对象越来越复杂，层次越来越深入，现象与本质之间的中间环节也越来越多。大体上可以这样说，一切表面上的东西已基本认识完毕，科学研究正在向那些不能直接观测到的领域扩展。科学认识的发展要求科学方法随之变化。曾经适用于科学幼年时代的以归纳为主的逻辑方法现在已经显得不够了，它必须借助于在逻辑分析基础上形成的直觉思维。可以说，没有直觉思维，就没有现代科学；缺乏直觉能力，就很难作出重大发现。例如相对论的创立，它不是从牛顿力学的逻辑推理中产生的，也不是对斐索实验的逻辑归纳中实现的，而在很大程度上取决于爱因斯坦的直觉和想象。他深有体会地指出，理论越向前发展，以下情况就越清楚：从经验事实中是不能归纳出基本规律来的（比如，引力场方程或量子力学中的薛定谔方程）。特别是在物理学和数学中，要追求普遍性的结论，这里"并没有逻辑的道路，只有通过那种以对经验的共鸣的理解为依据的直觉"①。因此，他坦率地表示：我相信直觉和灵感。

2. 培养学生的直觉思维，也是造就科学人才的需要。科学在于探索未知，科学人才是未知领域的开拓者。在现代科学中，具有探索性、开拓性的科学人才标准，不仅要看他知识的多少，更重要的是看他能力的大小，尤其是理论思维能力的高低。而在科学人才的理论思维中，不仅要看他是否掌握和运用逻辑思维的方法，而且还要看他是否了解和掌握直觉思维的方法。现在，人类制造的电脑，已在许多方面如"观察"、"记忆"、"运算"等方面很好地代替了人脑。这意味着人的许多方面的逻辑思维将逐步地交给电脑去完成，从而扬长避短，留下更多的时间和精力去从事创造性发现。对于科学发现来说，逻辑思维固然有它无可代替的作用，但是也应当看到，在现代科学中，其重要性只是在于它是直觉思维的必要前提和补充，是为直觉思维服务的。特别在今天，我国的科学技术比较落后，

① 《爱因斯坦文集》第1卷，商务印书馆1976年版，第102页。

这就要求我们要花大气力，注重培养学生的直觉思维能力，推动他们去想象、发现、创新，从而迎头赶上发达国家。

3. 培养学生的直觉思维，又是教育改革的需要。邓小平指出，教育要面向现代化，面向世界，面向未来。这一思想应该成为我们在新的历史条件下进行教育改革、开创教育新局面的指导思想。"三个面向"是一个整体，其基本思想就是要求我们的教育要培养出具有现代化的思维和素质、具有同世界发达国家相竞争的能力、具有能够驰骋于21世纪本领的人才。而要做到这一点，就要提倡在教学中重视培养学生的能力，特别是培养学生的直觉思维能力。

因此，教育要改革，要实现"三个面向"，就必须紧紧围绕学生直觉思维等方面的能力的培养。只有这样，才能从总体上解决教学工作中的种种弊端。一切与之相应的都应当鼓励、扶持和推广，一切与之不利的教育体制、教材内容和教学方法都应在改革之列。不如此，我们的教育改革就很难取得突破性的进展，"三个面向"也很难付诸实现。

二

培养学生直觉思维不仅具有必要性和紧迫性，而且具有现实可能性。

直觉思维的培养是否可能，这个问题的实质就是直觉思维的发生、发展有无规律可循。有规律就是可培养的，否则就是不可培养的。以往我们的教育侧重于逻辑思维，而忽视直觉思维，就是认为直觉思维不可预测，无规律可循。实际上，按照辩证唯物主义的观点，世界上任何现象的发生都是有客观依据的。我们坚信，在直觉思维"不合规律"的现象背后，必然有着内在规律性。毋庸讳言，我们目前对直觉思维的探讨还很不够，对其规律还了解太少。但规律总是在研究和实践中把握的。根据马克思主义认识论和心理学、生理学、脑科学，以及科学家的成功经验，我认为直觉思维的规律大致有以下几个方面：

1. 辩证唯物主义认识论认为，直觉思维作为一种思维活动，不能离开社会实践。它必须以深厚的实践为基础，以渊博的知识、经验为前提。唯心主义认为，灵感的产生是"神灵凭附"，是"心灵反省"。这不符合事实。灵感是人的社会实践的结果，经验的结果。只有平时苦心钻研，才能激发灵感，产生直觉。俗话说，"功到自然成"。凯库勒所以能够借梦中的景象发现苯的环形结构式，这一方面是因为当时的化学知识和理论已经有了很大的发展，他非常熟悉这些知识和理论；另一方面也由于他过去学过建筑，有着比较丰富的空间结构的想象力。而且他还担任过法庭陪审员，曾经看到过不少炼金术的象征物——首尾相接的蛇形手镯。而他梦中所见的恰恰就是这种形状的东西，所以在梦中与他所研究的东西一拍即合。

总之，"信息是直觉之母"。那些知识经验贫乏、孤陋寡闻的人是不可能有真正的直觉的。钱学森说："灵感也是从实践经验的总结提高中得来的，要不是从实践当中来，小孩刚一生下来不就能灵感一番，就能创造了吗？没有这样的事。"

知识经验是形成直觉思维的前提条件，但知识经验和直觉能力并不是绝对成正比的。因为，只有当各种知识联系起来，形成特有的结构时，才能对直觉思维起决定性的作用。知识结构与研究课题具有对应性。分析世界上诺贝尔奖金获得者的经验，可以发现他们对某些尖端课题作出突破性的成就，都与他们完成特定课题必须具备的最佳知识结构密切相关。而支离破碎、杂乱无章的知识，不仅不能被很好地记忆、迁移，甚至可能成为死板的、凝固的、束缚创造力的东西。

2. 生理学、脑科学的研究揭示了直觉思维的生理基础，认为它孕育在潜意识（也称下意识）之中，发生在右半脑。思维是意识的一种。直觉思维总的说来也是人类的一种意识活动。但是从它的突发性、跳跃性和不精确性来看，它又不是人的自觉的意识活动，而在自觉意识之外，在潜意识之中。潜意识是遗忘的经验以及内驱力所形成的，它左右人的行为而人的意识觉察不到它。现代脑科学和实验心理学的研究表明，潜意识是人脑不可缺少的反映形式，其活动范围和能量都是很大的。有人说，从人脑的意识能力来说，意识只是潜意识的无边大海中的细小岛屿。特别是在意识因过载抑制或完全解脱（譬如睡眠中）的时候，潜意识处理信息尤为迅速。

早在 19 世纪初期，德国心理学家赫尔巴特就指出，潜意识和意识经过"意识阈"可以相互转化。意识阈限上的观念可以转入阈限下而成为潜意识。但它并不就此消失，而只是削减其强度潜伏下来。一有机会，又可通过有关意识观念的吸引而升入阈限之上，从而被人自觉地意识到。我们每个人也都有这样的体验，有时一个问题无论如何总想不起来，这时索性不去想它，却可能突然记起来了。这说明这个问题实际上并没有完全从头脑中消失，只不过暂时同意识失去联系，成为潜意识。而一旦受外界条件触发，它又突然接通意识。

此外，美国神经学家斯佩雷根据割裂脑的研究还证明，意识、思维是人的中枢神经系统，特别是人脑的最高层次活动。人脑两半球既相辅相成，又有明确分工。他认为，大脑左半脑分管受语言和逻辑支配的分析思维，"负责"处理语言、数学和其他分析功能，被称为"智力"的。右半球分管形象思维，"负责"处理空间图形、色彩、声响等，被称为"直觉"的。所以，潜意识多居于右半脑。右半脑是直觉思维的生理基础。右半脑发达，得到充分利用的人，往往直觉思维能力也就较强，

一些杰出人物，卓越科学家高度的艺术修养也从侧面证实了这个道理。列宁从小就受到音乐的训练和熏陶，8岁就能熟练地弹钢琴。物理学家爱因斯坦、海森堡、玻恩和普朗克无不酷爱音乐，并都有很高造诣。特别是爱因斯坦，他是一位出色的小提琴手，终身与音乐结下不解之缘。他甚至说，这个世界可以由音乐的音符组成，也可以由数学的公式组成。而费米、居里夫人、巴甫洛夫等人都

极喜欢游泳、爬山、划船等活动。这些绝非偶然的巧合。科学家通过这些活动，既减轻左半脑的疲劳，又直接刺激右半脑的发展，从而促进两半脑的和谐，为良好的直觉思维提供了优越的生理条件。

3. 从心理学、生理学和科学家的经验来分析，一般认为，科学家在产生直觉之前，必须对问题经久沉思，有过连续、反复的思考，从而对这一问题有了浓厚的兴趣和解决它的强烈愿望。以致使要解决的问题总是萦绕脑际，即使干着别的事情，思想也总是不自觉地转向这一问题。灵感是对艰苦劳动的奖赏。只有经过苦思冥想，才能极大地调动头脑中的全部信息，建立起许多间接的、暂时的联系，这样一旦受到某种刺激，就好像接通电流一样，放出光芒。英国数学家汉密尔顿偶然发现了四元数，而实际上"它已经纠缠住我至少 15 年了"。门捷列夫在一个早晨突然想出了元素之间的联系，其原因也正如他自己所说的："这个问题我大约考虑了 20 年！"

相反，如果没有经过长期的思考，大脑就既不会形成暂时联系，也不可能出现优势兴奋中心，从而造成自觉意识的暂时抑制而引起潜意识活动，激发储存信息的自动跃出，形成直觉。因此，同样的外部条件，对于学有素养，即有准备的头脑会产生直觉；而对于思想懒汉，坐待灵感的人，却不会也不可能得到灵感的青睐。

应当指出，长期而紧张的思维活动虽是产生直觉的准备，但产生直觉的机会却往往不在苦思冥想的时候。很多科学发现的事例表明，在紧张工作一段时间之后，悠游闲适，暂时放下工作，往往更容易产生灵感。

4. 从认识论和心理学的研究看，直觉思维离不开想象。想象是根据经验在大脑中创造出没有感知过的事物的形象。人们要想揭示事物运动的内部机理，或设想事物可能存在的联系，都离不开想象。恩格斯把微分这样抽象的概念称之为"想象的数量"①。列宁也说："想象是极其可贵的素质"，一切创造性活动都离不开它。"以为只有诗人才需要想象，这是没有道理的，这是愚蠢的偏见！甚至在数学上也需要想象。"②

想象在直觉思维中具有特殊作用。直觉思维具有跳跃性，想象就是直觉思维跳跃的翅膀。想象可以打破旧有的逻辑格式，拓宽思路，使一些已经固定的观念有可能过渡到其他新的独创的观念。

人的心理意识具有相对的独立性。人们在长期的社会实践中会逐步形成一种自己习惯的思维模式。这是一种预备性顺应，或反应准备。它使人倾向于以一种特定的方式去进行认识反应。当任何一个新课题出现时，研究者就会自觉不自觉地循着以往的思路，按习惯的方式去思考。当然，这对于日常生活是有用的，但对于突破旧观念、作出新发现的科学研究来说，就可能成为一种心理障碍。它常使解决问题的办法定型化，限制科学假说形成的范围，以致把科学家、艺术家的思路引向绝境。在这种情况下，只

---

① 《马克思恩格斯选集》第 4 卷，人民出版社 1995 年版，第 369 页。
② 《列宁全集》第 43 卷，人民出版社 1987 年版，第 122 页。

有想象才能激发思维重新开始，从既有的模式和绝望的困境中解脱出来。因为，想象可以自由地从大脑内部和客观环境两个方面，搜寻、获得一切可能有用的信息，进行心理形式的调节和组合。经过多次反馈，就有可能捕捉到一个最有希望的想象。于是，它动摇了旧的习惯的联系和观念，大脑中原来凌乱无序的心理因素便开始走向有序，逐步达到最佳组合。这时，心理结构迅即发生格式塔的转移，百思不得其解的问题由此会突如其来地得以澄清。

直觉思维的培养不仅在理论上是成立的，而且在实践中也被证明是可行的、有效的。

爱因斯坦具有举世公认的良好的直觉能力。他这种能力是从哪里来的呢？爱因斯坦认为这与瑞士阿劳中学的教育分不开。他在为接受诺贝尔奖金而撰写的仅十四行的简短自传中特别提到这所中学。在逝世前一个月所写的回忆录中，他又进一步写道："这个学校以它的自由精神和那些毫不仰赖外界权威的教师们的淳朴热情给我留下了难忘的印象；同我在一个处处使人感到受权威指导的德国中学的六年学习相对比，使我深切地感到，自由行动和自我负责的教育，比起那种依赖训练、外界权威和追求名利的教育来，是多么的优越呀。真正的民主决不是虚幻的空想。在阿劳这一年中，我想到这样一个问题：倘使一个人以光速跟着光波跑，那么他就处在一个不随时间而变化的波场之中。但看来不会有这种事情！这是同狭义相对论有关的第一个朴素的理想实验。"① 爱因斯坦的自述充分表现出阿劳中学的教育对于激发他的好奇心、想象力，培养他的直觉思维能力所起的巨大作用。

教育在培养学生直觉思维中的可能性，我们还可以从诺贝尔奖金获得者的成功经验中见到。众所周知，诺贝尔奖是最高的科学奖，是能力的象征、水平的标志。一些调查表明，这些获奖人的能力、成功是同学校的教育分不开的。比如，美国 71 位获奖人中，有 55% 就学于 10 所大学。

大量事实还表明，年轻的获奖人，是在学习过程中从导师那里受到直觉思维的训练和启发，学会科学创造的。"在 1901 年至 1976 年间选中的 313 位获奖人当中，有相当多的人实际上是有联系的，少数人通过血统或婚姻联系，更多的人是通过联结师与徒的纽带联系。""引人注目的是，1972 年以前在美国进行其获奖研究的 92 位获奖人当中，有一半以上（48 位）的人曾在长辈的诺贝尔奖金获得者手下当过学生、博士生、研究员或低级合作者。"②

由此可见，直觉思维并不是与生俱来的天赋，不是高不可攀的东西，它主要是后天获得的，可以通过教育加以训练和培养。

---

① 《爱因斯坦文集》第 1 卷，商务印书馆 1976 年版，第 43—44 页。
② 哈里特·朱克曼：《科学界的精英》，商务印书馆 1979 年版，第 135、140 页。

三

根据以上对于直觉思维规律的初步探讨，关于直觉思维的培养问题，可以提出如下意见。

1. 适应知识整体化的要求，实行通才教育。有效而系统的知识是直觉思维的前提。因此，培养学生的直觉思维，首先要使学生具有渊博的知识。但是科学知识是不断发展的，它经历了古代的整化和近代的分化，现在又走向新的整化阶段。与之相应，直觉思维对丰富的知识要求也就从古代的通才、近代的专才转变为今天新的通才。其实，在科学史上，凡有重大建树的科学家，大都以博取胜。大名鼎鼎的牛顿就是一个例证。而在信息社会，就更是通才的天下。所以，有人说，今天，仅仅精通一门，即使不是庸才，也算不得英才。只拿一个学科博士的，是"铜牌博士"；拿到两个学科博士的，才称得上"金牌博士"。

实行通才教育，中小学就不应划分主科、副科；大学也要加强综合性。文科的学生要学点理科课程，理科的学生要学点工科课程，理工科的学生都要学点文科课程。美国为了加强学生能力的培养，在重视基础理论的同时，提倡"百科式的教育"。日本教育界认为，过去那种科目繁多、划分过细的"纵向深入型"培养出来的学生已经不合时宜，各大学纷纷建立综合学部、综合学科、综合研究机构。国外和国内有的大学为促进通才的产生，已开始设立文科和理科双重学位的课程。

实行通才教育，应该压缩必修课，增设选修课。必修课要求少而精，选修课要做到多而活，以保证学生有较多的时间了解邻近学科，特别是了解那些新兴学科。为弥补课程设置跟不上知识更新步伐的不足，经常举办各种各样的讲座也是非常必要的。

实行通才教育，必须强调学科知识结构。要以极简括、条理的方式让学生理解学科的基本原理、一般概念及其相互关系。在知识迅猛增长、学科划分越来越细的情况下，怎样使学生在有限的时间内多学一些学科，并使已经接受的有限知识在往后的科研中具有最大的应变能力，"对这个问题的回答，在已经从事于新课程的准备和教学的人们中间，占优势的观点是：不论我们选教什么学科，务必使学生理解该学科的基本结构。"① 这是克服教育与科技发展之间日益加深的矛盾的一个较好的方法。它可以把详细的材料用简化的方式保持在记忆里，促进智力发展，有利于知识迁移，使学生从中提高直觉处理问题的能力。

2. 改变以传授知识为主的教学观，着重培养学生的创造能力。知识是科学创造的出发点，能力是科学创造的工具。事实证明，知识丰富的人，未必就有良好的直觉能力；而具有创造能力的人，往往易于进入灵感状态。许多伟人、学者在学生时代的成绩也并不都是很突出的。所

---

① 布鲁纳：《教育过程》，上海人民出版社 1982 年版，第 31 页。

以，对于科学探索、科学创造来说，能力比知识更重要。特别是现在，创造能力的培养，更应该成为整个教育工作的出发点和归宿。

培养学生的创造力，首先要改变头脑中单纯以知识作为教学和人才评价标准的陈旧观念。以前，"水平高低看分数，分数高低看背书"，人们总是认为，传授知识给学生便算尽了教学之能事，学生的知识记牢，便算学习的成功。如果学生提出新的见解或新的观念，则往往给以低分的惩罚。其结果，就不是培养而是抑制、扼杀了学生的创造力。最近，有人曾就自修大学课程者同在校大学生作过对比调查，结果表明："就书本知识掌握的牢固程度而言，自学者多数不如在校学生；而就知识的迁移、灵活运用、触类旁通，接通知识连接点的能力等方面，多数在校学生不如自学者，有的是远远不如。"[1] 这种现象值得教育工作者深思。

培养学生的创造力，就是要教会学生"学会怎样学习"，不是要学生什么都知道，而是使他们知道用什么方法、从什么地方才能准确地找到他所不知道的东西。

3. 提倡发现式教学法，鼓励学生幻想。用什么样的方法教学，与学生的直觉思维培养有直接关系。教学方法从总体上有"程序教学法"和"发现式教学法"两类。就适应现代科学需要、培养学生直觉思维来说，前者是弊多利少。特别是鉴于目前"满堂灌"、"填鸭式"盛行，

---

[1] 参看 1984 年 3 月 23 日《光明日报》。

改革教学方法向启发式、发现式迈进，应当是主要的方向。

所谓发现式教学法，就是强调主动学习，学生亲自探索事物，即所重视的是主动发现而不是被动地接受知识。布鲁纳认为，运用发现法，不仅能使学生掌握所学知识的基本结构，而且能使学生掌握发现的方法，并养成发现的态度，引起学习的兴趣，增强对学习和发现的自信心。进而"借助于发展学生的自信和勇气去培养有效的直觉思维"①。

运用发现法，首先要明确学生学习的性质，树立学习过程就是探索过程，学习和科研是同类活动这样一种观念。在教学中贯彻学生是主体，教师是主导，教为学服务的思想。变传统的以教为主为以学为主，同时，教师的教侧重于启发、引导；学生的学侧重于思考、探索。这样，学生通过教师的指导，亲身实践，独立探索和发现，一方面，能够发挥主动性、创造性；另一方面，从中形成自己有意义的见解和良好的发现方法。

运用发现法，还要给学生以足够的自由想象、验证假设的时间，创造良好的学习气氛。知识的学习需要学生自己消化、吸收，技能的掌握需要时间去练习、巩固。更重要的是，在自由时间中的独立想象、验证、发现，会产生狂喜的心情，这种兴奋的心理状态具有不可忽视的动机意义。创造与受苦是无缘的。歌德说："艺术中没有受苦这

---

① 布鲁纳：《教育过程》，上海人民出版社1982年版，第75页。

种事。"杨振宁不同意别人说他"终日计算，苦思冥想"，尤其不同意这个"苦"字。然而我们今天的学校，把学生紧紧束缚在课堂上、书本上，学生只知"苦"读书，读书"苦"，失去了灵感、创造，甚至连思考的兴趣都会丧失。

运用发现法，重要的是鼓励学生幻想。事实上，不准想象，也就会压抑学生任何种类的积极思考，使之只会小心翼翼地埋头工作，而缺乏批评精神和敢想敢为的作风，不敢进行大胆的飞跃。这样的思维方式和精神状态很不利于学生创造力的发展，这样的人才也很难作出重大的科学发现。

4. 加强艺术教育，充分发展和利用右半脑。人的完整的思维活动是通过胼胝的信息传递，由大脑两半球协调完成的。研究证明，最有效的教学应当是使人脑两半球都处于学习之中。对于直觉思维来说，右半脑具有直接的作用。但是，传统的教育却偏于智力的左半脑，使它发展过快，负担过重，以致损害完整的思维。因此，要培养学生的直觉思维，就必须采取有效的手段，积极发展右半脑。

要发展右半脑，就必须认识到：学校开设的一切课程，特别是中小学阶段，其目的并不仅仅是为了给学生某种专门的知识，而是要培养、发展学生各个方面的能力，也即培养全面发展的人才。苏霍姆林斯基指出，音乐教育——这不是要培养音乐家，这首先是培养人。音乐是这样，所有的学科都是如此。对于发展人的能力来说，它们都是必要的。哲学家培根有一段名言对此作了非常好的说明。他说："阅读使人充实，会谈使人敏捷，写作与笔记使人精确。……史鉴使人明智；诗歌使人巧慧；数学使人精细；博物使人深沉；伦理之学使人庄重；逻辑与修辞使人善辩。"①

发展右半脑，就是要重视和加强艺术，如音乐、美术、体育等学科的教学。研究表明，艺术直接关系到"负责"处理空间图形、色彩、声音的右半脑。英语、历史和现代语的学习对于右半脑的发展也有较大影响。而学习数学、物理、化学则主要是训练左半脑。至于生物、地理以及政治经济学的学习对于两半脑的影响，差不多是相等的。所以，我们在人才的培养中，必须克服单纯实用的观点，从应付考试、迁就就业出发而人为地把数、理、化划为主科，把音、体、美划为副科，进而重视主科、忽视以致取消副科的片面性做法。而应该根据"三个面向"的精神，把眼光放得远一些，重视学生艺术观点和科学鉴赏力的培养，重视艺术、文学、哲学等知识。我们切不可只注重数学、自然科学知识，只注意学生数理的逻辑的演算能力，而忽视空间视觉形象的、想象的、审美的能力。其实，古今中外的教育家大都重视艺术教育，孔子把音乐作为六大教育内容之一。荀子认为音乐能使人"耳目聪明"。苏联教育家苏霍姆林斯基说，如果你会演奏一种乐曲，那么你作为教育者就占有许多优势；如果你身上还有一点哪怕是很小的音乐天才的火花，那么你在教育上就是

① 《培根论说文集》，商务印书馆1996年版，第266页。

国王。

对于发展右半脑来说，现代化教学手段的运用也很有意义。

5. 培养学生直觉思维最重要的问题，是教师问题。这不仅是因为上述几个方面都要通过教师来贯彻、实施，而且，从知识上看，教师只有掌握了所教学科的系统结构，而且又熟悉该学科的发展历史及其趋势，他才有可能根据学生的水平，选择恰当的内容和问题，去有计划地训练学生从整体出发，用猜测、跳跃的方式，直接而迅速地寻找可能的、接近的答案。从能力上看，教师对直觉思维的态度和实际运用会在很大程度上影响到学生直觉思维能力的发展。所谓"名师出高徒"就含有这个意思。从心理上看，如果教师有很高的创造力，会直觉思维，他就会敏锐地发现并精心扶植有创造潜力的和有较好直觉思维能力的学生。反之，如果教师本身就缺乏创造力，那么有想象力、创造力的学生就可能常常被指责为偷懒、对老师傲慢无礼，从而被压抑和埋没。

发挥教师在培养学生直觉思维中的关键作用，首先要提倡优秀的科学家到学校兼课。这既能克服科学家的研究工作同学校课程之间出现的脱节现象，更能造成学生和有创造性、有良好直觉思维能力的人的接触。这种接触对于学生直觉思维的培养具有重要意义。在这种接触中，学生们一方面受到专家们探索和发现兴趣的感染，另一方面极力模仿这些具有他所羡慕的品质，拥有他所羡慕的目标的人，以这些人为榜样去达到自己的目的。

　　发挥教师在学生直觉思维培养中的关键作用，要求教师从事科学研究，把教学与科研有机结合起来。也就是说，教师要给学生提供最新信息，把学生引导到科学探索的前沿，教师要以自己的亲身感受指导学生进行科学探索。人们说，没有科研，就没有大学。同样道理，一个没有科研能力的教师，恐怕也很难成为一个称职的大学教师。

坚持实践标准　深化教育改革[*]

一

20 年前，在全国开展了一场关于真理标准问题的大讨论。这场讨论，冲破了"两个凡是"的束缚，推动了全国性的马克思主义思想解放运动，为党的十一届三中全会作了重要思想准备。

20 年过去了。20 年的实践证明：真理标准问题的讨论，是我国改革开放和现代化建设新时期的历史起点；实践标准的思想，体现在我国改革开放和现代化建设的全过程，是邓小平理论体系的重要组成部分。可以说，20 年改革开放和现代化建设取得的全部成就，都起源于实践标准的重新确立，都得益于实践标准思想的正确引导，都证明了邓小平一个科学的论断：这场讨论的意义太大了。今

＊ 本文发表于 1998 年 7 月 15 日《中国教育报》。

天，我们广大教育工作者纪念这场讨论 20 周年，就是要重新学习和领会"实践是检验真理的唯一标准"这一科学真理的丰富内涵，把握和铭记这场讨论深远而珍贵的启示，在十五大精神指引下，尊重实践，勇于探索，开创教育改革和发展的新局面。

二

真理标准问题，在马克思主义哲学中是一个早已解决的问题。实践是检验真理的唯一标准，马克思、列宁、毛泽东都有过明确的论述。这个问题的讨论之所以在我们党和国家的历史进程中产生如此广泛而深远的影响，有着多方面的原因，概括起来主要是两个相互联系着的方面。一是现实的方面，社会生活的需要。这和当时特殊的、复杂的社会背景是分不开的。可以设想，变换一个历史条件，同样是这个问题的讨论，要产生这样的影响，恐怕是不可能的。

但这只是问题的一个方面。一个哲学命题的社会意义和影响，既取决于现实社会的客观需要，又取决于这一命题本身的思想内涵。真理标准问题讨论表现出的社会政治意义，是由实践标准本身的理论意义决定的。这场讨论实质上是以哲学理论之争的形式开展的政治斗争。在当时的历史条件下，为什么学术界讨论这个问题而不是别的问题，邓小平为什么支持这个讨论而不是别的讨论，这只能从这一命题的思想内涵来说明。

实践是检验真理的唯一标准，既是一个平凡的道理又是一个伟大的真理，既是一个常识性的命题又是一个基础性的命题。邓小平特别看重这场讨论，认为这是一项"基本建设"，"它的实质就在于是不是坚持马列主义、毛泽东思想"①。这是因为，实践性是马克思主义哲学的本质特性。马克思主义哲学的产生是人类思想史上一场伟大的革命。马克思主义哲学既是不同于唯心主义的唯物主义，又是不同于旧唯物主义的"新唯物主义"。这种新唯物主义之"新"表现在哪里呢？最根本的就表现在实践上。马克思说过，"新唯物主义"不仅要解释世界，更重要的是"改变世界"。马克思认为，人通过实践改造世界，改造人本身，改造人和世界的关系。马克思主张，要从实践出发，反观、透视和理解世界，理解人，理解人和世界的关系。所谓"新唯物主义"，说到底也就是马克思所说的"实践的唯物主义"。马克思主义哲学的科学性和革命性，都是建立在实践性之上并通过实践性而紧密地联系在一起的。

更为重要的是，实践的观点是马克思主义哲学的基本观点。马克思主义哲学的各个部分都渗透和体现着实践观点；马克思主义哲学的许多观点都蕴涵和体现在实践观点之中，都要从实践的角度加以理解和说明。

1. 实践观点包含着解放思想、实事求是的观点。真理标准问题讨论的最大意义，就是恢复了解放思想、实事

---

① 《邓小平文选》第2卷，人民出版社1994年版，第191页。

求是的思想路线。真理标准问题的讨论一时席卷全国，就在于科学的实践观实际上承载了重新确立正确的思想路线以及政治路线的内容；就在于它实际上包含着解放思想、实事求是的精神。实践是人们改造世界的物质活动，具有客观性和直接现实性。尊重实践，就必须尊重实际，一切从实际出发，理论联系实际，也就是要坚持实事求是。实践活动又是人们改造世界的能动活动，具有能动性、革命性、历史性。尊重实践，就必须尊重变化、运动、发展，随着实践的发展而改变人们的思想认识，也就是要不断解放思想。

什么是解放思想？解放思想就是主张理论与实践的具体的、历史的统一，坚持用实践检验人们已有的思想认识，抛弃那些落后于实践的陈旧观念，以及被实践证明了的错误认识，研究新情况，解决新问题，随着实践的发展不断把认识引向深入。解放思想没有止境，就是因为人类的实践活动是一个永无止境的发展过程。承认思想认识来源于实践并随着实践活动的发展而发展，也就必然承认解放思想，反对任何形式的僵化和保守。邓小平明确地指出，真理标准问题的争论，"实际上也是要不要解放思想的争论"。

什么是实事求是？实事求是就是通过实践发现规律，使主观认识和客观对象相符合，通过实践改造对象，使实践活动的客观结果和人们的主观愿望相符合，并从而证实认识的真理性。实践是实事求是的基础，是联系主观和客观的桥梁。只有通过实践，才能做到实事求是；只有坚持实践的观点，才能坚持实事求是的观点。

从我们党的历史看，毛泽东用"实事求是"来概括党的思想路线。在新的历史时期，邓小平把"解放思想"和"实事求是"联系起来，把"实践是检验真理的标准"纳入党的思想路线，深刻地揭示了实践和解放思想、实事求是之间的内在关系。

2. 实践观点包含着生产力观点。实践活动对真理的检验，具体地说是通过实践结果表现出来的。毛泽东在《实践论》中指出："判定认识或理论之是否真理，不是依主观上觉得如何而定，而是依客观上社会实践的结果如何而定。"① 人们的实践活动都是为了某种预期的目的、在一定理论认识的指导下进行的。实践结果达到了预期的目的，就证明实践活动是成功的，指导实践活动的理论认识是正确的，反之就是不成功的、不正确的。

历史唯物主义认为，生产活动是人类最基本的实践活动，是人类存在和发展的基础；生产力是社会发展的最终决定力量，是衡量人类社会进步的最高标准。人类实践活动的目的在一定意义上可以说主要是为了解放和发展社会生产力，从而推动人类社会的进步。因此，实践活动以及指导实践活动的思想认识，最终是否推动了生产力发展，是否有利于生产力的发展，便成了检验实践活动成败和指导实践活动的理论认识对错的根本标准。早在革命战争时期，我们党就明确指出，中国一切政党的政策及其实践在

① 《毛泽东选集》第1卷，人民出版社1991年版，第284页。

中国人民中所表现的作用的好坏、大小，归根结底，要看它对于中国人民的生产力的发展是否有帮助及其帮助的大小，看它是束缚生产力的，还是解放生产力的。在新的历史条件下，邓小平多次把是否有利于发展社会生产力作为"衡量一切工作的最根本的是非标准"。也正是从实践标准包含生产力标准、生产力标准是实践标准在社会历史领域具体化的意义上，邓小平在谈到真理标准问题时说："这是个重要的理论问题，是个是否坚持历史唯物主义的问题。"①

3. 实践观点包含着人民群众的观点。任何劳动实践都是由劳动者、劳动工具和劳动对象构成的，其中劳动者是最活跃的因素。劳动对象能够成为"对象"，劳动工具的制造和使用，都是由劳动者的因素决定的。劳动过程实际上就是劳动者运用劳动工具作用于劳动对象的过程。一切劳动实践结果无不是人的本质力量的对象化。广大人民群众是实践的主体、历史的主人，我们所说的劳动者归根到底是指广大的人民群众。实践是检验真理的唯一标准，更全面的表达应当是毛泽东所说的，只有千百万人民群众的实践，才是检验真理的唯一标准。在这个意义上，实践观点和群众观点，尊重实践和尊重人民群众，都是一致的。

从实践活动的尺度看，人的实践区别于动物活动的根本之处在于人的实践是有目的的，它包括合乎规律和合乎

---

① 《邓小平文选》第2卷，人民出版社1994年版，第38页。

目的两个尺度。成功的实践既要遵循客观规律，又要从实践者——人民群众的利益出发。在社会历史领域，历史发展的客观规律和人民群众的根本利益、长远利益是一致的，从实践出发和从人民群众利益出发是一致的。我们的一切理论认识、路线方针政策是否正确，都要以实践为标准，也就是都要以实践结果是否符合实践者——人民群众的根本利益为标准。毛泽东指出："共产党人的一切言论行动，必须以合乎最广大人民群众的最大利益，为最广大人民群众所拥护为最高标准。"① 邓小平尊重群众的实践经验和创造，关心群众的需要和利益，把人民拥护不拥护、赞成不赞成、高兴不高兴、答应不答应，作为我们党制定各项方针政策的"出发点和归宿"。凡是经过实践证明符合客观规律、符合大多数人民群众利益的言论行为，就是正确的，我们就坚持，反之就是不正确的，我们就反对。

从生产力标准看，正确的理论认识、方针政策必须有利于发展社会生产力。而广大人民群众则是"首要的生产力"（列宁）、"最强大的一种生产力"（马克思）。因此，发展生产力，最重要的途径是提高劳动者的素质，调动和发挥劳动者的主动性、积极性和创造性。按照历史唯物主义的观点，一切有利于社会生产力发展的东西，都是符合人民群众的最根本利益的。有利于生产力发展，最重要的内容就是有利于劳动者的发展，有利于满足劳动者不

---

① 《毛泽东选集》第3卷，人民出版社1991年版，第1096页。

断增长的物质文化需要，提高人民群众的物质文化生活水平。对于社会主义来说，如果说发展生产力是实践活动的目的，那么提高人民群众的生活水平则是发展生产力的目的。这就是邓小平所说的，社会主义阶段的最根本任务是发展生产力，在发展生产力的基础上不断改善人民的物质文化生活。正是在这个意义上，邓小平常常把发展生产力和提高人民的生活水平结合起来，作为我们工作的目标和判断我们的路线方针政策对不对的标准。关于政治领导，他说："按照历史唯物主义的观点来讲，正确的政治领导的成果，归根结底要表现在社会生产力的发展上，人民物质文化生活的改善上。"① 关于经济政策，他指出："社会主义经济政策对不对，归根结底要看生产力是否发展，人民收入是否增加。这是压倒一切的标准。"到了 1992 年的南方谈话，针对改革开放和现代化事业，他更明确地概括和提出了著名的"三个有利于"标准，其中首要标准是生产力，最终标准是人民的生活水平。

所以，实践标准、生产力标准、"三个有利于"标准是一致的。相对于因循守旧、丧失机遇，它们体现了一种务实的、开放的、进取的思想方式和精神状态。实践标准、生产力标准、"三个有利于"标准是统一的。后者以前者为基础，最后统一于实践标准之中。没有实践标准，就没有也不可能有生产力标准、"三个有利于"标准。实践标准已经蕴涵着生产力标准、"三个有利于"标准的思

---

① 《邓小平文选》第 2 卷，人民出版社 1994 年版，第 128 页。

想内容。从实践标准到生产力标准，再到"三个有利于"标准又是发展的。生产力标准、"三个有利于"标准深化和具体化了实践标准，把马克思主义哲学的基本原理同我们正在做的事情结合起来，实现了从思想路线到政治路线、从哲学理论到方针政策的过渡。因此，对于改革开放和现代化建设来说，生产力标准、"三个有利于"标准就更加具有直接的决定意义和作用。邓小平提出的生产力标准、"三个有利于"标准，丰富和发展了马克思主义实践标准理论，推动了社会主义改革开放和现代化建设事业的不断深入。

三

江泽民在党的十五大报告中从把建设有中国特色社会主义事业全面推向 21 世纪的高度，进一步强调了科教兴国战略，明确指出："培养同现代化要求相适应的数以亿计高素质的劳动者和数以千万计的专门人才，发挥我国巨大人力资源的优势，关系到 21 世纪社会主义事业的全局。"要实现党中央提出的这一宏伟目标，我们必须高举邓小平理论伟大旗帜，始终如一地坚持实践标准，勇于探索，深化改革，抓住机遇，开拓进取。这是实践标准的基本内涵，也是 20 年我国教育改革与发展的基本经验。

1. 坚持实践标准，就要坚持解放思想、实事求是的思想路线，更新教育观念，深化教育体制改革。教育体制是在一定的经济体制和政治体制的基础上形成和发展起来的。从计划经济到市场经济，特别是十五大在社会主义市场经济理论上的重大突破，以及全球知识经济的发展、世界现代化信息技术的进步，都要求我们解放思想，更新观念，深化教育体制改革，走教育改革、创新之路。

在办学体制上，要改革国家包揽办学的格局，鼓励和引导社会力量办学，逐步形成以政府办学为主、社会各界共同参与的办学体制。与多种经济形式相适应，提倡和发展灵活多样的教育形式，除公办学校外，鼓励支持、引导规范民办教育发展。有条件的地方，可以实行公办民助、民办公助形式，逐步形成公办学校和民办学校共同发展的新格局。广泛动员和积极支持社会团体、公民个人依法办学，支持社会各方面联合办学，特别是支持行业、企业、事业单位兴办职业技术教育和成人教育。

在投资体制上，要改革过去单一由政府财政拨款的体制，多种渠道筹措教育经费。欢迎一切有识之士捐资助学、集资办学；大力发展校办企业，有条件的学校以不同的形式进入企业或同企业合作，走产学研相结合的道路；鼓励学校以自己的优势和特色为社会服务，逐步建立支持教育改革与发展的服务体系。要改变过去简单地把教育视为福利事业的看法，积极提倡教育消费，非义务教育阶段，学生要逐步按培养成本和个人家庭支付能力交费上学。政府要把有限的财政主要用于义务教育和一批国家重点学校、重点学科（中央财政支持）与省市重点学校、重点学科（地方财政支持）。

在管理体制上，要改变过去政府管得过多过死的状况。在政府宏观管理下，基础教育以地方政府为主，职业教育、成人教育以行业、企事业单位为主，高等学校面向社会自主办学，逐步建立起主动适应经济建设和社会发展需要的自我发展、自我约束的运行机制，使学校具有全面适应经济和社会发展需要的能力和积极性。政府要转变职能，由对学校的直接行政管理，转变为运用立法、拨款、规划、信息服务、政策指导和必要的行政手段进行宏观管理；转变为通过在学校和政府之间形成的中介机构进行间接管理；转变为依靠有教育和社会各方面专家参加的咨询、评估、审议组织进行民主管理。

2. 坚持实践标准，就要把发展生产力摆在工作首位，逐步建立起适应我国社会主义初级阶段基本国情、有利于社会生产力发展的教育体系。经济是社会的基础，教育是国民经济发展的基础。现代国际竞争，是经济竞争、生产力竞争，说到底是人才和教育的竞争。教育通过培养人才，适应社会生产力发展的要求，并进一步促进社会生产力的发展。当前教育工作的基本矛盾是经济、社会发展的需要与教育供给数量不足、质量不高的矛盾，教育还远不能适应现代化建设的需要。

社会生产力发展对教育的要求是巨大的。目前的教育规模还不能适应社会生产力快速发展的需要。我国人口受教育年限以及接受教育的程度，在全世界都是比较低的。这和我国现代化建设的宏伟目标很不适应。我们要坚决克服和纠正忽视教育的倾向，极大地提高全社会对教育工作的认识，切实把教育摆在优先发展的战略地位，大力兴办教育，支持教育，发展教育。这里有一个思想方法问题：是以现实条件定发展，还是积极创造条件，以改革求发展，以社会需要定发展；是等经济发展了再来发展教育，培养更多的人才，还是教育先行，培养更多更好的人才，推动经济发展。很显然，邓小平主张的是后者。他说："我们要千方百计，在别的方面忍耐一些，甚至于牺牲一点速度，把教育问题解决好。"① 这也是朱镕基同志把实现科教兴国战略看做政府"最大的任务"的原因所在。

　　社会生产力发展对教育的要求是持续的。目前的教育结构还不能适应社会生产力持续发展的需要。我们要改变以往"一张文凭，终身受用"的观念，以及社会上轻视职业教育、非学历教育、职后教育的倾向，大力发展各种形式的职业教育和成人教育，逐步建立起高等教育和基础教育、普通教育和职业教育、学历教育和非学历教育、职前教育和职后教育、正规教育和非正规教育协调发展的教育体系，为不同年龄和职业的受教育者提供开放的、多样化的、社会化的教育机会，为建立以终身教育为基础的学习型社会奠定基础。

　　社会生产力发展对教育的要求是多方面的。目前的学校设置、专业设置还不能全面适应社会生产力发展的需要。我们要改变过去计划经济中单一的办学类型和因人（教师）设专业、因专业而招人（学生）的做法，把社会需求作为办学的第一信号。我们要防止目前存在着的职业

<hr />

① 《邓小平文选》第 3 卷，人民出版社 1993 年版，第 275 页。

教育、成人教育以及民办教育自觉不自觉地向普通教育靠拢，用办普通教育的思路和模式兴办职业教育、成人教育、民办教育的倾向。按不同任务和水平分类分层办学，使各级各类学校合理分工，各安其位，各尽其能，在各自的类别和层次上办出特色，实现教育的多样化发展。

3. 坚持实践标准，就要以人民群众利益作为工作的出发点和立足点，改革教育内容和教学方法，提高教育质量和办学效益。当前，市场经济体制的确立，知识经济社会的来临，人民群众的教育需求十分强烈。人民群众对教育日益增长的需求与教育发展相对滞后、教育提供数量不足的矛盾十分突出。解决这个矛盾的方法不是简单地压抑人民群众的教育热情，而是充分利用教育资源，采取多种办学形式，运用现代化教育手段，大力发展教育，主动适应、满足人民群众对教育事业的需要，使更多的人有接受更多更高教育的机会。教育规模要有较大发展，教育质量和办学效益要有明显提高，从而探索一条质量、规模、结构、效益协调发展的道路。

由于全国各地经济、文化发展不平衡，对教育的需要不尽相同，应当从实际出发，因地制宜，分类指导，鼓励一部分经济、文化发达的地区率先普及高中阶段教育和进入高等教育大众化，发挥示范和引导作用，帮助和带动更多地区以至全国的教育更快更好地发展。还有，在计划经济体制下，我们的学校、专业、课程和教学过程，是按照预定的计划，以标准化、批量化的模式进行的，教学内容比较狭窄，教学方法比较单调，教学管理生硬死板，较少考虑学生学习的选择性和学生的个性发展。这样标准化的教学、标准化的考试、标准化的评价和选拔的办学模式，这种单纯追求考试、升学、学历文凭的"应试教育"，与当代社会对各类人才的需要不相适应，与学生各不相同的特性、专长、爱好不相适应，在一定程度上妨碍和压抑了学生的主动性、积极性的发挥和创造性的培养。我们应当按照"教育要面向现代化，面向世界，面向未来"的指导方针，遵循教育规律，尊重学生特点，本着对社会和学生高度负责的精神，改革现行的教学内容和方法，改革招生、考试制度，提高教育教学质量。

特别是随着知识经济时代的到来，知识创新已成为社会文化的基础和核心，创新人才将成为决定国家和企业竞争力的关键。江泽民高瞻远瞩地指出："创新是一个民族进步的灵魂，是一个国家兴旺发达的不竭动力。"最近他又再次强调："现在我们要十分重视创新。"而具有创新头脑的人才，最终要靠教育来培养。我们必须下决心革除现行教育内容和方法方面的弊端，努力提高学生的思想道德素质、科学文化素质与创新意识和实践能力。

四

坚持实践标准，最根本的是要认真学习和运用邓小平理论。邓小平理论是一个完整的科学体系，实践标准理论是其重要的组成部分。实事求是、一切从实际出发、理论联系实际和坚持实践是检验真理的标准，是我们党的思想路线，也是邓小平理论的精髓，只有把实践标准理论放到邓小平理论体系中，我们才能完整地理解它的丰富内涵和重大意义，才能增强坚持和运用它的坚定性和自觉性。

在走向新世纪的新形势下，面对许多艰巨的课题，我们要高举邓小平理论伟大旗帜，深入学习和贯彻邓小平理论和十五大精神，就是要始终坚持解放思想、实事求是的思想路线，坚持实践是检验真理的唯一标准，坚持以"三个有利于"标准来判断各项工作的是非得失，在社会主义改革和建设的伟大实践中不断开拓前进。

学习邓小平理论，必须大力弘扬理论联系实际的马克思主义学风。教育战线的广大同志要着重学习邓小平教育理论，这是我们党新时期教育工作的强大理论武器。我们要结合教育改革和发展中的新情况、新问题，兴起学习邓小平理论的新高潮。学习邓小平的革命风范，在邓小平理论的指导下，尊重实践，大胆探索，不断深化教育体制、教育体系、教育内容和教学方法的改革，为社会主义改革开放和现代化建设培养更多更好的人才。

要善于从政治上观察和解决问题[*]

一

　　讲政治，是中国共产党的一大特点和优势。从马克思、恩格斯、列宁，到毛泽东和邓小平，可以说是一以贯之。近年来，在新的形势下，江泽民一而再、再而三地告诫我们，领导干部要讲政治。他特别强调，讲学习、讲政治、讲正气，三者是紧密相连和相互统一的，核心是讲政治。他明确提出，领导干部必须善于从政治上观察和解决问题，绝不能就经济论经济，就业务论业务。

　　在全国第三次教育工作会议上，他指出："要说素质，思想政治素质是最重要的素质。"① 这个论断，适合于学生，也适合于教师和干部。在领导干部素质中，政治

　　* 本文发表于《北京教育工作》2000 年第 24 期。
　　① 《江泽民文选》第 2 卷，人民出版社 2006 年版，第 332 页。

素质是核心，是根本，是综合素质高低的先决条件。把坚定正确的政治方向放在第一位，是毛泽东、邓小平、江泽民对学校干部、师生的一贯要求。

高等学校是国家人才培养的重要基地，中外文化交会的主要场所，社会思潮的晴雨表。讲政治，具有特殊意义。所以江泽民指出，高校领导应当成为社会主义的政治家和教育家。这是在干部又红又专、德才兼备，以及"四化"干部、"四有"新人基础上，对高校干部提出的更高更严格的要求。它体现了党和国家对高校领导的关怀和期望，反映了高校领导所肩负的重大责任。对干部提出政治家的要求，除党的高级干部外，唯有高等学校和新闻宣传这两个政治性和政策性极强的部门。这和我们通常说的"教师是人类灵魂的工程师"、"文学艺术家是人类灵魂的工程师"是一致的。什么是灵魂，政治是灵魂。江泽民说，爱国主义、集体主义、社会主义思想，是素质教育的灵魂。

高校领导讲政治，要政治家办校，具有很强的现实性。目前，一大批改革开放以后的大学毕业生走上高校领导岗位，年轻化、知识化、专业化的水平，明显地高于以往以及其他部门的领导干部。这是我们的优势，同时也是我们的不足。这特别表现在革命化和政治素质方面。对此，江泽民说："现在在职的各级领导干部，大多是十一届三中全会以后走上领导岗位的，在知识、精力、年龄等方面有一定优势，但在政治经验、组织领导能力和思想作风等方面，同老一辈相比还有较大差距，还需要继续锻炼和提高。不少同志过去长期从事专业技术工作，马克思主义理论学习和理论修养还不够，要更好地担负起党和人民的重托，必须付出长期的艰苦努力，刻苦读书，经受磨炼。"① 江泽民对全国青年干部的这个论断，十分全面、客观，符合高校青年干部的实际。在改革日益深入，开放不断扩大，各种思想文化相互激荡的背景下，加强党内生活锻炼、风口浪尖上的磨炼和思想作风、组织纪律上的锤炼，是高校年轻领导干部按照社会主义政治家要求应当及时补上的第一课。"三讲"教育就是一次极为难得的机会。

二

按照社会主义政治家的要求，高校领导讲政治，包括多方面的内容。江泽民说："我们党是马克思主义的政党，必须坚持讲马克思主义的政治，讲建设中国特色社会主义的政治，讲实现、维护和发展人民群众利益的政治。"具体到学校实际，我认为最主要的是坚持如下四个方面，并身体力行把它落实到学校各项工作中去。

1. 坚定正确的理想信念和社会主义办学方向。一个人、一个民族、一个政党，必须有坚定正确的理想信念。没有理想信念，就等于没有灵魂，就没有寄托和追求。因此，江泽民指出，"三讲"教育把坚定理想信念作为必须

---

① 《十五大以来重要文献选编》上，人民出版社 2000 年版，第 150 页。

解决的第一个问题。

中国共产党人的最高理想是共产主义，这是中国共产党自诞生之日起，每个共产党员自入党的那一天起，就已经明确并为之不懈追求的目标。否认了共产主义，无疑就否定了共产党和共产党员自身。20世纪80年代末90年代初，苏联解体、东欧剧变，一些人共产主义理想发生动摇。但每一个真正的共产党人特别是领导干部都应透过现象看到，人民由此经受了锻炼，从中吸取了教训，社会主义向着更加健康的方向发展。中国特色社会主义建设的伟大成就向全世界昭示：科学社会主义具有强大的生命力，社会主义现代化的共同理想正在变为现实，共产主义的最高理想也一定能够实现。

马克思主义是我们的政治信念。邓小平在改革开放和现代化建设过程中曾反复强调，对马克思主义的信仰，是中国革命胜利的一种精神动力。面对世界经济全球化、政治多极化、文化多元化，以及我国经济体制、分配方式的多样性，我们必须坚持马克思主义指导思想的一元化，用马克思主义武装头脑、指导工作和占领思想政治阵地。要适应国际国内新形势、新变化、新问题，积极创造新办法、新手段、新途径，真正加强思想工作、组织工作、宣传工作、群众工作，使马克思主义始终牢固地占领思想政治阵地，使各种非马克思主义和反马克思主义的东西没有可乘之机。

共产党是领导我们事业的核心力量。讲政治就要自觉地坚持党的领导，加强政治纪律，与党中央保持高度一致。全面落实"三个代表"重要思想，完整准确地理解和坚持党在社会主义初级阶段的基本理论、基本路线和基本纲领，全面贯彻党的教育方针和坚持社会主义办学方向，培养德智体美全面发展的社会主义事业的建设者和接班人。要切实贯彻执行党委领导下的校长负责制，加强党的建设和思想政治工作，增强政治鉴别力、敏锐性和坚定性。要把高校扩大规模，深化教育改革，提高办学效益，以及发展高新技术产业、后勤社会化、学生就业等工作，提高到政治的高度来认识。深刻剖析社会上和师生中存在的热点、难点问题，帮助学生树立正确的世界观、人生观和价值观。按照头脑清醒、冷静观察、掌握动态、心中有数、审时度势、慎重处理的原则，提高复杂情况下处理好思想政治领域问题的能力，维护高校和社会的稳定。

2. 把握发展主题，坚持改革、开放、创新。讲政治是具体的、实际的。我们正在从事的最具体、最实际的事情就是现代化建设。"社会主义现代化是我们当前最大的政治。"邓小平说，现代化建设，经济是中心，科技是关键，教育是基础。教育对经济和社会主义发展具有先导性、全局性和基础性的作用。教学和科研是高等学校的中心，提高教育质量和办学效益，为现代化建设多出人才，出好人才，是高等学校重大的战略任务和政治任务。

教育的问题，根本上是发展的问题。目前高等教育的规模、结构、质量、效益，都不能满足现代化建设的需要和广大人民群众的要求。发展是硬道理。社会需要和教育不足之间的矛盾，只有通过教育发展来解决。高等学校在办学过程中所遇到的矛盾和问题，只有依靠进一步发展来克服，坚持用发展的办法解决前进中的问题。高等学校面向社会自主办学，竞争十分激烈。谁发展得快、发展得好，谁就能立于不败之地，并能够实现跨越式发展和可持续发展。不发展，即衰亡。放弃发展、放慢发展，都有被淘汰的危险。注重教育发展，坚持教育发展，应是高等教育的一个长期指导思想。高等学校的领导班子和领导干部，要围绕教学和科研这个中心，围绕发展这个主题，胸有全局，高瞻远瞩，集中精力谋学校发展大局，议学校发展大事，抓学校发展机遇，落实发展任务和目标。

发展教育，要面向现代化、面向世界、面向未来，走改革、开放、创新之路。发展是目的，改革、开放、创新是动力和前提。可以说发展教育是高校领导的政治任务，改革、开放、创新是高校领导的政治素质。新时期的高校领导，都要有改革意识、开放意识，坚持理论创新、体制创新、技术创新。创新是学校发展的不竭动力。只有坚持改革、开放、创新，才能保持学校的生机和活力。而这些又都必须以解放思想、实事求是的思想路线为前提。正如邓小平所说的，"解放思想是当前的一个重大政治问题"。

3. 坚持群众观点，贯彻群众路线，关心群众利益。共产党的宗旨是全心全意为人民服务，立党为公、执政为民，是共产党存在和发展的理由和根据。江泽民说，实现、维护和发展人民群众的利益，始终是我们最大最重要的政治。马克思主义政治观点中，第一位的是群众观点。换句话说，政治问题主要是对人民群众的态度问题，同人民群众的关系问题。我们之所以说共产主义是我们的政治方向，社会主义现代化是我们的政治任务，说到底也是因为它们代表着人民的最大利益、最根本的利益。领导干部讲政治，就要自觉地在思想上重视群众，在工作上依靠群众，在生活上关心群众。

尊重和依靠群众，就要懂得，领导干部是群众推举出来、代表群众利益、为群众服务的"公仆"，领导干部的职责就是凭借群众赋予的权力、提供的舞台，做好服务群众的工作。我们党所领导的改革开放和现代化建设事业，是依靠人民群众参加的、为人民群众谋利益的事业，只有尊重和依靠群众，充分发挥他们的积极性和创造性，才能获得成功。讲政治，就要坚持尊重群众这个马克思主义的根本观点。对于高等学校来说，领导干部基本上来自教师，而且大多在工作一段时间后再回到教师中去。这既有便于干群联系的一面，也容易产生忽视干群关系的一面。大家常常忘记了这样一个事实：有些话教师可以说，干部不能说；有些事教师可以做，干部不能做。例如，教师批评干部可以畅所欲言，而干部批评教师就不能不讲究方式方法。

尊重和依靠群众，就要记住，群众是真正的英雄。在学校的改革、发展过程中，必须自觉坚持从群众中来到群众中去的工作方法，充分发挥校务委员会、学术委员会、学位委员会、教代会、学生会以及各种专家委员会和群众团体的作用，严格执行下基层的制度，注意倾听群众的意见和呼声。只要我们信任群众，走群众路线，把情况和问题向群众讲明白，任何问题都可以解决，任何障碍都可以排除。学校领导干部能够成为领导干部，无疑具有某些方面的优势。但业务水平高不等于管理能力强；管理一个系所、部处和管理一个学校有质的不同；学校的教学科研、后勤基建、人事财经、党建思想政治工作等等，每一方面都是一门大学问，终其一生也很难成为某一方面的专家，何况每一个学校领导干部都要分管多方面的工作，书记、校长要主持全面工作，门门精通是不可能的。因此，应当虚心向群众学习，善于总结群众经验。习惯于欣赏自己的能力和水平，忽视群众的智慧和作用，其结果必然脱离群众，给党的事业造成损失。即便是正确的意见，群众一时没有想通、接受的，也应耐心地说服教育、宣传引导，而不应简单粗暴，采用命令主义的方法。毛泽东早在《关于正确处理人民内部矛盾的问题》一文中就提醒我们："马克思主义者从来就认为无产阶级的事业只能依靠人民群众，共产党人在劳动人民中间进行工作的时候必须采取民主的说服教育的方法，决不允许采取命令主义态度和强制手段。中国共产党忠实地遵守马克思列宁主义的这个原则。"[①] 可是，有的干部并没有很好地理解和始终贯彻马克思主义的这一根本原则。

尊重和依靠群众，就是要关心群众利益，坚持把为群众谋利益作为一切工作的出发点和落脚点，体谅和关心群众的疾苦，下大力气解决好师生教学、科研、工作和生活

[①] 《毛泽东文集》第 7 卷，人民出版社 1999 年版，第 211 页。

中存在的问题。师生中的问题，有些在学校可能是个小问题，但对有关师生来说，可能是个大问题；有些在全校可能是个别现象，但对有关师生来说，就可能有全面的意义。因此，都必须尽全力予以解决。因为工作忙，挤不出时间下去，因为资源有限难以解决问题，表面上都有一定道理，而实质上还是一个对群众的态度问题，党性党风问题。只要思想上重视了，总是可以挤出时间，逐步解决一些问题的。至少能解决的，就及时加以解决；一时解决不了的，也负责任地向群众讲清楚，做好解释工作，取得群众谅解。

4. 贯彻执行民主集中制。民主集中制是我们党和国家的根本组织制度和领导制度，也是"最重要的组织纪律和政治纪律"。贯彻执行民主集中制是讲政治的重要内容。正如江泽民所指出的，"要把贯彻执行民主集中制与讲学习、讲政治、讲正气结合起来"①。

高等学校是知识分子密集、民主意识较强的地方。但由于主客观方面的原因，高校中既有民主不够，也有集中不够的问题。怕讲民主影响效率，怕讲集中承担责任的情况，都不同程度地存在着。坚持民主集中制，首先要处理好民主和集中的关系。民主集中制是民主基础上的集中和集中指导下的民主相结合的制度，民主和集中不可分割。领导干部既要有良好的民主作风和态度，又要有善于集中的能力和魄力。没有民主的集中，不是真正的集中，只能

---

① 《十五大以来重要文献选编》上，人民出版社 2000 年版，第 154 页。

是独断专行，个人说了算，不可能形成正确的决策。没有集中的民主，不是真正的民主，只能是自行其是，一盘散沙，也不可能形成正确的决策和统一的行动。

坚持民主集中制，要处理好集体领导和个人分工负责的关系。集体领导是民主集中制的精髓，一个领导班子要坚强有力，关键是要形成集体领导。但没有个人分工负责，集体领导就可能成为一句空话。列宁说过："任何时候，在任何情况下，实行集体领导都要明确规定每个人对一定事情所负的责任。借口集体领导而无人负责，是最危险的祸害。"① 江泽民也指出："要增强领导班子的凝聚力和战斗力，必须健全集体领导和个人分工负责相结合的制度。"②

坚持民主集中制，还要处理好"班长"和班子成员之间的关系。"班长"即党政"一把手"，既是班子中平等的一员，又在班子中处于关键地位，在贯彻执行民主集中制中负有特别重大的责任。一是加强修养，发扬民主，集思广益的责任；二是坚持原则，把握全局，对重大决策把好关的责任；三是团结同志，信任同志，放手让班子成员工作并及时协调好各个成员之间的关系、确保任务完成的责任。江泽民在谈到"班长"和班子成员之间的关系时说："主要领导同志要有魄力，尤其要有全局思想和民主作风，要懂得尊重别人，善于集思广益，坚持重大问题

---

① 《列宁全集》第29卷，人民出版社1972年版，第398页。
② 《十五大以来重要文献选编》上，人民出版社2000年版，第153—154页。

集体讨论决定。每个领导成员既要根据集体的决定和分工，切实履行自己的职责，又要关心全局工作，积极参与集体领导。"① 总之，无论"班长"还是班子成员，都要严格要求自己，加强政治纪律，模范执行民主集中制。

三

坚持讲政治，并不是件容易的事。高校领导要提高政治素质，努力把自己锻炼成为社会主义政治家，必须把握以下三个方面。

1. 讲学习是前提。讲政治离不开讲学习。无论对党还是对党的干部来说，理论上的成熟都是政治上成熟的基础。江泽民说，学习是个前提，不学习，政治上就不可能成熟。作为高校领导，学习的内容包括专业知识、管理知识、经济知识、法律知识，更主要的是学习马克思列宁主义、毛泽东思想、邓小平理论。面对正在发生深刻变化的国际形势、国内改革的艰巨任务和高等教育发展中纷繁复杂的矛盾，深感我们的眼光不够深邃，眼力不够敏锐，眼界不够开阔，需要借助于望远镜和显微镜。马克思列宁主义、毛泽东思想、邓小平理论就是我们的政治望远镜和显微镜。只有端正学风，联系实际，加强学习，才能深刻认识社会历史发展规律，准确判断国内外形势，把握全局、宏观和战略，登高望远，避免在十分复杂的斗争中迷失方

---

① 《十五大以来重要文献选编》上，人民出版社 2000 年版，第 154 页。

向。

2. 讲正气是保证。讲政治离不开讲正气。江泽民说过，讲政治，必然要体现在讲正气上。讲正气，就是要坚持和发扬共产党人的政治本色和革命气节。在一定意义上说，讲政治和讲正气是一回事。如群众观点和群众路线，既是讲政治的根本内容，也是讲正气的根本内容。江泽民指出："全心全意为人民服务，这就是全党同志首先是各级领导干部，必须坚持树立和发扬的最大的正气。"① 更具体地说，只有通过讲正气，才能确保把讲政治落实到建设中国特色社会主义的经济、政治、文化各个方面，体现在自己的日常工作和学习上，贯彻到党内生活中去。按照江泽民的要求，当前，领导干部讲正气，就是要忠诚于党和人民的事业，不改变革命的初衷，不丧失必胜的信心；不怕鬼，不信邪，坚持真理，维护党的原则，旗帜鲜明地同各种错误思想、不良倾向和邪恶势力作斗争；坚持廉洁奉公，艰苦奋斗，在拜金主义、享乐主义、个人主义和"酒绿灯红"的侵蚀影响面前，一尘不染，正气凛然。这些无不和讲政治联系在一起，无不是作为一个社会主义政治家所必须具备的品格。不讲正气的人，必定是不讲政治的人。

3. 讲改造是途径。讲政治也离不开"自我改造"。社会主义政治家不是天生的，领导干部的政治素质不可能自发地形成。领导干部讲政治，就必须端正党风，增强党性

----

① 《十四大以来重要文献选编》中，人民出版社1997年版，第1562页。

修养，着力在改造自己的主观世界上下工夫。改造主观世界和改造客观世界相统一，在改造客观世界的实践中，坚定自己的信仰和志向，锻炼自己的意志和品质，养成共产党人的高风亮节。改造主观世界和理论学习相结合，理论联系实际，不仅要联系客观世界的实际，也要联系主观世界的实际，边学习、边思考，自觉加强政治修养，树立正确的世界观、人生观、价值观。改造主观世界，拿起批评和自我批评的武器，开展积极健康的思想斗争，有助于弘扬正气，抵制社会不正之风，清除自身的污泥浊水，防微杜渐，不断增强践行"三个代表"重要思想的自觉性和坚定性。

正确引导和帮助青少年学生健康成长*

　　江泽民《关于教育问题的谈话》，从实施科教兴国战略和社会主义现代化建设的高度，着重强调了加强和改进教育工作，正确引导和帮助青少年学生健康成长。《谈话》充分体现了党和国家对教育工作和青少年成长的关心和重视，是世纪之交全面贯彻教育方针、扎实推进素质教育的纲领性文件。认真学习和落实《谈话》精神，对于新形势下各级各类学校坚持教育改革发展方向，明确以人才培养为中心，为国家经济社会发展多出人才，出好人才，具有重要的现实意义和深远的历史意义。

　　新中国成立特别是改革开放以来，我国的教育事业取得了巨大成就。但从青少年学生健康成长的角度看，教育工作依然存在不少问题，有的还相当严重和复杂。解决问题的出路何在？江泽民深刻地指出，要加强综合治理，多管齐下，形成一种有利于青少年学生身心健康发展的社会环境。

---

　　* 本文发表于 2000 年 3 月 22 日《中国教育报》。

一

　　调整教育体系结构、扩大教育规模，较好地满足人民群众对子女接受更多年限、更高质量教育的需求，为青少年健康成长创造相对宽松的环境。

　　重视青少年健康成长，应当是一个健康社会的基本共识。就我国绝大多数干部、教师、家长和学生来说，这在理论认识上是没有分歧的，故意摧残青少年的事例不是没有，但毕竟是极少数。在这方面出现问题甚至严重问题，是由于在现实生活中，高质量的基础教育、高中阶段教育和各类高等教育供给规模过小，远远不能适应现代化建设对高素质人才的需要，以及家长对子女更高学历、更好就业前景的期盼。教育供求关系中高质量、高层次教育的短缺和人民群众日益增长的教育需求之间的矛盾，迫使学生、教师和家长，从一开始就置于激烈的升学竞争之中。在升学、升入更高更好的学校这一点上，干部、教师、家长和学生也同样是很少分歧的，共识程度很高。为此，凡是与应付考试有关的，就成为学校教育、家庭教育、社会教育的重中之重，对学生身心健康有利而与升学无直接关系的，便很难摆到重要的工作日程上来。大家都说学生课业负担过重，心理负担过重，但许多家长和教师并不愿意主动"减负"，更多的是有意无意地给学生"加压"。升学竞争挤占了学生的时间空间，压抑了学生天真烂漫的天性，摧残了学生生动活泼的学习兴趣，扭曲了学生的健康心理。而且，这些又大都是在对青少年关心、对教育事业负责的旗号下进行的。家长和老师并没有因加重学生负担而增加自己的心理负担，并没有因影响了学生身心健康而遭受到良心、道德的自我谴责。这就大大增加了工作的难度。

存在决定意识，心理压力来自环境压力，只有宽松的环境，才有宽松的心情。正确引导和帮助青少年健康成长，一项重要基础性的工作，就是调整现有教育体系结构，扩大教育规模。积极发展包括普通教育和职业教育在内的高中阶段教育，为初中毕业生提供多种形式的学习机会。进一步挖掘普通高校的办学潜力，提倡以多种形式举办不同层次的高等教育，大力发展民办高等教育，积极构筑各类教育之间的"立交桥"，以主动的姿态解决高考"独木桥"问题，为更多的高中毕业生提供继续深造的机会，减缓升学压力，减轻心理负担，从而为青少年健康成长提供比较宽松的环境和客观、现实的基础。

二

转变教育观念，树立正确的教育观、质量观、人才观，为青少年学生健康成长创造良好的舆论环境。

全面推进素质教育、促进青少年学生健康成长，既有教育规模问题，也有教育观念问题。即使高中阶段教育、高等教育规模有了相当的扩大，也不是每个学生都能够或愿意从小学一直读到中学、大学。在一个很长的历史阶段内，人人都直接上大学是不现实的，特别是人人都能上重点大学更是不可能的。树立正确的教育观，对青少年学生健康成长具有不可替代的作用。

树立终身学习观念。终身学习是21世纪的生存理念，是当今社会发展的必然趋势。人生是个过程，人的学习具有终身性质。高中毕业上大学已不是唯一的、决定性的成才之路。高等学校将放宽招生和升学的年龄限制，社会将完善自学考试制度，适应多层次、多形式的教育需求。随着终身学习体系的建立，"一次考试定终身"的情况将不复存在，越来越多的人将是边工作边学习，或工作和学习交替进行，分阶段完成学业。只要坚韧不拔、努力奋斗，每个人都有许多选择、许多机会，每个人都会成为成功者。更重要的是，三百六十行，行行出状元；实践是基础，实践出真知。在学校接受的还只是基本教育，应侧重在终身学习态度、方法、习惯的养成，培养持续不断进行学习的能力。人才的成长最终是在社会实践和一生的不断努力中实现的，要做到活到老学到老。在当代社会，一个成熟的个人、单位和国家，真正需要和看重的是素质、业绩，而不仅仅是学历、文凭。

树立素质教育观念。人是个整体，青少年的健康成长应当是德智体美全面发展。根据个体身心发展的基本规律，特别是心理素质发展的要求，努力做到知、情、意的统一。与人的知、情、意这三方面相对应，人追求真、善、美三种价值，知追求真，意追求善，情追求美。与真、善、美这三种价值追求相对应的是科学、道德、艺术三个领域，通过科学追求真，通过道德追求善，通过艺术追求美。而对于学生来说，三种心理活动、三种价值追求，要通过三种教育活动来实现和满足。相对于科学，主要是智育；相对于道德，主要是德育；相对于艺术，主要是美育。人是不可分割的，德智体美也是不可分割的。正如人们所说的"木桶原理"，一桶水的容量取决于木桶全部木板的长度，一块短板对于木桶的容量具有决定性的影响。一个学生某方面素质的缺乏，有时会极大地影响他的成长和成才。考试成绩只是学生素质的一个方面，即使考试的内容全都是有用的，那也不代表学生的全部。

树立学校教育和家庭教育、社会教育一体化的观念。人是社会的，在现代社会，学生的学习不只是在课堂内、书本上。他们和社会息息相关，时时刻刻都在接受各种信息。全社会都要关心支持教育事业。当前我国社会教育、家庭教育还存在很多问题，在一定意义上，影响和削弱了学校教育。学校作为人才培养的主要阵地，要承担起推进素质教育、正确引导和帮助青少年学生健康成长的主要责任。学校要全面了解社会，利用社会资源，正视社会问题，积极配合、引导和帮助家庭教育、社会教育。教师是"人类灵魂的工程师"，要以对学生、对国家高度负责的态度，不仅教好书，而且育好人；不仅关心校内，而且关心校外，主动和家庭、社会相结合，创造一种有助于青少年学生身心健康发展的社会环境。特别是要加强学生的思想品德教育、法制纪律教育，帮助学生树立正确的世界观、人生观、价值观，增强学生的自制力、鉴别力和抵抗力。

三

改革教育制度，逐步建立和完善有利于素质教育的教育制度，为青少年学生健康成长提供有力的制度保证。

教育观念的转变是长期的，而且会有反复。一些正确的教育观念，过去也不是没有提出过，之所以收效甚微，一个重要原因是缺乏制度保证，存在"制度缺陷"。邓小平说得好，制度更带有根本性、全局性、稳定性和长期性。虽然制度是在观念指导下建立的，可是一旦建立，制度比观念更有力量。因为，观念是"应当"，是对人的行为的软约束，制度作为人们共同遵守的办事规范或行为准则，是"必须"，是对人的行为的硬约束。观念是提倡，只对接受者起作用；制度是遵守，对赞同者和不赞同者都有制约作用。观念是普通的，带有一般性，很难检查、评估；制度是具体的、明确的，什么可以做，什么不可以做，做或没做，对或不对，一目了然，具有可操作性。

回顾改革开放历程，邓小平对制度建设特别重视。20年前教育改革，首先是恢复高考制度；农村变革，源于家庭联产承包责任制的实行；全国经济腾飞，根本的原因在于社会主义市场经济体制的确立。国有企业改革，也是以建立现代企业制度为突破口。历史的经验告诉我们，制度产生的问题最终要从制度上去解决，光靠良好的愿望，一般的倡导，以及工作的热情和干劲是难以奏效的。只有旧的制度改变了，新的制度产生了，才能保持政策的连续、持久，保证行动的统一、协调，从而减少弯路，避免反复。邓小平在讲到制度对人的行为的影响和作用时指出："我们过去发生的各种错误，固然与某些领导人的思想、作风有关，但是组织制度、工作制度方面的问题更重要。这些方面的制度好可以使坏人无法任意横行，制度不好可以使好人无法充分做好事，甚至会走向反面。"①

邓小平的这个论述，完全适用于教育工作。当前青少年学生成长中的主要问题，说到底也是制度问题。一些事情的发生，不能说干部、教师、家长和学生没有责任，但制度问题更重要，是计划经济条件下应试教育的一套制度，使得一些干部、教师、家长和学生的观念和行为发生扭曲，不仅全面提高青少年素质缺乏活力和动力，而且还引发一些社会问题。

教育改革是一个动态的过程。我们已经在教育制度创新方面做了不少工作，但总体来说，还存在权威性不足，系统性不够，操作性不强等问题。我们还要在青少年教育乃至整个素质教育制度建设上抓住重点、加快步伐，以促进和保障青少年素质教育渐入佳境，终成伟业。加快改革招生考试制度。招生考试是教育的"指挥棒"，招生考试制度改革，是推进素质教育、正确引导和帮助青少年学生健康成长的最重要的环节。要根据国家教育方针，按照有助于青少年学生全面发展、个性发展和长远发展的原则，积极推进高考制度改革。考试的科目和内容应进一步加强

---

① 《邓小平文选》第2卷，人民出版社1994年版，第333页。

对实践能力、创新精神和综合素质的考查。逐步建立具有多种选择的、更加科学和公正的高等学校招生选拔制度。

改革考试制度，不是简单地取消一切考试。邓小平曾十分明确地指出：考试是检查学习情况和教学效果的一种重要方法，如同检验产品质量是保证工厂生产水平的必要制度一样。当然也不能迷信考试，把它当做检查学习效果的唯一方法。要认真研究、试验，改进考试的内容和形式，让它完善起来。对于没有考好的学生，要鼓励和帮助他们继续努力，不要因此造成不必要的精神负担。因此，考试问题，核心是考什么和怎样考的问题。我们应当改革应试教育中的考试目的唯一性、考试内容的片面性和考试形式的单一性。义务教育阶段取消升学考试，免试就近入学。中考和高考要逐步实行分级考试、分期考试、分片考试，增强学校的自主权和学生的选择权。

建立正确的评价制度。教育评价制度直接体现教育价值观、质量观和人才观，对人的行为具有重要导向作用。现实中人们对学校、教师和学生的评价，常常背离国家的教育方针和素质教育要求，把它简化为只剩下升学率和考试分数，严重忽略了青少年品德素质和心理素质、个性发展和人格培养。这是学生课业负担过重、心理负担过重的直接根源。只有建立并严格坚持符合素质教育、有利于学生健康发展的对学校、教师和学生的评价制度，社会各界都能按照正确的评价标准以适当的方式参与对学校工作的评价，人们对好学校、好教师、好学生的认识最终体现在青少年全面发展、健康成长上，学校教育、家庭教育和社会教育才能真正走上全面进步、健康发展的轨道，青少年健康成长才能得到真正的重视和落实。

试想，如果我们真正按照素质教育的人才标准、质量标准建立和实行了真实反映学生全面发展的招生制度、评价制度，全面检测学生德智体美诸方面发展状况，以及动手能力和创造能力，全面检测学校为确保每个学生全面发展，在教育教学过程中、学校管理方式上体现出的特色，那谁还会去片面追求升学率，按以往"应试教育"的那一套去教、去考、去学呢？无论教师还是学生、家长，无论出于何种原因，都会自觉或不自觉地由"应试教育"转变到素质教育上面来。如果说新的人才观、质量观是推行素质教育、帮助青少年健康成长的思想先导，那么按照这种人才观、质量观建立起来的考核、评估学生、教师、学校的制度则是推行素质教育、帮助青少年健康成长的根本保证。建立教育与社会实践相结合的制度。教育与社会实践相结合是培养学生实践能力和创新精神、坚持学习书本知识与社会实践相统一，以及学习科学文化与加强思想修养相统一的重要途径。社会、家庭和学校都要为青少年学生深入实践、接触社会创造条件，提供支持，合理分工，各负其责。学校要和社会密切配合，精心设计、周密安排，使学生的生产劳动和实践教育制度化、规范化，促使学生接触自然、了解社会，打开他们的视野，增长他们的社会经验。建立青少年参与社区服务和公益劳动的制度，鼓励学生参加形式多样的课外实践活动，消化融会文化知识，培养锻炼动手能力；高等学校要鼓励学生参加科学研究、技术开发和推广活动以及社会服务活动，利用假期组织志愿者到城乡支工、支农、支边和支教，在社会实践中学会关心，学会共处，培养热爱劳动的习惯和艰苦奋斗的精神。

此外，还要建立终身学习制度，构建学习型社会，为各种人员接受教育提供机会和场所，使"学者有其校"，并改革现在的社会用人制度，转变用人观念，减轻学生就业竞争，进而缓解升学竞争。还要探索家庭教育、学校教育、社会教育相互联系的新形式、相互促进的新机制，为青少年健康成长营造良好的氛围。

总之，改革教育制度，是全面提高青少年素质的根本。从 1985 年《中共中央关于教育体制改革的决定》到 1993 年《中国教育改革和发展纲要》，再到 1999 年《中共中央国务院关于深化教育改革全面推进素质教育的决定》，都把体制改革、制度创新作为核心内容。当前，教育改革进入攻坚阶段，所谓攻坚，主要体现在制度创新方面。教育发展得如何，根本上取决于教育体制改革做得如何。在许多问题上，体制不变，"山穷水尽"，已经改革的一些东西在一定的时候还可能"回潮"；体制变了，"柳暗花明"，旧体制下的弊端就失去了存在的根基。制度改革，是由应试教育转向素质教育的治本之策。

四

加强教师队伍建设，提高教师的思想政治素质和业务素质，为青少年学生健康成长提供基本保证。

　　教师是教育教学的主体，教育方针和人才培养目标，要通过教师来实现；各项教育体制，要通过教师来执行；教育质量、学生素质，要通过教师来提高。只有高素质的教师，才能培养出高质量的学生。没有一支高素质的教师队伍，所有的教育观念都是一句空话，所有的教育制度都是一纸空文。正反两方面的事实都说明，全面推进素质教育，首要的、关键的是全面提高教师素质。

　　因此，转变、更新教育观念，一个重要方面是转变、更新教师的教育观念，教师要树立正确的教育观、质量观、人才观，教书育人，为人师表。建立和完善各项教育制度，一个重要方面是建立、完善教师培养培训制度，考核评价制度，公平竞争制度，奖惩分配制度，聘任流动制度。采取多种措施，切实加强师德师风建设，提高教师的职业道德水平，以及加强尊重学生、爱护学生、保护学生的责任意识，切实担负起为国育才的重任。

加快基础教育的改革和发展[*]

邓小平教育理论是邓小平理论的重要组成部分，是具有中国特色和时代特征的马克思主义教育理论。深入学习邓小平教育理论，特别是关于基础教育的论述，全面推进素质教育，培养学生的创新精神和实践能力，是当前基础教育改革和发展的紧迫任务和核心内容。

一、基础教育是国民教育的奠基工程

在邓小平理论体系中有一条清晰的逻辑线索，那就是：我国现在最大的政治任务是现代化建设，现代化建设的中心是发展经济，经济振兴的关键在科技，科技进步的根本在人才，人才培养的基础是教育。因此，他认为"教育是一个民族的最根本的事业"。

　＊　本文发表于 1998 年 10 月 25 日《光明日报》，原题为《学习邓小平教育理论，加快基础教育的改革和发展》。

　　在邓小平看来，教育是现代化的基础，"不抓科学、教育，四个现代化就没有希望，就成为一句空话"①；教育是经济发展的基础。他不仅把教育与农业、能源和交通并列为经济发展的战略重点，而且反复强调"发展战略第一位就是发展教育和科学技术"；教育是文化发展的基础，"发展教育和科学，是文化建设的基础工程"；教育是科技发展的基础，"发展科学技术，不抓教育不行"②；教育是人才的基础，"人才的极端重要性决定了教育在四化建设中的战略地位"。

　　教育是社会发展的基础，基础教育又是教育的基础，因而受到邓小平的特别关注。教育要从娃娃抓起，是邓小平的一个基本思想。1985 年他在全国教育工作会议上深刻地指出："中央提出要以极大的努力抓教育，并且从中小学抓起，这是有战略眼光的一着。如果现在不向全党提出这样的任务，就会误大事，就要负历史的责任。"③ 作为一种战略考虑，他要求教育从基础教育抓起，扎扎实实地抓，坚持不懈地抓，真正抓出成效来。他说："抓科技必须同时抓教育。从小学抓起，一直到中学、大学。我希望从现在开始做起，五年小见成效，十年中见成效，十五年二十年大见成效。"④

　　邓小平之所以特别重视基础教育，是因为基础教育作

---

①　《邓小平文选》第 2 卷，人民出版社 1994 年版，第 68 页。

②　《邓小平文选》第 2 卷，人民出版社 1994 年版，第 40 页。

③　《邓小平文选》第 3 卷，人民出版社 1993 年版，第 120—121 页。

④　《邓小平文选》第 2 卷，人民出版社 1994 年版，第 40 页。

为国民教育的基础，其质量直接影响到高等教育。高等院校学生来源于中学，中学学生来源于小学，因此要重视中小学教育。中小学的基础不牢，高等教育的质量就难以提高。因此，"我们要在科学技术上赶超世界先进水平，不但要提高高等教育的质量，而且首先要提高中小学教育的质量"①。

邓小平之所以特别重视基础教育，是因为从人才成长的角度看，基础教育是人才成长的基础。"十年树木，百年树人"，人才培养应当从青少年开始。邓小平说："知识不是立即就能得到的，人才也不是一天两天就能培养出来的，这就要抓教育，要从娃娃抓起。"② 总结各国教育发展的经验教训，他指出："有的国家中小学质量差，吃了亏。我们无论如何要保证有一批学生基础课学得好，否则将来要吃大亏。"③

邓小平之所以特别重视基础教育，还因为从社会发展的角度看，基础教育是社会发展的基础。青少年是国家的未来，将来国家竞争力的大小是由现在基础教育的质量高低决定的。1985 年他就指出："现在小学一年级的娃娃，经过十几年的学校教育，将成为开创 21 世纪大业的生力军。"④ 后来，他再次强调，我们的路还很长，还要艰苦奋斗，兢兢业业。现在要为将来的发展打好基础，"第一

① 《邓小平文选》第 2 卷，人民出版社 1994 年版，第 104 页。
② 《邓小平年谱》（下），中央文献出版社 2004 年版，第 1112 页。
③ 《邓小平文选》第 1 卷，人民出版社 1994 年版，第 282 页。
④ 《邓小平文选》第 3 卷，人民出版社 1993 年版，第 120 页。

位是发展教育和科学技术"，要从现在的娃娃抓起，"因为那时候管事的是我们现在的娃娃"。①

邓小平重视基础教育，他十分重视基础教育的指导方针和培养目标。"面向现代化，面向世界，面向未来"②，这是我国新时期教育改革和发展的战略指导方针。"三个面向"是 1983 年邓小平为北京景山学校的题词，也就是说它首先是针对基础教育提出来的。"有理想、有道德、有文化、有纪律"，这是新时期我国各级各类教育的培养目标，以及对全体公民素质的基本要求。但"四有"新人起初也是针对青少年提出来的。1980 年邓小平为《中国少年报》和《辅导员》杂志题词："希望全国的小朋友，立志做有理想、有道德、有知识、有体力的人，立志为人民作贡献，为祖国作贡献，为人类作贡献。"③ 这是邓小平关于"四有"新人最早的提法。1982 年他把"有知识、有体力"改为"有文化、守纪律"，1985 年他又把"守纪律"改为"有纪律"。这就是我们今天所讲的"四有"新人。

邓小平重视基础教育，不仅体现在他对基础教育的指导方针、培养目标的指示上，而且表现在他对基础教育改革的一系列论述中。邓小平关心基础教育的教学内容和教材编写。1977 年他指出："看来，教材非从中小学抓起不

---

① 《邓小平年谱》（下），中央文献出版社 2004 年版，第 1217 页。

② 《邓小平文选》第 3 卷，人民出版社 1993 年版，第 35 页。

③ 《邓小平年谱》（上），中央文献出版社 2004 年版，第 639 页。

可，教书非教最先进的内容不可"。① 1978 年他再次指出，要"按照中小学生所能接受的程度，用先进的科学知识来充实中小学的教育内容"②。邓小平特别关心基础教育的思想道德教育。他说："革命的理想，共产主义的品德，要从小开始培养"③；"法制教育要从娃娃开始，小学、中学都要进行这个教育"④。1977 年"文化大革命"刚刚结束，针对当时的一些不良风气，他指出："改变这种风气，要从小学教育开始。"⑤

二、素质教育是基础教育的紧迫任务

基础教育如此重要，但目前基础教育的状况离邓小平的期望，离教育发展、人才培养和现代化建设的要求还有较大差距。其中一个重大问题是"应试教育"的问题。坚持"三个面向"的方针，按照"四有"新人的目标，切实纠正"应试教育"的偏向，积极推进素质教育，是基础教育改革和发展中最根本的任务。

素质教育是新时期党和国家教育方针的新体现，贯彻落实教育方针的新形式，培养社会主义新人的新模式，它以全面贯彻教育方针，促进每个学生全面发展，全面提高

① 《邓小平文选》第 2 卷，人民出版社 1994 年版，第 69 页。
② 《邓小平文选》第 2 卷，人民出版社 1994 年版，第 104 页。
③ 《邓小平文选》第 2 卷，人民出版社 1994 年版，第 105 页。
④ 《邓小平文选》第 3 卷，人民出版社 1993 年版，第 163 页。
⑤ 《邓小平文选》第 2 卷，人民出版社 1994 年版，第 54 页。

国民素质为宗旨。邓小平明确指出："把毛泽东同志提出的培养德智体全面发展、有社会主义觉悟的有文化的劳动者的方针贯彻到底，贯彻到整个社会的各个方面。这样做，对于提高整个职工队伍的政治质量和科学文化素养，对于满足不同工种、职业的特殊要求，对于在青少年中以至在整个社会上造成人人向上、奋发有为、不甘落后的革命风气，都将发挥巨大的促进作用。"①

　　毫无疑问，各级各类教育都承担着提高受教育者素质的任务，各行各业的人员都需要提高素质，但是由于基础教育的对象、作用、地位的特殊性，素质教育和基础教育更密切，所以特别要在基础教育中推行素质教育。换句话说，提高素质，是对所有人讲的；素质教育，首先是对基础教育、中小学生讲的。对于受教育者来说，基础教育阶段是实施素质教育的关键阶段；对于教育者来说，基础教育对提高全体学生素质、提高全民族素质负有重大责任。

　　我国《义务教育法》明确规定，基础教育的根本任务是"贯彻国家的教育方针，努力提高教育质量，使儿童、少年在品德、智力、体质等方面全面发展，为提高全民族的素质，培养有理想、有道德、有文化、有纪律的社会主义建设人才奠定基础"。这里包含着素质教育的基本思想。《中国教育改革和发展纲要》特别强调："中小学要由'应试教育'转向全面提高国民素质的轨道，面向全体学生，全面提高学生的思想道德、文化科学、劳动技

---

① 《邓小平文选》第 2 卷，人民出版社 1994 年版，第 106—107 页。

能和身体心理素质，促进学生生动活泼地发展，办出各自的特色。"这段话是关于素质教育最全面、最权威的表述。我国《国民经济和社会发展"九五"计划和 2010 年远景目标纲要》则进一步相对于"应试教育"提出了"素质教育"概念，要求"改革人才培养模式，由'应试教育'向全面素质教育转变"。

从"应试教育"向素质教育转变，是基础教育领域的一场深刻革命，是提高国民素质，培养跨世纪人才的必然要求，也是党中央、国务院向基础教育提出的一项根本任务。

全面推进素质教育，要从转变观念入手，深刻认识实施素质教育的重要性和必要性，以高度的责任感和使命感推进改革创新；坚持实施素质教育过程中干部的决定性作用和教师的主导地位，全面提高学校干部、教师的素质，由高素质的干部、教师培养和造就高素质的学生；发挥课内和课外、校内和校外相结合基础上的校内课堂教学的主渠道作用，加强课堂教学内容和方法的改革。这些工作是实现由"应试教育"向素质教育转变的根本举措，是长期性的任务，不可能在短期内就彻底完成和完全解决。现在的问题是要集中力量，找准主攻方向，明确工作重点，在关键环节上取得突破性进展，由此带动素质教育的全面展开。

明确当前素质教育的工作重点和主攻方向，必须牢牢把握住素质教育是怎样提出来的，它主要针对的是什么问题。很显然，素质教育是针对"应试教育"提出来的，它的最直接、最重要的目的，是要克服"应试教育"的弊端，培养更多更好的人才。

"应试教育"作为一种教育观念、模式，它的基本特征是"应试"，以考试为中心组织开展教育教学活动，一切和考试有关的，都得到重视，一切和考试无关的，都受到排斥；所有学校、教师和学生，都要由考试分数决定其成败得失。"应试教育"偏离了基础教育提高国民素质的根本任务，违背了基础教育普及性、基础性和发展性的特征，忽视了学生的个性、特长和生动活泼的发展。实现由"应试教育"向素质教育转变，最关键、最现实的问题是加快考试、评估制度的改革，建立符合全体学生的全面发展要求的考试、评估制度，发挥其在推行素质教育中的积极导向作用。

三、创新教育是素质教育的重要内容

素质教育是要全面提高学生素质，使之具有高尚的思想道德情操、丰富的科学文化知识以及健康的身体和心理。应当指出的是，人是一个整体，人的素质不是几个方面的简单相加；人的素质还要进一步转化为人的活动能力，特别是创造性活动的能力，提高工作和生活的质量与效益。人的思想道德、科学文化和身心素质水平的高低都要表现在人的创造性活动上，并通过活动的质量和效益来检验。创新意识、创新精神和创新能力是人才素质高低的重要标志，创新教育是素质教育的重要内容。

邓小平历来提倡并身体力行"勇于思考、勇于探索、勇于创新"，主张敢想、敢试、敢闯，说真话、说新话，要求鼓励学生创新、启发学生创新、教育学生创新。他在1984年就指出："我们在教学上'满堂灌'的现象还存在，要多多鼓励学生自己发展。"① 他认为，"一开始就启发学生向着更广更深的方向发展，这就有希望了。"② 针对借鉴、学习外国的东西，他强调："先要学会它们，再在这个基础上创新。"③《中共中央关于教育体制改革的决定》也明确提出，社会主义"四有"新人，不仅要有为国家富强和人民富裕而艰苦奋斗的献身精神，而且"应该不断追求新知，具有实事求是、独立思考、勇于创造的精神"。

根据当今世界科学技术飞速发展的形势和我国社会主义现代化建设的需要，江泽民特别重视创新及创新人才的培养，他在全国科技大会上指出："创新是一个民族进步的灵魂，是国家兴旺发达的不竭动力。一个民族缺乏独创能力，就难于屹立于世界民族之林。"在接见两院院士时他再次强调："迎接未来科学技术的挑战，最重要的是要坚持创新，勇于创新……科技创新已越来越成为当今社会生产力的解放和发展的重要基础和标志。"

人的创新意识、创新精神、创新能力不是天生的，它

---

①《邓小平年谱》（下），中央文献出版社2004年版，第991页。
②《邓小平年谱》（上），中央文献出版社2004年版，第169页。
③《邓小平年谱》（上），中央文献出版社2004年版，第210页。

虽然和天赋有一定联系，但主要是后天培养和教育的结果，靠的是创新教育。"应试教育"有许多弊端，但主要的弊端是在统一的考试内容、形式下，按照统一标准评判学生，它非但不能很好地培养学生的创造性，相反在很大程度上把学生的创造性束缚起来和压抑下去，迫使学生走上"死读书"、"读死书"的死胡同。由"应试教育"转变到素质教育，就是培养学生主动学习、独立思考，培养学生实践能力和创造精神，为 21 世纪培养和造就更多更好的创新人才。

创新教育需要改革"应试教育"中的知识教育，培养学生的动手能力。素质教育、创新教育不是排斥知识教育，掌握知识的多少，本身就是人的素质高低的一个标志，影响人的创造力大小的一个条件。素质教育、创新教育要求学生不仅知道是什么，而且知道为什么，更重要的是知道怎么做；它还要求培养学生的动手能力，不仅要学会已有的知识，而且要学会动手动脑搜集、加工知识，学会自我增长知识和生产知识；不仅要掌握知识，而且要消化、吸收知识，形成品格、道德，开阔视野，增长见识，并将其转化为基本素养和实践能力。创新教育需要改革"应试教育"中的教学方法，引导学生独立思考。"应试教育"把学生简单地视为被动的客体，把人脑当做固定的容器，教师生硬地灌输知识。这种"满堂灌"、"填鸭式"的教学，没有给学生留有积极思维的空间和余地，不允许学生标新立异。创新教育就是要求尊重学生学习的主体地位，采取老师启发、引导和学生积极参与的方法，指导学生开动脑筋，积极探索寻找问题的可能性答案，培养对新问题、新知识的好奇心、求知欲，以及对问题主动、独立思考的质疑态度和批判精神，既要"学会"，又要"会学"。创新教育还要求学生既能独立思考又能科学地思考，从而学会学习，学会创新。

创新教育需要减轻"应试教育"中学生过重的课业负担，培养学生的学习兴趣。学生课业负担过重，是"应试教育"的必然结果。追求升学率，学科内容偏多、要求偏高、层次偏深、作业偏重，损害了中小学生的身心健康，窒息了他们天真烂漫和自由天性的发展。创新教育必须把学生从沉重的课业负担、烦琐的死记硬背中解放出来，学生对学习才会有浓厚的兴趣和乐趣，创新精神、创造能力才能得到蓬勃发展。与那种重压之下的消极被动学习相比，有兴趣的学习、乐在其中的钻研，会产生种种意想不到的效果。诺贝尔物理奖获得者丁肇中博士说："成为一个杰出科学家最重要的，第一是要对科学有兴趣"，对于一个学生来说，考试"第一名并不代表什么，最主要是要有兴趣"。

学生学习兴趣的养成，一个基本前提是从苦不堪言的书山题海中解放出来，使他们有时间思考、有条件实践，在接触自然和社会中，通过观察和试验，锻炼并提高学生发现问题、提出问题、分析问题、解决问题的能力和兴趣。

高等教育改革的借鉴与创新[*]

新形势下高校工作的"攻坚"方向、主要任务是明确的，现在关键的问题是落实，是找到落实的途径和方法。这些方法不可能都是现成的，要靠我们自己去试、去闯，去探索、借鉴和创新。在高校系统内部，我们要相互学习，一些学校在教育思想观念、教学内容方法以及内部管理体制改革方面做了许多工作，取得了明显的效果，应当学习、推广他们的经验。但就整个教育系统来说，我们更应当开阔视野，把教育改革放在建设中国特色社会主义经济、政治改革的大背景之中来加以审视，从经济体制、政治体制改革中汲取有益的经验。我们要尊重、遵循教育自身发展的规律和特点，但教育作为社会的有机组成部分，它又必须尊重、遵循社会发展规律，受经济、政治改革特点的制约和影响。经济、政治体制改革的思路、方

---

　　* 本文发表于《北京高等教育》1998 年第 5 期，原题为《抓住机遇，开拓进取，开创首都高校改革与发展的新局面》，这是原文的第二部分。

法，对于教育具有很大的启发意义，可以借鉴和学习，举一反三，加以改造和创新。

　　教育体制是在经济体制、政治体制的基础上形成和发展起来的，经济体制、政治体制的重大变化，必然带来教育体制的变化，要求教育体制与之相适应。十五大报告有两处直接提到教育改革，一处讲"教育管理体制改革"，一处讲"教育体制改革"。教育管理体制改革，是放在"有中国特色社会主义的文化建设"部分，从教育系统内部讲的；教育体制改革，是放在"经济体制改革和经济发展战略"部分，是在和经济体制的联系中讲的。十五大报告在提出要"深化教育体制改革"的同时，还提出，"经济体制改革要有新的突破，政治体制改革要继续深入"。经济体制、政治体制改革，既是教育体制改革的基础，又给教育体制改革提供了许多有益的启示和可资借鉴的方法。

一、借鉴经济体制改革的方法，深化高校办学体制改革

　　1. 借鉴公有制为主体、多种所有制经济共同发展的方法，改革国家包揽办学的格局，鼓励和引导社会力量办学，逐步形成以政府办学为主，社会各界共同参与，公办学校与民办学校共同发展的办学体制以及投资体制。各类高等学校，要相互尊重、相互学习、相互支持，共同繁荣和发展我国的高等教育，为更多的人接受高等教育开辟更多的渠道。

2. 借鉴企业面向市场，以销定产的方法，调整专业设置和课程体系，改革教学内容和教学方法，全面提高学生适应社会的能力。企业是否具有生机和活力，关键在于产品是否适销对路，符合消费者需要，人无我有，人有我优，人优我廉。企业生产什么，生产多少，不仅仅是根据企业能生产什么，能生产多少来决定，最主要的是根据消费者需要什么，需要多少来决定。即使产品价格，也不只是根据企业的生产成本，而是根据市场竞争中消费者所能付出、所愿意付出的价格。这是市场经济和计划经济在思想方法上的一个重要区别。

3. 借鉴企业改革抓好大的、放活小的方法，也就是科技体制改革中稳住一头、放开一片，有所为、有所不为的方法，集中力量建设好一批重点高校、重点学科、重点实验室，以及这些重要岗位上的学术骨干队伍。

4. 借鉴企业敢于竞争、自加压力的方法，振奋精神，开拓进取，加大改革力度，加快发展速度。现在，高校改革力度、发展速度还不够大，一个重要原因是压力小，风险小。我们没有产值、利税的压力，没有滞销、破产的风险，对"不改革，死路一条"没有切肤之痛，因而也就没有置死地而后生的决心和气概。实际上，高校竞争、压力、风险都是存在的，只不过不像企业竞争那样明显、直接罢了。培养的学生多数就不了业，研究的成果多数没有经济、社会效益，这个学校就没有生源，就没有财源，就很难办下去。所有高校，无论重点还是非重点，无论公办还是民办，都要在人才市场、科技市场面前经受检验和考验。优胜劣汰，这是铁的法则，适用于经济，也适用于教育。政府不包分配，绝不等于学校不管就业。每一个企业都有一支强大的产品宣传、销售部门，这是值得高校深入思考的一个问题。

二、借鉴政治体制改革特别是国家机关机构改革的方法，深化高校人事制度改革

1. 借鉴机构改革严格控制机构膨胀、坚决裁减冗员的方法，下决心压缩高校行政、后勤人员编制，降低教师和学生的比例、职工和教师的比例，减轻学校负担，提高工作效率，充实教学、科研力量。现在的问题是要因势利导，采取有力措施，切实把它落到实处。

2. 借鉴机构改革干部合理流动、有进有出的方法，加快高校人事制度改革，改变高校教师队伍"进不来，留不住，出不去"的状况，逐步形成教师岗位能上能下，收入能多能少，人员能进能出的人事管理制度；逐步完善按需设岗，按岗聘人，平等竞争，优胜劣汰，相对稳定的骨干层和出入有序的流动层相结合的教师队伍管理模式。

3. 借鉴机构改革转变职能、政企分开的方法，减少学校内部管理层次和环节，明确校（院）系权责，加强系所领导班子建设，分清后勤服务和经营职能，加快后勤社会化步伐，建立办事高效、运转协调、行为规范的行政管理体系。

4. 借鉴机构改革把机构组织、职能、编制等法定化

的方法，根据需要确定学校机构、岗位设置，根据职能确定学校各类机构、单位人员比例，根据比例、任务确定各机构、单位的编制（总体规模和职级定额），然后按核定的编制拨付经费，实行工资总额包干。在职能、任务不变的情况下，减人不减钱，增人不增钱。减少机构、组织设置及其职能、编制确定中的主观因素。

三、借鉴党建工作的方法，深化高校教育教学改革

近年来，中央以及北京市委高度重视高校党建工作，抓得很紧很实，效果显著，其中不少经验值得教学工作学习借鉴。我们应当像抓党建那样抓教学。

1. 借鉴党建工作统筹规划、全方位推进的方法，全面开展教学改革。这几年，高校党建工作从组织建设、领导班子建设到思想理论建设，从德育大纲、爱国主义教育纲要的颁布到"两课"改革方案的出台，从"双学"、"三讲"到"四德"，全面安排、有序推进，形成一个有机整体。教学改革也应当这样。从调整专业、培养目标、模式开始，到课程体系、教学内容、方法、手段的改革，再到教学管理、评估、奖惩等，其中任何一个方面、环节都不能缺少。否则，就可能事倍功半，甚至难以坚持，收效甚微。

2. 借鉴党建工作制度化、规范化的方法，形成教学工作有效运行机制，提高工作的科学性和规范性。这几年，连续七次召开全国高校党建工作会议，北京市假期高

校党政领导干部会议也成为惯例。这对提高认识、统一行动，推动党建工作不断深入发展起了重要作用。教学工作也应如此。应当提高对高校教学工作重要性的认识，学校主要领导要亲自过问教学，做到认识到位、精力到位、措施到位、经费到位。要定期召开由学校主要领导参加的教学工作会议，交流、研讨、部署教学工作。

3. 借鉴党建工作科学评估的方法，建立教学质量标准，广泛开展教学质量监督、监测和评估工作，学习先进、带动后进，促进教学质量的大幅度提高。这几年，中央不仅发出关于加强高校党的建设的通知、高校基层党组织工作条例，而且制定了高校党建工作基本标准，特别是加强了党建工作的检查、评估工作，评选党建先进校，开展文明校园的评估活动，工作力度很大，影响很大。教学工作也应当制定"基本标准"，提出可操作、可检查的质量要求，定期组织评估工作，以评助改，以评促建，把教学质量要求落到实处。

4. 借鉴党建工作抓干部队伍建设的方法，进一步加强教师队伍建设。我们要像重视学校党政一把手选拔那样重视学科带头人的选拔，像抓后备干部队伍建设那样抓学术梯队建设，像分期分批培训高校青年干部那样培训高校青年学者。围绕学科建设、重点科研项目，加快培养学科带头人与中青年骨干教师，既要在生活上关心他们，又要在政治上帮助他们。

以上种种，集中到一点，经济体制改革、政治体制改革、党建工作中最值得借鉴和学习的方法，就是解放思想、实事求是的思想方法和工作方法。这是我们党的思想路线，是邓小平理论的精髓，是马克思主义的根本立场、观点和方法。教育的改革和发展，最根本的就是要坚持这个路线，把握这个精髓，坚决实行这个方法。

建立现代大学制度*

改革开放以来，我国教育特别是高等教育的改革取得了前所未有的丰硕成果。在进入新千年之际，建立现代大学制度，形成适应社会主义市场经济要求和高等教育全面持续发展需要的大学管理体制和运行机制，应当是高等教育改革和发展的最关键内容之一。

一

现在，中国高等教育存在的主要问题，不是某个学校、某个人的问题，说到底是体制、机制问题，即制度问题。当前，中国高等教育既缺乏经费又缺乏人才，但更缺乏现代大学观念和制度。历史经验告诉我们，制度产生的问题最终要从制度上去解决，光靠良好的愿望，以及工作

---

* 本文发表于《中国高等教育》2000年第3期，原题为《建立现代大学制度，推进高教改革和发展》。

的热情和干劲是难以奏效的。邓小平说过，制度更带有根本性、全局性、稳定性和长期性。只有旧的制度改变了，新的制度产生了，才能一变百变、一通百通，不断增强工作的原则性、系统性、预见性和创造性。

　　建立现代大学制度，是新时期高等教育改革的方向，发展的必然要求。在21世纪之初，我们要自觉坚持建立现代大学制度的改革目标，宁肯在其他方面做些让步或牺牲，也要着力促进新体制、新机制的形成和完善。

二

　　制度是协调和维护人们的权责关系、要求相关成员共同遵守的办事规范或行为规则。现代大学制度的核心是在政府的宏观调控下，大学面向社会依法自主办学，实行民主管理。建立现代大学制度就是要全面理解和把握大学作为法人实体和办学主体所应具有的权利和责任，重点要处理好以下几种关系。

　　1. 大学和政府、社会的关系。在计划经济条件下，大学的举办者、管理者和办学者之间界限模糊、职能不清，或者说三者实质上是同一的，即政府。大学由政府举办、政府管理和政府办学。政府把社会资源按计划分配给大学，大学按政府计划培养学生，再按政府计划把学生分配给社会各部门。政府一方面代表人才需求方——社会，一方面代表人才供给方——大学。政府无所不包的单一决策隔断了大学和社会之间的血肉联系，其结果，一方面社会不关心学校，躺在政府身上要人；另一方面学校不关心社会，躺在政府身上要钱。

现在情况不同了。时代进步，市场经济体制改变了大学的社会地位和运行环境。大学不再是一般意义上的教学科研单位，更不是福利机构和消费场所。大学通过劳动力、知识等一系列生产要素的生产和再生产，提高人才的附加值，成为社会生产力和生产关系的重要因素，以及国家创新体系的主力军和科教兴国的生力军，处于经济社会发展的基础地位。大学地位和职能的变化，客观上要求它与经济社会活动发生更密切的联系，更好地为经济社会发展服务。

市场经济是根据供求关系决定生产和资源配置的经济。社会主义市场经济条件下，多种所有制结构并存，带来了劳动力需求部门成分复杂化；劳动力市场的开放，要求大学为不同社会成员的学习需要提供不同的服务；办学经费来源多元化，也要求大学既要向政府负责，又要向服务对象负责，在招生、专业和课程设置、科学研究、教学等方面具有更大的灵活性和适应性。

当然，我们的大学主要是由国家举办、政府主管的。大学是政府向社会提供公共服务的重要内容之一。国家作为投资者、政府作为管理者，对大学具有领导权、调控权、监督权。大学必须为国家服务，对政府负责，在国家的教育方针、法规政策的指导下办学，为国家现代化建设提供人才服务和智力支持。建立现代大学制度，就是要明确大学的举办者、管理者、办学者的权力和责任。政府要简政放权、转变职能，通过统筹协调、监督评估、方针指导和提供服务等方式，对大学依法实行宏观管理。政府对大学不具有无限权力，也不承担无限责任。大学要面向社会自主办学，改变游离于经济主战场之外的现状，主动与科研机构及企事业组织之间开展协作，以解决经济社会发展中存在的重大问题为己任，并为此承担办学质量和效益的责任。大学要改变等、靠、要的观念，充分发挥自身的优势，在服务于国家的经济、社会和文化发展的过程中，获得自身的可持续发展和进步。

大学面向社会办学，这和邓小平讲的教育要面向现代化、面向世界、面向未来是一致的。当代我国社会的主旋律、最大的政治任务就是现代化建设。面向社会，主要就是面向现代化建设。而且我们所讲的社会，是在和平与发展的主题下、经济全球化背景下的社会，是全面的、发展的社会。面向现代化、面向世界、面向未来，是对面向社会的科学的、具体的要求。

2. 大学和教师、学生的关系。在计划经济体制下，教师为学校单位所有，只为一校所用，极少流动。学校以教师为中心，对上，面向政府；对下，面向教师，根据教师的需要和能力招收学生、设置专业和课程。教师按年龄、职务分配，能上不能下，能多不能少，学校吃国家的大锅饭，教师吃学校的大锅饭。学校一方面经费短缺，一方面人力资源以及物力资源极大浪费。

现代大学制度要求教师由单位人变成社会人，学校和教师之间建立聘用合同关系。在教育劳务市场上，学校按建设与发展需要招聘教师；教师按能力和意愿受聘于学校。学校对于教师有聘任权，解聘权；教师对学校有受聘权，拒聘权。教师能进能出，使学校具有生机和活力，具有积极性和创造性，从而优化人力资源配置，发掘教师身上蕴藏着的巨大潜力。

在分配方面，最主要的是要体现按劳分配、多劳多得、优劳优酬的原则。特别是在校内津贴部分、增量部分，要拒绝平均，反对固化，年龄不具有意义，职务不占太大比重。不再按身份把人分成不同等级，按人的等级分配，而是把事业分成不同领域，按事情的难易、轻重分配，也就是按岗位分配，按任务分配，按业绩分配，按贡献分配。而且在有些方面离退休教师和在职教师一样，本科生、研究生和教师一样，岗位、任务、业绩、贡献面前人人平等，竞聘上岗，同工同酬。由此把以往的花钱养人转变为花钱办事，把以往的"人头费"转变为"事业费"，提高政府的有效投入。

现代大学制度还要求由过去的以教师为中心转变到以学生为中心。大学一个主要方面是通过培养输送毕业生为社会服务。学校的干部，要全心全意为教师、学生服务，学校的干部、教师，都要全心全意为学生服务。面向学生是大学面向社会的具体化。面向学生，就是要使大学的毕业生符合社会发展的需要，不仅是合格的就业者，而且是成功的就业岗位的创造者。现在有人担心扩大本科、研究生招生规模会影响今后的就业。这是一种片面的观点，它把社会岗位设想为一个有固定等级的固定常数。岂不知劳务市场是人开辟的，岗位是可以创造、提升的。高质量的毕业生不仅有更多的就业机会，而且会对未来劳务市场作出贡献，为社会提供更多更好的就业岗位。

由于科技进步和社会发展，劳务市场不断变化，新的就业领域不断出现，终身学习已成为不可阻挡的潮流，社会成员对教育服务提出了更多更高的要求，学生成分开始出现多样化的趋势。大学要以学生为本。要采取积极主动的态度、灵活多样的做法，在入学机会和办学方式方面，在授课制度和学籍管理方面，在教学内容和方法方面，进行全面深入的改革。应该是大学管理模式适应学生的需要、社会的需要；而不应该是学生、社会适应大学旧的管理模式的需要。要真正确立起学生的主体地位，着眼于学生的全面发展、个性发展和长远发展，让学生拥有更多的选择、更多的时间、更多的发展机会。使学生不仅在专业领域内具有创造性，而且变得更加深思熟虑，富有爱国心、责任感和使命感，成为更完美、更成功的人。

3. 大学和大学的关系。我们的大学在办学宗旨、教育方针、工作的出发点和落脚点上是一致的，有着相互合作的经济基础、政治基础和文化基础。这是我们的优势。在加强大学与地方政府、科研机构和企业合作的同时，加强大学之间的合作，是提高国家教育综合实力、建设教育强国的重要途径。近些年来，通过"共建、调整、合作、合并"，办学体制改革有了重要进展，为21世纪我国高等教育发展提供了组织保障。

但是，各大学作为不同的办学者，又有着自身的特殊利益。在市场经济的条件下，大学之间的竞争是不可避免的，也是十分必要的。竞争是促进大学发展的一个重要杠杆。

大学之间的竞争包括诸多方面的内容。首先，是人才市场的竞争。大学培养的人才是否为社会所接受，受社会欢迎，直接关系到学校的生存和发展。其次，是要素市场的竞争。这包括劳务市场，大学是否有能力从全社会招聘到自己需要的教师，并把不合适的教师辞退；资金市场，大学能否以较低成本从社会上筹集到所需资金；技术市场，大学能否得到自己所需的新技术成果，并设法转让自己的技术发明而获利。第三，是产权市场。全国大学虽然大都属于国家所有，但由于种种原因，学校的办学状况是不同的，应当鼓励优势明显、管理强、趋势好的大学不断壮大。相反，另一些学校为自己的生存发展自愿向这些大学靠拢、联合、重组甚至合并，实现产权流动转移。任何事情都必须有生有灭，优胜劣汰，从长远看，大学也应如此。产权市场的存在迫使大学增强联合意识，提高在市场竞争中生存发展的本领，否则就有可能被淘汰出局。

竞争不等于盲目攀比。大学之间的竞争，不是要把全国的大学都办成一个模式，大家为了一个样板而搞什么"赶超战略"。社会需要是多方面、多层次的，大学也是多类型、多层次的。五颜六色是正常态。所谓竞争，是要从实际出发，发挥各自因历史、地域、传统所决定的"比较优势"，在已有的基础上办出特色。有了"比较优势"，有了特色，才有在全国大学结构布局中的位置，才能在竞争中立于不败之地。

　　大学之间的竞争应当是平等的、有序的。政府既要鼓励大学之间合理竞争，又要约束大学之间的不正当竞争。由于我国的大学主要是国家举办的，这一点尤其重要。在大学之间的竞争中，感情、友谊、道德的作用是重要的，但不是决定性的。决定性的是政府从全国大局、民族长远利益出发，依法管理。在市场经济条件下，政府的职能主要表现在承担秩序职责方面，严禁不合理、不正当竞争。这就是人们所说的"秩序政府"的意义。

三

　　建立现代大学制度，基础在大学。大学要坚持党委领导下的校长负责制，通过教代会等形式，依法保障教职工参与民主管理和监督，不断深化大学内部管理体制改革。如果不首先进行大学内部管理体制改革，现代大学制度就缺乏健全、合理的微观基础。那么，政府调控就可能发生扭曲，市场调节也很难发挥作用。反之，如果大学内部管理体制改革得好，使大学具有自我发展、自我约束的机制，政府调控、市场调节就会有效。不仅如此，大学的行为还可能成为政府调控行为不良的一种校正，以及市场调节失灵的一种补充。

　　建立现代大学制度，关键在政府。我国的市场体制不是自下而上自发形成的。在大学的改革中，政府始终发挥着重要的指导和推动作用。同时，政府自身也要加强改革，转变职能。政府转变职能和大学体制改革，是一个问题的两个方面，是摆在政府面前的两项同等重要的工作。它们不是相互对立的，而是相辅相成的。政府职能转变得好，有利于大学体制改革；大学体制改革得好，有利于政府职能转变。建立现代大学制度，就是要克服政府想放又不敢放，怕一放就乱；学校想让管又不敢让管，怕一管就死的思想。政府要鼓励、支持大学改革，制定相关政策使改革者受益，引导大学坚定不移地走制度创新之路，而不是助长大学千方百计地去谋取什么"免费午餐"。

有人认为，政府职能转变和大学体制改革是政府管得少了，学校管得多了，要构建一个强学校、弱政府教育行政部门的格局。这种说法是片面的。改革不是单纯地划分谁管得多少的问题，而主要是管什么和怎么管的问题。过去的情况是，政府既管了不少不该管的事，又有不少事该管而没有管，而且，仅靠单一的行政手段、直接管理的方式也存在一定弊端。建立现代大学制度，既要有强有力的政府教育行政部门，又要有强有力的大学，从而同心同德为社会提供强有力的教育服务。

建立现代大学制度，根本在法治。国家已经颁布了《教育法》、《教师法》等一系列教育法律法规。特别是《高等教育法》，它对于大学的权力和责任、政府的权力和责任、教师学生的权力和责任，都有明确的表述。这是新中国50年，特别是改革开放20年来，我国高等教育办学体制、管理体制、高校招生和毕业生就业制度改革的经验总结，也是今后深化高等教育改革、建立和完善现代大

学制度的法律依据。我们要坚决贯彻执行国家的教育法律
法规，依法治教，依法治校，在高等教育的改革和发展中
建立和完善现代大学制度，在建立和完善现代大学教育制
度中进一步推进高等教育的改革和发展。

建设具有世界先进水平的一流大学[*]

一

　　建设具有世界先进水平的一流大学是江泽民的重要教育思想，是党和国家的重要战略决策。

　　早在 1995 年，江泽民在为复旦大学 90 周年校庆的题词中就提出："面向新世纪，把复旦大学建设成为具有世界一流水平的社会主义综合大学。"如果说 1995 年题词主要是针对复旦大学这个特定对象提出的办学希望，那么，1998 年在庆祝北京大学建校 100 周年大会上的讲话，则是从国家前途和命运的高度，代表党中央和国务院向全国高校发出的动员令。他向全社会宣告："为了实现现代化，我国要有若干所具有世界先进水平的一流大学。"三

---

　　* 本文发表于《求是》2002 年第 7 期，原题为《建设社会主义高水平大学的动员令——学习江泽民同志关于建设一流大学的论述》。

年之后，在庆祝清华大学建校90周年大会上，他进一步就如何"建设"一流大学作出了系统阐述，明确提出"要努力在全国建设若干所具有世界先进水平的一流大学"。

二

江泽民关于建设一流大学的论述内涵丰富，对新世纪我国高等教育的改革和发展具有全面而深远的指导意义。

一流大学是个建设性概念。江泽民关于建设一流大学的思想是在北京大学、清华大学、复旦大学校庆时提出来的，但它的意义和影响绝不限于这三个学校的范围。江泽民的讲话，不是要给中国现有的大学进行分类和排队，而是在经济全球化深入发展、科技进步日新月异、综合国力竞争日益激烈的大背景下，着眼于中国高等教育的发展方向和整体的质量要求。"要有"，说明还没有，所以才"希望你们朝着这个目标不懈努力"。一流大学是动态的、开放的。建设世界一流大学，北京大学、清华大学责无旁贷，其他大学也应积极向上、不甘落后，为此而努力，作为从无到有的发展目标，由于条件的限制，开始只能是"若干所"。伴随建设中国特色社会主义的历史进程，经过几代人、十几代人、几十代人的努力，我国必将有越来越多的大学成为具有世界先进水平的一流大学。

一流大学是个过程性概念。江泽民讲的一流大学，主要是就世界先进水平而言的，是"具有世界先进水平的一流大学"。而世界先进水平的一流大学，不可能在一个早上建成，它要经过一个从国内一流到世界一流的发展过程。"若干所"世界一流大学，必须有一批国内一流大学为前提，以全国高等教育整体水平的提高做基础。为了建设若干所世界一流大学，中国需要扎扎实实地建设一批国内一流大学。经过长期的奋斗与拼搏、竞争与合作、筛选与淘汰，从中涌现、生长和发展出"若干所"得到世人认同的世界一流大学。

　　一流大学是个总体性概念。无论是世界一流还是国内一流，都是指它的总体办学水平，并不意味着它在每一个方面都是一流的。同样道理，由于大学类型的不同，历史、地理和现实的原因，一些大学目前虽然距离一流大学还有一定的甚至较大的差距，但并不表明它们没有一流的教师、学科，一流的学生、科研成果。这就是每个大学的比较优势和特色。大学的多样性，是教育的基本特征，严格地说，一流大学并没有千篇一律的标准。理论上说，每个学校都可以通过努力在同类型大学中达到世界一流水平。它在若干学科方面聚集了一批一流的教师，培养了一批一流的学生，创造了一批一流的科研成果，从而在世界范围内形成了自己的独特优势和鲜明特色。一流大学与特色大学不是矛盾的，而是相辅相成的。一流大学与非一流大学的区别，从静态上看是质的不同，从动态上讲则可能是量的差别。从个别、少数一流的教师、学科，一流的学生、科研成果，逐步发展到有更多一流的教师、学科，一流的学生、科研成果，量变引起质变，从而成为一流大学。千里之行始于足下。所有的大学，都应该解放思想、实事求是，振作精神、奋发有为，发挥自己的比较优势，形成自己的办学特色，为发展一流学科、建设一流大学而艰苦奋斗。

一流大学还是个精神性概念。要求所有大学都办成一流大学不现实。但争创一流、追求卓越的意识和精神，应该是所有大学都必须具备的。江泽民关于建设一流大学的思想，对所有大学乃至全国各行各业都有指导意义，都是一种巨大的精神动力。全国人民都要以自强不息、争创一流的精神，把我们伟大的祖国建设成为富强、民主、文明的社会主义现代化国家。

三

建设一流大学是建设中国特色社会主义的重要组成部分。

江泽民关于建设一流大学的思想是同我们党和国家提出并实施的科教兴国战略相联系的。党的十四大确定社会主义市场经济体制，凸显了教育的地位。1995 年党中央、国务院提出科教兴国战略，确立了教育在建设中国特色社会主义中的基础地位。江泽民说，教育是知识创新、传播和应用的重要基地，也是培养创新精神和创新人才的重要摇篮。当今世界，综合国力的竞争，越来越表现为经济实力、国防实力和民族凝聚力的竞争。无论就其中哪一个方面实力的增强来说，教育都具有基础性的地位。现代化建设，要依靠科技进步和劳动者素质的提高，这都离不开教育。教育是科技创新和人才培养的基础。因此坚定不移地实施科教兴国战略，把教育摆在优先发展的战略地位，大力提高全民族的思想道德素质和科学文化素质，提高知识创新和技术创新能力，是全面推进我国现代化事业的必然选择，也是中华民族自立于世界民族之林的根本保证。

高等教育在整个教育事业中处于龙头地位，与经济社会发展的关系最为直接，是实施科教兴国战略非常重要的一环。高等教育的发展程度和发展质量，影响整个教育事业的发展，关系到社会主义现代化建设的未来。积极发展高等教育，是实施科教兴国战略的一项极其重要的内容。江泽民在北京大学、清华大学校庆大会上的讲话中都强调了这样一个观点："我们的大学应该成为科教兴国的强大生力军。"[1]

一流大学是高等教育大军中的先锋部队、精锐部队。我国有一千多所普通高校，它们不可能齐头并进、同步发展。国家需要集中力量，重点建设若干所世界一流和一批国内一流大学，为现代化建设提供一流人才和知识贡献。建设一流大学，是国家现代化建设和民族伟大复兴的需要。江泽民在庆祝北京大学建校100周年大会上的讲话中说："为了实现现代化，我国要有若干所具有世界先进水平的一流大学。"[2] 他为清华大学校庆的题词是："建设世

界一流大学，为实现中华民族的伟大复兴而努力奋斗。"

建设一流大学，既是国家现代化建设的需要，也是国家实力和水平的象征。"一个国家的大学水平如何，从一个方面反映着这个国家科技文化发展的水平，也是这个国家综合国力的重要体现。"① 我国的国际地位、作用和形象，需要有与之相应的世界一流大学。

此外，建设一流大学，还对高等教育以及整个教育事业发展具有引导作用，对振奋民族精神和提高民族凝聚力具有激励作用。

四

实现现代化要有一流大学，这是由现代化建设的需要决定的，也是由一流大学的特性决定的。

什么是一流大学？这里的一流主要指的是教育质量。质量是大学的生命，关注质量是大学永恒的主题。一流大学的根本特性就是办学质量的一流。1996 年在与四所交通大学负责人座谈中，江泽民提出，在新形势下，教育必须进一步解决好两大重要问题，一是教育要全面适应现代化建设对各类人才培养的需要；二是要全面提高办学的质量和效益。1998 年他在考察北京大学时又强调，高等教育要更好地适应祖国现代化建设的要求，全面提高教育质量和办学效益。2001 年在庆祝清华大学建校 90 周年大会

---

① 《十五大以来重要文献选编》下，人民出版社 2003 年版，第 1821—1822 页。

上的讲话中，他更明确地提出了一流大学的质量要求，特别指明了一流大学的内在特性和评价一流大学的内在标准。

　　大学的教育质量体现在教学、科学研究和社会服务三个方面。《高等教育法》规定，高等学校应当以培养人才为中心，开展教学、科学研究和社会服务，保证教育教学质量达到国家规定的标准。江泽民在庆祝北京大学建校100周年大会上的讲话中第一次从教育质量的角度，对一流大学的基本特性作了概括，全面提出了一流大学的办学目标和评价一流大学的根本标准：（1）培养一流的人才，即培养和造就"高素质的创造性人才"，使受教育者成为理想远大、热爱祖国的人，追求真理、勇于创新的人，德才兼备、全面发展的人，视野开阔、胸怀宽广的人，知行统一、脚踏实地的人。（2）创造一流的科研成果。通过民族优秀文化与世界先进文明的交流借鉴，"认识未知世界，探求客观真理，为人类解决面临的重大课题提供科学依据"。（3）提供一流的社会服务。在政府的宏观调控下，面向社会依法自主办学，发挥科技发展生力军作用和政府"思想库"、"智力源"的作用，为两个文明建设服务，特别是实现知识创新，推动科学技术成果向现实生产力转化。

五

　　一流大学不可能自发地形成，它是在党和政府以及全社会的支持下，经过学校一代代人开拓进取、努力奋斗的结果。

江泽民在庆祝清华大学建校 90 周年大会上的讲话中深刻地指出："我国建设具有世界水平的一流大学，需要党和政府以及全社会的大力支持，需要优化配置和充分利用教育资源，更需要广大大学师生员工的艰苦努力。"①

建设世界一流大学，主要是：（1）始终代表最广大人民的根本利益，引导学生做到，坚持学习科学文化与加强思想修养的统一，坚持学习书本知识与投身社会实践的统一，坚持实现自身价值与服务祖国人民的统一，坚持树立远大理想与进行艰苦奋斗的统一，从而"不断地为祖国为人民培养出具有正确的世界观、人生观、价值观，具有创造精神和实践能力的全面发展的人才"。（2）"紧密结合先进生产力的发展要求"，努力进行理论创新、制度创新、科技创新，特别是要抓好科技创新的源头，并推动科技成果加速转化为现实生产力。（3）"不断促进社会主义文化的发展"，把学校建设成为继承、传播民族优秀文化的重要场所和交流借鉴世界进步文化的重要窗口，成为新知识、新思想、新理论的重要摇篮。

辩证唯物论者是条件论者。建设一流大学，需要相应的办学条件。什么是一流大学的办学条件？根据江泽民在庆祝清华大学建校 90 周年大会上的讲话可以概括为以下四点：（1）一流的教师。江泽民说，高素质的教师队伍，

---

① 《十五大以来重要文献选编》下，人民出版社 2003 年版，第 1822 页。

是高素质教育的一个基本条件。建设一流大学，首先要努力建设一支高素质、高水平的教师队伍。（2）一流的学科。学科是大学的基本元素，教师都是归属于一定的学科的，并通过学科的形式从事教学、科学研究和社会服务。一流大学要有若干一流的学科，要不断发展优势学科，充分发挥多学科的交叉优势，推进人文社会科学与自然科学的渗透和融合。（3）一流的观念。思想观念是人们行动的向导，建设一流大学必须有一流的教育观念。要始终坚持正确的办学思想，注重形成优秀的办学传统，形成鲜明的办学风格，培养和发扬与时俱进、开拓创新精神。（4）一流的制度。制度是协调和维护人们的权责关系、要求人们共同遵守的办事规范或行为准则。一流的大学要有一流的大学制度，努力进行制度创新。一流的大学需要一流的教师、一流的学科、一流的观念、一流的制度，因此，如何建设一流大学，具体表现为如何加强教师队伍建设，加强学科建设，加强思想观念建设，加强制度建设以及必要的设施建设。党和政府以及全社会的大力支持，也就具体表现在通过党的路线、方针、政策，通过政府和社会的物质的、精神的投入，大力支持大学的教师队伍建设、学科建设、思想建设、制度建设以及设施建设。

建设一流大学，还需要优化配置和充分利用教育资源。由于长期计划经济体制的影响，我们的教育思想、教育体制和结构，教育内容和方法，同建设一流大学的要求还不适应。江泽民在庆祝北京大学建校100周年大会上的讲话中提出："要继续解放思想，深化改革，面向现代化，面向世界，面向未来，在教育和科研战线上努力开创人才培养、知识创新的生机勃勃的新局面。"建设一流大学，解放思想、改革创新至关重要。创新能力是一流大学的核心。具有创新的观念、创新的人才和有利于创新的制度、氛围，是建设一流大学的保证和动力。要更新教育观念，坚持"三个面向"方针，建立教育与经济科技密切结合、与劳动实践密切结合的机制。改革和完善学科与专业设置，优化教育结构，提高教育资源的合理配置和利用率。改革和完善学校内部人事制度和分配制度，充分调动广大教师的积极性、主动性、创造性。全面推进素质教育，改变那种妨碍学生创新精神和创新能力发展的教育思想、教育模式、教育方法，特别是由教师单向灌输知识，以考试分数作为衡量教育成果的唯一标准，以及过于划一呆板的教育教学制度。努力为优秀人才脱颖而出创造条件，尤其是要下工夫造就一批真正能站在世界科学技术前沿的学术带头人和尖子人才，以带动和促进民族科学技术水平与创新能力的提高。

建设一流大学，更需要广大大学师生员工的艰苦努力。这里，要特别提出大学领导干部的作用。正确的路线确定之后，干部就是决定的因素。建设一流大学，关键要有用现代教育思想武装起来的大学领导干部，通过先进的办学体制对学校实行一流的管理。正如江泽民在与四所交通大学负责人座谈中所说的：办好高等学校，高校的领导是关键。高校的党委书记、校长，应该努力使自己成为社会主义的政治家、教育家。要不断增强政治意识、大局意识、责任意识和一流意识，具有世界眼光、战略思维和创新精神，通过发扬社会主义的政治优势，严格遵循教育教学规律，团结带领广大师生员工，高瞻远瞩、脚踏实地，为建设一流大学而不懈努力。

创新师范院校发展思路[*]

当前，关于中国的师范院校如何发展，有各种理解、各种思路，这很正常。关键是我们自己要头脑清醒，立场坚定，全面分析形势，深刻把握大局，明确任务，加快发展，坚定不移地把我们应当做的事情做好。

一、如何看待师范院校面临的形势

这里有两种看法，乐观的看法和悲观的看法。我看应当是乐观的。教师教育是一项永恒的事业。作为教师教育主体力量的师范院校，当前面临着难得的机遇。

从政府层面看。党的十六大提出全面建设小康社会的宏伟目标，为此，特别强调党的建设，特别强调人才队伍建设。在科教兴国和可持续发展战略的基础上，又提出了

---

　* 本文发表于《中国高等教育》2005 年第 18 期，原题为《认清形势，把握全局，创新师范院校发展思路》。

实施人才强国战略。也就是邓小平所强调的，关键在党，关键在人。这说明，建设小康社会和社会主义现代化，要在党的领导下，靠教育，靠人才。因此，十六大报告在提出小康社会目标的同时，对教育作了全面的论述：完整地表述了党的教育方针；提出了构建比较完善的现代国民教育体系、终身教育体系和建设全民学习、终身学习的学习型社会的要求；明确了造就数以亿计的高素质劳动者、数以千万计的专门人才和一大批拔尖创新人才的任务。改革开放以来，我国基本普及了九年义务教育，实现了高等教育的大众化。这是我国教育史乃至民族史上新的里程碑。在我国教育有了适当规模的前提下，我们工作的着重点应当放在教育质量上。十六大报告明确提出要"提高教育质量"，政府工作报告也要求"着力提高高等教育质量"。民族大计，教育为本；教育大计，教师为本。教育的质量最终取决于教师的质量，没有高质量的教师就没有高质量的教育。而教师的质量一个重要方面又取决于教师教育对教师的培养和培训，当前这主要还是由师范院校完成的。政府重视教育质量，必须重视教师质量，必然重视培养培训教师的师范院校的办学质量。这是必然的逻辑。总体上说，师范院校的教育教学只会是越来越受到重视，师范院校会有很好的前途。今后一个时期，中国还需要一批高质量的以教师教育为主要任务的师范院校。

　　从社会层面来看。师范院校能不能办好，有没有前途，关键在于有没有更多的人愿意当教师，有没有更多的人愿意学师范专业。不难想象，如果教师社会地位很低，人们不情愿当教师，师范院校就很难办。而这些年，在党和政府的关心支持下，我国教师的地位有了十分明显的变化，教师职业正在日益成为令人羡慕的职业。当前，人民群众和社会发展对教育更多更高的需求同优质教育资源供给不足的矛盾，是我国教育的主要矛盾。解决这个矛盾，解决我国基础教育的公平和发展的相对均衡问题，就要培养更多优质教师，并合理配置教师资源。可以说，当前社会关注的教育热点、难点问题，无不直接或间接地和教师的质量有关，和对教师培养培训的质量有关。

从工作层面看。现在师范院校发展的社会条件比过去好，政策环境比过去宽松。只要有利于中国教育发展，有利于教师教育事业，过去好的传统、做法，要继承和发扬。过去一些不大可能的事情，现在也可以探索、研究和考虑。计划经济，讲身份，你是什么，你就只能做什么。而市场经济，讲能力、讲水平、讲竞争。谁能把事情做好，谁就来做。你做什么，你也就是什么。对师范院校，给予一定的扶持是应当的，但首先是要在市场经济条件下，以能力和水平来参加公平竞争，在为社会提供更多更好的服务贡献中得到重视、关心和支持。新的历史时期，教师教育、师范院校怎么办比较好，还处于探索过程。只要对事业有利，对国家和学生有利，就可以大胆地试，大胆地闯。这几年，很多师范院校做了积极的探索，有的是很有成效的，相比自身过去发生了翻天覆地的变化。但也不要出现急躁情绪。教育是一项长效事业，急于求成，往往可能是欲速则不达。社会需要师范院校，办好师范院校的政策环境比较宽松。我们要坚持"三个面向"的原则，紧紧抓住并充分利用这种良好的机遇，潜心研究，深化改革，大力发展。

二、如何确定师范院校的发展思路

师范院校的改革发展，要在多年办学经验的基础上，从国家的需要和学校实际出发，明确改革方向，确定发展思路。这主要涉及师范性和综合性的问题。对于师范性，存在着是强化还是弱化两种倾向。对于综合性，也存在着是发展还是排斥两种态度。我的看法是：

师范院校必须坚定不移地坚持师范性。这是师范院校的优势、特色和立校之本。一个学校，其优势和特色的形成，不是一、二届领导班子的事情，它是历史形成的，是需要国家推动的，是几代人创造的结果。决不轻言放弃。身为师范院校，却要淡化师范特色，肯定是得不偿失。现已形成的优势学科，拥有良好的师资队伍和社会声誉，而重建新学科则需要几年十几年时间。如果行业萎缩了，学生无法就业，社会不再需要你，那可以想其他办法。现在根本不是这个状况。高素质的教师，国家非常需要，而且非常急迫。国家需要的事情，又有可能做好的事情，不全力以赴去做，做不了的事情，又很想去做，急于去做，这至少在统筹谋划上不是特别清醒。师范院校丢掉教师教育这个优势，是舍本求末。

师范院校必须坚定不移地面向社会。强调办好师范专业，不是说不能办非师范专业。在社会主义市场经济条件下，大学需要增强自己的综合实力，需要在社会上乃至国际上有竞争力，就要有一定的综合性。师范院校也要不断增强学校的综合实力和竞争力。这是当代社会发展的需要。现在，科学技术的综合化趋势很强，社会问题的整体性趋势很强。科学技术的自主创新，重大理论问题和现实问题的解决，都需要多学科的交叉和融合。还有，人的全面发展，这是社会主义社会的本质要求。全面贯彻党的教育方针，大力推进素质教育，使每个学生德智体美全面发展，这是时代的要求。一个学校有没有一个先进合理的学科专业结构，它对全校学生的影响和学校氛围的形成至关重要。总之，科学技术的综合性、社会问题的整体性和学生发展的全面性，都需要考虑师范院校综合性问题。这是国家发展的需要，也是教师教育发展、师范院校发展的需要。

师范院校必须坚定不移地坚持师范性和综合性的有机结合。现在，师范学校大都存在两类专业，师范的和非师范的。由于资源有限，有的学校发展了一些非师范专业，但相应削弱了师范专业。顾此失彼，很不值得。专业学科设置，是高校的自主权。而怎么设置，则体现学校宏观决策水平、整体把握能力，体现学校的办学视野和眼光。师范院校可以办非师范专业，但是要以师范专业为基础，走纵向延伸的道路，走横向拓展的道路，走内在联合的道路，走学科交叉的道路，而不是完全另起炉灶，从零开始。这样既办了非师范专业，拓宽了学校专业学科面，更好地服务社会，又强化和深化了师范专业，更好地体现师范院校的特色。师范专业和非师范专业，不应是此消彼长的关系，而应是互相促进、协调发展的关系。师范院校应当以优质师范教育为基础，以强化师范专业为目标。否则，就可能出现师范专业受到影响，非师范专业也没发展起来这样一种大家都不愿看到的局面。

三、如何认识师范院校的职能

师范大学，首先是大学，其次才是师范大学。是大学，就应具有教学、科学研究和社会服务三项功能。否则就不是一个名副其实的大学。因此，师范院校的职责就是做好三件事情：搞好教学，搞好科研，搞好社会服务。

搞好教学。任何高校，都必须高度重视教学。这是高校的基本职责，也是高校区别于其他社会机构的主要标志。师范院校应更加重视并切实搞好教学。也就是说，在教学方面，不仅任何时候都不能削弱，而且应当相对于其他类型的学校做得更好。因为，师范院校本身就是研究教育教学的，本身就是培养教育教学人才的。师范院校没有任何理由不重视教学，不搞好教学。

搞好科研。没有科研，就没有高质量的教学。合格的大学教师，要有合格的科研能力，优秀的大学教师要有优秀的科研能力。科研能力是学校质量、教师水平的一个重要标志。任何大学，都要鼓励教师从事科学研究。任何情况，都不应放松对大学教师的科研要求。搞科研，可以深化和促进教学，可以培养提高学生的探索精神和创新意识。当然，不同层次、类型的高等学校，所从事的科学研究是不同的。对于师范院校来说，教育教学研究是科研的重要内容。过去，在一些师范院校，教法研究不算研究成果，教材也不算科研著作，影响了一些教师的积极性。这是片面的，自己瞧不起自己。而实际上，教育教学研究是很不容易的，出一本优秀教材，提出一种先进教法，意义广泛而深远。在师范院校，涌现一批研究教育、研究教学的专家，推出一批优质的教材，那是对全国教育的重要贡献。作为教育教学专家，要能够对一个时期国家的重大教育政策、决策和举措作出应有的贡献，要在教育教学理念、模式和方法、途径、手段等方面的研究上走在全国的前列。科研不仅影响教育教学，而且影响社会服务。学校既要向社会提供人才支持，又要向社会提供知识服务。培养高质量专业化的教师，需要学科实力和学术平台的支撑。没有高质量的科研，也就没有高质量的社会服务。

搞好社会服务。现代大学是社会的重要组成部分，社会服务是现代大学的一项重要职责。社会支持大学，大学要服务社会。只有服务社会，才能深化教学和科研。只有在服务实践中，才能感受和把握社会需要什么以及需要的程度，从而找到科研的方向，找到教学的重点。一所高校，对社会的服务是多方面的，主要是人才和知识两个方面。一所高校，只有为社会提供高质量的人才和知识服务，才能更多地得到社会的关心和支持。教育是公益事业，需要国家投入，教师教育更需要政府支持。但我们必须看到，当前，我国还处于社会主义初级阶段，我们实行的是社会主义市场经济体制，教育的发展、学校的发展，既要靠政府，又要靠社会，还要靠市场。政府的支持、投入，要做好为政府的服务，社会、市场的支持、投入，要做好为社会、市场的服务。师范院校必须高度重视社会服务工作，以自己的优势和特色为社会提供高质量的服务，在服务贡献中不断发展壮大自己。

四、如何理解师范院校的质量

质量是学校的生命。无论什么类型的学校都有质量高低的问题，都有一流、二流、三流的区别。师范院校不代表落后，师范院校可以办成一流大学，国家也需要一批一流的师范大学。这就是说，师范院校不是质量低的代名词，相反，它应该有相应的乃至更高的质量追求。在同一科研课题的质量上，师范院校和非师范院校，没有也不应该有任何的不同。科研的本质是求实创新，师范院校应当创造更多高质量的科研成果。

在人才培养上，师范院校要有更高的要求。师范院校培养的学生成才了，就意味着一批人的成才。这就是教师对学生的影响。一个好的教师，会指导更多人的进步，引导更多人走向成熟、成才和成功。"学高为师，身正为范"，"师范"这个词的本义就包含着对师范学生更高的要求。

师范院校提高人才培养质量，应当在四个方面下工夫。

思想品德。师范生的思想品德，就是未来的师德。它不仅是学生自身内在的修养和不断发展的动力，而且会对他的学生形成深远的、广泛的、潜移默化的影响。作为教师来说，没有什么比以身作则、为人师表更为重要。尤其对中小学教师，知识的力量、人格的魅力，缺一不可，在一定意义上后者的作用更大。师范院校要紧紧围绕师范生的特点，加强思想道德教育，加强怎样做人、做事、做学问的教育。

实践能力。在某种意义上说，教师的工作是领导工作、管理工作。师范生不仅要有专业知识、学术水平，而且要有传播知识、体现水平的能力，要有实践能力。它包括组织能力、协调能力、调研能力、沟通能力、表达能力、动手能力，等等。师范院校要特别注重学生的社会实践，加强教育实习工作，加强助教助研助管工作，加强社会调研工作和参加社会公益活动。

创新精神。要鼓励、引导学生敢于创新，善于创新。我国传统教育考试方法，求同的东西多些，鼓励创新的东西相对少些。学生的创新不够，与教师的创新能力特别是对创新能力的看法、态度有直接关系。老师的创新能力不强，学生的创新能力就很难强。所以，教师的创新意识、创新能力、创新方法不仅是自己的事情，他还会影响学生。这就要求师范院校要注重创新意识、创新能力、创新方法的培养和锻炼，教育一代又一代的人不断改革创新、开拓创新、自主创新，从而在国际竞争中走在前列。

学习能力。"教是为了不教，学是为了学会"，要教会学生"学会学习"。在知识经济时代，师范生不论他具有什么样的学历学位，在教学工作中都不能简单重复已经学过的东西。他需要不断充实知识，调整结构，提高教育教学能力和水平。面对迅猛发展着的经济社会、科学技术和渴望成才的学生，师范生最需要的是具有良好的学习能力，养成良好的学习习惯和方法，树立终身学习、自我学习的观念。师范教育应当着重教会学生学习，掌握一套先进的、成熟的、适合每个人的学习方法。教育界很早就有猎枪与干粮的说法。对师范生来说，掌握猎枪尤为重要。否则，不仅自己会坐吃山空，而且使学生营养不良。师范生只有学会学习，才能在工作中不断进步，才能引导学生学会学习，培养学习的主动性、积极性和创造性。

五、如何把握师范院校工作的着力点

当前，师范院校的工作任务很多、很重，着力点应主要放在以下几个方面。

加强学科建设。学校一流，是因为一些学科一流；学校质量高，是因为一些学科质量高。师范院校要把学科建设作为学校工作的重点，不断发展的基础。在新的情况下，根据国际科技发展的趋势，学科发展的趋势，社会全面发展和学生全面发展的需求，通盘考虑、整体规划学校的学科布局，调整学科结构，丰富学科内容，凝练学科方向。

　　加强队伍建设。学校以学科为基础，学科以人才为根本。学校一流，是因为学科一流。而学科一流，是因为一些学科带头人一流。加强教师队伍建设，提高教师的师德和业务水平，是师范院校改革和发展的重中之重。师范院校要民主办学，积极引导教师参与学校建设和管理，建立健全学校民主管理、科学管理、依法管理的体制和机制。要深化学校内部人事分配体制改革，调动好、发挥好、保护好广大教师教学、科研和服务社会的主动性、积极性和创造性。

　　加强教材建设。学校的学科水平、教师水平，很重要的一个方面体现在教材建设上。师范院校在教材建设上有自己的优势，有人专门研究教育，研究教材，研究教学方法，既有先进的教育理念，也有丰富的教学实践。但是从实际情况看，师范院校编写的教材包括教师教育专业的教材，未必都是最先进的，还需要进一步加强和改进。目前，中央实施马克思主义理论研究和建设工程，其中一项重要任务就是教材的编写与研究，集中全国最优秀的专家编写哲学社会科学包括思想政治理论课教材，充分体现邓小平理论和"三个代表"重要思想，充分体现中国特色社会主义生动实践和丰富经验，充分体现改革开放以来学术界的最新成果，通过教材把学生引导到社会发展和科学发展的前沿。师范院校要积极为实施马克思主义理论研究和建设工程贡献力量。

　　加强制度建设。我国正处于转型时期，在完善社会主义市场经济过程中，教育如何为经济发展服务，为政治发展服务，为文化发展服务，教育体制如何适应经济体制、政治体制、文化体制，这是一项重大课题。这些年来，师范院校在办学体制和内部管理体制改革上做了大量工作，已经显示出成效，但还处在建立阶段，谈不上完善。要建立健全现代大学制度，正确处理好大学与政府的关系、大学与社会的关系、大学与市场的关系、大学与大学的关系、大学与教师的关系、大学与学生的关系，密切学校和社会的联系，把干部教师、学生的积极性充分调动起来。这是一个长期而基础性的工作。

中国师范院校正处在改革发展的关键时期。我们已经有了进一步发展的新的更高的起点。在当前这样一个特殊时期，师范院校的书记、校长要加强学习，加强调研，加强交流，努力成为社会主义的政治家、教育家，在新世纪新阶段，把师范院校办得更好，为我国教育事业发展作出新的更大的贡献。

用科学态度对待人文社会科学[*]

人文社会科学是人类整个科学事业的重要组成部分，正如邓小平所说，"科学当然包括社会科学"。^① 然而，由于种种原因，社会上也确有一些人甚至包括一些人文社会科学工作者在某种程度上存在着忽视人文社会科学的倾向。在新世纪伊始，在我们开始进入全面建设小康社会和加快推进现代化的新时期，有必要郑重提出这样一个问题：用科学的态度对待人文社会科学，更加重视人文社会科学，以推动人文社会科学的大繁荣和大发展。

一、用科学的态度对待人文社会科学，要求人们承认并坚持人文社会科学也是科学

人文社会科学同自然科学一样，以事实为根据，以规

---

* 本文发表于《中国高等教育》2001 年第 11 期。

① 《邓小平文选》第 2 卷，人民出版社 1994 年版，第 48 页。

律为对象，以实践为基础。它是人类认识世界、改造世界和完善自身的锐利思想武器，为人的活动提供科学认识、价值观念和行为规范，为社会发展提供理论和方法论基础。

众所周知，人类世界是整个自然、人、社会的统一，人在与自然的关系中认识和改造自然，形成自然科学；人在与社会的关系中认识和改造社会，形成社会科学；人在认识、改造自然和社会的过程中认识和改造自身，形成人文科学。人文社会科学与自然科学相结合，构成完整的、不可分割的人类科学体系。

人改造自然、发展生产，需要自然科学的指导；人也改造社会和自身，推动人和社会的进步，也需要人文社会科学的指导。没有革命的理论、改革的理论、建设的理论，就没有革命的、改革的、建设的运动。这里的革命理论、改革理论、建设理论，就属于人文社会科学理论。

更进一步说，即使是人类改造自然的活动，也是自然科学和人文社会科学共同起作用的结果。从主体角度说，人是社会的人，人改造自然是以社会的形式进行的，没有一定人文社会科学指导下的组织、协调和激励，改造自然的活动是不可能的。从客体角度说，自然科学根据事物的特性告诉人们"是什么"，人文社会科学根据人的需要和追求告诉我们"应如何"。人文社会科学决定了主体的意向、客体的趋向和人的活动的方向。

自然科学家研究自然，形成自然科学，但对于自然科学家和自然科学的研究，则属于人文社会科学。没有人文社会科学的指导，就不可能有真正意义上的自然科学家和自然科学活动。自然科学家及其自然科学活动一旦脱离人文社会科学的引导、调控和推动，也就失去了前进的方向、动力和社会责任。

概言之，自然科学和人文社会科学，如车之两轮、鸟之两翼，如人之两手或两脚。正如我们很难讨论人的左手重要还是右手重要，左脚重要还是右脚重要一样，我们也很难说人文社会科学和自然科学哪个重要哪个不重要，它们具有同等重要的地位、作用和意义。只有二者相互结合、紧密配合，科学才能健康发展，人和社会才能全面发展，自然、人、社会才能协调而持续的发展。

二、用科学的态度对待人文社会科学，要求全社会都要高度重视和支持人文社会科学

在人类世界中，自然是基础，社会是前提，人是中心。随着历史的进步，人的作用越来越重要，人力资源相对于物质资源显示出越来越大的力量。江泽民指出："经济发展和社会进步，需要物质资源作基础，更需要人的知识和能力作支撑。当今世界，人才和人的能力建设，在综合国力竞争中越来越具有决定性的意义。"而人力资源是不能自动生成的，人力和人口不等同，由人口变成人力需要开发和建设。人文社会科学的研究和教育，就是人力资源开发和建设的基础；人文社会科学的学习和接受，就是人力资源开发和建设的基本途径。

　　人文社会科学作为科学和价值的统一，重在对人的培养和塑造，它有助于人们开阔眼界，开启智力，陶冶情操；有助于人们振奋精神，鼓舞斗志，凝聚民族力量和激发社会活力，特别是有助于人们树立正确的世界观、人生观、价值观。江泽民说："要说素质，思想政治素质是最重要的素质。"没有正确的人文社会科学熏陶出来的人文精神、人文关怀，凝聚而成的理论、信念，人就等于没有"灵魂"，社会就等于没有"主心骨"，工作也就失去了"生命线"。人文社会科学工作者担负着培养人、教化人、塑造人的重大使命，都"应当是人类灵魂的工程师"。

　　在当代，人类一方面科技迅猛发展，另一方面面临着生态失衡、环境污染、资源枯竭等全球性危机，即所谓"人类困境"。究其原因，这种失衡和危机在于人的观念偏差、行为失当；源于自然科学和人文社会科学的失衡，实质上是人的人文精神的危机。克服危机，走出困境，需要用先进的人文社会科学去校正人们的观念和行为，需要自然科学和人文社会科学的紧密结合。

　　随着经济全球化不断深入，世界多极化曲折发展，西方敌对势力加紧对我国进行文化价值观的渗透和侵略，叫嚷"为价值观而战"，打一场没有硝烟的战争。对此，江泽民深刻地指出，国家要独立，不仅政治上、经济上要独立，思想文化上也要独立。我们不仅要有经济安全、政治安全、国防安全的概念，也要提出文化安全的问题。在这里，对于文化安全和独立来说，人文社会科学的研究、教育和宣传，有着极其重要、无可替代的意义。它的方向正确与否，内容先进与否，关乎人民的思想意识和社会的道德风尚；关乎经济建设和社会的稳定与发展；关乎中华民族的兴衰和社会主义的成败。经济、科技落后就要挨打，这是历史已经证明了的真理；堡垒最容易从内部攻破，人文社会科学落后，没有正确的理想、信念，就会不战自败，这也是被历史证明了的真理。东欧剧变、苏联解体就是明证。人文社会科学的存在及影响，犹如人的健康，更多的时候是在出了问题的情况下才意识到它的重要和可贵。"未闻风吹过，只见树低头"。人文社会科学的作用是客观的，在一定意义上，也是可以看得见、摸得着的。我们要牢牢记取历史上的经验与教训，从全局的高度、历史的高度，把人文社会科学建设作为一项重要的战略任务，坚持不懈、持之以恒地抓下去，像重视和支持自然科学那样，重视和支持人文社会科学，努力营造人文社会科学繁荣发展的良好社会环境和舆论氛围，以及提供必要的物质条件与保证。

三、用科学的态度对待人文社会科学，要求广大人文社会科学工作者以科学精神研究人文社会科学

科学精神要求求真。马克思主义是真理，并在同各种错误思想斗争中不断显示出它的真理性。沿着马克思主义指引的道路，我们将不断地接近真理。一切人文社会科学工作者，都要坚持马克思列宁主义、毛泽东思想和邓小平理论，加强马克思列宁主义、毛泽东思想、邓小平理论和

"三个代表"重要思想的研究，保持马克思主义与时俱进的理论品质，巩固和发展马克思主义在我国意识形态领域和人文社会科学研究中的指导地位，保持和发扬人文社会科学研究的先进性和正确的导向性。我们要大力倡导一切有利于发扬爱国主义、集体主义、社会主义的思想和精神，大力倡导一切有利于改革开放和现代化建设的思想和精神，大力倡导一切有利于民族团结、社会进步、人民幸福的思想和精神，大力倡导一切用诚实劳动争取美好生活的思想和精神。

真理总是在同谬误的斗争中发展起来的，批驳谬误就是发展真理。对学术问题，要提倡平等讨论、相互切磋；对事关政治方向和根本原则的问题，一定要旗帜鲜明、理直气壮，毫不含糊。对于违反党在社会主义初级阶段基本路线的错误思想和观点，要进行积极的思想理论斗争，绝不能听之任之。容许谬误，就等于放弃真理。我们要通过学术和政治上的争鸣和斗争，帮助人们坚定对马克思主义的信仰，对社会主义的信念，增强对改革开放和现代化建设的信念，对党和政府的信任。

科学精神要求求实。人文社会科学研究要始终坚持理论联系实际的马克思主义学风，以我们正在做的事情为中心，对实践中提出的重大理论问题和现实问题作出有说服力的回答，为党和政府的决策服务，为两个文明建设服务。

每个时代总有属于自己的实践和问题。实践是人文社会科学发展的深厚源泉和强大动力。人文社会科学就是在实践的基础上，在发现问题、分析问题和解决问题的过程中不断丰富和发展起来的。人文社会科学工作者要深入实践，总结人民群众在实践中创造的新经验和获得的新认识，从中汲取营养，不断丰富和发展人文社会科学的基本理论。

求实强调实效，亦即邓小平讲的要看效果。我们衡量和判断一个人文社会科学者工作的业绩和社会贡献的大小，主要不是看他说了多少道理、写了多少文章，而是看他解决了多少重大理论问题和现实问题。谁解决得多，谁的工作业绩、社会贡献就大；谁解决得少，谁的工作业绩、社会贡献就小；谁热衷于做表面文章、文字游戏，没有解决什么问题，谁的工作就没有业绩，对社会就没有贡献。

邓小平说过，学马列，要精，要管用。人文社会科学研究也是这样，要重实际、讲质量、看效果，立足于真正解决问题。我们要提倡精品，少出次品，拒绝"毒品"，大力克服低水平重复现象。无的放矢、无关痛痒、无病呻吟的人文社会科学成果，不会得到社会重视，也不应当得到社会支持。每一个人文社会科学工作者，都要对自己的研究成果及其社会效果负责。只顾开药方，而不管是否吃死了人，这样的"心"就不能说是好心。即使不是别有用心，也是无所用心，缺乏应有的责任心。

科学精神要求求新。江泽民指出，"科学的本质就是创新"①。一切先进的、有生命力的理论，无不是不断创新和发展的理论。我们要继承传统，老祖宗不能丢，这是创新和发展的基础，没有这个基础，理论研究就寸步难行，遑论繁荣和发展。但继承离不开创新，创新是最好的继承。生命在于运动，不创新、不发展的东西，是断然继承不了，也坚持不住的。

人文社会科学的创新，至少有内容和形式两个方面。时移势易，面对新情况、新问题，我们要敢于和善于突破，在解决新情况、新问题的过程中扬弃旧义，创立新知，提出新观点和新方法，丰富和发展人文社会科学的内容。人文社会科学的创新也包括形式上的创新。我们要改进文风，改变以往只要内容正确而不管形式上他人是否喜欢的陈旧观念。良药何必要苦口。我们要贴近群众，贴近生活，用群众喜闻乐见、乐于接受的形式，简洁明快、鲜活生动的语言，多一点新话和自己的话，多一些信息量和可读性，增强人文社会科学成果的感染力、吸引力、启迪力和感召力。人文社会科学也需要开展科普活动。

总之，马克思主义是最讲科学精神、创新精神的。人文社会科学研究要坚持马克思主义，最重要的就是要坚持马克思主义的"求实创新"精神，多出成果、出新成果、出好成果，为建设中国特色社会主义伟大事业作出人文社会科学工作者应有的贡献。

---

① 《江泽民文选》第3卷，人民出版社2006年版，第103页。

加强新形势下的师德建设[*]

今年是我国教师节建立 20 周年。建立和庆祝教师节，目的在强调教师的地位和作用，它传达这样一个真理，强化这样一种信念：百年大计，教育为本；教育大计，教师为本。它呼唤全社会尊师重教，也激励广大教师不断提高自身的科学文化素质和道德水平。

一

我国自古就有尊师重教、倡扬良好师德的传统。新中国成立后，党和政府一直关心教师教育，对教师的思想道德提出了明确的要求。毛泽东说，教师是人类灵魂的工程师。邓小平讲，一个学校能不能为社会主义建设培养合格的人才，培养德智体全面发展、有社会主义觉悟的有文化的劳动者，关键在教师。江泽民指出，人民教师的神圣职

---

* 本文发表于《求是》2004 年第 17 期。

责，就是传授知识，继承民族精神，弘扬爱国主义，为祖国和人民培养合格人才。今天，面对新世纪新阶段全面建设小康社会的新形势新任务，我们更应该高度重视师德建设。

这首先是因为，教师的整体道德水平对于社会主义现代化建设具有特别重要的作用。教育是一个民族最根本的事业，是发展科学技术和培养人才的基础。而教师是教育的主体，教育质量根本上取决于教师的科学文化素质和道德水平。当前，要大力推进素质教育，关键在大力提高教师素质；要创建世界一流大学和学科，关键在有世界一流的教师；要满足社会发展和人民群众不断增长的对更多优质教育的需求，关键也在培养更多的高素质教师和创办更多的优质学校。建设一支品德高尚、业务精湛的教师队伍，是教育改革和发展的根本大计，也是经济社会改革和发展的根本大计。

其次在于，教师的整体道德水平在全社会的道德建设中具有特别重要的地位。古人云："师者，人之模范也。"① 《公民道德建设实施纲要》提出："学校是进行系统道德教育的重要阵地"，学校应当成为社会道德建设的示范区和辐射源。江泽民要求："我国广大教师，要率先垂范，做先进生产力和先进文化发展的弘扬者和推动者，做青少年学生健康成长的指导者和引路人，努力成为无愧

---

① 汉·扬雄：《法言·学行》。

于党和人民的人类灵魂的工程师。"① 教师承担着传播人类文化、开发人类智慧、塑造人类灵魂的神圣职责。教书育人，教书者必先强己，育人者必先律己。教师的道德修养、师德建设应当走在社会的前列。

其三在于，教师的整体道德水平对于青少年学生的健康成长、全面发展具有特别重大的影响。加强青少年学生思想道德教育是全社会的职责，但学校、教师的作用至关重要、无可替代。学校是青少年学生思想道德教育的主课堂、主渠道、主阵地，教师是青少年学生思想道德教育的组织者、实施者、引导者。青少年正处于长身体、学知识、立志向的重要时期，他们的可塑性大、模仿力强，极易受到他人和环境的影响。教师的一言一行，无不对学生发挥着教育引导作用，既影响一个人的学生时代，又影响一个人的一生。广大教师都要自觉加强道德修养，率先垂范，成为青少年学生的良师益友，成为受到全社会尊敬的人。

二

目前，我国教师1200多万，是一个庞大的社会群体。教师的师德建设要从实际出发，区分层次，着眼多数，鼓励先进，循序渐进。

教师师德的基础，是公民基本道德规范。教师首先是

---

① 《十五大以来重要文献选编》下，人民出版社2003年版，第2556页。

一个公民，应当具有一个公民应有的道德水准和人格素质。合格的公民未必是合格的教师，但合格的教师必须是合格的公民，必须遵守公民基本道德规范，符合公民基本道德要求。"爱国守法、明礼诚信、团结友善、勤俭自强、敬业奉献"，是新时期每一个公民包括每一个教师都应具备的道德素质。一个教师如果连普通公民的道德要求都达不到，他就失去了作为教师的资格。但是，任何称职的、优秀的教师，都不会以做一个合格公民为满足，他的社会角色、职业特征要求他在公民基本道德规范的基础上，不断追求更高的道德目标。这就是教师所应具备的职业道德。

"教书育人，为人师表，敬业爱生"，是教师职业道德的核心内容。同时，根据时代精神和实践需要，对于教师的职业道德不同时期又有不同的表述。1991年国家教委和全国教育工会联合颁发，并于1997年重新修订的《中小学教师职业道德规范》是这样要求的：依法执教，爱岗敬业，热爱学生，严谨治学，团结协作，尊重家长，廉洁从教，为人师表。这是新中国第一部关于中小学教师职业道德规范的文件，对加强师德建设发挥了重要作用。1999年中共中央、国务院颁发的《关于深化教育改革全面推进素质教育的决定》，结合我国教育改革发展的实际，从大力推进素质教育、促进学生全面发展的角度对教师的职业道德作了新的阐述。在保留核心内容的同时，它强调了教师职业道德中的政治要求："热爱党，热爱社会主义祖国"；体现了社会发展的新要求："终身学习的自觉性，掌握必要的现代教育技术手段"，"在工作中勇于探索创新"；深化了教师职业道德的思想内涵："树立正确的教育观、质量观和人才观"。

进入新世纪新阶段，面对师德建设的新任务、新问题，我们需要什么样的教师，怎样做教师？对此，江泽民2002年9月8日在庆祝北京师范大学建校一百周年大会上的重要讲话中作了科学的回答。他希望广大教师："志存高远、爱国敬业"①，"为人师表、教书育人"②，"严谨笃学、与时俱进"③。这是对新形势下我国教师职业道德完整准确、精辟深刻的概括和表述，应当成为师德修养、师德管理和师德建设的目标和准则。

"志存高远、爱国敬业"，"为人师表、教书育人"，"严谨笃学、与时俱进"，是一个相互联系、相互贯通的整体。"志存高远、爱国敬业"，主要是对教师思想政治方面的规范。它要求教师热爱中国共产党，热爱社会主义祖国，热爱本职工作，忠诚于人民的教育事业，牢固确立在中国共产党领导下、走中国特色社会主义道路、实现中华民族伟大复兴的理想信念，并以自己良好的思想政治素质、崇高的理想信念教育引导学生。

"为人师表、教书育人"，主要是对教师道德品质方面的规范。所有教师都要坚持教书与育人相结合，既当传

① 《十五大以来重要文献选编》下，人民出版社2003年版，第2557页。
② 《十五大以来重要文献选编》下，人民出版社2003年版，第2557页。
③ 《十五大以来重要文献选编》下，人民出版社2003年版，第2557页。

授知识的"经师",更做善于育人的"人师"。要坚持言教与身教相结合,既注重言教,更注重身教,既体现真理的育人功能,更突出人格的育人作用。教育无小事,教师无小节。教师的一言一行都应当成为学生学习的表率。"学为人师,行为世范",这应当成为所有教师的座右铭。

"严谨笃学、与时俱进",主要是对教师学识学风方面的规范。教师作为教育者必须先受教育,无论是科学文化还是思想道德方面都是如此。学生不断发展,教师必须不断进步,成为热爱学习、善于学习和终身学习的楷模。这里最关键的是求真务实、勇于创新、严谨自律的治学态度和学术精神、学术道德,并以良好的学识学风启发和影响学生。

三

加强师德建设是一项复杂而艰巨的任务。我们要紧紧抓住学习贯彻中共中央、国务院《关于进一步加强和改进未成年人思想道德建设的若干意见》的契机,以"三个代表"重要思想为指导,坚持以人为本,把师德建设作为一项十分重要的工作,放在十分突出的位置,开拓进取,扎实工作,切实抓紧抓实抓好。

广大教师要加强师德修养。教育部门和学校领导要加强师德管理。实践证明,凡是教育部门和学校领导重视师德建设,这个地区的师德、师风就比较好,反之,就比较差。教育部门和学校领导要以身作则,率先垂范,成为广大教师的道德楷模。要把本地本校的师德建设工作列入重要工作日程，有计划、有措施，有督促、有检查，不断深入推进。要建立和完善师德考评制度，奖优罚劣，祛邪扶正，把自律和他律结合起来，把激励和约束结合起来，促进广大教师对师德规范的积极认同和自觉遵守，使追求高尚师德蔚成风气。师德建设是一项系统的社会工程，全社会都要支持师德建设，为教师的师德和业务水平的不断提高创造良好的舆论氛围和社会环境。

加强有说服力的思想政治工作[*]

江泽民《在庆祝中国共产党成立八十周年大会上的讲话》，深刻阐述了"三个代表"重要思想，明确指出，要按照"三个代表"的要求，"加强有说服力的思想政治工作"，为在新的历史条件下加强和改进党的思想政治工作进一步指明了方向。思想政治工作是经济工作和其他一切工作的生命线，是团结全党和全国人民实现党和国家各项任务的中心环节。江泽民指出，加强和改进党的思想政治工作，是保证我们党始终做到"三个代表"的必然要求。贯彻"三个代表"重要思想，必须加强有说服力的思想政治工作。加强有说服力的思想政治工作，从根本上说，就是全面贯彻落实"三个代表"的要求，在推进先进生产力、发展先进文化、实现最广大人民根本利益的过程中，不断加强和改进党的思想政治工作。

---

* 本文发表于 2002 年 3 月 26 日《光明日报》。

一、发展先进生产力为思想政治工作奠定
　　坚实的物质基础

党的思想政治工作不能脱离党的中心工作。党在新时期的中心工作是经济建设，根本任务是解放生产力和发展生产力。因此，思想政治工作必须围绕中心，服务大局，服从服务于经济建设这个中心，把全党全社会的力量凝聚到发展社会主义社会的生产力上来。我们要紧密结合经济工作和各项工作去做思想政治工作，把思想政治工作贯彻到人民群众的物质生产和精神生产的实际活动中去。思想政治工作要为抓住机遇、聚精会神地加快生产力发展提供思想保证和智力支持；为深化改革、优化生产关系提供理论说明和精神动力；针对改革和发展中出现的新问题、新情况，做好统一思想和行动的工作，使每个人都能自觉地把个人理想融入到建设中国特色社会主义的共同理想之中，把个人奋斗融入到全党为发展先进生产力、实现现代化的奋斗之中。这是思想政治工作要着力把握的基点，也是衡量和检验思想政治工作成效的标志。

邓小平曾指出，社会主义制度优越性的"首要表现"、"根本表现"，就是生产力以其他社会所没有的速度迅速发展，使人民不断增长的物质文化生活需要能够逐步得到满足。反过来，发展先进生产力，提高人民的生活水平，也使人们更坚定地信仰和拥护社会主义，从而为思想政治工作奠定良好的物质基础。我们党从来就是靠实实在在为群众谋利益，而不是靠空洞的说教赢得人民群众的拥

护和爱戴的。从这个意义上讲，发展先进生产力，满足人民不断增长的物质文化需要，为群众排忧解难，多办实事好事，就是最直接、最生动、最有说服力的思想政治工作。把解决思想问题和解决实际问题结合起来，既是思想政治工作一个有效的方法，也是思想政治工作必须遵循的一项重要原则。

江泽民说，解决中国的所有问题，关键在发展；解决人们的思想认识问题，说服那些不相信社会主义的人，坚定人们对社会主义和祖国未来前途的信念与信心，最终也要靠发展。改革开放以来，我国生产力水平大幅度提高，人民生活水平不断改善，使人民群众从心里拥护改革开放和社会主义现代化建设。

二、发展先进文化为思想政治工作奠定
良好的思想基础

文化是思想的载体，人们是通过文化的交流进行思想政治宣传和教育的。提高全民族的思想道德素质和科学文化素质，形成健康向上的精神状态和社会风气，既是发展先进文化的根本要求，也是新时期党的思想政治工作的根本任务。

思想政治工作包括解疑释惑，解决人们在改革实践中出现的思想问题，更包括提高人的思想政治素质，帮助人们树立正确的世界观、人生观、价值观，从而提高人们的思想道德水平和自我教育能力，积极主动地解决自身的思

想问题。人是文化的产物，人所接受的文化不同，思想政治素质也就不同。从一定意义上说，思想政治工作就是运用先进文化去教育人和影响人，在思想政治观点层面上逐步消除分歧和隔阂，在文化认可之中接受并遵循正确的价值观念和理想信念。

马克思主义是我们立党立国的根本指导思想。我们要坚持用马克思列宁主义、毛泽东思想，特别是用邓小平理论和"三个代表"重要思想武装全党、教育人民，统一全党和全国人民的思想和行动。这是保证全党和全国人民统一思想、加强团结、始终沿着正确方向前进的根本思想基础。要坚持和发扬理论联系实际的学风，敢于面对挑战。既不丢"老祖宗"，又要说实话、说新话。当前，就是要自觉地把思想认识从不合时宜的观念、做法和体制中解放出来，从对马克思主义的错误的和教条式的理解中解放出来，从主观主义和形式主义的桎梏中解放出来。在解放思想中统一思想。思想僵化贫乏，语言单调乏味，是思想政治工作的重要障碍。这不但说服不了人，而且还会损害马克思主义的形象和思想政治工作的声誉。

当前，文化内容空前丰富，形式空前多样，变化空前迅速，不断推陈出新；文化与经济的联系日益紧密，从过去纯粹消费性行业转变为巨大的产业；文化载体、传播媒体更加多样，网络文化蓬勃兴起。江泽民指出："必须加紧学习信息网络化知识"，"我们的党建工作、思想政治工作、组织工作、宣传工作、群众工作等，都应该适应信息网络化的特点。"① 面对新变化、新情况，我们必须始终保持清醒头脑，坚持正确方向。弘扬先进文化，提倡健康文化，继承传统文化，吸收世界文化，改造落后文化，抵制腐朽文化，引导大众文化，从而增强我们党在思想文化领域中的感召力，保持控制力。我们要大力倡导和发展一切有利于发扬爱国主义、集体主义、社会主义的思想和精神，一切有利于改革开放和现代化建设的思想和精神，一切有利于民族团结、社会进步、人民幸福的思想和精神，一切有利于用诚实劳动争取美好生活的思想和精神，在全党和全国人民之间形成凝聚人心、统一意志的正确指导思想和共同理想。

三、代表最广大人民的根本利益为思想政治工作奠定广泛的群众基础

代表最广大人民的根本利益，集中体现了我们党的宗旨，是我们一切工作的出发点和落脚点，党的思想政治工作也不例外。思想政治工作之所以成为我们党的政治优势，一个重要原因就在于，它从群众利益出发，一切为群众着想。

思想政治工作是做人的工作，因此必须尊重人、关心人、爱护人，采取启发式、引导式的方法；既要以理服人，又要以情动人，春风化雨，润物无声，耐心细致，潜

---

① 《江泽民文选》第 3 卷，人民出版社 2006 年版，第 300 页。

移默化。把对群众的宣传、教育转化为群众的自我认识和自我教育。这是我们党思想政治工作的经验，也是思想政治工作的规律。

思想政治工作的对象是人，而人是不同的。思想政治工作着眼于群众，为群众着想，就要着眼于不同的群众，为不同的群众着想。随着改革的推进和经济的发展，我国社会出现了一些不同的群体，他们的经济状况、生活环境、思想认识、文化素质、心理特征都有所不同。因此，思想政治工作一定要因材施教、因人制宜，具体问题具体分析，具体问题具体解决，切忌千篇一律，空洞说教。

当前，思想政治工作的环境、任务、内容和渠道都发生了很大变化，我们必须适应变化了的情况，解放思想，实事求是，坚持理论创新，始终用科学的理论分析新情况，解决新问题，回应人们的思想实际，不断提高思想政治工作的说服力和战斗力。

要坚持尊重个人合法权益与承担社会责任相统一。在思想政治工作中，要承认和尊重公民个人的正当利益，保障公民依法享有的经济、政治、文化等各方面的合理权益，鼓励人们通过诚实劳动和合法经营获取正当物质利益，鼓励一部分人先富起来，反对简单地把有没有财产、有多少财产当做判断人们政治上先进与落后的标准。同时，要引导每个公民自觉履行宪法和法律规定的各项义务，积极承担自己应尽的家庭责任、职业责任和社会责任。要在保持贡献和满足之间的平衡，自由和责任之间的平衡，权利和义务之间的平衡的基础上，牢固树立把国家和人民利益放在首位而又充分尊重公民个人合法利益的社会主义义利观。

要坚持注重效率与维护社会公平相协调。效率与公平分不开。维护一个社会的存在和发展，既不能没有效率，也不能没有公平。社会主义必然代替资本主义，就是因为社会主义能够创造出比资本主义更高的效率和公平。在社会主义社会，效率和公平从根本上是一致的。效率的提高有助于公平的实现，没有效率的公平，缺乏坚实的基础；社会的公平有助于提高效率，没有公平的效率不可能持久。要在思想政治工作中坚持注重效率、维护公平的思想观念，使每个公民认识到：既要享有平等参与机会，又要充分发挥自身潜能，促进经济发展和保持社会稳定；我国社会的主要矛盾决定了必须始终把发展放在第一位；在鼓励一部分人先富起来的同时，提倡先富帮后富，逐步实现共同富裕。特别是对于党员干部来说，首先要支持和帮助群众先富起来，而不能只考虑自己如何富，更不能利用手中的权力谋取不正当的利益。

要坚持先进性要求与广泛性要求相结合。由于人们社会生活的多样化，人们的思想也必然呈现出多样性。这就要求思想政治工作要从实际出发，区分层次，鼓励先进，着眼多数，循序渐进。鼓励一切有利于国家统一、民族团结、经济发展、社会进步的思想道德；建立与社会主义市场经济相适应的思想道德体系。引导人们在遵循党在社会主义初级阶段的基本路线、基本纲领的基础上，实践社会主义、共产主义思想道德，不断追求更高层次的思想道德目标。

要坚持思想观念的多样性和导向性相一致。人们思想的多样性是一种客观存在。在思想政治工作中，要承认和肯定思想观念以及价值取向的多样性是社会文明进步的标志，不仅意味着文化繁荣、思想解放，而且有助于在比较中鉴别优劣，启发创造性思想，推动思想观念的更新与进步。因此，要提倡和鼓励观念更新和思想创新。思想政治工作在承认和肯定思想观念多样性的同时，还要坚持正确的社会价值导向和指导思想的一元化。思想观念、价值取向越是多样性，就越需要一种主导的思想观念引导社会前进，越需要在各种声音中唱响主旋律。只有主旋律唱响了，导向明确了，才能在全社会形成和发展积极向上的舆论环境，使科学理论和正确思想在社会生活中发挥主导作用，使广大干部群众保持良好的精神面貌，不断巩固和发展全国各族人民团结奋斗的共同思想基础。

要坚持思想教育与社会管理相结合。思想政治工作要取得实效，必须加强教育和自我教育，提高人们的自我修养和自律意识。但思想教育工作仅靠教育和自律是不够的，还要靠管理，靠法律、制度等手段来约束人们的行为。因此，思想政治工作，一靠教育，二靠管理。管理就是要求人们在社会生活中遵循一定的规章制度。这是思想政治工作的重要方式。通过管理，人们长期遵循某种规章制度，就会于潜移默化之中接受蕴涵在规章制度之中的思想观念，并逐步内化为自己的思想意识，进而规范自己的行为，提升自己的境界。我们要不断建立健全有关的法律法规和制度，把思想政治教育融于科学有效的社会管理之中，引导人们的思想，规范人们的行为，不断提高思想政治工作水平，开创新世纪思想政治工作的新局面。

永远忠诚党的教育事业[*]

一

编辑、出版和发行《共和国老一辈教育家风采》系列电视专题片，对整个教育战线意义重大、影响深远。

党和国家历来重视教育工作特别是高校领导的选拔配备。从共和国的成立，到改革开放，到新世纪新阶段，每个时期，都从全社会选调优秀人才担任高校党委书记和校长。这次首批宣传的 18 位共和国老一辈教育家，他们是新中国高等教育的奠基者、开创者，为我国高等教育事业做出了卓越的、历史性的贡献。我国高等教育有今天，不能忘记他们的辛劳和贡献。宣传共和国老一辈教育家，对于学习他们的教育思想、教育理念、教育经验，学习他们

---

* 本文发表于《中国高等教育研究》2007 年第 1 期，原题为《弘扬老一辈教育家风采，永远忠诚党的教育事业》。

的理想信念、思想作风、学术道德，以及办好今天的高等教育，全面提高高等教育质量，都有非常重要的意义。

二

学习、宣传和研究共和国老一辈教育家，我觉得有三点最重要，也是老一辈教育家身上独具特色和魅力之处，值得我们很好学习。

1. 忠诚党的教育事业，热爱党的教育事业，献身党的教育事业。老一辈教育家中有些是革命家，长期从事革命战争的领导工作；有些是杰出的思想家、科学家，长期从事科学研究工作。他们中许多人原本并不是从事教育工作的，是因为党和国家的需要，把他们抽调到教育岗位上来。他们一到新的工作岗位，就聚精会神、心无旁骛地做好本职工作。当高校的书记、校长，可能并不是他们本人的意愿，但他们到了高教战线一干就是一辈子；有的还转战南北，当过几个学校的书记或校长。他们真心实意地热爱教育、关心教育；真心实意地尊重知识、尊重人才；真心实意地把教育当成一个终生奋斗的事业。这一点是非常难得的。作为科学家、革命家，他们可以做也一定能做好很多其他的工作，却在高校做了一辈子教育工作，而且始终满腔热情、兴致勃勃。他们这种对教育事业的无比热爱，对教育事业的无私奉献，很值得我们今天所有的教育工作者学习。

2. 始终不渝地贯彻党的教育方针，坚持正确的办学方向，把培养又红又专、德才兼备的人才放在第一位。老一辈教育家在学校管理、教学改革、党的建设等方面做了大量艰苦细致的工作，最集中、最突出的就是坚定不移地贯彻党的教育方针。教育工作要做的事很多，但根本的一条是全面贯彻落实党的教育方针。现在，全国学宪法，全党学党章，教育战线的广大工作者，在学好宪法、党章的同时，一件最重要的事，就是要学习好宣传好、贯彻好落实好党的教育方针。党的教育方针是教育工作的根本指导思想，是办教育、办学校的总方针。党的教育方针强调教育的宗旨：为社会主义现代化建设服务、为人民服务；突出教育的方式：与生产劳动和社会实践相结合；提出教育的目标：培养德智体美全面发展的社会主义事业的建设者和接班人。因此，抓住了教育方针，就抓住了教育的根本、学校的根本。我们应当像老一辈教育家那样，始终高举党的教育方针的旗帜，坚持把党的教育方针贯彻到学校工作的全过程，落实到教育教学的各方面，努力培养更多更好的社会主义事业的建设者和接班人。当前，贯彻落实党的教育方针，就是要全面实施素质教育，坚持学校教育、育人为本，德智体美、德育为先，始终把立德树人、人才培养放在第一位，把帮助学生树立正确的世界观、人生观、价值观和荣辱观放在第一位。

3. 善于学习，深入实践，潜心思考，形成自己的教育思想和教育风格。老一辈教育家在理论的指导下从事教育实践，又在实践中不断地总结、提炼、升华，形成自己的教育思想和教育风格，这些思想、风格带有鲜明的时代特性、学校特点和个人特征。他们不仅在特定时期勇于担任高等学校的书记、校长，而且热爱教育，学习教育，研究教育，思考教育，在贯彻落实党的教育方针的工作中，形成自己独特的办学思想和办学风格。今天，学校的书记、校长以及教育管理者，也应该有自己的教育思想、教育风格和自己的办学、治校特色。每个学校，其历史、环境、传统都不一样，应该有在国家宏观政策指导下形成的特色，有在自身长期发展中形成的风格，大家各安其位、各尽所能、各得其所，在各自的领域争创一流，充分体现和展现出学校的多样性、丰富性，百花竞放、春色满园。我们要向老一辈教育家学习，潜心研究、大胆实践，求真务实、开拓进取，创造性地贯彻党的教育方针，不断培育和弘扬学校的优势、特色，形成各自的风格、品牌，更好地满足社会主义现代化建设和广大人民群众多样性、高质量的教育需求。

三

民族振兴，教育为本。进入新时期，党和国家坚持把教育摆在优先发展战略地位，提出办好让人民群众满意的教育。党的十六届六中全会特别强调，坚持教育优先发展，促进教育公平。当前，经济社会发展所取得的一切成就，都离不开教育，发展过程中存在的这样那样的不足和问题，也直接或间接地与教育有关。教育在国家富强、民族振兴中具有基础性、先导性、全局性的地位和作用。有一流的教育，才能有一流的国家，已越来越成为全社会的共识。在这种情况下，培养造就更多的教育家，显得尤为重要和迫切。教育需要全社会的大力支持，更需要广大教育工作者的艰苦奋斗，这其中书记、校长的作用至关重要。江泽民指出，大学的书记、校长应当成为社会主义的政治家、教育家。胡锦涛明确要求，要努力培养造就一大批坚持正确方向、精通各自业务、作出突出成绩、受到人民欢迎的专家。温家宝多次强调，我们需要大批教育家，要造就一批杰出的教育家，宣传有贡献的教育家。陈至立在为《教育家成长》丛书所作的序言中要求，广大教师都要努力成为师德表率、育人模范、教学专家。我们现在制作《共和国老一辈教育家风采》电视专题片，开展学习宣传共和国老一辈教育家活动，是落实中央领导同志指示的一项重要举措和具体行动。现在，《共和国老一辈教育家风采》电视专题片已经制作出来并准备播出，我们要进一步把工作做得更好。

1. 进一步丰富作品内容，使之更加丰满、感人。要充分展示老一辈教育家的学识魅力和人格魅力，既要以科学的思想引导人，也要以火热的情感感染人。要将老一辈教育家热爱祖国、热爱教育、热爱学生、热爱知识分子的感人事迹生动地展示出来，让大家看到他们的可敬和可亲，感受到一位革命家、一位学者、一位长者的风采。

2. 进一步丰富宣传形式，多角度、多渠道地进行宣传。对于现在确定的这18位教育家，还可以通过更多的形式进行宣传。比如，在为每个人制作一部电视专题片的基础上，再为每个人写一本传记，出一本文集。三者表现形式不一样，但目的是一样的，可以相互补充、相得益彰。研究好，是宣传好的前提和保证。如果能对他们的教育思想再进行深入的发掘和探讨，出一本教育思想研究，那就更好了。我们的研究工作才刚刚开始，研究的任务还很重。我们可以研究外国教育家的思想，出一本一本的书，也应当或者说更应当花些时间和精力研究我们自己的教育家的思想，系统推出一批高质量高水平的成果。

3. 高度重视成果的运用。这是一份极其宝贵的精神财富。实事求是地说，现在，有的教育工作者，对外国的东西可能比对中国传统的东西更熟悉。这 18 位教育家，都十分杰出，但他们的教育思想我们并不是十分熟悉、并不是十分清楚。在经济全球化背景下，我们不能闭关自守，需要学习借鉴外国的先进经验和做法，但是，我们首先要学习掌握自己的、实践已经证明是成功的、而且至今仍有价值的东西。作为教育工作者，要了解这些老一辈教育家的教育思想，何况这些教育思想中也包含着这些老一辈教育家对外国有益东西的批判吸收。我希望，这套书出来之后，从事教育管理工作的同志们都能很好地读一读。我们不能割断历史。只有了解了我们是从哪里来的，才能更好地知道我们要到哪里去。

四

要宣传所有为中国教育事业发展作出杰出贡献的教育

家。不仅要宣传共和国老一辈教育家，也要宣传新中国成立之前的教育家，如陶行知、蔡元培、张伯苓等，还要宣传当代的、还健在的教育家。不仅要宣传高等教育的教育家，也要宣传基础教育、职业教育的教育家；不仅要宣传公办教育的教育家，也要宣传民办教育的教育家。这里，我想起中央电视台的一个栏目，叫《艺术人生》，我们可不可以开一个《教育人生》栏目？请我们健在的，不论是离职的还是现任的书记、校长和老师，谈谈他们是怎样爱教育、怎样办教育的，反映他们的所思所想，他们的所作所为，他们的所忧所乐。现在，社会上对教育有些批评意见，这很正常。这是因为，教育是一个民族根本的事业、崇高的事业，人民群众对我们的教育寄托着更多更高的期望。我们要很好地研究并不断地改进我们的工作。同时，我们有责任让全社会更多的人、更加全面地了解我们的教育，理解我们的教育，支持我们的教育，看看我们各级各类学校的广大干部、教师是怎样为教育呕心沥血地工作，怎样千方百计地提高教学质量，怎样满腔热忱地关心每一位学生。从中展示教育工作者的喜怒哀乐、酸甜苦辣，以及他们的理想信念和教育情怀。这不就是他们的"教育人生"吗？当前，教育的确还存在着一些问题，有不少不尽如人意之处，但这些问题是发展中的问题，我们有信心也有能力解决好。更主要的是，成绩是最主要的，而且是巨大的，教育战线的广大干部、教师是值得尊重和信赖的。中国教育改革发展的每一个成就，都是党中央坚强领导的结果，全国人民大力支持的结果，其中也无不包含着教育战线干部师生的心血和汗水。

共和国老一辈教育家的丰功伟绩彪炳史册。我们要以这次活动为契机，进一步研究好、宣传好、学习好老一辈教育家以及更多教育家的教育思想、教育经验、教育风采。只有做好这项工作，我们才对得起历史，对得起未来，对得起伟大而崇高的教育事业。这是我们的责任。希望大家共同努力，为我国新时期更多教育家的成长营造良好的氛围，不断促进教育事业优先发展、科学发展、公平发展，为建设社会主义和谐社会和人力资源强国作出更大的贡献。

图书在版编目（CIP）数据

袁贵仁自选集/袁贵仁著.
- 北京：学习出版社，2007.6
（"学习"理论文库）
ISBN 978 - 7 - 80116 - 616 - 6

Ⅰ.袁… Ⅱ.袁… Ⅲ.①袁贵仁 - 文集②哲学 - 文集
Ⅳ.B0 - 53

中国版本图书馆 CIP 数据核字（2007）第 038899 号

袁贵仁自选集

YUANGUIREN ZIXUANJI

袁贵仁　著

责任编辑：边　极
技术编辑：周媛卿

出版发行：学习出版社
　　　　　北京市西长安街 5 号（100806）
　　　　　010 - 66063020　　010 - 66061634
经　　销：新华书店
印　　刷：北京新丰印刷厂
开　　本：880 毫米 × 1230 毫米　　1/32
印　　张：17.625
字　　数：350 千字
版次印次：2007 年 6 月第 1 版　2007 年 6 月第 1 次印刷
书　　号：ISBN 978 - 7 - 80116 - 616 - 6
定　　价：80.00 元

如有印装错误请与本社联系调换